Short Commentary Matthew

쉬·운·주·석·시·리·즈

정 훈 택

쉬운 주석

마태복음

그리심

Short Commentary
Matthew

쉬운 주석 1 (마태복음)

2007년 11월 15일 초판 1쇄 인쇄
2007년 11월 20일 초판 1쇄 발행

저 자 • 정 훈 택
발행인 • 조 경 혜
발행처 • 도서출판 그리심
156-763 서울시 동작구 사당5동 196 인정 B-B01

등록번호 • 제 7-258호(1998. 4. 23)
출 판 사 • 전화 523-7589 팩스 523-7590
홈페이지 • http://grisim.biz
전자우편 • grisimcho@hanmail.net

• 저자와 협의하여 검인을 생략함.

값 : 표지 뒷면에

ISBN 978-89-5799-185-5

2007
by
Grisim Publishing Company, Seoul, Korea

쉬운 주석(마태복음)

쉬운주석 시리즈

정 훈 택

1952년 출생
가족관계: 아내와 2녀 1남

1974년 총신대학교 신학과(B.A.)
1978년 총신대학교 신학연구원
1984년 네덜란드 깜뻰 신학대학교 Doctrandus(Drs.Th.)
1989년 네덜란드 깜뻰 신학대학교 박사원 신학박사(Th.D.)

1990.3.1.-1991.2.28. 총신대학교 신학대학원 전임강사
1991.3.1.-1994.8.31. 총신대학교 신학대학원 조교수
1994.9.1.-2003.2.28. 총신대학교 신학대학원 부교수
2003.3.1.- 현재 총신대학교 신학대학원 정년보장 정교수

저 술

- 신약에서의 기독교윤리의 근거와 그 의의
- 천국은 어떻게 오는가?
- 산상설교. 기록의 이유와 목적
- 하나님의 나라와 교회
- 열매로 알리라
- 복음을 따라서
- 21세기의 그리스도인
- 신학적 도약
- 신약개론
- 헤르만 리덜보스

인 사 말

마태복음을 전공하면서부터 마태복음에 대한 세 가지 책을 쓰고 싶었다. 학적인 알찬 주석과 정련된 신학논문집과 설교자들을 도울 강해설교집이다. 기회가 있을 때마다 마태복음을 연구한 글들이나 성경공부 교제 등을 집필하고 연구논문을 발표했지만 기대하는 작업에는 아직 미치지 못한 듯하다.

교수 생활 이십여 년이 되어 오는 지금, 언제 이런 일을 다 하고, 작업 영역을 사 복음서로 옮겨, 주신 사명을 마무리하고 물러날 수 있을지 서둘러야 하겠다는 감정이 앞서던 터에 이 요약 주석을 집필할 기회와 용기를 얻었다. 학적인 알찬 주석을 쓰기 위한 전초 작업이요 줄긋기 작업이다. 개인적으로는 원하는 작업을 빨리 시작해야겠다는 약속이요 다짐이기도 하다.

어쩌면 이 쉬운 주석이 목회자나 성경공부 지도자, 신학생들뿐만 아니라 마태복음을 제대로 공부하려는 평신도들에게 더 유용하리라 생각한다. 본문의 뜻을 설명하려고 애썼을 뿐 알찬 주석에 필요한 다른 해석의 소개나 논쟁, 학설 등이 거의 들어있지 않기 때문이다.

이 간략한 주석이 마태복음을 연구/공부하려는 신자들에게 작은 도움이라도 되기를 바란다.

2007년 10월 28일

양지골에서 정훈택

차 례

5. 왕이신 그리스도와 그의 백성(18:1–22:46)

6. 마지막 일들(23:1–27:66)

서론적 개요

마태복음은 2000년 전에 이 책을 처음 받았던 독자들이 서론적 개요 없이 그냥, 아니면 쉽게 읽어갈 수 있는 책이다.

21세기를 살아가며 한국에서 마태복음을 읽는 독자들은 그들과는 다른 사람들이다. 마태 사도가 이 복음서를 쓸 때 느꼈을 분위기, 즉 저자 자신의 상황과 독자/신자들의 상황이 지금 이곳에는 없을 뿐 아니라 전혀 다른 상황이 오늘 우리를 지배하고 있다.

마태복음을 바르게 이해하려면, 우리의 상황적 요소들을 벗고 당시의 상황으로 들어가는 것이 필요하다. 그런 다음에 찾은 것들을 가지고 다시 우리 시대로 다시 돌아와서 적용을 위해 노력해야 한다.

서론적 개요는 이런 작업을 독자들이 할 수 있도록 마태복음 배후에 있었던 일들을 간략하게 소개하려는 것이다.

1) 교회가 가장 사랑한 복음서

마태복음은 초대 교회 시절부터 교회가 가장 사랑한 복음서였다. 전도를 위한 설교, 교리 확립을 위한 연구와 주석, 진리 보호를 위한 변증 등에 가장 많이, 또 자주 인용되었다는 사실이 이 복음서에 대한 신자들의 애용을 반영하고 있다.

그 이유는 유대교에서 벗어나서 독자적인 길을 가는 교회의 정체성 규명에 적합한 내용들이 많이 들어있기 때문이었을 것이다. 예를 들면 교회의 특징과 역할, 교회의 모체였던 유대교와의 명확한 차이점과 연속성, 구약시대와 신약시대의 연결 등에 관한 분명한 말씀이 이 복음서에서 유독 강하게 표현되어 있다.

그래서 초대교회는 신약성경의 맨 앞자리, 즉 구약성경과 신약성경, 구약시대와 신약시대를 연결해주는 중요한 자리를 마태복음에게 주었다.

2) 저자와 독자는 유대인

마태복음은 열두 사도의 하나인 유대인 마태가 쓴 것이다. 그는 세리로 살다가 예수님의 부르심을 받고 제자가 되고 사도가 되었다. 그는 예수님을 따르며 직접 보고 들은 것, 간혹 다른 목격자에게 전해들은 것, 때로는 구약성경으로부터 배운 것들을 합쳐서 마태복음을 썼다.

마태 사도가 복음서를 쓸 때 염두에 두고 있었던 사람들은 아마도 안디옥에 살고 있던 유대인 신자들이었던 것으로 보인다. 예루살렘이 멸망하기 이전에 이곳을 떠난 사도들과 초대 기독교인들이 교회의 두 번째 거점으로 사용했던 곳이다.

예수님의 복음 사역은 유대인들이 사는 지역에서 유대인을 대상으로 전개되었다. 예수님 자신도 유대인의 한 사람으로 오시고 사셨다. 복음에는 처음부터 유대적 색체, 즉 유대 역사와 문화, 지리 등 각종 요소들이 그 원형으로 묻어있는 것이다.

저자와 독자가 복음사건에서 그렇게 멀리 떨어지지 않은 시대에 복음의 원 발생지에 가까운 곳에 있던 유대인들이었다는 사실은 마태복음이 복음의 이 원 색체를 가장 잘 보존하고 있음을 알려준다. 하지만 이 원 색체는 현대 한국 신자들이 복음을 이해하는데 가장 큰 어려움이 되기도 한다.

3) 주제

마태 사도는 이 복음서에서 당시 유대인들이 관심을 가지고 있던 주제들을 많이 취급하였다. 예를 들면, 유대인들의 최대 관심사였던 '오신다고 한 이스라엘의 메시야'로 예수님을 소개한다. 그는 다윗의 후예로 오신 '하나님 나라의 왕'이요 이렇게 왕으로서 자신의 백성을 모으시고, 그들을 위해 십자가를 지시는 분이시다.

이 주제는 예수님의 사역의 본질이었지만 다른 복음서에서 이 점이 상대적으로 덜 강조된 것을 감안하면 마태복음은 유대인들이 쉽게 읽을 수 있고 그들의 입장에서 예수님의 사역과 생애를 배울 수 있는 복음서라고 말할 수 있다.

복음의 유대적 색체는 그 출발점에서 필요한 것이었다. 이스라엘 백성이 전체적으로 예수님을 왕으로 인정하기를 거부하자 예수님도 이스라엘을 거부하시고 새로운 백성에게 눈을 돌리신다. 이제 이스라엘이 아니라 자신을 믿고 따르는 제자들이 하나님 나라의 백성이다. '교회'가 '이스라엘'을 대체한 것이다. 따라서 마태복음의 주제는 '하나님 나라의 왕으로 오신 예수 그리스도와 그의 백성인 교회'이다.

4) 구조

마태복음은 대체적으로 예수님의 생애를 연대기 순으로 따르고 있다. 예수님의 족보로 시작하여(1:1-17) 부활하신 예수의 전도명령으로 끝난다(28:16-20). 족보와 관련하여 예수님의 탄생과 탄생시의 일들이 덧붙여졌고(1:18-2:23), 전도명령은 예수님의 죽음에 얽힌 이야기들(26:47-27:66)과 부활사건(28:1-15)의 기록에 이어 나온다. 그 사이의 생애 기록도 대략 연대기 순을 따른다.

마태복음의 구조에는 다른 하나의 흐름이 있다. 주제를 중심으로 조직된 구조이다. 주제를 따르는 구조는 마태복음에 수록되어 있는 예수님의 설교를 주목할 때 어렵지 않게 파악된다. 13장에, 그리고 23장과 24장 사이에 잠간 중단된 것을 무시하고 계산하면 마태복음에 나오는 설교는 모두 다섯이다.

이 설교들은 넓은 의미로 다음의 주제를 따라 조직되었다: '제자의 자격'(5-7장: 산상설교), '사도의 직무'(10장: 파송설교), '천국의 비밀'(13장: 비유설교), '교회의 질서'(18장: 교회설교), '심판과 종말'(23-25장: 종말설교).

5) 내용분해

다음과 같이 큰 묶음으로 마태복음의 전체 내용을 구분해 보았다.

1. 그리스도의 출현(1:1-4:25)
   1) 그리스도의 출생(1:1-2:23)
   2) 사역의 준비(3:1-4:25)

2. 그리스도의 사역개시, 활동과 가르침(5:1-9:35)
   1) 산상설교(5:1-7:29)
   2) 첫 활동(8:1-9:35)

3. 제자들과 함께 하는 사역(9:36-12:50)
   1) 파송설교(9:36-11:1)
   2) 적대적인 분위기에서의 사역(11:2-30)
   3) 고난이 시작됨(12:1-50)

4. 천국의 비밀(13:1-17:27)
   1) 천국 비유(13:1-52)
   2) 공개적인 반대와 천국의 확증(13:53-17:27)

5. 왕이신 그리스도와 그의 백성(18:1-22:46)
   1) 교회 설교(18:1-35)
   2) 제자의 생활에 관한 교훈(19:1-20:34)

3) 거룩한 성에서(21:1-27)

4) 그리스도의 백성에 관한 비유(21:28-22:14)

5) 적대자들의 공개질문(22:15-40)

6) 그리스도와 다윗(22:41-46)

6. 마지막 일들(23:1-27:66)

1) 종말 설교(23:1-25:46)

2) 그리스도의 수난과 죽음(26:1-27:66)

7. 부활하신 그리스도(28:1-20)

1) 그리스도의 부활(28:1-10)

2) 거짓말의 유포(28:11-15)

3) 그리스도의 선언, 명령과 약속(28:16-20)

Short Commentary
Matthew
쉬·운·주·석·시·리·즈

본문 주해

Short Commentary Matthew
마태복음 1 장

1. 예수 그리스도의 족보(마 1:1-17)

1) 개요

마태는 복음서 처음에 예수님의 족보를 소개한다. 이 족보는 예수님을 곧바로 구약성경/구약역사에 연결하는 역할을 하며 예수님은 유대인이 기다리던 "다윗의 아들"이실 뿐만 아니라 천하만국이 그로 말미암아 하나님의 큰 복을 받게 될 "아브라함의 아들"이심을 알려준다.

기원전 587년 바벨론에 의해 남방 유다가 멸망하고 유능한 사람들이 대부분 잡혀간 이후 하나님의 백성/나라라고 자부해왔던 유대인들은 그들을 다시 하나님의 나라/백성으로 회복시켜줄 메시야를 대대로 기다리고 있었다. 수백 년 동안, 특히 기원전 140년경, 때때로 그 메시야가 와서 이스라엘을 구원한다는 외침이 일기는 했지만, 잠시 후에 다시 시작된 이방인들의 통치와 억압 앞에서 진짜 메시야를 기다리는 것밖에 그들에게는 달리 희망이 없었다.

이런 유대인들에게 마태가 예수님을 구약성경에 예언된 그 메시야로 알려주려면 무엇보다 먼저 예수님의 족보가 필요했다. 다윗 왕의 후손 가운데서 메시야가 이스라엘의 왕으로 오실 것이 예언되어 있고 또 그렇게 사람들이 믿고 있었기 때문에 예수님이 다윗의 후손임을 우선 알려야 했던 것이다.

그러나 마태는 이 족보를 통해 단순히 과거 이스라엘의 왕들을 소개하는 것으로 그치지 않고 보다 적극적으로 하나님의 축복과 약속이 이어져 온 거룩한 선을 소개한다. 이스라엘의 조상인 아브라함에게서 시작하여 왕국을 이룰 때까지의 족장들, 선한 왕과 악한 왕, 이방인과 유대인이 섞여 있는 이 족보는 하나님의 약속은 하나님의 성실하심에 의해서만 성취됨을 보여준다.

족보를 마태가 세 묶음으로 무리지은 이유는 아마도 하나님의 백성 이스라엘의 역사가 1) 준비와 기다림의 시기에서 2) 이스라엘 왕국의 시기로 넘어가고 3) 멸망에 이어 다시 나타난 기다림의 시기로 끝남을 명확하게 보여주려는 것이다. 마태는 그 끝에 탄생하신 예수님에게서 하나님의 약속이 완벽하게 성취되고 왕이신 예수님이 다스리시는 하나님의 나라, 새 백성, 새 이스라엘이 이 땅에 시작되었음을 알리는 것이다.

2) 주해

1 :1절 아브라함과 다윗의 자손 예수 그리스도의 계보라

자손이라고 번역된 '휘오스'는 원래 '아들'을 뜻하지만 손자, 자손에게도 사용된다. 아브라함의 아들/자손은 예수님이 하나님의 축복과 약속이 실현될 백성을 시작되게 하시는 분임을, 다윗의 아들/자손은 예수님이 이러한 하나님의 나라가 시작되도록 메시야로 오심을 알리는 표현이다. 그리스도는 '기름 부어진 사람'을 뜻하는 히브리어 메시야를 그리스어로 번역한 것이다. 구약에서 이 단어는 일반명사로 왕, 제사장, 또는 선지자로 세워지는 사람의 직임을 지시하는 용어였으나 신구약 중간기를 거치는 동안 하나님이 언젠가 보내실 메시야를 지시하는 특별한 칭호로 굳어졌고 예수님의 이름에 덧붙여 사용되면서 예수님을 지시하는 고유명사로 고착되었

다. 예수 그리스도 이외에 다른 그리스도가 없다는 믿음에서 나온 결과다.

▶ **2절** 아브라함이 이삭을 낳고 이삭은 야곱을 낳고 야곱은 유다와 그의 형제들을 낳고

"낳았다"라는 단어는 모자관계만을 뜻하는 한국어와는 달리 "혈통을 이어 간다"는 의미의 부자관계, 또는 그 이상의 관계를 뜻할 수도 있는 말이다. 이 절에 나오는 이삭, 야곱, 유다 모두가 장자가 아니었다는 것을 통해 우리는 하나님의 축복의 선이 '장자임'을 기본요건으로는 하지 않았다는 사실을 알 수 있다. 족보에 꼭 필요치 않은 "유다의 형제들"이 언급된 것은 야곱의 열두 아들이 이스라엘 열두 지파를 형성하게 된 것처럼 예수님의 열두 사도들에게서 진정한 의미의 새 이스라엘, 곧 하나님 나라의 백성이 시작됨을 암시하려고 했던 것으로 보인다.

▶ **3-5절** 유다는 다말에게서 베레스와 세라를 낳고 베레스는 헤스론을 낳고 헤스론은 람을 낳고 4 람은 아미나답을 낳고 아미나답은 나손을 낳고 나손은 살몬을 낳고 5 살몬은 라합에게서 보아스를 낳고 보아스는 룻에게서 오벳을 낳고 오벳은 이새를 낳고

다말은 원래 유다의 큰 며느리였으나 유다의 불륜으로 베레스와 세라를 낳았다. 라합은 여호수아의 여리고 함락에서 하나님의 백성 이스라엘을 선택하여 살아남았던 창녀로 살몬의 아내가 되어, 룻은 모압인이지만 시어머니가 섬기는 하나님을 선택하여 보아스의 아내가 되어 거룩한 족보에 들어왔다. 마태가 이 세 여인과 우리야의 아내(6절)를 그리스도의 족보에 기록한 이유는 하나님의 축복과 약속은 인간의 도덕적 깨끗함이나 혈통의 순수함에 근거하지 않고 하나님의 일방적인 선택과 은혜, 성실하신 약속 준수에 근거하여 이어져 내려 왔음을 보여주고, 마리아의 이름이 나오는 충격을 다소 완화하기 위한 것으로 보인다.

헤스론(창 46:12)으로부터 람(대상 2:9)을 이어 아미나답(출 6:23)에 이르는 기간이 약 400년(출 12:47)이므로 이 부분은 엄격하게 부자관계가 아니라 조상관계를 뜻할 수도 있다.

▶ **6절** 이새는 다윗 왕을 낳으니라 다윗은 우리야의 아내에게서 솔로몬을 낳고

사울이 왕이 됨으로써 이스라엘은 나라의 면모를 갖추었고 또 왕이란 칭호가 다른 사람들에게도 계속 사용되었지만 마태는 다윗만을 왕이라고 부름으로써 이 족보가 과거 이스라엘의 왕들을 소개하는 것이 아니라 하나님이 다윗에게 하신 영원한 약속(삼하 7:16)과 아브라함에게 하신 영원한 축복을 이루는 진정한 왕, 그리스도의 족보임을 알리고 있다.

▶ **7-11절** 솔로몬은 르호보암을 낳고 르호보암은 아비야를 낳고 아비야는 아사를 낳고 8 아사는 여호사밧을 낳고 여호사밧은 요람을 낳고 요람은 웃시야를 낳고 9 웃시야는 요담을 낳고 요담은 아하스를 낳고 아하스는 히스기야를 낳고 10 히스기야는 므낫세를 낳고 므낫세는 아몬을 낳고 아몬은 요시야를 낳고 11 바벨론으로 사로잡혀 갈 때에 요시야는 여고냐와 그의 형제들을 낳으니라

요람과 웃시야 사이에 실제로는 세 명의 왕, 곧 아하시야와 요아스와 아마샤가 더 있었다. "낳았다"라는 단어의 성격상 이 생략은 잘못된 연결이라고 할 수 없다. 마태가 입수했던 자료에 원래 이렇게 되어 있었다거나, 마태가 칠십인경을 잘못 읽었다거나, 세 왕은 살해당하여 하나님의 저주를 받은 것으로 취급되었다는 등의 설명들이 제안되었으나 최근에는 마태가 예수님의 족보를 소개하며 예수만이 그리스도일 수밖에 없다는 필연성을 강조하기 위해 각 시대를 14대로 구분하였고 이를 위해 생략했을 수 있다는 설명이 광범위한 지지를 받고 있다.

▶ **12-15절** 바벨론으로 사로잡혀 간 후에 여고냐는 스알디엘을 낳고 스알디엘은 스룹바벨을 낳고 13 스룹바벨은 아비훗을 낳고 아비훗은 엘리아김을 낳고 엘리아김은 아소르를 낳고 14 아소르는 사독을 낳고 사독은 아킴을 낳고 아킴은 엘리웃을 낳고 15 엘리웃은 엘르아살을 낳고 엘르아살은 맛단을 낳고 맛단은 야곱을 낳고

여고냐는 요시야의 손자였다. 처음 요시야의 왕위를 계승한 것은 큰 아들인 여호아하스였고 이어 둘째 아들 여호야김이 왕이 되었다. 그 후 여호야김의 아들 여고냐가 왕이 되었으나 바벨론으로 잡혀갔고, 숙부인 시드기

야가 왕이 되었다. 마태는 복잡한 이 관계를 모두 생략하고 요시야의 아들들, 곧 여고냐의 숙부들을 "그의 형제들"이라고 표현한 것으로 보인다. 여고냐는 아들도 없었다(렘 22:30). 따라서 스알디엘은 혈통적 아들이 아니라 법적 아들일 수밖에 없다. "낳다"가 법적 아들, 또는 후손에게도 적용된 예이다. 그렇다면 스룹바벨을 스알디엘의 아들(학 1:1), 또는 스룹바벨의 아들(대상 3:19)로 기록하고 있는 구약본문도 이 족보에서는 별 문제를 불러일으키지 않는다. "낳고"는 합법적 승계관계를 뜻할 수도 있기 때문이다.

▶ **16절** 야곱은 마리아의 남편 요셉을 낳았으니 마리아에게서 그리스도라 칭하는 예수가 나시니라

예수님의 탄생은 혈통으로 다윗, 아브라함에게 연결되는 것이 아니라 합법성, 특히 하나님의 구속 계획과 관련하여 연결되는 것이다. 그리스도는 다윗의 주님이시기도 하기 때문이다. 마리아에게서 태어나신 예수님이 그리스도라는 칭호로 불림으로써 예수 그리스도라는 이름이 만들어진 것이다.

▶ **17절** 그런즉 모든 대 수가 아브라함부터 다윗까지 열네 대요 다윗부터 바벨론으로 사로잡혀 갈 때까지 열네 대요 바벨론으로 사로잡혀 간 후부터 그리스도까지 열네 대더라

14라는 수치는 아브라함부터 다윗까지, 솔로몬부터 여고냐까지, 스알디엘부터 그리스도까지 이름만 계산한 것이다. 히브리어 철자는 음가를 표시할 수도 있고 수치를 나타날 수도 있었다. 다윗 왕의 이름이 수치로는 14가 된다. 아브라함에게서 시작하여 열네 대째가 되는 다윗(14)은 하나님이 정한 사람일 수밖에 없다. 다윗(14)에게서 시작된 이스라엘 왕국은 다시 열네 대가 되어 그 끝에 도달했다. 하지만 다시 기다림이 시작되고 그 기다림은 열네 대째가 되어 예수에게 도달하였다. 예수는 다윗(14)의 아들인 그리스도일 수밖에 없고 실제로 그렇게 불리었다는 뜻이다.

2. 예수 그리스도의 탄생(마 1:18-23)

1) 개요

마태의 보도를 따르면 요셉과 정혼한 마리아를 통해서, 성령의 능력으로, 예수 그리스도는 이 땅에 오셨다. 요셉은 실제로는 예수님의 탄생과 아무 관계가 없다. 그는 다윗의 자손으로 예수님의 합법적 아버지가 되어 예수님을 다윗과 아브라함의 족보에 연결하는 역할을 할 뿐이다. 그리스도의 진짜 아버지는 성령, 곧 하나님이시다. 하나님은 처녀 마리아의 몸을 빌려 자신의 아들 그리스도가 사람이 되게 하셨고 이름을 주셨으며 이 땅에 태어나게 하셨다. 이렇게 태어나실 그리스도는 예수로 불리며 자기 백성을 그들의 죄로부터 구원하시고 그들, 곧 우리와 영원히 함께 하실 임마누엘이시다. 그리스도를 통해 하나님은 인류와 함께 하신다. 하나님의 나라가 그렇게 이 땅에 왔다. 시작되었다. 다윗의 아들이 왕으로 오셨고 아브라함의 아들이 다스릴 백성이 부름을 받기 때문이다.

동정녀를 통한 그리스도의 탄생은 인류의 구세주로 오신 예수 그리스도는 죄가 없으시며 따라서 하나님의 형벌을 받으실 필요도 없는데 인류를 구원하시기 위하여 대신 십자가를 지셨다는 기독교 구원론의 근거가 된다.

하지만 이것을 누가 어떻게 설명하고 믿을 수 있을까? 그리스도의 생애는 인간복제를 말하고 단성생식의 가능성을 찾는 21세기 초에도 사람의 지혜나 경험, 또 실험으로는 입증할 수 없는 신비와 이적으로 둘러싸여 있다고 말하는 것 밖에는 달리 설명할 길이 없다. 그 시작이 처녀 마리아의 몸을 빌린 탄생이다.

이천년 전의 세상에서도 사람들은 아무 것이나 믿기보다는 보고 듣고 경험하고 가능한 것을 믿었다. 마태는 이 믿을 수 없는 얘기를 어떻게 알았을까? 가능한 추측을 해본다면 당사자인 마리아나 요셉이 예수에게, 또는 예수의 제자들에게 말해 주었을 수 있다. 마리아나 요셉은 그들이 직접 경험한 것을 얘기했을 것이다. 마태의 기록은 과장하고 꾸미기 보다는, 있었던 일, 혹은 있었다는 일을 독자들이 믿음으로 받아들여야 할 영광스러운 신비로 소박하게 보도하고 있다는 인상을 풍긴다. 누구나 믿기를 거부할 수 있다. 그러나 사실 앞에서 그런 인간의 거부, 지혜, 경험이나 논리는 무용지물이 된다.

2) 주해

▶ **18절** 예수 그리스도의 나심은 이러하니라 그의 어머니 마리아가 요셉과 약혼하고 동거하기 전에 성령으로 잉태된 것이 나타났더니

누가는 성령으로 말미암은 마리아의 임신을 비교적 자세하게 기록했지만 마태는 마리아가 임신한 지 어느 정도의 기간이 지나서 이 사실이 알려지게 된 것만을 간단히 소개한다. 그때 마리아는 요셉과 약혼한 상태에 있었다. 당시 유대인의 약혼이란 오늘날 한국의 약혼과는 달리 결혼과 같은 강한 법적 효력을 갖는 것이었다. 여자가 대략 13세쯤 되었을 때 여자의 아버지와 신랑이 될 남자 사이에 이루어지는 이 약혼은 결혼식을 거쳐 함께 사는 것만 남겨 놓은 상태이다. 약혼한 두 사람은 이미 아내(20절) 또는 남편(16,19절)으로 불렸고 부정과 같은 범죄행위만이 당사자를 죽임으로 이 약혼을 끝낼 수 있었다(신 22:20-24; 요 8:5 참고). 그래서 요셉의 고민이 시작된다. 아직 두 사람이 함께 살기 이전이었고 약혼기간 동안 성관계를 하지 않는 것은 유대인의 법이었기 때문이다. 마리아의 임신 사실은 요셉에게만 알려진 것 같다.

▶ **19절** 그의 남편 요셉은 의로운 사람이라 그를 드러내지 아니하고 가만히 끊고자 하여

요셉은 율법대로 사는 의로운 사람이었다. 따라서 아내가 약혼 상태에서 임신했다는 사실을 묵과할 수 없었다. 그러나 그는 마리아의 일을 공개하고 율법이 명령한 처벌을 요구하고 싶어 하지도 않았다. 그는 의와 사랑

사이에서 고민하며 조용히 갈라서는 길을 선택하려 하였다. 이 부분을 마리아의 "성령으로 말미암은 임신" 사실을 요셉이 알고 신적 아이의 보호자가 되는 것을 두려워하며 갈라서려고 마음먹었다고 해석하는 것은 다음 절의 내용과 충돌을 일으키므로 옳지 않다.

▶ **20절** 이 일을 생각할 때에 [보라] 주의 사자가 현몽하여 이르되 다윗의 자손 요셉아 네 아내 마리아 데려오기를 무서워하지 말라 그에게 잉태된 자는 성령으로 된 것이라

요셉은 고민하며 마리아를 조용히 보낼 수 있는 방법을 생각하고 있었다. 마태는 이 부분에서 사태의 극적 반전을 "보라"로 환기시키며 천사의 출현을 알린다. 천사가 어떤 모습으로 나타났는지는 알 수 없다. 그 천사는 요셉이 아내 마리아를 데려오는 것을 두려워하고 있다는 사실을 지적하고 위로하며 임신의 원인이 부정이 아니라 성령이었다고 알려주었다. 요셉의 갈등, 두려움의 원인은 하나님의 일이 벌어지고 있음을 전혀 몰랐기 때문에 발생한 것이다.

요셉을 "다윗의 아들/자손"이라고 부른 것은 예사롭지가 않다. 이 말은 복음서에서 거의 대부분 예수의 메시야적 칭호로 사용되었고 1절에서도 직접 예수 그리스도를 지시하기 때문이다. 1절의 표현을 강한 메시야적 칭호로 읽지 않고 예수님의 역할을 넌지시 암시하는 것으로 볼 수 있다면 이곳에서도 다윗의 실제 자손을 지시하는 일반적 용어로 읽을 수 있을 것이다.

하나님은 가끔 꿈을 자신의 계시 수단으로 사용하셨다는 것을 우리는 성경에서 읽을 수 있다. 그렇지만 모든 꿈이 하나님의 계시는 아니다. 대부분의 꿈들은 인간에게 나타나는 자연적 현상일 뿐이다.

▶ **21절** 아들을 낳으리니 이름을 예수라 하라 이는 그가 자기 백성을 그들의 죄에서 구원할 자이심이라 하니라

천사는 마리아가 아들을 낳을 것을 예고했고 아기의 이름을 지어주었다. 예수라는 이름은 '하나님이 구원하신다.'는 뜻을 가진 히브리 이름 여

호수아의 헬라어 표기이다. 이런 이름을 주신 이유는 이 아기가 장차 모든 사람을 구원할 것이라는데 있었다. 그러나 당시 사람들이 기대하던 군사적, 정치적 메시야의 일과는 달리 예수는 자기 백성을 그들의 죄로부터 구원하실 것이다. 예수님의 역할은 구약성경에 근거한 사람들의 기대에 부응하면서도 다른 한 편으로는 그것을 훨씬 상회하는 것이다. 천사가 예고한 자기 백성은 옛 이스라엘과는 달리 사회적 의미의 백성, 나라가 아니라 영적 성질의 죄로부터 구원을 얻는 사람들이다.

▶ **22-23절** 이 모든 일이 된 것은 주께서 선지자로 하신 말씀을 이루려 하심이니 이르시되 23 보라 처녀가 잉태하여 아들을 낳을 것이요 그의 이름은 임마누엘이라 하리라 하셨으니 이를 번역한즉 하나님이 우리와 함께 계시다 함이라

구약의 성취에 관한 마태의 인용문은 칠십인경에 있는 이사야 7장 14절이다. 이사야의 예언은 일차적으로는 그 시대와 관련되어 있다. 그러나 후대의 유대인들은 특정 예언, 때로는 구약 전체를 그들의 새로운 시대 또는 더 먼 미래를 위하여 새롭게 해석하였다. 마태는 이 구절을 예수님이 성령을 통해 처녀에게서 태어날 것에 대한 예언으로 제시하고 있다.

히브리어 알마(젊은 여자)를 칠십인경이 처녀로 번역하였다 하여 많은 논란이 계속되고 있으나 구약성경에서 '알마가 성경험이 있는 젊은 여자를 지시한다'거나 '성경험이 없는 처녀를 뜻하는 것은 아니라'고 할 만한 근거가 전혀 없기 때문에 이 논쟁은 사실상 무의미한 것이다. 이사야의 문맥도 처녀를 지시하는 것이며 이것을 예수의 탄생에서 성취된 것으로 이해하는 마태의 기록은 자연스러운 구약 읽기이다. 어떻든 구약의 번역문제가 마태가 보도하는 성령으로 말미암은 동정녀 탄생 사실 자체를 신빙성 없는 것으로 만들지는 않는다.

마태가 강조하는 것은 예수님이 탄생하심으로 임마누엘 곧 하나님이 우리와 함께 하시겠다는 약속이 드디어 성취된다는 사실이다. 예수님은 우리 곧 자기 백성과 함께 하시는 하나님이시다. 하나님은 예수님 또는 예수님의 탄생과 사역을 통하여 자기 백성과 함께 하신다고 말해도 좋다.

▶ **24-25절** 요셉이 잠에서 깨어 일어나 주의 사자의 분부대로 행하여 그의 아내를 데려왔으나 25 아들을 낳기까지 동침하지 아니하더니 낳으매 이름을 예수라 하니라

요셉은 천사가 명령한 대로 하여 아내 마리아를 데려왔고 결혼 절차를 다 마쳤으며 아기가 태어나자 이름을 예수라고 지었다. 마리아가 예수를 낳기까지 요셉이 마리아와 함께 자지 않았다는 문구는 간혹 예수님이 탄생하신 후에 요셉과 마리아가 정상적인 부부로 살았음을 지시한다는 식으로 해석되지만 이 구절은 예수님이 태어날 때까지의 일을 얘기할 뿐 그 이후에 대해서는 아무 것도 알려주지 않는다. 다른 곳에 나오는 '예수님의 형제들' 또는 '자매들'이 마리아가 낳은 예수님의 동생들인지, 요셉의 전 부인에게서 태어난 배다른 형님들, 누나들인지는 본문에서 논쟁할 수 있는 것이 아니다.

Short Commentary Matthew
마태복음 2 장

3. 동방박사의 방문(마 2:1–12)

1) 개요

예수 그리스도를 왕으로 소개하는 마태의 저술 목적은 아기 예수의 탄생 시점에 등장하는 동방박사의 방문 기사에서도 크게 돋보인다. 누가는 목자들의 방문을 보도하며 예수님의 탄생을 전원적 분위기에서 소개한데 비해 마태는 어떤 나라의 지도자격인 동방박사들의 방문을 보도함으로써 마태복음에 장엄한 분위기를 더했다. 귀한 예물, 예루살렘, 왕실, 헤롯 대왕, 군인들 등은 1장의 분위기를 그대로 이어가며 갓 태어나신 아기 예수가 처음부터 왕적 위엄과 영광을 지니셨고 왕적 경배를 받으셨음을 알려준다.

하나님은 자신의 아들을 세상을 구원하실 다윗의 아들로, 세상을 축복하실 아브라함의 아들로 낮추어 보내시면서도 별을 이용하여 최소한의 영광을 준비하셨다. 구세주로, 하나님 나라의 왕으로 오신 예수 그리스도의 탄생은 모두에게 가려져 있었어도 예수님은 동방박사들을 통해 최소한의 경배를 받으신 것이다.

이 동방박사들은 별을 관찰하다가 한 큰 별이 나타난 것을 보고 서쪽 어디엔가 한 왕이 탄생하였을 것이라고 추측하고 서둘러 길을 나서서 예루살렘에까지 왔으며 헤롯 왕과 그 별의 도움으로 베들레헴에 계셨던 아기 예수에게 가서 경배를 드렸다. 출신과 정체를 정확하게 알 수 없는 그들이 별을 보고 예수님을 찾아왔다는 사실은 놀라운 일이다. 그리스도의 탄생의 의미가 모든 민족과 관련되어 있음을 알리는 상징적 사건이었다고 말해도 좋을 것이다.

박사들의 태도를 기독교적인 것이라고 할 수는 없지만 이들은 하나님의 백성이라고 자부하며 메시야를 고대하고 있었던 유대인들과는 크게 달랐다. 유대인들은 메시야를 기대하고 있었으면서도 실제로 일이 벌어졌을 때는 전혀 모르고 있었고 동방박사들의 출현에 오히려 크게 당황하였다. 이런 방식으로 예수님의 일에 대한 유대인들의 민족적 거부와 실패가 마태복음 초두에 암시되고 있다. 유대를 다스리고 있던 헤롯은 당황하다가 아기 예수를 찾아 죽일 흉계를 꾸몄고 그리스도의 일을 구체적으로 방해하려 했던 최초의 인물이 되었다.

2) 주해

2:1-3절 헤롯 왕 때에 예수께서 유대 베들레헴에서 나시매 동방으로부터 박사들이 예루살렘에 이르러 말하되 2 유대인의 왕으로 나신 이가 어디 계시냐 우리가 동방에서 그의 별을 보고 그에게 경배하러 왔노라 하니 3 헤롯 왕과 온 예루살렘이 듣고 소동한지라

헤롯은 기원전 4년 4월 11일경에 죽었으므로 예수님의 탄생은 그 이전, 아마도 기원전 5년 12월이나 기원전 4년 1월경 사이일 것이다. 우리는 헤롯 대왕의 생일은 알고 있지만 예수님의 생일을 모르고 있다. 하나님의 아들의 낮아지심! 다른 면에서 보면 천만다행이기도 하다. 하나님의 아들의 생일이 숨겨짐으로써 특정한 날을 미신화하려는 경향을 미연에 방지할 수 있었기 때문이다.

다윗 왕의 고향이었던 베들레헴이 예수 그리스도의 출생지였다는 것은 메시야의 예표인 다윗과 메시야이신 예수님 사이의 깊은 유사성을 보여준다.

천문학자들의 흥미가 이 때 나타났다는 별의 정체를 규명하려는데 오래 집중되어 있었으나 본문의 해석에는 별로 영향을 미치지 않는다. 페르시아나 바벨론에 살고 있던 박사들이 이상한 별을 보고 예루살렘에까지 왔다는 것이 본문이기 때문이다.

박사라고 번역된 '마고이'는 별을 보고 현재와 미래를 해석하던 고대 점성술사들로 한 지역의 지도자나 왕의 신분이었던 것으로 추측된다. 이들은 한 별의 출현을 보고 위대한 왕의 탄생을 감지하고 함께 여행길에 올랐다. 그들이 언제 어디서 그 별의 출현이 갓 태어난 '유대인의 왕'에 대한 징조라고 생각하게 되었는지는 알 수 없다. 또 그들이 이 칭호로 그리스도를 지시한 것이라고 할 만한 근거는 없다. 따라서 박사들이 '그리스도'의 탄생을 알고 경배하러 왔다고 주석하는 것은 본문을 뛰어넘는 일이다. 그들의 목적은 별이 암시한 갓 태어난 '유대인의 왕'에게 경배하려는 것이었을 뿐이다. 그들이 아기의 정체를 정확하게 몰랐다고 하더라도 그들이 그리스도에게 경배한 것은 사실이었다.

▶ **4-6절** 왕이 모든 대제사장과 백성의 서기관들을 모아 그리스도가 어디서 나겠느냐 물으니 5 이르되 유대 베들레헴이오니 이는 선지자로 이렇게 기록된 바 6 또 유대 땅 베들레헴아 너는 유대 고을 중에서 가장 작지 아니하도다 네게서 한 다스리는 자가 나와서 내 백성 이스라엘의 목자가 되리라 하였음이니이다

헤롯은 이방인인 자신이 차지하고 있던 '유대인의 왕'의 자리를 빼앗을지도 모를 그 유대인의 왕 즉 그리스도의 탄생을 직감하고 그 장소가 어디인지를 대제사장들과 율법학자들에게 물었다. 태어나신 예수님을 향해 실제로 그리스도란 칭호를 가장 먼저 쓴 인물은 우스꽝스럽게도 이방인인 헤롯이었다.

"대제사장들"이란 전 · 현직 대제사장들과 성전을 맡고 있던 고위 제사장들 즉, 유대 수뇌부를 지시한 것으로 보인다. 이들과 율법을 맡아 해석

하고 가르치는 역할을 하고 있었던 율법학자들은 어렵지 않게 미가 5:2를 인용하며 유대 땅 베들레헴을 제시하였다. 그들은 구약성경에 능통해 있었던 것이다. 그러나 그리스도를 믿음으로 기다리고 있지는 않았다. 인용구는 칠십인경이나 마소라 본문에 있는 미가 5:2와는 정확히 일치하지 않아서 그 출처가 어디인지 모르고, 따라서 아직은 그들이 해석적으로 인용하였다고 말할 수밖에 없다. 당시에 이런 방식의 인용은 잘못된 관행이 아니었다. 한글로 정확하게 번역해 본다. "또 너 베들레헴, 유대 땅아, 너는 유대의 통치자들 가운데서 결코 가장 작지 않다. 왜냐하면 네게서 한 통치자가 나와서 내 백성 이스라엘을 먹일 것이기 때문이다."

▶ **7절** 이에 헤롯이 가만히 박사들을 불러 별이 나타난 때를 자세히 묻고

비밀리에 헤롯은 박사들을 불러 들여 별이 나타난 때를 자세하게 캐어 물었는데 그의 마음에는 이미 아기를 죽일 마음이 일고 있었다. 헤롯은 자신이 로마 황실과 군대의 지원 하에 왕이 되었고, 유대인들은 자기를 싫어하며 항상 진정한 그들의 왕, 즉 메시야를 기다리고 있음을 알았기 때문에 주변에 메시야로 의심을 살 만한 인물이 있으면 가차 없이 살해했다. 이런 피해망상증에서 그는 자신의 아들 중에서도 세 명을 살해한 적이 있었다. 헤롯의 살기, 잠시 후의 유아 살해는 헤롯에게는 당연한 일이었다.

▶ **8절** 베들레헴으로 보내며 이르되 가서 아기에 대하여 자세히 알아보고 찾거든 내게 고하여 나도 가서 그에게 경배하게 하라

헤롯은 박사들에게 답을 들은 후 그들을 베들레헴으로 보냈다. 그러나 그것으로는 아기를 찾기에 충분하지 않았다. 더 많은 정보가 필요했다. 헤롯은 박사들을 정탐으로 이용하기 위하여 아기를 찾으면 알려달라고 말했으며 그들의 신뢰를 얻기 위하여 자신의 음흉한 계획을 숨기고 경건을 가장하며 자신도 아기에게 경배하려 한다고 덧붙였다. 일종의 위장전술이었다.

▶ **9-10절** 9 박사들이 왕의 말을 듣고 갈새 동방에서 보던 그 별이 문득 앞서 인

도하여 가다가 아기 있는 곳 위에 머물러 서 있는지라 10 그들이 별을 보고 매우 크게 기뻐하고 기뻐하더라

별을 보고 예루살렘까지 왔던 박사들은 헤롯의 말을 듣고 베들레헴으로 향했다. 정확한 장소를 몰라 막연하게 걷고 있던 그들을 하나님께서 별을 통해 안내하기 시작하셨고 그들을 정확한 지점, 즉 아기 예수가 있는 집에까지 가게 하셨다. 별의 재출현으로 박사들은 모든 근심을 털어내고 아주 크게 기뻐하면서 별빛을 따라 아기 예수가 있던 집에 도달하였다.

▶ **11절** 집에 들어가 아기와 그의 어머니 마리아가 함께 있는 것을 보고 엎드려 아기께 경배하고 보배합을 열어 황금과 유향과 몰약을 예물로 드리니라

박사들이 예수님을 방문한 시기는 목동들이 방문했던 탄생일 밤보다 어느 정도 지난 후였다. 물론 마구간이 딸린 여관도 아니었다. 그들은 별이 머문 곳, 바로 그 집 안으로 들어갔고 어머니 마리아와 함께 있는 아기 예수를 발견하고 아기 예수에게 엎드려 절했으며 준비해간 보물 상자를 열어서 세 가지 예물들, 곧 황금과 유향과 몰약 기름을 예물로 바쳤다. 이 예물이 예수님의 왕이심, 제사장이심, 그리고 죽음을 각각 상징한다는 식으로 해석하는 것은 가능하지만 근거가 너무 약하다. 실용적으로 보면 이것은 요셉의 가족이 후에 이집트에 가서 살다가 다시 돌아오는 데 필요한 충분한 자금이 되었을 것이다. 하나님은 박사들을 통하여 아기 예수의 가족의 미래를 준비하셨다고 말해도 좋을 것이다.

▶ **12절** 그들은 꿈에 헤롯에게로 돌아가지 말라 지시하심을 받아 다른 길로 고국에 돌아가니라

꿈이 다시 하나님의 계시 수단으로 사용되었다. 박사들은 하나님의 지시를 받고 헤롯에게로 가지 않았으며 다른 길로 그들의 고국으로 돌아갔다. 박사들의 경배와 예물을 준비하셨던 하나님께서 헤롯의 손에서 자신의 아들을 보호하는 조치를 취하기 시작하셨고 헤롯의 음흉한 계획을 수포로 돌리신 것이다.

4. 예수님의 이집트 피난과 귀환, 헤롯의 유아살해 (마 2:13–23)

1) 개요

마태는 예수님에게 일어난 모든 일들을 구약 예언의 성취로 보았다. 앞에서도 동정녀 마리아를 통하여 탄생하신 것(1:22-23), 탄생 장소가 베들레헴인 것(2:6)을 선지자들의 예언을 따른 것이라고 소개했다. 마태를 따르면 예수님이 요셉의 보호 아래 이집트로 피신하여 살게 된 것(15절)이나 헤롯이 아기 예수를 죽이려고 베들레헴 부근의 아이를 죽인 것(18절), 그리고 나사렛에서 자라나신 것(23절)이 모두 선지자들의 예언을 이루기 위하여 예수님에게 일어난 일들이었다.

마태가 예수님의 삶을 이런 방식으로 소개하는 것은 예수님이 구약성경의 모든 예언을 이루신 그리스도이심을, 따라서 자기 백성을 구원하실 분이심을 믿었기 때문이다. 그리고 자신의 복음서를 읽는 사람들 모두가 예수님을 구약성경과 구약시대의 완성으로 믿게 하기 위해서이다.

이런 내용은 예수님 당시 유대인들에게는 매우 절실한 내용이었다. 그러나 21세기를 사는 우리 한국 사람들에게는 별로 가슴에 와 닿지 않는다. 우리는 구약시대의 유대인들처럼 율법 아래 살아본 적이 없고 민족을 구원하신다는 메시야를 기다린 적도 없기 때문이다.

그렇다면 이런 마태복음의 내용이 우리에게 무슨 의미가 있을까? 이것은 이천여 년 전의 유대인들에게나 필요한 과거의 얘기 아닌가?

선지자들의 예언을 유대인들이 자기 민족을 구원하실 것이라고 이해했던 것은 예수님을 따르면 너무 좁은 이해였다. 하나님은 비록 이스라엘의 역사를 통해 자신의 구원을 선포하셨고 예언하셨지만, 그래서 예수님의 삶이 당시 유대 색채를 가지고 있지만, 아브라함에게 약속하신 것처럼, 구약의 예언들은 모든 민족에게, 곧 하나님의 백성에게 모두 적용되는 것이다. 따라서 역사적 맥락은 조금 달라도 하나님의 구원의 소식, 그 구원을 이루기 위해서 오신 예수님의 삶은 한국 사람들에게도 정말 가치 있는 것이다.

2) 주해

▶ **13절** 그들이 떠난 후에 주의 사자가 요셉에게 현몽하여 이르되 헤롯이 아기를 찾아 죽이려 하니 일어나 아기와 그의 어머니를 데리고 애굽으로 피하여 내가 네게 이르기까지 거기 있으라 하시니

예수님의 탄생 시점과 박사들의 방문과 귀환, 그리고 천사가 다시 꿈에 요셉에게 나타난 시점 사이에 얼마만큼의 시간 간격이 있었는지는 알 수 없다. 마태는 이런 것에는 별로 관심이 없이 사건만을 중요시하여 보도하고 있다.

천사는 요셉에게 아기 예수를 죽이려고 하는 헤롯의 흉계를 알려주고 아기와 마리아를 데리고 이집트로 피할 것을, 그리고 다른 지시가 있을 때까지 그곳에 있을 것을 명령했다. 그리스도를 태어나게 하신 하나님이 자신의 아들을 보호하실 계획을 미리 세우셨고 직접 실행하신 것이다. 특별히 이집트를 지시하신 까닭은 그곳에 많은 유대인들이 살고 있어서 오랫동안 피해 살기에 별 어려움이 없을 것이기 때문이었던 것이다.

▶ **14-15절** 요셉이 일어나서 밤에 아기와 그의 어머니를 데리고 애굽으로 떠나가 15 헤롯이 죽기까지 거기 있었으니 이는 주께서 선지자를 통하여 말씀하신 바 ㄴ) 애굽으로부터 내 아들을 불렀다 함을 이루려 하심이라

요셉은 바로 그날 밤에 예수 그리스도의 합법적, 인간 보호자로서의 의무를 다하여 아기 예수와 마리아를 데리고 이집트로 떠났다. 이스라엘의 구원자로서 자신의 삶을 시작하여 전 인류를 구원하실 그리스도가 자기 땅에서 환영을 받지 못하고 백 수십 km가 넘는 피난길에 오르신 것이다. 이 피난살이는 헤롯이 죽을 때까지 계속되었다.

마태는 이 사건에서 호세아 11:1이 성취되었다고 소개하는데 구약본문은 이스라엘의 출애굽 사건을 회상하며 이스라엘을 “내 아들”이라고 부르는 부분이다. 마태는 역사적 사건의 회상을 예수님이 이집트를 떠나 이스라엘로 오게 될 사건에 대한 예언으로 해석했던 것이다. 이러한 이해에 따르면 구약시대 이스라엘의 역사는 예수님의 출현을 암시, 예표하는 것으로서 예수님의 삶에서 성취되었다.

▶ **16절** 이에 헤롯이 박사들에게 속은 줄 알고 심히 노하여 사람을 보내어 베들레헴과 그 모든 지경 안에 있는 사내아이를 박사들에게 자세히 알아본 그 때를 기준하여 두 살부터 그 아래로 다 죽이니

베들레헴은 예루살렘에서 남쪽으로 8km 정도 떨어져 있다. 어른이 걸어서 이틀이면 왕복이 가능하다. 헤롯은 박사들을 얼마나 기다렸을까? 유대인의 왕인 자신과 자기 후손들을 몰락시킬 수도 있다고 생각한 그리스도의 출현에 광분한 헤롯의 성격과 그간의 행동을 고려한다면 그의 인내심이 고작 3일을 넘기기 어려웠을 것이라고 추정할 수 있다. 박사들이 돌아오지 않자 그는 속았다는 사실을 깨닫고 분노하여 군인들을 보내어 베들레헴과 부근에 있던 남자아이들을 다 죽였다. 두 살 아래로…. 예수 그리스도의 역할을 정치적, 군사적인 것으로 오해한 것에서 비롯된 엄청난 살상이었다. 이 오해는 유대인들의 메시야 대망사상에 근거하여 만들어진 것이다. 유대인들은 메시야의 역할을 다윗 왕과 같은 것, 모세와 같은 것으로 생각하고 기대했기 때문이다.

두 살이란 기준은 헤롯이 생각해 낸 것이다. 박사들에게 확인한 별이 나타난 때부터 계산하여 두 살 이하를 죽이면 갓 태어난 그리스도는 빠져나갈 수 없을 것이라고 생각했기 때문이다. 그러나 하나님께서 그의 마음을 읽고 계셨고 요셉을 시켜 아기 예수를 그의 손아귀에서 벗어나게 하신 줄은 꿈에도 생각하지 못했을 것이다. 2년을 이때 예수님의 나이로 볼 필요는 없다. 왜냐하면 별이 나타난 시점이 예수님의 탄생 시점인지, 아니면 박사들이 도착할 시점에 탄생하실 것을 예고하는 것인지 알 수 없기 때문

이다. 또 헤롯은 아기 예수가 도저히 빠져나갈 수 없다고 생각되는 최대치를 설정했을 것이기 때문이다.

베들레헴은 작은 마을이었고 주변에는 큰 마을이 없었다는 점을 감안하면 헤롯이 살해한 아이들은 아마 십 수 명 정도였을 것이라고 추측할 수 있다.

▶ **17-18절** 이에 선지자 예레미야를 통하여 말씀하신 바 18 ㄷ)라마에서 슬퍼하며 크게 통곡하는 소리가 들리니 라헬이 그 자식을 위하여 애곡하는 것이라 그가 자식이 없으므로 위로 받기를 거절하였도다 함이 이루어졌느니라

야곱의 아내 라헬이 베냐민을 낳다가 죽어 묻혔던 무덤이 라마에 있었다고 전해진다. 예레미야는 남방 유다가 망하고 포로로 끌려가는 모습을 보며 그 슬픔을 라헬의 이름을 빌려 노래했는데 마태는 이 노래 중 한 구절(렘 31:15)이 헤롯이 살해한 아이들로 인한 당시 사람들의 통곡에서 성취되었다고 해석했다.

▶ **19-20절** 헤롯이 죽은 후에 주의 사자가 애굽에서 요셉에게 현몽하여 이르되 20 일어나 아기와 그의 어머니를 데리고 이스라엘 땅으로 가라 아기의 목숨을 찾던 자들이 죽었느니라 하시니

헤롯은 기원전 4년 봄에 죽었다. 헤롯이 죽은 후에 천사가 다시 요셉에게 나타나서 헤롯의 죽음을 알려주고 이스라엘 땅으로 돌아갈 것을 지시하였다. 예수님이 요셉의 보호 아래 이집트에 머문 기간은 길어야 3-4년 정도인 것으로 추정된다.

▶ **21-23절** 요셉이 일어나 아기와 그의 어머니를 데리고 이스라엘 땅으로 들어가니라 22 그러나 아켈라오가 그의 아버지 헤롯을 이어 유대의 임금 됨을 듣고 거기로 가기를 무서워하더니 꿈에 지시하심을 받아 갈릴리 지방으로 떠나가 23 나사렛이란 동네에 가서 사니 이는 선지자로 하신 말씀에 ㄹ)나사렛 사람이라 칭하리라 하심을 이루려 함이러라

헤롯의 유언을 승인하여 로마 황제는 헤롯이 다스리던 영토를 삼분하였

고 아버지 헤롯 대왕을 가장 많이 닮은 헤롯 아켈라우스에게 노른자위에 해당하는 유대, 사마리아, 이두메아의 관할권을 주었다. 요셉이 어린 예수와 마리아를 데리고 이스라엘 땅으로 돌아왔을 때 "거기", 아마도 베들레헴, 적어도 유대지역에 머물고 싶어 했으나 포악한 아버지를 빼어 닮은 아켈라우스가 다시 예수를 살해하려 할까봐 두려워하였고 꿈에 천사의 지시를 받고 갈릴리 지역의 나사렛에 가서 살았다.

나사렛은 구약성경에 나오지 않는 지명으로 기원전 128년경 히르카누스 1세가 유대인들을 사마리아, 갈릴리 지역으로 이주시킬 때 건설된 것으로 보인다. 따라서 마태가 인용한 "나사렛 사람이라고 불릴 것이다"는 예언은 문자적으로 구약성경만이 아니라 어떤 외경 문서에도 기록되어 있지 않다. 많은 논란이 있지만 마태가 복수 명사 "선지자들"이라고 언급한 것으로 보아 그는 그리스도가 천한 사람으로 취급받을 것을 예언한 구약의 여러 구절들, 예를 들어 사 53:2 등을 염두에 두었고, 이 구절들이 예수님이 나사렛에 사시고 나사렛 사람으로 불림으로써 별 볼일 없는 지역의 사람인 것처럼 경멸당하실 것을 예언한 것으로, 그리고 그 예언들이 이때 이루어진 것으로 이해하였을 것이라고 추측하는 것이 가장 적당해 보인다.

Short Commentary
Matthew
마태복음 3 장

5. 세례자 요한의 출현과 설교(마 3:1-10)

1) 개요

마태는 예수님과 관련된 중요사건만을 소개하는 것에 관심이 있었다. 그래서 예수 그리스도의 나사렛 귀환 후 30여 년 동안 무슨 일이 있었는지는 생략하고 갑자기 세례자 요한을 소개했다. 아니, 어쩌면 그는 정말 쓸 것이 없었는지도 모른다. 이 침묵 기간 동안에 예수 그리스도는 그저 평범한 인간으로 자라나시고 사시며 그리스도로서의 삶을 준비하셨기 때문이다.

세례자 요한의 등장으로 자신의 백성을 죄에서 건져내시는 그리스도의 일, 곧 예수님의 삶이 시작되었다. 요한에 대한 자세한 얘기는 누가복음에 수록되어 있지만 마태는 곧바로 그의 활동을 소개한다. 그는 가까이 온 하나님의 나라를 설교하고 회개를 촉구함으로써 예수님의 길을 준비한 사람이다. 마태는 잠시 후 예수님의 첫 사역으로 세례자 요한과 똑같은 설교를 소개함으로써(4:17) 세례자 요한이 예수님의 일을 한 발 앞서 시작한 것으로 보고 있다.

요한의 활동은 하나님의 축복의 백성, 곧 아브라함의 자녀들을 불러 모으고 이들에게 메시야로 오신 예수님을 알려주는 것이었다. 많은 사람들이 요한의 권고를 받고 그에게 와서 자기 죄를 고백하고 세례를 받았다. 이것은 뒤에 등장하실 그리스도의 일을 준비하는 작업이기는 했지만, 사람들은 진실한 마음으로 그에게 왔다. 예수님은 요한의 사역에 대한 이러한 반응, 특히 죄인으로 지목받던 사람들의 반응을 "하나님의 나라"에 들어가는 것으로 평하셨다(마 21:32). 하나님의 나라는, 사람에게 나타나는 현상만을 관찰하면, 마음을 열고 복음을 들으며 죄를 회개하는 것으로 시작된다. 그것은 다가오는 진노를 피하는 것이다. 이렇게 하기를 거부하는 사람에게 하나님의 나라는 심판을 의미한다.

요한은 마음의 문을 열지 않고 다가오는 유대 지도자들을 신랄하게 비평하면서 하나님의 축복은 혈통에 근거하는 것이 아니라 하나님의 은총과 사랑 위에서 진행되는 것임을 알려주고 말로만이 아니라 삶으로 회개에 어울리는 결과를 만들어낼 것을 촉구하였다.

2) 주해

3:1절 그 때에 세례 요한이 이르러 유대 광야에서 전파하여 말하되

세례자 요한은 30세쯤 되던 서기 28년 경 유대 황야에서 활동하기 시작하였다. 사해 서쪽의 이 지역에는 거의 사람들이 살지 않았다.

마태는 요한의 사역을 천국의 선포로 특징지었다. 선포란 왕의 명령을 공개적으로 크게 알리는 것과 같은 형태의 설교 또는 전도 행위였다.

▶ **2절** 회개하라 천국이 가까이 왔느니라 하였으니

회개는 후회, 반성, 생각을 바꾸는 것에서 시작하여 하나님의 약속과 하나님의 기준으로 돌아오는 것으로서 생각, 감정, 의지와 행동이 바르게 되는 것을 뜻한다. 요한이 사람들에게 이러한 전인적 변화를 요구한 것은 천

국이 가까이 왔기 때문이다.

천국(=하늘나라)은 신국(=하나님의 나라)과 같은 것으로 어떤 특정 장소가 아니라 하나님이 왕으로서 하시는 통치 행위 또는 통치 대상을 지시하는 용어이다. 구약성경에서 천국은 언약의 백성, 이스라엘을 다스리심을 뜻했다. 이스라엘이 망하자 이 하나님의 통치를 사람들은 미래에 있을 이스라엘 국가의 회복으로 이해했다. 그러나 요한이 선포한 천국은 왕이신 예수 그리스도로 말미암아 이 세상에 나타날 하나님의 영적 통치 즉 자기 백성을 저희 죄로부터 건져내시는 것을 뜻한다. 천국은 예수님의 삶으로 시작되고 예수님의 재림으로 완성되므로 요한은 "가까이 왔다"고 선포하였다.

▶ **3절** 그는 선지자 이사야를 통하여 말씀하신 자라 일렀으되 광야에 외치는 자의 소리가 있어 이르되 너희는 주의 길을 준비하라 그가 오실 길을 곧게 하라 하였느니라

마태는 요한의 활동의 정당성을 선지자 이사야의 예언에서 찾았다. 그는 선지자 이사야가 이미 예언한 그 사람이기 때문에 이렇게 외쳤다는 것이다. 이사야 40장 3절은 바벨론에 잡혀간 하나님의 백성 이스라엘을 하나님이 구원하실 것을 예언한 내용인데 마태는 이것을 예수님의 일과 연결하여 해석하였다. 요한을 "황야에서 외치는 소리"에 비유한 것은 요한의 선포 사역을 강조한 것으로 보인다.

이스라엘의 귀환에 방해가 되는 것들을 제거한다는 의미의 비유어 '길이 없는 황야에 길을 만들고 좁은 길을 곧게 만든다는 것'은 이 문맥에서는 그리스도의 길을 준비하는 것을 뜻한다.

▶ **4절** 이 요한은 낙타털 옷을 입고 허리에 가죽 띠를 띠고 음식은 메뚜기와 석청이었더라

낙타 털옷을 입고 가죽 띠를 두른 요한의 모습은 엘리야를 닮은 것으로서(왕하 1:8) 요한이 메시야보다 조금 먼저 나타난다고 유대인들이 기대했던 엘리야임을 암시한다. 요한 자신은 이점을 부인했지만(요 1:21) 예수님

은 인정하셨기 때문에(마 11:14 등) 요한은 자신이 엘리야의 심정으로(눅 1:17) 와서 활동하고 있다는 사실을 잘 몰랐다고 해석할 수 있을 것이다.

석청이란 황야에서 종종 발견되는 들꿀, 야생 꿀을 뜻한다.

▶ **5-6절** 이 때에 예루살렘과 온 유대와 요단 강 사방에서 다 그에게 나아와 6 자기들의 죄를 자복하고 요단 강에서 그에게 세례를 받더니

세례자 요한의 첫 활동 장소가 유대 황무지였고 이어 물이 있던 요단강으로 이동해 갔기 때문에 요한의 사역에 반응을 보인 사람들은 예루살렘, 유대, 요단강 주변 전역으로부터 모인 사람들이었다. 이들은 와서 그들의 죄를 고백하면서 요한에게 세례를 받았다. 요한의 활동은 이후 한 곳에서만, 아마 한 6개월 정도 진행된 것으로 보인다.

회개하는 사람들에게 베풀었던 세례의 의미를 쿰란종파의 입문예식과 비교하려는 신학자들이 있지만 이 둘은 같지 않다. 물과 씻음, 죄용서의 결합은 구약시대부터 있었던 정결예식에 그 출발점을 두고 있으며 하나님의 지시(요 1:33)를 따른 것이다.

요한의 세례는 사람들이 그들의 죄를 용서함을 받았다는 것을 상징한다. 물론 새롭게 출발한다는 의미도 있다. 그래서 사람들은 자신들이 지은 과거의 죄를 고백하면서 요단강 물에 몸을 적시는 의식을 따랐다. 그러나 마태는 세례를 회개/죄의 고백과만 연결하였을 뿐 예수님의 사역과 십자가가 나오기까지 죄 용서란 주제를 언급하지 않았다.

▶ **7-8절** 요한이 많은 바리새인들과 사두개인들이 세례 베푸는 데로 오는 것을 보고 이르되 독사의 자식들아 누가 너희를 가르쳐 임박한 진노를 피하라 하더냐 8 그러므로 회개에 합당한 열매를 맺고

바리새인들이란 이방인들이 활보하고 이스라엘의 삶을 지배하는 세계로부터 자신들을 구별하여 하나님의 율법대로 살 것을 목표로 하는 사람들이었다. 지극히 세부적인 것까지 규정하고 변한 환경에서도 적용할 수 있는 구체적 행동을 찾는데 치중하면서 이들은 율법의 근본정신보다는 형

식을 강조하게 되었다.

사두개인들이란 다윗과 솔로몬 시대에 대제사장이었던 사독의 후손들로서 유대 사회의 주요 기득권층이었다. 이방인 지배자들 밑에서도 대대로 계승되어온 권리를 지키려고 이방인 지배자들에게 협력하면서 모세 오경 이외의 모든 책들을 거부하고 부활도 내세도 믿지 않게 된 사람들이었다.

이들이 세례를 받으러 왔을 때 세례자 요한은 보통 때와는 달리 그들을 독하게 책망하였다. "독뱀 새끼들"은 일종의 욕설이다. 욕설의 목적은 당사자들을 긁어서 주의를 집중케 하는 것이다. 따라서 용어 자체를 분석할 필요는 없다. 요한은 그들이 진심을 담지 않고 형식만을 중요시한다는 사실을 알았기 때문에 이렇게 책망하였다. 진정한 회개란 후회에서 시작하여 삶의 열매로까지 이어져야 한다.

▶ **9-10절** 속으로 아브라함이 우리 조상이라고 생각하지 말라 내가 너희에게 이르노니 하나님이 능히 이 돌들로도 아브라함의 자손이 되게 하시리라 10 이미 도끼가 나무 뿌리에 놓였으니 좋은 열매를 맺지 아니하는 나무마다 찍혀 불에 던져지리라

진정한 회개가 없다면 죄용서도 없고 하나님의 나라도 없다. 따라서 유대인들이라 하더라도 하나님의 백성, 아브라함의 자손이라고 할 수 없는 것이다. 하나님은 필요하시다면 돌들로도 축복의 백성들을 만드실 수 있다. 따라서 열매를 동반하지 않는 생각만의 변화나 아예 이런 것도 없는 형식적 세례는 나무를 찍어 불에 던지는 것처럼 영원한 하나님의 진노를 피해갈 수 없다. 나무꾼이 휘두르는 도끼가 막 나무뿌리에 도달한 것처럼 요한의 설교에는 긴박감이 서려 있다.

6. 세례자 요한과 예수님(마 3:11–17)

1) 개요

세례자 요한이 예수님의 사역을 준비하던 활동은 회개를 촉구하고 가까이 다가온 천국을 선포하는데 그치지 않고 직접 예수님을 소개하고 예수님에게 세례를 베푸는 것으로 이어진다.

요한은 자신과 예수님 사이에 큰 차이가 있음을 알고 있었다. 회개하도록 물로 세례를 주는 것과 하나님 나라를 위하여 성령과 불로 세례를 주시는 것, 예수님의 신발을 들고 종처럼 그 뒤를 따를 만한 자격도 없는 자신의 신분과 하나님 나라의 왕이신 예수님의 신분, 구원 또는 심판을 예고만 하는 자신의 일과 직접 구원과 심판을 실행하시는 예수님의 일이 그가 사람들에게 알린 자신과 예수님의 차이점이었다.

예수님이 하실 일이 사람들을 그들의 죄에서 구원하시는 것이기 때문에 예수님은 자신에게 와서 죄를 고백하거나 세례를 받으실 필요가 없고 오히려 자신이 예수님에게 그렇게 죄 용서를 받아야 한다는 것도 요한이 알고 있던 차이점이었다. 이 때문에 요한은 예수님이 세례를 받는 무리에 섞여서 자신에게 왔을 때 예수님을 말리며 세례 베풀기를 거부할 수밖에 없었다.

요한은 예수님이 더 강하신 분이요 성령과 불로 세례를 베푸시는 분임을 알고 있었고 사람들에게 이렇게 알렸으면서도 자신의 세례가 회개하고 죄를 고백하는 사람들에게 죄 용서를 상징한다는 것 이외의 다른 의미가 있을 수 있다는 사실을 알지 못했다. 그래서 예수님에게 세례 주기를 거부했지만 예수님은 자신이 받는 물세례가 하나님의 나라를 세우는데도 필요함을 강조하셨고 요한도 마침내 수긍하고 예수님을 모든 백성의 대표자로 세우는 세례 의식을 행하였다.

죄인이 받는 세례를 받으시고 예수님이 물에서 올라오실 때 하나님은 예수님의 말씀이 옳음을 하늘 문을 여시고 성령을 사람들이 볼 수 있게 보내시고 또 사람의 소리를 내셔서 알려주셨다. 예수는 살아계신 하나님의 아들이시라고….

2) 주해

▶ **11절** 나는 너희로 회개하게 하기 위하여 물로 세례를 베풀거니와 내 뒤에 오시는 이는 나보다 능력이 많으시니 나는 그의 신을 들기도 감당하지 못하겠노라 그는 성령과 불로 너희에게

물로 베푸는 요한의 세례는 사람들이 회개함으로써 하나님의 나라에 대비하도록 하는 것이었다. 막 1:4과 눅 3:3에는 그 결과가 죄 사함에 이른다고 명시되어 있지만 마태는 예수님의 죽음을 소개하기까지 죄 사함이란 단어를 사용하지 않았다. 물세례는 그리스도의 일을 준비하는 것이기 때문에 그리스도의 성령과 불의 세례가 없으면 아무런 의미나 효과가 없다. 예수님의 사역이 끝난 이후에는 요한의 물의 세례와 예수님의 성령과 불의 세례가 예수님을 믿는 신앙고백의 근거 위에서 행하는 세례의식 하나로 통합되었다고 보아야 한다.

여자에게서 태어난 사람들 중 가장 큰 요한이(마 11:11) 자기보다 "더 강하신 분"이라고 불렀다면 이 표현은 유대인이 기다리던 그리스도를 지칭하는 완곡한 표현이다. 요한은 자신을 주인이나 귀한 손님이 돌아와서 신발을 벗으면 그 신발을 받들고 뒤를 따라가는 종만도 못하다고 비교하였다.

"성령과 불"은 많은 논란이 있지만 서로 다른 개념을 첨가하였다기보다는 같은 개념을 다른 단어로 중복, 반복, 또는 설명하는 것으로 보고 성령세례를 예수님이 자기 백성을 위하여 하실 구속 사역, 또는 그 결과로 세상에 오실 성령으로 설명하는 것이 가장 타당해 보인다.

▶ **12절** 손에 키를 들고 자기의 타작 마당을 정하게 하사 알곡은 모아 곳간에 들이고 쭉정이는 꺼지지 않는 불에 태우시리라

"성령과 불의 세례"를 설명하기 위하여 세례자 요한은 타작마당의 비유를 사용하였다. 도리깨로 곡식을 떤 다음에 키로 바람을 내며 떨어지는 알곡과 쭉정이를 분리하는 것처럼 그리스도는 세상에 오셔서 자기 백성을 구원하시고 믿지 않는 사람들을 영원한 불로 태우실 것을 이렇게 표현한 것이다. 비유에 등장하는 모든 요소들을 풍자적으로 일일이 설명할 필요는 없다.

▶ **13-14절** 이 때에 예수께서 갈릴리로부터 요단 강에 이르러 요한에게 세례를 받으려 하시니 14 요한이 말려 이르되 내가 당신에게서 세례를 받아야 할 터인데 당신이 내게로 오시나이까

요한의 사역이 한창일 때 예수님이 그 자라나신 곳 갈릴 나사렛으로부터 요단강으로 요한을 찾아오셨다. 오신 목적은 그에게 세례를 받으시기 위해서였다. 마태는 요한이 예수님을 알아보았다는 것을 전제하고 예수님의 수세사건을 소개한다.

요한이 예수님에게 회개에 이르는 세례 베풀기를 거부하였다는 사실은 그가 예수님은 죄인이 아니요 따라서 회개할 필요도 없고 죄 사함을 상징하는 물세례도 받을 필요가 없음을 알고 있었음을 알려준다. 이런 관점에서 그는 오히려 자신이 죄 없으신 예수 그리스도에게 자신의 죄를 회개하고 물세례를 받을 필요가 있다고 고백했다.

▶ **15절** 예수께서 대답하여 이르시되 이제 허락하라 우리가 이와 같이 하여 모든 의를 이루는 것이 합당하니라 하시니 이에 요한이 허락하는지라

그러나 예수님은 자신의 세례에 특별한 의미를 부여하셨다. 예수님의 세례는 "모든 의"를 이루는 세례라는 것이다. 요한이 세례를 주고 예수님이 세례를 받으시는 이 순간이 하나님의 모든 의를 이루는 바로 그러한 때였다. 모든 의란 예수님과 요한이 하나님의 뜻에 순종하여 예수님을 하나

님의 뜻을 행하는 사람으로 세우는 것을 뜻한다. 이 공생애는 자기 백성을 찾아 하나님 나라의 백성으로 세우기 위하여 십자가의 죽음을 맛보시는 것이기 때문에 회개와 사죄를 상징하는 요한의 세례는 예수님을 모든 죄인의 대표자로 세우는 그런 의식이었다. 예수님의 세례는 그가 죄 없이 죽으실 것을 상징하는 것이다.

▶ **16-17절** 예수께서 세례를 받으시고 곧 물에서 올라오실새 하늘이 열리고 하나님의 성령이 비둘기 같이 내려 자기 위에 임하심을 보시더니 17 하늘로부터 소리가 있어 말씀하시되 이는 내 사랑하는 아들이요 내 기뻐하는 자라 하시니라

요한이 사람들에게 베풀었던 물의 세례는 사람들이 죄인임을 인정하고 자신들의 죄를 고백하게 하며 그 근거 위에서 죄가 용서된다는 것을 상징하는 것이다. 예수님은 아무런 죄가 없으셨지만 이 세례를 받으심으로써 죄인의 하나처럼, 즉 그 대표자가 되셨고, 물에 들어갔다가 나오심으로 자신이 대표하는 모든 죄인들이 용서함을 받게 된다는 것을 행동으로 선포하셨다.

이때 나타난 세 가지 신비한 현상을 누가 보고 들었는가에 대해서는 적지 않은 논란이 있고 세 복음서의 강조점이 조금씩 다르지만 어느 복음서에서나 당시 모여 있던 사람들이 전혀 보거나 듣지 못하도록 발생했다고 할 만한 단서나 증거가 없기 때문에 세 가지 현상을 모두가 보고 들었다고 보는 것이 좋다. 모든 사람들이 이 현상을 바르게 이해했다고 말하는 것은 아니다.

사람들이 이 모두를 경험할 수 있도록 발생했다면 사람들은 아마 구름이 갑자기 갈라지며 햇살이 비둘기와 같은 모양으로 예수님에게로 내려꽂히는 광경을 보았고 울려오는 소리를 들었을 것이다. 마태는 그 광경을 예수님의 세례를 하나님이 인정하심을 뜻하는 "하늘이 열렸다"고 표현하였고 "성령이 예수님에게로 임하셨다"고 해석하였다. 성령과 불로 세례를 베푸실 그 예수님이 자기 백성에 앞서, 또 자기 백성을 대표하여 먼저 물

과 성령의 세례를 받으신 것이다.

독자들이 특별히 하늘로부터 들려온 소리에 주의를 기울이도록 마태는 "보라"는 명령어를 삽입하며 하늘의 소리를 소개한다. 현상이나 사건은 믿음과 해석을 통해서 그 의미가 알려지지만 말씀은 그 자체에 그 의미를 포함하고 있기 때문이다. "이 사람" 즉 예수님은 하나님이 사랑하시는 하나님의 아들이시라는 것, 하나님이 예수님과 예수님이 하시는 일들을 기뻐하신다는 것이 하나님이 만드셔서 하늘에서 울리게 하셨던 사람의 소리의 내용이었다. 마태복음에서 이 소리는 다른 사람들에게 예수님을 소개하는 역할을 한다. 세례자 요한은 예수님을 메시야로 소개하였지만 막상 하나님이 알려주신 메시야는 하나님의 아들이셨다. 성자 아들의 삶을 위하여 성령님 그리고 성부 하나님이 역사에 개입하셨다. 예수님의 삶은 비록 사람의 것이기는 하지만 성부 하나님, 성령님과 함께 하는 하나님의 아들로서의 일이다.

예수님이 – 자신에 대하여 잘 모르다가 – 이때부터 비로소 자기 정체를 인식하게 되었다는 것은 본문에 근거를 두고 있지 않은 해석이다.

Short Commentary
Matthew
마태복음 4 장

7. 시험을 받으심(마 4:1-11)

1) 개요

물의 세례와 성령의 세례를 받으신 예수님은 곧바로 성령에 이끌려 황야로 가셔서 시험을 받으셨다. 그리스도로서의 일을 시작하시기 전에 인간으로서는 최고의 순간을 경험하시고 곧 이어 최악의 상황을 경험하신 것이다.

이 시험은 인간이 되신 하나님의 아들이 그 자격에 있어서 만이 아니라 능력에 있어서도 메시야, 즉 하나님 나라의 왕으로서의 사명을 감당할 수 있는지와 관련되어 있다.

첫 번째 시험은 신적 능력을 자신의 굶주림을 채우는데 사용하여 하나님의 아들이심을 보이라는 것이었다. 그리스도는 자신이 아니라 자기 백성을 위해서 오셨다는 사실을 흔들어 본 것이다. 두 번째 시험은 하나님의 보호를 믿고 아래로 뛰어내리라는 것이었다. 예수님의 신뢰심을 이용하여 하나님이 자신의 아들을 보호하시는지를 시험하고 하나님의 아들이심을 증명하도록 유혹한 것이다. 세 번째 시험은 예수님의 사명 자체와 관련되어 있다. 눈에 보이지 않는 하나님 나라의 왕으로 오신 그리스도에게 마귀는 눈에 보이는 세상의 나라들을 모두 주겠다고 제안한 것이다.

예수님은 인간이란 조건만으로 마귀와 대면하여 시험을 이겨 내셨다. 마귀의 제안은, 그것이 마귀에게서부터 왔기 때문에, 어느 것이든 거부하셨고 가지신 신적 능력을 사용하지 않고서도 메시야로서의 능력이 있음을 확인시켜 주셨다. 예수님은 굶주린 중에도 맑은 정신으로 마귀의 시험에 직면하셨고, 마귀가 유혹하는 대로가 아니라 자신이 원하시는 대로 행동하셨던 것이다.

예수님이 매번 구약성경을 인용하여 마귀의 시험을 물리치셨다는 사실은 대단히 중요하다. 마귀도 감히 거부할 수 없는 하나님의 말씀을 사용하셨기 때문이다. 그렇지만 마귀도 성경을 사용할 수 있었다는 점을 잊으면 안 될 것이다.

마귀는 처음 아담을 유혹할 때처럼 하나님 나라의 왕으로 오신 예수님을 유혹했고 그렇게 하나님의 구속의 일을 방해하려고 하였지만 이번에는 성공하지 못하였다.

2) 주해

4:1-2절 그 때에 예수께서 성령에게 이끌리어 마귀에게 시험을 받으러 광야로 가사 2 사십 일을 밤낮으로 금식하신 후에 주리신지라

예수님이 물세례를 받으실 때 비둘기처럼 예수님 위에 오셨던 성령이 곧바로 예수님을 황야로 이끌어 가셨다. 연단을 위한 하나님의 시험이 아니라 하나님의 구속의 일을 망칠 수도 있는 마귀의 유혹을 받게 하려는 것이 그 목적이었다. 마귀란 혼령이나 비인격적 힘을 말하지 않고 하나님을 대항하며 첫 사람 아담을 타락시켰던 바로 그 사단을 말한다.

40이란 숫자는 구약성경에 가끔 나타나기는 하지만 특별한 의미를 부

여할 필요는 없다. 마태는 인간의 한계점에 도달하신 예수님의 실제 금식 일을 기록했을 뿐이다.

▶ **3절** 시험하는 자가 예수께 나아와서 이르되 네가 만일 하나님의 아들이어든 명하여 이 돌들로 떡덩이가 되게 하라

시험하는 자란 마귀를 가리킨다. 마귀가 예수님께 다가와서 말을 했다는 것을 통해서 마귀가 어떤 형태로든 볼 수 있고 대화할 수 있도록 나타났음을 알 수 있다. 예수님의 생각 속에서 일어난 일이라고 해석하는 것은 옳지 않다.

첫 시험은 돌로 빵을 만들어 주린 배를 채우라는 것이다. 마귀는 예수님이 하나님의 아들이시라는 사실을 알고 있었으므로 "만약"이 마귀가 이 사실을 몰랐다거나 예수님의 확신이 부족했음을 표현하는 것은 적당하지 않다. 하나님의 아들이 인간이 되신 것은 같은 육체를 가진 사람들을 구원하시기 위한 것이므로 신적 능력을 자신을 위해서 사용해서는 안 되는데 마귀는 예수님이 이 신적 능력을 자신을 위해 사용하도록 유혹했던 것이다.

▶ **4절** 예수께서 대답하여 이르시되 기록되었으되 사람이 떡으로만 살 것이 아니요 하나님의 입으로부터 나오는 모든 말씀으로 살 것이라 하였느니라 하시니

예수님은 인간으로 할 수 있는 최대치, 곧 하나님의 권위를 의존하며 여느 사람이 할 수 있는 것처럼 하나님의 말씀을 인용하는 것으로 대답을 대신하셨다.

인용구는 하나님이 황야에서 이스라엘 백성에게 만나를 주신 이유를 설명하는 신명기 8장 3절이다. 사람에게는 빵, 혹은 밥도 필요하지만 이러한 양식을 주시는 하나님과 그의 말씀이 더 귀중하므로 돌로 빵을 만들어 먹을 필요는 없다. 예수님은 빵/밥이 아니라 하나님이 주신 사명, 곧 메시야로서의 일을 위해서만 신적 능력을 사용하시겠다고 말씀하신 셈이다.

▶ **5-6절** 이에 마귀가 예수를 거룩한 성으로 데려다가 성전 꼭대기에 세우고 6 이

르되 네가 만일 하나님의 아들이어든 뛰어내리라 기록되었으되 그가 너를 위하여 그의 사자들을 명하시리니 그들이 손으로 너를 받들어 발이 돌에 부딪치지 않게 하리로다 하였느니라

거룩한 성은 예루살렘을 지시한다. 마귀가 성전으로 예수님을 데려가서 성전 꼭대기에 세웠다는 기록을 통해 마태가 마귀를 명확한 인격체로 보도하고 있음을 알 수 있다.

마귀는 예수님이 하나님을 굳게 의지하고 있음을 알고 예수님의 신뢰심을 이용하여 하나님을 시험하도록 유혹하였다. 정말 하나님의 아들이라면 몸을 아래로 던지라는 것이다. 하나님께서 천사들에게 명령하셔서 그를 보호하시고 다치거나 죽지 않게 해 주실 것이라고 이미 예언해 두었기 때문이다.

마귀가 인용한 구절은 시편 91:11-12로 하나님을 신뢰하는 사람들을 하나님이 절대적으로 보호해 주실 것을 담고 있는데 마귀는 이것을 예수 개인에 대한 예언으로 해석하였다.

▶ **7절** 예수께서 이르시되 또 기록되었으되 주 너의 하나님을 시험하지 말라 하였느니라 하시니

마귀의 인용구 자체에 대하여 예수님은 아무 말씀도 하지 않으시고 "또"로 다른 구절을 이어 인용하심으로 마귀가 비록 자신을 유혹하기 위하여 하나님의 말씀을 사용하였더라도 말씀 자체는 틀림이 없음을 인정하셨다.

예수님이 인용하신 신 6:16은 이스라엘 백성이 광야에서 하나님을 시험한 사건을 지시한다. 예수님의 의도는 하나님의 말씀을 이용한답시고 하나님을 시험해서는 안 된다는 것이다. 하나님의 약속을 증명해 보려는 것은 이미 신뢰심에 금이 갔다는 증거이다. 완벽한 신뢰란 하나님의 보호하심을 그냥 믿고 기다리는 것이다. 예수님은 하나님의 보호를 확증하기 위해 성전에서 뛰어 내릴 필요는 없다고 말씀하신 셈이다.

▶ **8절** 마귀가 또 그를 데리고 지극히 높은 산으로 가서 천하 만국과 그 영광을 보여

아주 높은 산을 추측하려는 시도는 추측 이상이 될 수는 없다. 마귀의 시험은 인간이 할 수 있는 그런 것이 아니었다. 또 세상의 모든 나라와 그 영광을 보여줄 수 있는 높은 산은 어디에도 없다. 마귀가 한 일을 우리는 그가 신비한 방식으로 당시 실재하던 모든 나라들과 그 영광을 보여준 것으로 이해해야 한다.

▶ **9절** 이르되 만일 내게 엎드려 경배하면 이 모든 것을 네게 주리라

세 번째 시험에서 마귀는 마치 자신이 세상의 주인인 것처럼 말하지만 이것은 거짓말이다. 세상이 타락했고 어떤 면에서는 마귀가 세상과 그 영광의 주관자라고도 할 수 있지만 하나님이 세상을 포기하신 것은 아니다. 하나님은 온 세상의 왕으로서 여전히 통치하고 계신다. 그렇다면 세상은 그 하나님의 아들이신 예수 그리스도의 것이다. 인간으로 계시며 신적 영광과 능력이 가리어져 있어도 예수님은 하나님의 아들이시다. 마귀는 인간 예수를 속이면서 자신에게 절하고 하나님의 나라가 아니라 세상 나라의 왕이 되도록 유혹하였다.

▶ **10절** 이에 예수께서 말씀하시되 사탄아 물러가라 기록되었으되 ㄹ)주 너의 하나님께 경배하고 다만 그를 섬기라 하였느니라

마태는 마귀라고 서술했지만 예수님은 사탄이라고 부르시며 사라지라고 단호하게 명령하셨다. 사람이 섬길 경배의 대상은 하나님뿐이라는 사실이 그 이유였다. 이 인용구는 신 6:13 십계명에 나온다. 사탄이 인간보다 더 강한 존재라도 모든 사람은 하나님만 경배하고 섬겨야 한다. 예수님은 마귀의 유혹을 거부하셨을 뿐만 아니라 사탄과의 대화, 교제 자체를 단절하셨다.

▶ **11절** 이에 마귀는 예수를 떠나고 천사들이 나아와서 수종드니라

떠났다고 번역된 단어는 예수님을 "놓아주었다", "가게 하였다"를 뜻한다. 성령에 의해 마귀의 시험에 넘겨지셨던 예수님을 예수님의 뜻대로 하도록 풀어 주었다는 것이다. 마귀의 떠남과 대조하여 천사들이 약해지신 예수님을 시중하였고 예수님은 정상적인 상태로 서서히 회복되셨다.

8. 예수님의 첫 활동(마 4:12-25)

1) 개요

예수님의 첫 활동은 세례자 요한이 잡히고 예수님이 나사렛에서 가버나움으로 이주하신 후 갈릴리에서 시작되었다. 예수님의 설교도 세례자 요한과 같은 것으로 하나님의 나라가 가까이 왔으므로 회개하라는 것이다. 마태는 이렇게 요한이 앞서 가며 예수님이 하실 설교를 미리 전파한 것으로 기록하였다. 예수님이 하신 천국 설교의 상세한 내용은 잠시 후에 나올 산상설교에 수록되어 있다.

마태는 예수님이 선포하신 이 두 가지 내용을 간략하게 소개한 다음 곧 첫 네 제자를 부르신 사건을 소개한다. 모두 어부였고 늘 함께 일하고 있었는데 예수님은 이들을 둘씩 부르신 것이다. 죄인의 대표가 되어 죄인의 하나처럼 요한의 세례를 받으시고 사탄의 시험을 이겨내신 예수님은 홀로 천국의 일을 시작하지 않으셨다. 이들을 사람을 낚는 어부로 만들기 위하여 부르심으로써 예수님은 처음부터 자신을 통해 이 땅에 벌어질 천국의 일들을 보고 들을, 그리고 후대에 알릴 목격자들과 함께 활동하셨다. 베드로, 안드레, 요한, 야고보는 예수님의 부르심에 모든 것을 버리고 따름으로써 하나님 나라의 일군, 즉 목격자요 증인이 되었다. 뿐만 아니라 이들은 새롭게 시작된 천국의 첫 백성이 되었다.

예수님의 첫 사역은 갈릴리 전역에서 가르치시며 천국의 복음을 전하시며 사람들을 고쳐주시는 것이었다. 얼마 지나지 않아서 예수님의 소문이 사방으로 퍼져 나갔고 사람들은 시리아 전역에서 갖가지 아픈 사람들을 데리고 왔다. 예수님은 오는 사람들을 모두 고쳐 주셨는데 잠시 후에는 유대인들이 사는 전역에서 사람들이 예수님께로 몰려들었다.

하늘나라의 왕으로 오신 예수님은 백성을 그들의 죄로부터 구원하시는 분답게 정치적, 군사적 활동을 하시지 않고 사람들을 고치시고 가르치셨다. 마태는 예수님의 활동을 크게 두 가지로 구분하여 소개했다. 말씀으로 하시는 설교, 가르침, 선포 등과 행동으로 하시는 병 고침, 귀신 쫓아냄 등이다. 무리들의 입장에서 이 두 가지 사역은 듣고 배우는 것으로, 보고 경험하는 것으로 나타났다.

2) 주해

▶ **12-13절** 예수께서 요한이 잡혔음을 들으시고 갈릴리로 물러가셨다가 13 나사렛을 떠나 스불론과 납달리 지경 해변에 있는 가버나움에 가서 사시니

마태는 마귀의 시험을 이기신 예수님의 모습을 더 이상 따라가지 않고 갈릴리로 돌아오신 시점에서부터 예수님의 첫 사역을 소개한다. 세례자 요한이 헤롯에게 잡혔다는 소식을 들으신 후였다. 예수님의 활동은 요한의 준비사역이 끝난 바로 그 시점에 시작되었다.

예수님은 나사렛을 떠나 갈릴리 호수의 북쪽 해변에 있는 가버나움에 가서 사셨다. 가버나움은 나사렛처럼 신구약 중간시대에 건설된 성으로 당시 어업의 중심지였다. 마태는 이 지역을 가나안 정착시대의 이름인 스불론 땅과 납달리 땅이라고 불렀다. 구약성경에 이 지역과 관련된 예언이 들어있었기 때문이다.

▶ **14-16절** 이는 선지자 이사야를 통하여 하신 말씀을 이루려 하심이라 일렀으되 15 스불론 땅과 납달리 땅과 요단 강 저편 해변 길과 이방의 갈릴리여 16 흑암에

앉은 백성이 큰 빛을 보았고 사망의 땅과 그늘에 앉은 자들에게 빛이 비치었도다 하였느니라

앞에서 마태는 예수님과 관련된 모든 사건들을 가능한 한 구약성경의 성취로 소개한 것처럼 예수님이 가버나움으로 이사한 것이 이사야 9:1-2의 예언을 이루시기 위해서였다고 평했다.

인용구에 나오는 다섯 개의 지명 곧 스불론 땅, 납달리 땅, 이방의 갈릴리, 해변 길, 요단강 저편은 예수님이 활동하시던 시대에는 모두 갈릴리에 속해 있었다. 이 지역은 왕조시대에는 북 이스라엘에 속해 있었는데 기원전 722년 북 이스라엘이 멸망한 후 유대인들은 다른 곳으로 강제 이주 당했고 이방인들이 이곳에 이주해서 살았다. 해변 길은 갈릴리 호수가의 길과 이 길을 중심으로 세워진 동네들을, 요단강 저편은 요단강 동편의 지역을 뜻한다.

인용구는 소외된 지역에서 천대와 멸시를 받으며, 흑암, 사망의 땅, 그늘진 곳에 살던 하나님의 백성에게 빛이 비칠 것을 뜻하지만 마태는 이것을 예수님 당시의 갈릴리에 사는 사람들을 지칭하는 것으로 해석하였다. 예수님이 가버나움으로 이주하셔서 하늘나라의 일을 시작하심으로 그곳에 사는 사람들이 하늘나라의 빛을 보게 되었다고 한 셈이다. 예수님은 구약의 예언을 성취하신 세상의 큰 빛이시다.

▶ **17절** 이 때부터 예수께서 비로소 전파하여 이르시되 회개하라 천국이 가까이 왔느니라 하시더라

예수님은 가버나움으로 이주하신 그때부터 세례자 요한처럼 하늘나라가 가까이 왔음을, 그러므로 회개하고 이 하나님의 나라를 받아들이도록 선포하셨다. 그러나 요한은 하늘나라가 이 땅에 시작되게 하시기 위하여 자기 뒤에 오실 분을 소개했지만 예수님은 자신의 삶을 통하여 이 세상에 곧 나타나는 그 하늘나라를 선포하셨다는 점에서 차이가 있다.

▶ **18-19절** 갈릴리 해변에 다니시다가 두 형제 곧 베드로라 하는 시몬과 그의 형

제 안드레가 바다에 그물 던지는 것을 보시니 그들은 어부라 19 말씀하시되 나를
따라오라 내가 너희를 사람을 낚는 어부가 되게 하리라 하시니

바닷가를 걸으시던 예수님은 바다에 그물을 던지고 있던 어부들 형제, 곧 베드로와 안드레를 부르셨다. 하나님의 아들로서 자기 백성을 모으고 그들의 죄에서 건져내어 이 땅에 하나님의 나라가 시작되게 하실 예수님의 삶을 보고 들을 목격자들을 필요로 하셨기 때문이다. "나를 따르라"는 실제로 예수님을 따르는 것을 뜻한다. 인간의 몸으로 앞서가시는 예수님을 그냥 따르며 보고 듣고 경험하는 것이 그들에게 부여된 임무였다. 그들은 나중에 이것을 복음이란 이름으로 전하는 증인이 될 것이다. 따라서 "사람들의 어부"는 사람들을 잡는 사람들, 곧 복음으로 사람들을 하나님 나라의 백성으로 불러들이는 사람들을 뜻한다. 처음에 이들은 예수님의 부르심과 약속의 의미를 전혀 몰랐겠지만 예수님은 처음부터 이러한 목적으로 그들을 부르신 것이다.

▶ **20절** 그들이 곧 그물을 버려 두고 예수를 따르니라

베드로와 안드레는 즉각 그물을 버리고 예수님을 따랐다. 무엇이 그들을 이렇게 하도록 했는지는 알 수 없지만 예수님의 권위에 압도당하여 감히 거부하고 순종할 수밖에 없었다고 말해도 좋을 것이다. 그때 의미도 잘 몰랐던 "사람들의 어부"에 호감을 가지고 무작정 따랐다고 하는 것보다는 훨씬 나은 설명이다. 예수님은 그물을 버리라고 명령하시지는 않았지만 그들은 생계수단인 그물을 버리고 예수님을 따라나섰다. 버림은 그들이 예수님께 순종하기 위하여 선택한 것이다. 그물을 메고 따를 수는 없었기 때문이다.

▶ **21-22절** 거기서 더 가시다가 다른 두 형제 곧 세베대의 아들 야고보와 그의 형
제 요한이 그의 아버지 세베대와 함께 배에서 그물 깁는 것을 보시고 부르시니
22 그들이 곧 배와 아버지를 버려 두고 예수를 따르니라

예수님은 그곳에서 조금 더 걸으시다가 야고보와 요한을 부르셨다. 마

태는 이 기록에서 부르심의 내용을 생략했지만 이를 통해 우리는 같은 내용으로 그들을 부르셨을 것이라고 추측할 수 있다. 예수님이 부르실 때 이들도 생계를 위해 그물을 손질하고 있었지만 예수님의 부르심에 순종하기 위하여 배와 아버지를 남겨둔 채 예수님을 따랐다. 예수님을 그들만을 부르셨고 예수님을 따르려면 배를 타고 갈 수는 없었기 때문이다.

▶ **23-25절** 예수께서 온 갈릴리에 두루 다니사 그들의 회당에서 가르치시며 천국 복음을 전파하시며 백성 중의 모든 병과 모든 약한 것을 고치시니 24 그의 소문이 온 수리아에 퍼진지라 사람들이 모든 앓는 자 곧 각종 병에 걸려서 고통 당하는 자, 귀신 들린 자, 간질하는 자, 중풍병자들을 데려오니 그들을 고치시더라 25 갈릴리와 데가볼리와 예루살렘과 유대와 요단 강 건너편에서 수많은 무리가 따르니라

네 제자들을 거느리신 예수님은 갈릴리 전역을 돌아다니시며 예배와 교육의 중심지였던 회당에서 가르치셨고 어디서나 천국의 복음을 선포하셨고 아픈 사람들을 고쳐주셨다. 예수님에 관한 소문 즉 예수님이 하신 일들과 선포하신 천국 복음에 대한 소문이 수리아에도 퍼졌고 사람들이 아픈 사람들 곧 여러 가지 병과 고통으로 괴로워하는 사람들, 귀신들린 사람들, 간질병이나 중풍에 걸린 사람들을 데리고 예수님을 찾아 왔는데 예수님은 이들도 모두 고쳐주셨다.

예수님의 첫 사역의 결과 소문, 곧 예수님에 관한 소식은 더 멀리 퍼지고 유대인이 살고 있었던 전역에서 사람들이 몰려와 예수님을 따라다녔다. 예수님에 관한 소문은 일종의 기독교적 복음 곧 예수님에 관한 복음이라고 할 수 있다. 이 복음을 듣고 예수님에게 온 사람들의 자발적 따름은 예수님이 직접 부르신 제자들의 순종으로서의 따름과는 같지 않지만 예수님을 향한 긍정적 자세를 엿볼 수 있다. 이들은 잠시 후에 산상설교의 청중이 된다.

Short Commentary Matthew

마태복음 5 장

9. 산상설교: 배경, 복 있는 사람들, 소금과 빛 비유(마 5:1–16)

1) 개요

많은 무리가 따르자 예수님은 산으로 올라가셔서 사람들을 가르치셨다. 제자들도 그곳에 함께 있었다. 마태는 예수님이 활동 초창기에 하신 여러 설교 중 중요한 말씀들을 한 데 묶어서 이곳에서 하신 설교로 엮어 놓았는데 어거스틴 이후 이 부분은 "산상설교"로 알려져 왔다. 마태가 앞에서 몇 번 소개했던, 예수님이 선포하신 천국의 복음인 것이다.

산상설교는 천국의 왕으로 오신 예수님이 자신의 백성을 불러 모으시는 설교이다. 누가 이 하나님 나라의 백성으로 불릴 것인지 그 자격과 특징, 의무 등을 다루셨다.

산상설교는 하나님의 아들이 세상에 오셔서 헛된 희망을 안고 살아가는 사람들에게 선포하신 하나님의 말씀 곧 사람들이 가지고 살아가야 할 하나님의 뜻이요 생명의 말씀이다.

산상설교는 구약시대의 예언을 이루러 오신 그리스도의 설교이다. 구약성경, 특히 율법의 진정한 의미를 명확히 드러내셨다. 이제 구약은 그리스도의 삶과 가르침 속에서 모두 새롭게 해석되고 그렇게 새 시대의 사람들에게 적용된다.

예수님은 팔복의 선언으로 천국의 복음을 시작하셨다. 예수 그리스도의 오심으로 이 땅에 축복의 시대가 열린 것이다. 예수님은 자신을 따라 산에 올라온 많은 사람들 중에서 어떤 사람들이 천국의 백성, 곧 복 있는 사람으로 불릴 것인지를 여덟 가지 복의 형태로 말씀하셨다. 하나님의 나라는 한 편으로는 예수님의 활동에서 시작하지만 다른 한 편으로는 그의 백성을 불러 모으심으로 시작한다. 이들을 구원하시기 위해서 예수님은 오셨기 때문이다.

팔복 다음에 예수님은 자신과의 관계, 즉 믿음을 조건으로 하여 아홉 번째 복을 선언하셨다. 천국의 왕이 오셔서 이 땅에 하나님의 나라를 여신 지금 이제 예수님과의 긍정적 관계가 결정적인 역할을 하는 것이다. 예수님은 자신과의 관계, 즉 믿음을 근거로 하여 설교를 듣는 사람들을 세상의 빛, 땅의 소금으로 부르셨다. 세상의 빛으로 오신 예수님을 믿는 것이 사람들에게 빛과 소금의 자격과 역할을 부여하는 것이다.

2) 주해

5:1-2절 예수께서 무리를 보시고 산에 올라가 앉으시니 제자들이 나아온지라 2 입을 열어 가르쳐 이르시되

예수님이 무리를 피하여 산에 오르셨다고 할 만한 근거가 없기 때문에 모든 사람들이 산으로 따라 올라갔고 예수님이 자리에 앉으시자 제자들이 가까이 왔다고 보는 것이 좋다. 이 무리들은 이스라엘 전역에서 몰려왔고(4:25) 설교가 끝날 때까지 있었으며(7:28) 예수님을 계속 따랐다(8:1).

마태는 이 시점이 오래 기다려온 바로 그 순간임을 강조하고 장엄한 분위기를 살리기 위하여 예수님이 입을 열어서 가르치셨다고 표현하였다.

3-10절(공통)

팔복은 두 연으로 구성되어 있다. 복을 선언하신 첫 번째 연과 복된 이유를 설명하신 두 번째 연이다. 예수님은 첫 번째 연에서 삼인칭으로 말씀하시며 청중들 중 해당 사항이 있는 사람만을 선택적으로 축복하셨다. 두 번째 연에서 예수님은 그런 사람들을 복되다고 하신 이유를 제시하셨다.

복된 이유가 충족되지 않는다면 첫 번째 연의 조건들은 별 의미가 없다. 예수님은 첫 번째 연에 언급하신 사람들의 조건들 자체를 복된 요소로 말씀하시지 않고 그러한 사람들에게 두 번째 연에서 말씀하신 특별한 일들이 곧 나타날 것이기 때문에 복되다고 하신 것이다.

▶ **3-6절** 심령이 가난한 자는 복이 있나니 천국이 그들의 것임이요 4 애통하는 자는 복이 있나니 그들이 위로를 받을 것임이요 5 온유한 자는 복이 있나니 그들이 땅을 기업으로 받을 것임이요 6 의에 주리고 목마른 자는 복이 있나니 그들이 배부를 것임이요

첫 네 복은 하나님 앞에서 특정한 마음의 자세를 가진 사람들을 지적하신 것으로 보인다. 가난이란 꼭 있어야 할 것의 결핍 상태를 말한다. 심령이 가난한 사람은 삶에 필요한 정신적 요소, 곧 희망과 명예와 자존심 등이 없는 사람들이다. 두 번째 복에서 예수님은 슬픔의 이유나 종류에 대하여 말씀하시지 않고 청중들 중 슬퍼하는 사람들 모두를 복되다고 하셨다. 온유를 하나님과의 관계에 사용된 것으로 볼 때 온유한 사람들이란 하나님 앞에서 쉽게 낙망하지 않고 하나님의 약속과 축복을 참고 기다리는 사람들을 뜻한다. 네 번째 복에서 예수님은 하나님이 전에 약속하신 대로 성실하게 이행해 주실 것을 갈망하고 갈구하는 사람들을 복되다고 하셨다.

복되다고 하신 이유는 천국이 그들의 것이기 때문이다. 심령이 가난한 것이 원인이 되어 예수님 앞에 와 있는 이 사람들에게 예수님은 천국을 주시겠다고 약속하신 것이나 다름없다. 나머지 표현들도 다 천국과 관련된 것이다. 예수님을 통하여 곧 위로를 받을 것이기 때문에, 천국(의 땅)을 기업으로 받을 것이기 때문에, 하나님의 의가 나타나서 목마름과 배고픔이

곧 해소될 것이기 때문에 복되다고 하신 것이다. 핵심은 사람들이 실제로 예수 그리스도 앞에 서 있었다는 데 있다.

▶ **7-10절** 긍휼히 여기는 자는 복이 있나니 그들이 긍휼히 여김을 받을 것임이요 8 마음이 청결한 자는 복이 있나니 그들이 하나님을 볼 것임이요 9 화평하게 하는 자는 복이 있나니 그들이 하나님의 아들이라 일컬음을 받을 것임이요 10 의를 위하여 박해를 받은 자는 복이 있나니 천국이 그들의 것임이라

이 부분은 사람들 사이의 마음가짐이나 삶의 태도를 지적하신 것으로 보인다.

예수님은 청중들 중에 남에게 자비로운 사람, 두 마음을 품지 않는 깨끗한 사람, 사람들 사이에서 평화를 위해 일하는 사람, 의로운 일 때문에 구박을 받은 사람들을 복되다고 하셨다. 그들이 천국의 왕이신 예수님에게 왔고 설교를 듣고 있으며, 그 결과로 두 번째 연에 언급하신 일들이 예수님으로 말미암아 곧 실현될 것이기 때문이다. 그들에게 자비를 베푸시는 것, 그들이 하나님을 보는 것, 또는 하나님의 아들로 불리는 것, 그리고 천국이 그들의 것이 되는 것은 모두 설교를 하고 계신 예수님으로 말미암아 곧 이루어질 일들이다. 예수님이 하실 천국의 일들의 여러 국면이거나 다양한 표현들로 해석하는 것이 일반적이다.

▶ **11-12절** 나로 말미암아 너희를 욕하고 박해하고 거짓으로 너희를 거슬러 모든 악한 말을 할 때에는 너희에게 복이 있나니 12 기뻐하고 즐거워하라 하늘에서 너희의 상이 큼이라 너희 전에 있던 선지자들도 이같이 박해하였느니라

아홉 번째 복은 세 가지 면에서 팔복과 다르다. 첫째, 예수님께서 이인칭으로 직접 청중을 향해 말씀하셨다. 둘째, 예수님과의 관계가 조건절에 사용되었다. 셋째, 예수님과의 관계 즉 믿음을 근거로 하여 청중들을 "너희"라고 말씀하셨다. 따라서 이 부분 이하에 나오는 "너희"는 논리적으로 예수님을 믿는 사람들로 보아야 한다.

예수님 때문에 욕을 먹거나 억눌리거나 터무니없는 모함을 받는다는 것

은 내면적 믿음 때문에 일어나는 일들이다. 예수님을 믿지 않는다면 굳이 이런 일을 당할 이유가 없기 때문이다.

상이라고 번역된 단어는 삯, 또는 보상의 오역이다. 예수님은 사람들이 당한, 혹은 한 일에 어울리는 삯을 약속하신 것이지 당한 일보다 훨씬 큰 상을 염두에 두지 않으셨다. 예수님이 자신을 믿을 사람들을 구약시대에 하나님을 믿은 선지자들과 동일선상에 놓으셨다는 것은 예수님 자신을 하나님과 동일시하신 것이나 다를 바 없다.

▶ **13절** 너희는 세상의 소금이니 소금이 만일 그 맛을 잃으면 무엇으로 짜게 하리요 후에는 아무 쓸 데 없어 다만 밖에 버려져 사람에게 밟힐 뿐이니라

예수님을 믿는 사람들은 세상의 소금이다. 세상은 타락했고 썩어가고 있다는 사실이 전제되어 있다. 예수님이 세상의 죄를 대속하기 위해서 오셨기 때문에 예수님을 믿고 따르는 사람들은 세상의 부패와 타락을 인정할 뿐만 아니라 막을 수 있는 사람이다. 신자들은 착한 삶으로 이러한 역할을 해야 하는데 맛으로 비유된 선행을 잃는다면 신자들은 세상에 쓸모가 없는 사람들이 되고 만다.

▶ **14-16절** 너희는 세상의 빛이라 산 위에 있는 동네가 숨겨지지 못할 것이요 15 사람이 등불을 켜서 말 아래에 두지 아니하고 등경 위에 두나니 이러므로 집 안 모든 사람에게 비치느니라 16 이같이 너희 빛이 사람 앞에 비치게 하여 그들로 너희 착한 행실을 보고 하늘에 계신 너희 아버지께 영광을 돌리게 하라

세상은 어두워져 있다는 사실이 전제되어 있다. 그래서 예수님 자신이 세상에 빛으로 오셨고 그를 믿는 사람들을 세상의 빛이라고 부르셨다. 신자들 앞에서는 산 위에 세워진 성이라도 숨겨질 수 없다. 예수님을 믿는 사람들이 세상에 존재하는 것은 등불처럼 세상을, 세상에 있는 모두를 비추기 위해서이다. 발광체로서의 빛에서 광선이 나오는 것처럼 예수님은 믿는 사람들과 그들이 해야 할 착한 일들을 분리할 수 없는 것으로 말씀하셨다. 이 모두의 목적은 하나님 아버지께 영광을 돌리기 위한 것이다.

10. 산상설교: 예수님과 구약성경(마 5:17-32)

1) 개요

유대인들은 율법을 가장 작은 것까지라도 지키는 것이 하나님께서 인정하시는 복 있는 삶이라고 생각하고 있었기 때문에 예수님의 설교는 청중 중 누구에게라도 의문을 불러일으킬 수 있었다. 예수님은 마치 청중의 마음을 읽기라도 하신 듯 자신과 율법의 관계를 설명하셨다. 오랫동안 율법을 하나님이 주신 유일한 삶의 기준으로 익혀 온 사람들에게 이것은 최우선적으로 과제였다.

하나님의 뜻은 바뀌지 않는다. 그래서 하나님 나라의 왕으로 오신 그리스도는 구약성경을 없애러 오시지 않고 구약시대에 시작된 일을 완성하러 오셨다. 아브라함을 선택하여 그 후손들에게 하나님의 뜻을 알려주셨기 때문에 구약시대의 율법은 민족적, 사회적 색채를 가지고 있었는데 하나님의 구원의 뜻이 모든 민족에게로 확대되는 이 때 그리스도는 구약성경을 이 구원의 새 시대에 맞도록 탈바꿈시켜야 했던 것이다.

구약성경을 보는 예수님의 태도는 천국의 백성에게도 그대로 연결된다. 그래서 예수님은 하나님의 나라가 시작되었지만 자신을 믿는 사람들이 그 당시 최고의 삶의 수준을 유지하고 있다고 자부하던 율법학자들과 바리새인들의 의보다 더 나아야 한다고 말씀하셨다.

구약성경을 완성하신다는 것이 구체적으로 무엇을 뜻하는지를 예수님은 여섯 개의 반제를 예로 들어 가르치셨다. 반제라는 이름을 붙인 것은 예수님이 자신의 교훈을 당시 사람들이 알고 있던 기준에 비교, 대조하시면서 주셨기 때문이다. 이곳에서 예수님은 율법학자들의 주장을 주로 비판하셨다.

사람들은 살인을 사람의 몸을 실제로 죽이는 것으로 알고 있었지만, 예수님은 마음에 일어나는 살인의 동기, 즉 분노와 욕설과 경멸감까지도 살인의 범주에서 다루셨다. 간음이란 육체적 범죄 이상일 수는 없었다. 그러나 예수님은 마음에 일어나는 정욕까지도 간음으로 취급하셨다. 예수님은 핑계거리만 있으면 이혼을 남자들의 권리처럼 생각하던 당시의 견해에 쇄기를 박으시며 이혼을 금하셨다.

구약의 완성이란 범세계적, 영적, 도덕적 색채를 준 것을 뜻하는 것이다.

2) 주해

▶ **17절** 내가 율법이나 선지자를 폐하러 온 줄로 생각하지 말라 폐하러 온 것이 아니요 완전하게 하려 함이라

"율법이나 선지자들(과 성서들)"이란 표현은 구약성경을 지시하는 용어이다. 예수님은 이 용어로 구약의 규범적 기능을 지시한 것으로 보인다. 21절 이하가 모두 삶의 규범 문제를 다룬 것이기 때문이다. 예수님은 사람들이 자신의 설교를 들으면서 '그렇다면 율법은 끝장나는가?'라는 의문을 품을 것을 아시고 청중에게 그런 생각을 하지 말라고 하신 것이다. 예수님은 율법을 없애러가 아니라 완성시키러 오셨기 때문이다. 예수님이 율법에 순종하심으로 율법의 요구를 이루셨다고 해석하는 것은 전체 본문에 맞지 않는다. 예수님의 가르침이 곧 율법의 완성이라고 하는 것이 더 나을 것이다.

▶ **18-19절** 진실로 너희에게 이르노니 천지가 없어지기 전에는 율법의 일점 일획도 결코 없어지지 아니하고 다 이루리라 19 그러므로 누구든지 이 계명 중의 지극히 작은 것 하나라도 버리고 또 그같이 사람을 가르치는 자는 천국에서 지극히 작다 일컬음을 받을 것이요 누구든지 이를 행하며 가르치는 자는 천국에서 크다 일컬음을 받으리라

한 점이나 한 획은 글자를 구성하는 가장 작은 요소로 율법의 가장 작은 계명을 지시하는 비유어로 사용되었다. 율법은 하나님의 뜻을 나타내신 것이므로 이 세상이 없어지기까지는 아무리 사소하게 보이는 계명이라도 결코 폐지될 수 없다는 뜻이다. 사소한 계명을 말하는 것 자체가 율법의

성격에 어울리지 않는다.

하나님의 나라는 땅이 아니라 하나님의 통치, 또는 통치를 받는 백성들을 지시하기 때문에 "천국에서 작다" 또는 "크다고 불리는 것"을 천국 안에서의 등급 내지 계급으로 이해해서는 안 된다. "작다"를 천국과 관계된 부정적 진술로, "크다"를 그 긍정적 진술로 보는 것이 20절과 잘 어울린다. 예수님은 누구나 율법의 가장 사소하게 보이는 계명이라도 지키고 다른 사람이 지키도록 가르쳐야 한다고 말씀하신 것이다. 물론 율법의 완성이라는 범주 안에서 그렇게 해야 한다.

▶ **20절** 내가 너희에게 이르노니 너희 의가 서기관과 바리새인보다 더 낫지 못하면 결코 천국에 들어가지 못하리라

율법학자들과 바리새인들의 의는 구약성경의 여러 계명들을 글자 그대로 지키는 것이다. 예수님은 그들이 율법의 형식적 준수에 치우쳐 율법의 더 중요한 것, 곧 정의와 자비와 믿음을 버렸다고 비판하셨다(마 23:23). 예수님의 교훈은 율법의 근본정신을 나타낸 것이므로 예수님의 교훈을 따르는 신자들/제자들의 의는 당시 가장 엄격하게 율법을 지킨다고 하던 이 사람들보다 더 나아야 한다. 예수님은 자신을 믿는 사람들이 자신의 교훈을 따라 살지 아니하면 절대로 천국의 백성이 될 수 없다고 선언하신 것이다.

▶ **21-22절** 옛 사람에게 말한 바 살인하지 말라 누구든지 살인하면 심판을 받게 되리라 하였다는 것을 너희가 들었으나 22 나는 너희에게 이르노니 형제에게 노하는 자마다 심판을 받게 되고 형제를 대하여 라가라 하는 자는 공회에 잡혀가게 되고 미련한 놈이라 하는 자는 지옥 불에 들어가게 되리라

당시 사람들은 율법학자들과 바리새인들의 가르침을 따라 사람의 육체를 죽이는 것만을 살인이라고 했다. 이에 비해 예수님은 성내는 것, "라가"라고 욕하는 것, "바보"라고 말하는 것이 살인을 취급하는 23명으로 구성되는 재판에 넘겨질 뿐만 아니라 유대인 최고 법정인 "공회", 나아가서 하나님의 심판을 받게 되는 죄라고 말씀하셨다. 점점 작은 죄를 거론하시면

서도 점점 큰 벌을 그 결과로 언급하신 것이 이채롭다. 죄의 영역을 사회적인 것에서 도덕적, 심리적, 영적인 것으로 확대하신 것이다.

▶ **23-24절** 그러므로 예물을 제단에 드리려다가 거기서 네 형제에게 원망들을 만한 일이 있는 것이 생각나거든 24 예물을 제단 앞에 두고 먼저 가서 형제와 화목하고 그 후에 와서 예물을 드리라

예수님은 하나님을 섬기는 것과 이웃을 사랑하는 것은 뗄 수 없이 결합되어 있는 것으로 보셨다. 제단에 하나님을 위한 제물을 가져가다가, 자기가 의식하지 못한 가운데 실수를 하여, 누가 자기에게 서운한 생각을 가지고 있는 것이 갑자기 생각나면 제사를 중지하고라도 먼저 가서 화해하고 올 것을 명령하셨다. 사람 사이의 화해가 예배 전에 이루어져야 한다는 것이다.

▶ **25-26절** 너를 고발하는 자와 함께 길에 있을 때에 급히 사화하라 그 고발하는 자가 너를 재판관에게 내어 주고 재판관이 옥리에게 내어 주어 옥에 가둘까 염려하라 26 진실로 네게 이르노니 네가 한 푼이라도 남김이 없이 다 갚기 전에는 결코 거기서 나오지 못하리라

이러한 규칙은 자신이 명백히 잘못한 경우에도 적용된다. 예수님은 사람 사이의 화해가 꼭 필요함을 재판정의 비유로 교훈하셨다. 재판장에게 끌려가기 전에, 길에 있을 때 고소인과 타협을 해야 한다는 것, 그렇지 않으면 결국 감옥에 갇혀서 마지막 한 푼을 다 갚기 전에는 절대로 빠져 나오지 못할 것이라는 경고는 사람 사이의 일이 하나님의 심판과 직결된다는 것을 뜻하신 것으로 보인다.

▶ **27-28절** 또 간음하지 말라 하였다는 것을 너희가 들었으나 28 나는 너희에게 이르노니 음욕을 품고 여자를 보는 자마다 마음에 이미 간음하였느니라

예수님 당시 통용되던 간음이나 간통도 순 육체적인 것으로 결혼한 여자와의 관계만을 지적하는 것이었지만 예수님은 "음욕을 채우려고" 여자,

또는 남자를 쳐다보는 행위도 마음속의 간음이라고 하심으로써 간음의 적용범위를 마음의 영역으로 그리고 모든 사람에게로 확대 적용하셨다.

▶ **29-30절** 만일 네 오른 눈이 너로 실족하게 하거든 빼어 내버리라 네 백체 중 하나가 없어지고 온 몸이 지옥에 던져지지 않는 것이 유익하며 30 또한 만일 네 오른손이 너로 실족하게 하거든 찍어 내버리라 네 백체 중 하나가 없어지고 온 몸이 지옥에 던져지지 않는 것이 유익하니라

예수님은 죄를 짓게 하는 원인이 되는 신체의 일부를 뽑거나 잘라 내버리더라도 온 몸이 지옥에 던져지지 않는 것이 더 좋다고 하셨다. 눈을 뽑으라거나 손을 자르라고 하신 것을 직설법으로 이해하는 것은 잘못이다. 사실 죄의 원인은 몸의 일부에 있지 않고 그 몸을 사용하는 마음에 있기 때문이다(마 15:19). 이러한 표현은 죄, 특히 간음의 죄를 무슨 일이 있더라도 근절해야 한다는 것을 강조하신 과장법이다. 쌍으로 이루어진 것을 거론할 때 먼저 오른 쪽을 말하는 것은 유대인의 관습일 뿐 특별한 의미는 없어 보인다.

▶ **31-32절** 또 일렀으되 누구든지 아내를 버리려거든 이혼 증서를 줄 것이라 하였으나 32 나는 너희에게 이르노니 누구든지 음행한 이유 없이 아내를 버리면 이는 그로 간음하게 함이요 또 누구든지 버림받은 여자에게 장가드는 자도 간음함이니라

구약성경에는 여자가 결혼생활을 하지 못할 결함이 있을 경우 여자를 보호할 목적으로 이혼문서를 주어 헤어질 것을 허락하였지만 예수님 당시는 남자들이 이 계명을 악용하여 갖은 이유로 이혼을 정당화하였다. 그러나 예수님은 음행, 즉 죄만이 결혼생활을 끝낼 수 있고 그렇지 않을 경우 배우자나 이 배우자와 결혼하는 사람으로 하여금 죄를 짓게 하는 것이라고 규정하심으로써 이혼 자체를 금지하셨다. 결혼이란 두 사람을 한 몸으로 만드는 일이기 때문이다.

11. 산상설교: 맹세, 보복, 이웃 사랑(마 5:33-48)

1) 개요

예수님이 여섯 반제에서 인용하신 것은 정확한 구약성경의 구절이 아니다. 예수님은 아마 당시 율법학자들과 바리새인들이 사람들을 가르치고 있던 것, 그래서 청중이 잘 알고 있는 것을 인용하시며 율법의 원래 의미로 되돌아가시거나 하나님의 나라가 시작된 새 시대에 맞도록 완전한 해석을 주셨다. 반제 모두에서 발견되는 율법의 완성은 예수님이 율법 아래 오셔서 율법의 요구를 다 이루시고 이것을 자기 백성에게 믿음의 의로 주셨다는 교훈은 산상설교 어디에도 잘 들어맞지 않는다. 예수님은 자신의 교훈을 구약의 규범적 부분 즉 율법을 완성하는 것으로 제시하신 것이라는 해석이 가장 적합하다. 가르치심을 통하여 율법을 완성하셨다는 이 의미는 뒤의 세 반제에도 그대로 나타나고 있다.

예수님은 맹세에 관한 교훈에서 표면적으로는 구약성경과 정반대의 말씀을 하시면서도 이웃에게 성실하게 말하고 말한 것을 최선을 다해 지키라는 구약 율법의 정신을 그대로 이어가셨다. 당시 관행으로 자리 잡고 있던, 하나님의 이름을 사용하지 않지만 자신의 허위성을 가리기 위하여 사용하는 잘못된 맹세를 모두 비판하시면서 하나님 나라의 백성은 단순하게, 알고 있는 것을 정확하게 말하도록 교훈하신 것이다.

다섯 번째 반제에서 예수님은 재판장이 공평하게 재판할 수 있도록 재판규례로 주신 구약성경의 말씀을 복수의 법으로 바꾸어 사용하고 있던 당시 유대인들의 관습을 비판하시며 악한 사람과 맞서지 말 것을, 차라리 분노를 삭이고 권리라도 포기하며 자발적으로 선을 베풀고 달라고 하는 사람에게 절대로 거절하지 말라고 하셨다. 복수해야 마땅한 사람들에게 최선을 다하고 하심으로 이웃 사랑을 다루신 여섯 번째 반제에서 예수님은 이웃과 원수의 구별이 무의미함을 지적하시며 구태여 이런 구별이 필요하다면 원수라도 사랑하라고 하셨다. 모두에게 보여야 할 태도가 사랑, 이 하나라면 사람들을 굳이 자의적이고 주관적으로 구별할 필요가 없는 것이다.

2) 주해

▶ **33절** 또 옛 사람에게 말한 바 헛 맹세를 하지 말고 네 맹세한 것을 주께 지키라 하였다는 것을 너희가 들었으나

하나님은 구약시대에 자신의 이름으로 맹세하고(신 6:13) 그것을 성실하게 지키도록 명령하셨다. 하나님의 이름은 신실한 말과 성실한 이행을 위한 보장 장치였다. 금지된 것은 하나님의 이름으로 맹세하고도 지키지 않는 헛맹세였다. 이 경우 하나님의 이름을 망령되이 일컫는 죄를 짓는 것이 된다(레 19:12). 예수님 당시에는 맹세하고 지키지 못할 때의 책임을 피하기 위하여 하나님의 이름을 뺀 맹세가 성행하고 있었다. 인용구는 헛맹세만 아니라면 어떤 형태의 맹세든지 허용하는 그런 가르침으로 보인다.

▶ **34-36절** 나는 너희에게 이르노니 도무지 맹세하지 말지니 하늘로도 하지 말라 이는 하나님의 보좌임이요 35 땅으로도 하지 말라 이는 하나님의 발등상임이요 예루살렘으로도 하지 말라 이는 큰 임금의 성임이요 36 네 머리로도 하지 말라 이는 네가 한 터럭도 희고 검게 할 수 없음이라

예수님 자신이 하나님의 이름으로 맹세하신 적도 있고(마 26:63-64) 바울도 그의 편지에서 맹세를 사용하고 있기(고후 1:23) 때문에 예수님은 모든 맹세나 성실한 약속이 아니라 이러한 잘못된 맹세를 금지하셨다는 것을 알 수 있다.

그 이유는 어떤 형태의 맹세라도 하나님과의 관련성을 피할 수 없다는 데 있다. 하늘을 두고 맹세하는 것은 그것이 하나님이 앉으신 보좌이기 때문이다. 예루살렘은 큰 임금, 곧 하나님이 거주하시는 성이다. 이런 맹세는 하나님의 이름을 피하는 것처럼 보이지만 실제로는 하나님의 이름을 이용

하고 있다. "보좌", "성"은 하나님과의 관련성을 나타내려는 비유적 표현이다.

다른 이유는 사람들이 맹세에 거는 조건들을 사람이 할 수 없다는 데 있다. 머리를 두고 맹세하는 경우가 있지만 실제로 그는 머리카락 색깔 하나 바꾸지 못한다.

▶ **37절** 오직 너희 말은 옳다 옳다, 아니라 아니라 하라 이에서 지나는 것은 악으로부터 나느니라

천국의 백성은 예라고 대답해야 할 경우에 예라고 하고 아니라고 해야 할 경우에 아니라고 해야 한다. 과장하지 말고 있는 그대로, 아는 그대로를 말함으로써 신실하게 행동하고 신실한 사람이 되라는 것이다. 이것보다 더 과장하는 것은 인간의 악에서 나오는 것이다.

▶ **38절** 또 눈은 눈으로, 이는 이로 갚으라 하였다는 것을 너희가 들었으나

인용구는 글자 그대로 구약의 여러 구절에 복수의 명령으로가 아니라 피해자의 억울함을 해소하고 가해자의 과도한 처벌을 피하도록 재판관에게 주신 계명으로 나온다. 예수님 당시 사람들은 이 계명을 복수의 명령으로 바꾸어 배운 것으로 보인다.

▶ **39-41절** 나는 너희에게 이르노니 3)악한 자를 대적하지 말라 누구든지 네 오른편 뺨을 치거든 왼편도 돌려 대며 또는 악을 40 또 너를 고발하여 속옷을 가지고자 하는 자에게 겉옷까지도 가지게 하며 41 또 누구든지 너로 억지로 오 리를 가게 하거든 그 사람과 십 리를 동행하고

이에 비해 예수님은 악한 사람을 아예 맞서지 말 뿐만 아니라 그들이 요구하는 것을 더 해주라고 하셨다. 화가 나서 뺨을 때리는 사람에게 분노를 잊고 다른 뺨도 돌려대는 것, 속옷을 빼앗기 위하여 고소하는 사람에게 자기 권리를 포기하고 더 중요한 겉옷도 가지게 하는 것, 5리를 가도록 강제로 징용하면 그 배인 10리를 자발적으로 가 주는 것이다. "악한 사람들"

을 언급하신 것을 보면 요구 받는 행위가 의무나 책임이 아니라 부당한 일, 즉 가해임을 알 수 있다. 이러한 일에는 울분과 복수심이 솟구치기 마련이지만 예수님은 마음에 치미는 분노와 악한 생각들을 극복하라고 명령하셨다.

▶ **42절** 네게 구하는 자에게 주며 네게 꾸고자 하는 자에게 거절하지 말라

다른 사람을 위해 행동하는 것, 이것이 예수님이 지시하신 행동이다. 달라는 사람에게, 그리고 빌리려는 사람에게 자신의 권리를 주장하지 말고, 또 아끼지 말고 주라는 것이다. 하나님의 아들은 인류를 위하여 목숨을 버리기 위해서 이 땅에 오셔서 자신과 같은 마음가짐과 선처를 천국의 백성에게도 요구하셨다.

▶ **43절** 또 네 이웃을 사랑하고 네 원수를 미워하라 하였다는 것을 너희가 들었으나

이웃을 사랑하라는 계명은 율법의 근본정신이지만 원수를 미워하라는 명령은 구약 어디에도 들어있지 않다. 사해 인근의 쿰란에서 발견된 문서에 이런 명령이 들어있는 것을 보면 예수님 당시 이웃과 원수의 대조 속에서 원수를 미워하라는 명령이 사람들 사이에 가르쳐지고 있었다고 추정할 수 있다. 유대인들, 특히 칼과 폭력을 사용해서라도 하나님의 나라를 건설하겠다던 열심당원들은 이웃을 같은 유대 민족으로 원수를 자기 민족을 억압하는 사람들로 이해하였다.

▶ **44-45절** 나는 너희에게 이르노니 너희 원수를 사랑하며 너희를 박해하는 자를 위하여 기도하라 45 이같이 한즉 하늘에 계신 너희 아버지의 아들이 되리니 이는 하나님이 그 해를 악인과 선인에게 비추시며 비를 의로운 자와 불의한 자에게 내려주심이라

예수님은 원수에 대한 적개심과 미움을 원수에 대한 사랑으로, 억압하는 사람들을 위한 기도로 바꿀 것을 명령하셨다. 원수만을 사랑하면 되는 것이 아니다. 원수가 있다 하더라도 그에게 보여야 할 행동은 다른 모든

사람에게도 보여야 하는 같은 사랑이다. 이제 자기중심적으로 이웃과 원수를 구별할 필요가 없다. 구별하더라도 그에게 보여야 할 태도는 사랑이기 때문이다.

인간성에 위배되는 이러한 행동을 요구하신 이유는 하나님이 선한 사람, 악한 사람을 구별하지 않고, 또 의인과 불의한 사람을 차별하지 않고 공평하게 그들 모두 위에 해가 돋게 하시고 비를 내려 주시기 때문이다. 이렇게 하는 사람만이 천국백성으로서의 자격이 있고 하나님의 아들이 될 것이기 때문이다. 하나님을 처음으로 "너희의 아버지"라고 부르신 것은 천국의 백성은 하나님의 자녀들이라는 사실을 알려주실 뿐만 아니라 그 아버지의 성품과 자세를 본받아야 한다는 것을 강조하기 위해서이다.

▶ **46-48절** 너희가 너희를 사랑하는 자를 사랑하면 무슨 상이 있으리요 세리도 이같이 아니하느냐 47 또 너희가 너희 형제에게만 문안하면 남보다 더하는 것이 무엇이냐 이방인들도 이같이 아니하느냐 48 그러므로 하늘에 계신 너희 아버지의 온전하심과 같이 너희도 온전하라

하나님을 알고 예수님을 믿는 사람들은 죄인들, 이방인들, 아니 유대 지도자들보다 더 나아야 한다. 자기를 사랑하는 사람만이 아니라, 또 자기에게 인사하는 사람에게 만이 아니라 모두를 사랑하고 모두에게 먼저 인사하여야 한다. 그렇지 않은 사람에게는 하나님 나라의 삯이 주어지지 않는다.

이 모든 교훈으로 예수님이 목표로 삼으신 것은 자신을 믿고 따르는 모든 사람들이 하나님처럼 완전한 사랑, 곧 원수라도 사랑하는 천국의 백성이 되는 것이다.

Short Commentary
Matthew
마태복음 6 장

12. 산상설교: 자선과 기도(마 6:1–8)

1) 개요

율법학자들과 바리새인들의 의보다 천국 백성의 의가 더 나아야 한다(5:20)고 선언하신 예수님은 여섯 반제에서는 의로운 삶의 기준에 관하여 가르치셨고 6장에서는 의의 방법에 대하여 가르치셨다. 여섯 반제에서는 율법학자들의 주장을 주로 비판하시며 무엇이 옳은 것인가를, 이곳에서는 바리새인들의 삶의 방법을 주로 비판하시며 어떻게 하는 것이 의를 바르게 실천하는 길인지를 밝혀 주신 것이다.

예수님이 이곳에서 다루신 구제와 기도와 금식을 천국의 백성인 신자들이 평생 힘써야 할 대표적 의무라고 부르는 것은 옳지 않다. 예수님 당시 유대인들, 특히 바리새인들이 이 세 가지에 그러한 커다란 의미를 부여하고 있어서 예수님이 의의 바른 방법을 가르치시는데 좋은 예로 사용하셨을 뿐 천국 백성의 종교적 의무를 이렇게 압축하셨다고 볼 수는 없다.

예수님이 비판하신 요점은 사람들이 하나님을 섬긴다고 하면서도 실제로는 사람들에게 보이려고 이런 일들을 한다는 것이다. 사람들에게 칭찬을 받으려는 목적을 감추고 가난한 사람들을 위하는 척 구제하고, 하나님께 기도나 금식하는 척 하면서도 사실은 사람들에게 경건한 사람이라는 영광을 얻고 싶어하는 이런 사람들을 예수님은 위선자라고 부르셨고 이들이 사람들에게 칭찬과 영광을 얻는 순간 그들의 욕구와 목적이 달성되었다고 선언하셨다. 더 이상 하나님의 보상은 없다.

구제는 자신을 위해서가 아니라 가난한 사람들을 위해서 하는 것이며 그 배후에 계신 하나님 앞에서 하는 일이다. 기도나 금식도 사람들이 듣고 보도 칭찬하도록 하는 것이 아니라 전적으로 하나님에게 드리는 호소이므로 사람들에게는 철저하게 숨기고 하나님만이 듣고 보도록 숨어서 해야 한다. 이것을 예수님은 오른 손이 하는 것을 왼손이 모르게 해야 하고, 골방에 들어가서 해야 하며 얼굴을 씻고 머리에 기름을 바르고 해야 한다고 표현하셨다. 이렇게 하는 것이 하나님이 갚아주시는 의가 된다.

2) 주해

6:1절 사람에게 보이려고 그들 앞에서 너희 의를 행하지 않도록 주의하라 그리하지 아니하면 하늘에 계신 너희 아버지께 상을 받지 못하느니라

이 1절을 2-18절의 서론으로 취급하는 것이 보통이다. 그렇다면 "너희의 의"란 5:20 이하에 언급하신 제자들의 의 중에서 '바리새인들의 의보다 더 나은 의'로 보아야 한다. 예수님은 앞 장에서 말씀하신 새로운 마음가짐과 생활방식을 사람들에게 보일 의도로 해서는 안 된다고 하셨고 2절 이하에 세 가지 구체적인 예를 드시며 사람에게 보일 의도로 하는 행위와 하나님 앞에서만 하는 행위를 비교하셨다. 구제, 기도, 금식을 예로 드신 것은 이것을 신자들의 중대 의무로 제시하시려는 것이 아니라 당시 유대인들이 가장 중요한 종교적 의무로 생각하고 있었기 때문이다.

사람들에게 보이려고 의도적으로 하는 행위는 그것이 아무리 선한 것이라 하더라도 칭찬, 또는 명예라는 숨은 목적을 달성했기 때문에 하나님께

서 삯을 주지 않으신다. 상은 삯의 오역이다.

▶ **2절** 그러므로 구제할 때에 외식하는 자가 사람에게서 영광을 받으려고 회당과 거리에서 하는 것 같이 너희 앞에 나팔을 불지 말라 진실로 너희에게 이르노니 그들은 자기 상을 이미 받았느니라

구제, 또는 자선은 가난한 사람들에게 필요한 것을 공급하는 행위, 즉 가난한 사람을 위한 행위이다. 어떻게 구제 때 나팔을 부는 습관이 생겼는지는 정확하게 알 수 없지만 예수님이 회당과 거리에서 실제로 나팔을 부는 구제행위를 자주 보셨고 이것을 지적하셨다고 해석하는 것이 본문에 어울리는 것으로 보인다.

"위선자"로 번역된 단어는 겉과 속이 다른 사람, 자기가 원하는 것과 다른 행동을 하는 사람, 즉 배우, 또는 흉내 내는 사람을 뜻한다. 겉으로 드러나는 행동은 구제/자선이라는 선한 행동이지만 숨어있는 진심은 불쌍한 사람을 도우려는 것이 아니라 사람들에게 칭찬을 받으려고 하는 욕구임을 지적하시려고 사용하신 단어이다. 이런 구제행위는 나팔을 부는 순간 사람들의 이목이 쏠리기 시작하면서 구제에 대한 삯을 받은 것으로 계산된다.

▶ **3-4절** 너는 구제할 때에 오른손이 하는 것을 왼손이 모르게 하여 4 네 구제함을 은밀하게 하라 은밀한 중에 보시는 너의 아버지께서 갚으시리라

구제의 바른 방법은 아무도 모르게 하는 것이다. 예수님은 이것을 "오른 손이 하는 것을 왼 손이 모르게 하라"고 비유적으로 표현하셨다. 오른편을 먼저 언급하는 것은 유대인의 관습이다. 왼손을 호주머니에 넣고 한 손으로 할 수 있는 것만을 하라는 말씀은 아니다. 심지어 자신도 남을 돕는다고 의식하지 못하도록 몰래 해야 한다는 말씀이다. 구제란 순수지출이다.

(구제를 몰래하라는 이 명령은 때로는 악용되어 구제활동 자체를 약화시킬 수있다. 이럴 경우 가난이란 워낙 시급한 문제이기 때문에 구제하지

않는 것보다는 남이 보도록 하는 구제가 더 나을 것이다.)

모든 인간의 행위는 보이지 않지만 숨어서 보시는 하나님 앞에서 진행된다. 예수님은 신자들이 믿는, 숨어 계시는 하나님을 너희 아버지라고 부르심으로써 이미 하나님의 나라가 시작되었고 하나님 나라의 질서가 선포되고 있음을 암시하셨다. 하나님은 그 자녀들의 은밀한 행동을 보시고 갚아주시는 분이시다.

▶ **5절** 또 너희는 기도할 때에 외식하는 자와 같이 하지 말라 그들은 사람에게 보이려고 회당과 큰 거리 어귀에 서서 기도하기를 좋아하느니라 내가 진실로 너희에게 이르노니 그들은 자기 상을 이미 받았느니라

기도란 살아계신 하나님께 자신의 마음을 털어놓는 숭고한 신앙행위이다. 그러나 인간의 마음은 기도하는 이 거룩한 순간에도 다른 마음을 가지도록 장난을 한다. 자신을 경건하고 신앙적인 사람으로 보이고 싶어하는 마음이다. 예수님은 이런 마음을 가지고 기도하는 사람을 위선자라고 규정하셨다. 예수님이 구체적으로 지적하신 사람들은 당시 회당이나 길모퉁이, 즉 사람들이 많이 모이는 곳에 서서 혼자 의도적으로 크게 기도하는 사람들이었다. 그것은 순수한 동기에서 출발하였다 하더라도 인간의 악한 마음을 표출하는 도구가 된다.

모두가 함께 모여 함께 기도하는 공동기도를 비판하신 것은 아니다. 예수님은 공공연히 하는 개인 기도를 지적하셨다. 그러나 공동기도나 대표기도에 사람을 의식하는 마음이 스며든다면 이 기도 역시 예수님이 꾸중하신 기도 유형에 포함되는 것으로 보아야 한다.

사람들이 모여 있는 곳에서 의도적으로 크게 그리고 유창하게 기도하는 것은 시작하는 즉시 사람들의 이목과 존경을 끌어들이는 것이므로 그 자체가 기도에 대한 대가로 계산된다. 위선적 기도에 대한 상, 하나님의 응답은 남아 있지 않다.

▶ **6절** 너는 기도할 때에 네 골방에 들어가 문을 닫고 은밀한 중에 계신 네 아버지께

기도하라 은밀한 중에 보시는 네 아버지께서 갚으시리라

"너희의 골방"은 외부사람들이 잘 모르는 작은 방으로 곧 잘 창고로 사용하던, 누구나 볼 수 있는 회당과 큰 길 모퉁이와 대조되는 그런 공간이다. "문을 닫고"는 들어간 사람이 그 곳에서 무엇을 하고 있는지 아무도 모르게 하라는 뜻이다. 어떤 장소를 기도처로 정하고 기도할 때만 사용하며 늘 같은 시간에 드나들며 기도한다면 그곳은 더 이상 예수님이 뜻하신 너의 골방이 아닐 수 있다.

기도란 하나님에게 하는 것이기 때문에 아무도 모르게 또 다른 마음을 갖지 않고 하나님께만 해야 한다. 예수님은 구제를 말씀하실 때처럼 이러한 숨겨진 혼자만의 기도를 숨어서 보시는 하늘 아버지가 갚아주신다고 약속하셨다.

▶ **7-8절** 또 기도할 때에 이방인과 같이 중언부언하지 말라 그들은 말을 많이 하여야 들으실 줄 생각하느니라 8 그러므로 그들을 본받지 말라 구하기 전에 너희에게 있어야 할 것을 하나님 너희 아버지께서 아시느니라

예수님은 이방인들의 종교와 이방인들의 기도를 인정하지 않으셨지만 비판적 기도의 모형으로 그들의 기도 모습을 언급하셨다. 이방인들은 그들의 종교행사에 같은 말을 주술을 외듯 반복하며 빈말들을 미사여구로 엮어내고 말을 많이 해야 그들의 신을 기쁘게 만들고 그 결과로 응답을 받는다고 생각하고 있었다.

예수님은 그런 식의 기도가 무가치함을 지적하시고 진심을 솔직하고 꾸밈없이 숨어서 하나님께 기도하도록 지시하셨다. 많은 말, 인간의 꾸밈이나 허사가 필요치 않은 것은 기도를 들으시는 하나님은 사람들이 기도하기도 전에 그들에게 필요한 것들을 다 알고 계시는 하늘 아버지이시고 이제 자신의 아들을 통하여 자기 백성을 모으고 다스리기 시작하시기 때문이다.

13. 산상설교: 주기도문과 금식(마 6:9-18)

1) 개요

말을 많이 하고 빈 소리를 중얼대는 이방인들의 쓸모없는 기도를 비판하신 예수님은 하나님을 우리 필요를 미리 아시는 아버지로 믿는 사람들에게 짧고 간결하고 효과적인 기도의 모형을 사람들에게 가르쳐 주셨다. 이 기도를 우리는 **주기도문**이라고 부른다. 주기도문은 이곳과 누가복음 11:2-4에 약간 다른 두 개의 형태가 전해져 오고 있는데 교회에서 예배시에 사용하는 것은 마태가 기록해 놓은 것이다.

주기도문은 천국의 왕으로 오신 예수님이 자신을 믿고 따르는 사람들이 함께 사용하도록 공동기도문으로 주신 것이다. 예수님을 믿는 사람들은 이 기도를 사용하며 하나님을 함께 "하늘에 계신 우리 아버지"라고 부르는 영적 가족 공동체를 구성한다. 하나님의 나라는 하나님을 아버지로 부르는 사람들의 모임이다.

주님이 가르쳐 주신 기도문은 모두 일곱 개의 청원으로 구성되어 있다. 앞의 세 개는 하나님과 관련되어 있고 뒤의 네 개는 우리의 삶과 관계되어 있다. 하나님과 관련된 청원은 하나님의 이름이 거룩해지고, 하나님의 나라가 이 땅에 오고, 하나님의 뜻이 이 땅에 이루어지도록 비는 것이다. 사람과 관련된 청원은 하루의 빵을 주시고, 우리 죄를 용서하시고, 시험에 인도하지 마시고, 악에서 건져주시도록 비는 것이다. 기도 마지막에 첨가되어 있는 찬송은 기록되어 있는 사본도 있지만 기록되어 있지 않은 사본들이 더 유력하다고 평가받는다.

세 번째 청원, 곧 용서를 비는 기도에는 두 가지 설명구가 붙어 있다. 용서를 빌기 전에 먼저 자신에게 빚진 사람들을 용서해야 한다는 것(12절)과 사람들의 용서 여부에 따라 하나님의 용서가 적용된다는 것이다(14-15

절). 의를 행하는 바른 방법을 가르치시기 위하여 드신 세 번째 예가 금식에 관한 것이다. 구제와 기도의 경우에서처럼 예수님은 하나님 앞에서 금식을 하면서도 사람들에게 보이고 싶어서 얼굴을 흉하게 하는 이중적 태도를 위선이라고 규정하시고 금식을 하나님만 보시도록 하라고 가르치셨다.

2) 주해

▶ **9절** 그러므로 너희는 이렇게 기도하라 하늘에 계신 우리 아버지여 이름이 거룩히 여김을 받으시오며

"그러므로"는 우리가 기도하기도 전에 하나님이 우리의 필요 모두를 아시니까 "이렇게" 기도해야 한다는 의미이다. 하나님이 "하늘에 계신다"는 표현은 동양적 신앙과 같은 표현이 아니다. 유대인들은 하나님의 이름 대신 자주 하늘을 그 대용어로 사용하였다(마 21:25). 따라서 "하늘에 계신 우리 아버지"란 곧 우주를 창조하신 하나님을 지시하는 용어이다.

"우리"는 예수님을 믿는 제자들을 지시한다. "우리 아버지"란 표현으로 예수님은 이 기도를 드릴 사람들을 특정 집단으로 취급하시며 하나님과 영적 부자 관계에 들어와 있음을 가르쳐 주셨다. 하나님을 아버지로 알려주신 것은 인간의 언어 가운데서 이 단어가 하나님의 모습을 가장 잘 보여줄 수 있기 때문이다. 믿는 사람들의 기도는 공포의 외침이나 신을 깨우는 주술이 아니라 아버지께 드리는 자녀들의 호소이다.

하나님이 사람의 소리로 자신의 이름을 만들어주신 이유는 이 이름을 부르라는 데 있다. 이 소리를 내면 응답하시겠다는 약속이나 다름없다. 그러나 인간의 소리로 표현되었기 때문에 사람들은 그 거룩함을 모를 수 있고 악용할 수 있다. 첫 기도는 우리가 하나님의 이름을 거룩히 사용해야 한다는, 하나님의 이름이 사람에 의해서도 거룩해져야 한다는 명령이나 다름없다.

▶ **10절** 나라가 임하시오며 뜻이 하늘에서 이루어진 것 같이 땅에서도 이루어지이다

"하늘에처럼 땅에도"는 문법적으로 두 기도에 다 연결될 수 있다. 그렇다면 하나님의 나라는 하늘에는 이미 왔고 하나님의 뜻은 하늘에 이미 이루어졌는데 그렇게 이 땅에도 하나님의 나라가 오고 하나님의 뜻이 이루어지기를 비는 것이 두 번째와 세 번째 기도이다. 하나님의 영원무궁한 통치가 하늘에서처럼 이 땅에도 시작되고 모든 민족의 모든 영역으로 자라나며 하나님의 뜻이 예수님의 삶으로 말미암는 구속에서 시작하여 모든 영역에 이루어질 것을 비는 것이다.

▶ **11절** 오늘 우리에게 일용할 양식을 주시옵고

빵은 유대인의 주식이었다. 따라서 빵에 관한 기도는 우리에게는 밥을 위한 기도와 같다. 육체를 가진 우리에게 "오늘 하루치" 밥은 생존을 위해서 필수적이다. 사람들이 열심히 일하고 벌어서 먹고 살지만 이 모두를 공급하시는 분은 보이지 않는 하늘 아버지시라는 사실이 전제되어 있다.

▶ **12절** 우리가 우리에게 죄 지은 자를 사하여 준 것 같이 우리 죄를 사하여 주시옵고

죄, 죄인이라고 번역된 단어는 사실은 "빚", "빚진 사람"을 뜻한다. 그러나 사람이 하나님께 진 빚이란 곧 죄일 수밖에 없다. 살아 있는 사람에게 밥만큼, 아니 그 이상으로 필요한 것은 죄의 용서이다. 이 기도에서 예수님은 모든 사람들이, 천국의 백성이라도 하나님 앞에 죄인임을, 그러므로 하나님께 죄의 용서를 빌어야 한다고 가르쳐 주신 것이다. 죄의 용서는 그리스도의 죽음으로 이루어지는 것이니까 결국은 예수님 자신의 사명이 이루어지도록 비는 기도가 된다.

그러나 이 기도는 기도하는 사람들, 즉 신자 공동체가 그들에게 죄를 지은 사람들을 용서해 주어야 한다는 것을 비교점("용서한 것처럼")으로 가지고 있다. 우리의 용서가 없다면 이 기도는 영원히 드릴 수 없는 것이 되고 만다.

▶ **13절** 우리를 시험에 들게 하지 마시옵고 다만 악에서 구하시옵소서 (나라와 권세와 영광이 아버지께 영원히 있사옵나이다 아멘

시험이라고 번역된 단어 "페이라스모스"는 야고보가 말한 것과 같은 욕심 때문에 벌어지는 시험, 마귀의 유혹만을 뜻하지 않는다. 하나님이 주시는 연단을 위한 시험을 지시하기도 한다(고전 10:13). "데리고 들어간다"는 단어는 마치 성령이 예수님을 시험으로 인도했듯이 시험에 하나님이 적극적으로 개입하심을 알려주고 있다. 시험은 어떤 종류의 것이든 괴로운 것이다. 예수님은 하나님이 우리를 그런 시험에 인도하시지 말기를 빌라고 가르치셨다.

사람을 시험보다 더 괴롭히는 것이 악, 또는 악한 사람이다. 예수님은 악, 또는 악한 사람에게서 건져달라고 빌어야 한다고 가르쳐 주셨다.

주기도문 끝의 찬송은 대부분의 유력 사본에 기록되어 있지 않다. 그러나 나라와 권세와 영광이 하나님에게만 있다는 내용은 주기도문만이 아니라 산상설교의 전체 문맥에 아주 잘 들어맞는다.

▶ **14-15절** 너희가 사람의 잘못을 용서하면 너희 하늘 아버지께서도 너희 잘못을 용서하시려니와 15 너희가 사람의 잘못을 용서하지 아니하면 너희 아버지께서도 너희 잘못을 용서하지 아니하시리라

내용을 중심으로 볼 때 이 구절은 12절의 상세 설명이다. 그러나 보다 강하게 예수님은 사람의 용서가 하나님의 용서와 뗄 수 없는 관계에 있다고 말씀하셨다. 하나님의 용서가 사람들의 용서 뒤에 따라 올 수도 있음을 지적하신 것이다. 반대로 사람들의 용서가 없다면 하나님의 용서도 없다. "우리가 용서한 것처럼" 용서해 주시도록 기도하는 것과 같은 어조다.

▶ **16-18절** 금식할 때에 너희는 외식하는 자들과 같이 슬픈 기색을 보이지 말라 그들은 금식하는 것을 사람에게 보이려고 얼굴을 흉하게 하느니라 내가 진실로 너희에게 이르노니 그들은 자기 상을 이미 받았느니라 17 너는 금식할 때에 머리에 기름을 바르고 얼굴을 씻으라 18 이는 금식하는 자로 사람에게 보이지 않고 오직 은밀한 중에 계신 네 아버지께 보이게 하려 함이라 은밀한 중에 보시는 네 아버지

께서 갚으시리라

금식이란 슬픔의 표현이다. 고통스러운 삶과 괴로운 마음을 하나님께 호소하는 방법이다. 영양분의 섭취는 곧 생명 유지에 필요하기 때문에, 목숨을 걸고 하나님께 매어달리는 것이다. 그런데도 이 숨 막히는 순간을 인간의 마음은 자신의 허영과 명예를 위하여 사용할 수 있다. 금식하는 것을 사람들에게 보이고 경건한 사람이라는 종교적 존경을 사기 위하여 슬픈 표정을 짓고 얼굴을 찡그리고 다닐 수 있다. 예수님은 이것을 위선이라고 규정하셨고 천국의 백성은 위선자처럼 하지 말라고 명령하셨다. 이런 금식은 사람이 알아주는 순간 마음의 숨은 의도가 충족되는 것이므로 이미 보상을 받은 것으로 취급된다. 더 이상 하나님의 삯은 없다.

예수님이 가르치신 참된 금식은 머리를 손질하여 기름을 바르고 얼굴을 씻음으로 사람에게는 표 나지 않게 하고 숨어서 보시는 하늘 아버지에게만 인간의 아픔을 호소하는 것이다. 예수님은 그런 금식에 하나님의 갚아주심이 있다고 약속하셨다.

14. 산상설교: 물질과 걱정(마 6:19–34)

1) 개요

앞의 삶의 기준, 삶의 방법에 관한 교훈에 이어 예수님은 물질 문제를 하나님 앞에서 하나님 나라의 백성으로 이 세상을 어떻게 살아야 하느냐 하는 넓은 관점에서 다루셨다. 따라서 더 많은 부를 창출하고 축적하는 것을 좋게 말하는 세상 평가와는 달리 땅 위에 보물을 쌓는 것을 부정적으로 말씀하셨다. 땅 위에 보물 쌓기를 그치고 하늘에 보물을 쌓으라고 하셨다. 하나님도 보물을 좋아하시기 때문이 아니라 보물에 붙어 있는 사람들의 마음을 요구하시기 때문이다. 눈과 몸의 관계를 비유로 사용하셔서 물질에 집착하는 삶이 사람에게 잘못이며 물질을 하나님과 비교하는 것은 어리석은 태도임을 지적하셨다. 사람의 부패한 마음은 하나님과 감히 비교할 수도 없는 재물을 서로 비교하여 갈등을 겪기도 하고 곧잘 하나님을 버리고 재물을 선택하게도 한다. 이것을 예수님은 두 주인을 섬기는 마음이라 부르셨다. 따라서 땅의 물질에 집착하는 것은 곧 우상숭배가 된다.

삶을 위한 걱정도 예수님은 같은 우상숭배의 차원에서 경고하셨다. 하나님은 세상을 다스리시는 분으로서 새들을 입히시고 먹이신다. 솔로몬의 영화로운 삶은 다 지나갔지만 하나님이 입히시는 들꽃은 계속 아름다움을 발하고 있다. 하나님이 더 귀하게 창조하신 사람을 돌보실 것은 당연한 이치이다. 그런데도 사람이 먹을 것, 마실 것, 입을 것을 걱정한다면 이것은 인생 배후에, 이 세상 뒤에 계신 창조주 하나님을 보지 못하기 때문에, 믿고 의지하지 않기 때문에 발생하는 현상이다. 삶에 대한 걱정은 하나님을 믿지 않는 이방인들이나 하는 것이다. 하나님을 믿으면서도 이런 걱정을 한다면 그는 믿음이 작은 사람이다.

하나님을 믿는 사람은 마땅히 이런 본능적인 것보다 더 귀한 것, 곧 하나님의 나라와 하나님의 의를 찾아야 한다. 사람들을 하나님의 나라로 부르시는 일이 시작되었기 때문에 예수님은 이러한 하나님의 것을 찾는 사람들에게 삶의 필요를 모두 채워주실 것을 약속하셨다.

2) 주해

▶ **19절** 너희를 위하여 보물을 땅에 쌓아 두지 말라 거기는 좀과 동록이 해하며 도둑이 구멍을 뚫고 도둑질하느니라

땅 위에 보물을 쌓는다는 것은 넓은 의미로 물질을 자신을 위해서만 사용하고 부를 쌓고 늘리는데 집착하는 탐욕이라고 할 수 있다. 세상에 쌓은 보물은 좀이 쏠거나 녹이 슬어 못쓰게 만들기도 하고 도둑이 뚫고 들어와서 훔쳐가 버리기도 한다. 보물의 주인이 먼저 세상을 떠날 수도 있다. 어

떻든 땅 위의 보물은 자신에게 영속적 가치를 지닐 수 없다. "뚫고 들어온다"는 표현은 흙이나 돌을 쌓아 집을 짓던 문화를 반영하고 있다.

▶ **20절** 오직 너희를 위하여 보물을 하늘에 쌓아 두라 거기는 좀이나 동록이 해하지 못하며 도둑이 구멍을 뚫지도 못하고 도둑질도 못하느니라

사람에게 영속적 가치를 지니는 것은 "하늘에" 쌓는 보물이다. "하늘"은 하나님이 계시는 곳, 또는 '하나님'의 대용어이므로 "하늘에 쌓아두라"는 명령을 '하나님의 나라에', 또는 '하나님께 쌓아두라'로 이해할 수 있다. 자신을 위해 물질을 땅에 쌓아두지 않고 다른 사람을 위해 사용하는 것, 선한 일이나 하나님의 나라를 위해서 사용하는 것을 뜻한다.

▶ **21절** 네 보물 있는 그 곳에는 네 마음도 있느니라

보물을 하나님의 나라에 쌓아둘 이유가 제시된 구절이다. 하나님은 보물이 아니라 보물에 붙어갈 수밖에 없는 인간의 마음을 필요로 하신다. 그래서 보물을 하늘에 쌓으라고 명령하셨다.

▶ **22-23절** 눈은 몸의 등불이니 그러므로 네 눈이 성하면 온 몸이 밝을 것이요 23 눈이 나쁘면 온 몸이 어두울 것이니 그러므로 네게 있는 빛이 어두우면 그 어둠이 얼마나 더하겠느냐

눈과 몸의 비유는 재물에 집착하는 마음과 인생의 관계에 대한 설명이다. 눈이 좋으면 온 몸이 자유롭게 살 수 있지만 눈이 나쁘면 마음대로 움직일 수 없는 것처럼 물질에 대한 욕심으로 마음을 채우고 있는 사람은 죄악에 더 깊이 빠져들 수밖에 없다. 반대로 재물을 하나님의 나라에 쌓으려는 사람은 하나님과 하나님의 나라에 온 마음을 쏟게 된다.

▶ **24절** 한 사람이 두 주인을 섬기지 못할 것이니 혹 이를 미워하고 저를 사랑하거나 혹 이를 중히 여기고 저를 경히 여김이라 너희가 하나님과 재물을 겸하여 섬기지 못하느니라

예수님은 재물을 신격화하거나 하나님에 견줄 만한 맘몬 신을 염두에 두신 것이 아니다. 두 주인 비유를 드신 것은 하나님과 하찮은 재물을 기꺼이 비교하는 인간의 마음 때문이다. 탐심은 만 원짜리 한 장과 하나님을, 돈을 사랑하는 마음과 하나님을 섬기는 신앙을 저울질하게 한다. 그렇지만 마음은 두 주인을 섬길 수 없다. 한 주인을 사랑한다는 것은 다른 한 주인을 미워하는 것이 되고 한 주인을 존중하는 것은 다른 한 주인을 멸시하는 것이 되기 때문이다. 인간의 마음속에서 하나님과 재물이 선택적 문제가 된다. 따라서 재물에 집착하는, 보물을 땅 위에 쌓는 삶은 곧 우상숭배이다.

▶ **25절** 그러므로 내가 너희에게 이르노니 목숨을 위하여 무엇을 먹을까 무엇을 마실까 몸을 위하여 무엇을 입을까 염려하지 말라 목숨이 음식보다 중하지 아니하며 몸이 의복보다 중하지 아니하냐

"그러므로"는 '재물을 사랑하는 것은 두 주인을 섬기는 것', 곧 '우상숭배이므로'를 뜻한다. 우상숭배의 차원에서 삶을 위한 걱정이 다루어지고 있다. 음식보다는 목숨이, 옷보다는 몸이 더 중요한데 걱정은 하나님을 의지하는 믿음을 흔들고 사람의 목숨, 곧 삶 자체에 해를 가한다.

▶ **26절** 공중의 새를 보라 심지도 않고 거두지도 않고 창고에 모아들이지도 아니하되 너희 하늘 아버지께서 기르시나니 너희는 이것들보다 귀하지 아니하냐

삶을 위해 걱정하지 말아야 할 첫 번째 이유가 제시된다. 예수님은 공중의 새를 가리키시며 그것들이 뿌리지도 않고 거두지도 않고 모아들이지도 않지만 하늘 아버지께서 모두를 먹여주신다고 설명하셨다. 인간은, 특히 천국의 백성은 새들보다 더 귀한 존재이기 때문에 믿음 위에서는 걱정할 필요가 없다는 것이다.

▶ **27절** 너희 중에 누가 염려함으로 그 키를 한 자라도 더할 수 있겠느냐

예수님이 두 번째로 제시하신 걱정하지 말아야 할 이유는 걱정으로는 자기 키를 한 자도 늘일 수 없다는 데 있다. 자기 나이를 조금도 늘릴 수

없다고 번역하기도 한다. 아무 것도 가져다주지 않는 것이 걱정이다.

▶ **28-30절** 또 너희가 어찌 의복을 위하여 염려하느냐 들의 백합화가 어떻게 자라는가 생각하여 보라 수고도 아니하고 길쌈도 아니하느니라 29 그러나 내가 너희에게 말하노니 솔로몬의 모든 영광으로도 입은 것이 이 꽃 하나만 같지 못하였느니라 30 오늘 있다가 내일 아궁이에 던져지는 들풀도 하나님이 이렇게 입히시거든 하물며 너희일까보냐 믿음이 작은 자들아

세 번째 이유는 걱정이란 믿음이 작은 것이 그 원인이라는데 있다. 백합이라고 번역된 단어는 갈릴리 들판에서 흔히 볼 수 있던 아네모네나 양귀비였다. 이것들은 애쓰지도 않고, 실도 뽑지 않는다. 그렇지만 온갖 노력으로 얻은 솔로몬의 부귀영화보다 더 화려하다. 오늘 피었다가 다음 날에 스러지거나 아궁이에 던져지는 풀도 하나님이 기르신다면 더 귀한 천국의 백성을 더 잘 입혀주시리라고 충분히 짐작할 수 있다. 그런데도 믿는 사람이 옷 때문에 걱정한다면 그것은 믿음이 작은 때문이다. 믿음은 양의 문제가 아니라 질의 문제다. 걱정은 믿음을 작게 만드는 요소의 하나이다.

▶ **31-32절** 그러므로 염려하여 이르기를 무엇을 먹을까 무엇을 마실까 무엇을 입을까 하지 말라 32 이는 다 이방인들이 구하는 것이라 너희 하늘 아버지께서 이 모든 것이 너희에게 있어야 할 줄을 아시느니라

예수님이 사용하신 정확한 비교점은 믿는 사람들의 걱정(작은 믿음)과 이방인들이 먹는 것, 입는 것을 애써 찾는 행동(불신앙)이다. 신자들의 필요를 하늘 아버지가 알고 계시므로 하나님을 믿는 사람은 걱정해서는 안 된다.

▶ **33절** 그런즉 너희는 먼저 그의 나라와 그의 의를 구하라 그리하면 이 모든 것을 너희에게 더하시리라

"하나님의 나라"를 찾는 것은 예수 그리스도로를 믿음으로 받아들이고 하나님 나라의 백성이 되며 하나님의 통치에 순종하고 이 나라가 세계 전역에 삶의 모든 분야에 확장되도록 사는 것을, "하나님의 의"를 찾는 것은

하나님이 인정하시는 의, 즉 예수님이 새로운 형태로 주신 가르침을 지키는 것을 뜻한다. 예수님은 자기 백성이 이렇게 살아갈 때에 삶에 필요한 모든 것을 더 주시겠다고 약속하셨다.

▶ **34절** 그러므로 내일 일을 위하여 염려하지 말라 내일 일은 내일이 염려할 것이요 한 날의 괴로움은 그 날로 족하니라

예수님은 내일을 위한 걱정도 경고하셨다. 내일 걱정은 내일 하라는 말씀은 내일이 오늘이 되면 걱정이 허용된다는 뜻이 아니다. 우리의 오늘은 하나님을 믿음으로 걱정을 내몰아야 할 오늘이다. 하루의 괴로움도 넘치는데 내일 일을 미리 끌어들여 걱정할 필요가 없다는 뜻이다. 천국의 백성은 하루하루를 하나님의 은혜로, 하나님을 믿는 믿음으로 살아가는 사람들이다.

15. 산상설교: 비판, 받고 주는 삶(마 7:1-12)

1) 개요

산상설교 중에서 본문은 그 구조에 있어서 가장 논란이 많은 부분의 하나다. 서로 연결하기 힘든 여러 주제가 함께 모여 있기 때문이다. 우리는 이 부분을 '비판에 관한 교훈'(1-6절)과 '받고 주는 삶'(7-12)이란 주제로 묶어 살펴볼 것이다. 각 절을 이 문맥에 맞추어서 설명하려는 것이다.

첫 번째 부분은 남을 비판하는 것에 대한 그리스도의 교훈이다. 사람들은 자신의 장점은 자랑하고 약점은 감추려 하며, 반대로 남의 약점은 확대하고 장점은 무시하려고 한다. 예수님은 티와 들보의 비유를 사용하셔서 이러한 경향을 지적하시며 정반대의 교훈을 주셨다. 남의 약점은 작게 보고 자신의 약점은 크게 보라는 교훈이다. 이것은 모든 충고, 정당한 비평을 쓸모없는 것으로 돌리시는 말씀이 아니다. 똑같은 기준을 자신과 남에게 공평하게 적용하라는 교훈이다. 이런 문맥에서 개와 돼지의 비유를 해석한다면 아무리 정당한 충고라도 받아들일 수 있는 사람을 가려서 하라는 교훈이 된다.

둘째 부분은 예수님이 자신을 따라 산 위에 올라와서 설교를 듣고 있는 사람, 또는 5:11-12에서 자신을 믿는 사람으로 단정하신 "너희들"에게 요구하시는 삶은 자신에게 부족한 것은 하나님께 받아 채우고, 받은 것을 다른 사람들에게 나누어주는 그런 종류의 삶에 관한 것이다. 우리가 다른 사람에게 나누어준 것은 하나님이 직접 받으신 것으로 계산하신다(마 25:31-46). 천국 백성의 삶은 '받고-주고-드리는' 삼각형으로 표시되는 것이다. 우리에게 무엇이 필요할 때 예수님은 하나님께 기도하라고 하셨다. 기도하는 것은 받는다고 약속하셨다. 하늘 아버지께서 구하는 자녀들에게 좋은 것들을 주시기 때문에 우리의 부족분을 늘 하나님께 공급받기 위하여 구하고 찾고 두드리는 삶을 산다. 이렇게 모자란 것들을 하나님이 채워주시기 때문에 다른 사람에게는 주는 사람으로 살아가는 것, 남에게 받고자 하는 것을 그대로 다른 사람에게 나누어 주는 것, 이것이 예수님이 가르치신 천국 백성의 삶의 방법이다.

2) 주해

7:1-2절1 비판을 받지 아니하려거든 비판하지 말라 2 너희가 비판하는 그 비판으로 너희가 비판을 받을 것이요 너희가 헤아리는 그 헤아림으로 너희가 헤아림을 받을 것이니라

"비판"이라고 번역해 놓은 단어는 평가나 비평이라는 긍정적 개념이 아니라 부정적 비판, 즉 악의적 정죄를 뜻한다. 예수님은 남을 정죄하는 것을 금하셨을 뿐 정당한 비평을 부정하신 것이 아니다. 예수님이 남을 비판하지 말라고 하신 것은 이렇게 해야 우리도 같은 비판을 피할 수 있기 때문이다. 사람은 자신에게는 기준을 낮추고 다른 사람에게는 기준을 높이기 때문에 남에게는 신랄하고 자신에게는 관대하다. 그러나 예수님은 우리가 남을 판단하는 바로 그 엄격한 기준으로 우리도 판단을 받을 것이라고 하셨다. "자"라고 번역된 단어는 길이나 부피를 재는 척도, 기준을 뜻한다.

▶ 3-5절 어찌하여 형제의 눈 속에 있는 티는 보고 네 눈 속에 있는 들보는 깨닫지

못하느냐 4 보라 네 눈 속에 들보가 있는데 어찌하여 형제에게 말하기를 나로 네 눈 속에 있는 티를 빼게 하라 하겠느냐 5 외식하는 자여 먼저 네 눈 속에서 들보를 빼어라 그 후에야 밝히 보고 형제의 눈 속에서 티를 빼리라

티와 들보의 비유는 같은 허물을 다르게 보는 우리 습성을 경고하시려고 말씀하신 과장법적 비유이다. 사람은 같은 허물이라도 자기 허물은 작게 느끼고 남의 허물은 크게 느낀다. 예수님은 정반대로 남의 눈 속에 있는 것은 티요 우리 눈 속에 있는 것은 들보라고 부르셨다. 티는 조그만 먼지 조각이고 "들보"로 번역한 단어는 나무기둥, 통나무를 뜻한다. 눈 속에 큰 통나무가 들어있다면 남의 눈 속의 티는 볼 수도 없고 뺄 수도 없다. 남의 허물은 작게 느끼고 우리의 허물은 크게 느끼라는 말씀이다.

다른 사람의 허물은 잘 들추어내지만 자기 허물은 감추고 핑계를 대고 미화하고 정당화하는 사람들을 예수님은 "위선자"라고 부르셨다. 전혀 다른 기준을 적용하기 때문이다. 같은 기준, 즉 자신에게 적용하는 기준을 다른 사람에게도 적용하는 것이 예수님이 교훈이다. 자기 눈 속에 있는 들보를 빼내야 다른 사람의 눈 속에 있는 티를 보고 뽑아줄 수 있는 것이다.

▶ **6절** 거룩한 것을 개에게 주지 말며 너희 진주를 돼지 앞에 던지지 말라 그들이 그것을 발로 밟고 돌이켜 너희를 찢어 상하게 할까 염려하라

적지 신학자들이 "거룩한 것"과 "진주"를 복음으로, "개"와 "돼지"를 배교자나 "거짓 일군", "복음의 가치를 모르는 사람"으로 해석하지만 문맥에 맞지 않는다. "거룩한 것", "진주"는 1-5절의 악의적 비판과 대조되는 것, 즉 건설적 비평, 지혜로운 충고, 선의의 권고 등으로 보는 것이 나을 것이다. 좋은 마음에서 이런 것을 말한다 하더라도 아무에게나 하지 말라는 말씀이다. 개는 토했던 것을 다시 먹고, 돼지는 깨끗한 것을 구별하지 못하는 동물로 친구의 충고를 들을 준비가 되지 않았거나 그것을 악의적인 것으로 받아들이는 사람들에 대한 비유어로 보인다. 예수님은 자신의 교훈을 따라 하나님의 나라에 맞추어 살아가려는 사람들이 적대적인 사람들에게 무시당하고 부당한 공격을 받을 것을 우려하셨을 것이다.

▶ **7-8절** 구하라 그리하면 너희에게 주실 것이요 찾으라 그리하면 찾아낼 것이요 문을 두드리라 그리하면 너희에게 열릴 것이니 8 구하는 이마다 받을 것이요 찾는 이는 찾아낼 것이요 두드리는 이에게는 열릴 것이니라

"구하라", "찾아라", "문을 두드려라"는 같은 것을 다르게 표현한 것으로 하나님께 기도하라는 말씀이다. "주어진다", "찾게 된다", "열린다"도 같은 것을 뜻하는 다른 표현으로 기도에 대한 하나님의 응답을 약속하신 것이다.

또 예수님은 같은 내용의 문장을 약간 다른 형태로 반복하심으로써 한 편으로는 신자들이 열심히, 그리고 간절히 기도해야 함을, 다른 한 편으로는 하나님이 반듯이 들어주심을 강조하셨다.

▶ **9-11절** 너희 중에 누가 아들이 떡을 달라 하는데 돌을 주며 10 생선을 달라 하는데 뱀을 줄 사람이 있겠느냐 11 너희가 악한 자라도 좋은 것으로 자식에게 줄 줄 알거든 하물며 하늘에 계신 너희 아버지께서 구하는 자에게 좋은 것으로 주시지 않겠느냐

신자의 기도와 하나님의 응답의 관계를 더 확실하게 알려주시기 위하여 예수님은 아들과 아버지의 관계를 예로 드셨다. 자녀가 배가 고파서 빵을 달라고 하는데 빵 대신 돌을 주는 못된 사람은 아무도 없다. 생선을 먹고 싶어 하는데 뱀을 줄 사람도 없다. 빵은 유대인의 주식이므로 밥에 해당하고, 뱀은 한국에서 비싸게 사야하는 보양식이 아니라 아이들이 무서워하고 싫어하는 혐오물을 뜻한다.

악한 사람들과 아이들에게 주는 좋은 것과 선하신 하나님이 기도하는 자녀들에게 주실 더 좋은 것의 비교는 기도의 응답이 확실하다는 약속을 더 강하게 만들어준다. 예수님을 믿는 사람들이 천국 백성이란 자격으로 기도한다면 하나님은 하늘 아버지이시므로 정말 좋은 것, 성령이라도 주실 것이다(눅 11:13).

▶ **12절** 그러므로 무엇이든지 남에게 대접을 받고자 하는 대로 너희도 남을 대접하라 이것이 율법이요 선지자니라

초대교회 시절부터 이 구절은 황금률이라는 별명을 얻었다. 예수님의 도덕적 가르침 중에 가장 빛나는 말씀으로 보였기 때문이다. 이 교훈은 좁게 보면 9-11절에 "그러므로"로 연결되는 귀결절이다. 넓게 보면 5:17에서 시작된 예수님의 삶에 관한 모든 교훈의 요약문이다.

"그러므로"의 의미는 '우리에게 필요한 것, 부족한 것이 있으면 하나님께 기도해야 하고 기도하면 하나님께서 모두 주실 것이므로'가 된다. 하나님이 주시므로 다른 사람에게는 무엇이든지 너희가 바라는 대로 주라는 교훈이다. 주어야 할 것의 기준은 '다른 사람이 우리에게 해 주기를 바라는 것'이며 주어야 할 범위는 그런 '모든 것'이다.

이 말씀은 준대로 돌려받는다는 내용을 포함하고 있지 않다. 사람들 사이에 주고 받는 그런 법칙이 아니다. 받는 것은 앞 절에 교훈된 대로 사람이 아니라 하나님이 주시는 것이다. 또 다른 사람이 나를 좀 죽여주었으면 하는 생각이 든다고 해서 다른 사람을 죽여 버리자는 식으로 사용할 수도 없다. 우리가 기대하는 그 좋은 것을 그대로, 돌려받을 생각은 하지 말고 주라는 말씀이다.

예수님은 5:17-20에서 자신의 교훈을 "율법이나 선지자들"의 완성으로 제시하셨는데 이곳에서 이 황금률을 "율법과 선지자들" 즉 구약의 규범적 내용이 요구해 온 것이라고 요약하셨다. 오래 전부터 무조건적 사랑을 기독교의 핵심인양 제시해 온 것은 그렇게 잘못된 역사는 아닌 것으로 보인다.

16. 산상설교의 결론부(마 7:13-29)

1) 개요

이 부분을 산상설교의 결론부라고 부르는 것은 앞 절에까지 나오던 개별적 행동이나 생각을 지시하신 교훈이 더 이상 나오지 않고 그 전체를 요약하고 이 전체에 대한 바른 태도를 촉구하는 말씀들이 나오기 때문이다.

좁은 문으로 들어가라 비유로 예수님이 자신의 교훈들을 지키는 것이 생명을 얻는 것임을 가르치셨다. 반대로 넓은 문이란 이 말씀들을 지키지 않는 것이다.

산상설교를 마무리 하시면서 예수님은 자신의 교훈들 곧 천국의 복음을 들은 사람들이 혼란을 일으킬 수 있다는 사실을 알고 계셨다. 예수님이 설교에서 부정적 기준으로 제시하셨던 율법학자들과 바리새인들이 예수님의 가르침과 충돌을 일으키며 이 혼란을 조장할 수 있다. 예수님은 그러한 때를 위하여 사람들에게 바른 지도자의 판별 기준을 알려 주셨다. 좋은 나무는 좋은 열매를 맺는다. 나쁜 나무는 열매를 맺지 못한다. 따라서 열매를 보고 좋은 나무와 나쁜 나무를 구별할 수 있다. "거짓 선지자들"은 당시 유대 지도부를 빗댄 표현으로 보인다. 그리고 예수님의 천국 복음을 방해할 사람들을 비유하신 것으로 보인다.

21절부터 예수님은 보다 적극적으로 자신을 믿는 사람들이 자신의 교훈을 지킬 것을 요구하셨다. 예수님을 향해 주님이라고 부르는 것은 당연한 일이지만 부르기만 한다고 다 천국에 들어가는 것은 아니다. 예수님의 이름으로 예언을 하고 귀신을 내쫓고 기적을 일으켰다 하더라도 "불법"을 행한다면, 즉 율법의 완성인 예수님의 말씀을 지키지 않는다면 천국에서 거부될 것이다.

예수님은 자신의 교훈을 듣고 지키는 사람을 바위에 집을 짓는 지혜로운 사람으로 교훈을 듣고도 지키지 않는 사람들은 심판의 날에 무너지고 말, 모래 위에 집을 짓는 어리석은 사람으로 비유하셨다. 예수님에게 오지도 않고 예수님의 교훈을 받지도 않는 사람들은 천국과 관련하여 언급조차 하지 않으셨다. 천국의 백성은 그리스도의 사람들이기 때문이다.

2) 주해

▶ **13-14절** 좁은 문으로 들어가라 멸망으로 인도하는 문은 크고 그 길이 넓어 그리로 들어가는 자가 많고 14 생명으로 인도하는 문은 좁고 길이 협착하여 찾는 자가 적음이라

좁은 문과 좁은 길, 넓은 문과 넓은 길은 인생에 대한 비유이다. 좁은 문으로 뻗은 좁은 길은 가기 어려워서 찾는 사람이 적다. 넓은 문으로 뻗은 넓은 길은 가기 쉬워서 찾는 사람이 많다. 좁은 문은 사람들을 생명으로 인도한다. 그러나 넓은 문은 멸망으로 인도한다. 이 비유를 고난 끝에 생명, 환락 끝에 멸망으로 이해하는 것은 잘못이다. 예수님 자신의 말씀을 지키는 삶을 좁은 문, 좁은 길에, 지키지 않은 삶을 넓은 문, 넓은 길에 비유하신 것이다. 좁은 문으로 들어가라고 하심으로 예수님은 자신의 교훈을 모두가 지키도록 요구하셨다.

▶ **15절** 거짓 선지자들을 삼가라 양의 옷을 입고 너희에게 나아오나 속에는 노략질하는 이리라

"거짓 선지자들"은 예수님이 오시기 전에 사람들을 가르쳤던 율법학자들과 바리새인들을 빗댄 표현으로 보인다. "거짓"은 그들 옳지 않음을, "선지자들"은 그들의 역할을 보여주는 표현이다. 예수님이 설교 중에 이들을 비판하셨고 자신의 가르침을 이들에 대한 반제로 제시하셨기 때문에 이 사람들은 언제라도 예수님의 설교를 들은 사람들에게 접근하여 혼란을 야기할 수 있다. 예수님은 이런 상황을 예상하시고 미리 교훈하신 것이다.

예수님에게서 시작되는 하나님의 나라를 받아들이지 않는 한 그들은 사나운 이리들일 뿐이다. 그들이 양과 같이 위장한다 하더라도 결국 사람들에게서 천국의 복음을 약탈할 것이다.

▶ **16-20절** 그들의 열매로 그들을 알지니 가시나무에서 포도를, 또는 엉겅퀴에서 무화과를 따겠느냐 17 이와 같이 좋은 나무마다 아름다운 열매를 맺고 못된 나무가 나쁜 열매를 맺나니 18 좋은 나무가 나쁜 열매를 맺을 수 없고 못된 나무가 아름다운 열매를 맺을 수 없느니라 19 아름다운 열매를 맺지 아니하는 나무마다 찍혀 불에 던져지느니라 20 이러므로 그들의 열매로 그들을 알리라

거짓 지도자들을 판별하는 기준으로 예수님이 제시하신 것은 "그들의 열매"이다. 이 경우 열매란 그들이 만들어 내는 삶과 사역의 결과를 지시한다. 열매의 비유는 나무와 열매의 관계 설명으로 발전한다. 좋은 나무는 좋은 열매를 맺고 나쁜 나무는 나쁜 열매를 맺는다. 가시덤불에서 포도를 따거나 엉겅퀴에서 무화과를 딸 수 없듯이 좋은 나무가 나쁜 열매를, 나쁜 나무가 좋은 열매를 맺을 수는 없다. 이 관련성으로부터 열매를 보고 나무를 안다는 판별 기준이 나온다. 나무는 사람을, 열매는 사람의 행실을 지시하는 비유어이다. 예수님은 열매를 맺지 않는 나무는 결국 찍힐 것이라고 말씀하심으로 거짓 지도자에게 임할 하나님의 벌을 선언하셨다.

▶ **21절** 나더러 주여 주여 하는 자마다 다 천국에 들어갈 것이 아니요 다만 하늘에 계신 내 아버지의 뜻대로 행하는 자라야 들어가리라

천국의 왕으로 오신 예수님을 향해 "주님"이라고 부르는 것은 잘못이 아니다. 아니 옳은 일이다. 유대인의 경우 이것은 아주 특별한 행동이다. 칭호를 사용하는 것은 형식적 인사일 수도 있고, 예수님이 인정하지 않으실 혼자만의 착각일 수도 있지만, 예수님의 사역이 얼마 전에 시작되었고 유대인들은 아무에게나 이런 칭호를 사용하지 않았다는 것을 감안하면 예수님은 자신에게 우호적이고 긍정적인 자세로 다가온 믿는 사람을 염두에 두셨다고 말할 수 있다. 그러나 예수님은 이 외침의 진위여부를 따지지 아니하시고 이렇게 부르는 것을 일단 긍정적으로 인정하시며 이에 덧붙여 하나님의 뜻대로 행하는 것을 천국의 백성 여부를 따지는 근거로 삼겠다고 선언하셨다. 예수님을 주님이라고 부르는 사람은 하나님의 뜻, 즉 예수님의 교훈을 지켜야만 한다는 강력한 교훈이다.

▶ **22-23절** 그 날에 많은 사람이 나더러 이르되 주여 주여 우리가 주의 이름으로 선지자 노릇 하며 주의 이름으로 귀신을 쫓아 내며 주의 이름으로 많은 권능을 행하지 아니하였나이까 하리니 23 그 때에 내가 그들에게 밝히 말하되 내가 너희를 도무지 알지 못하니 불법을 행하는 자들아 내게서 떠나가라 하리라

본문은 21절 상반절에 대한 상세 설명으로 주신 예화이다. "그날"은 하나님의 심판의 날을 뜻한다. 예수님은 재판장으로 나온다. 사람들은 21절에 말한 것처럼 예수님을 "주님"이라고 부른다. 그들은 예수님의 이름을 사용하여 "예언을 했고", "귀신을 쫓아내었으며 많은 기적을 일으켰다"고 말한다. 그들은 이것을 근거로 삼아서 그들이 주님에게 속해 있으며 당연히 하나님 나라의 백성임을 항변하는 것으로 보인다. 그러나 그들은 불법을 저지른 사람들, 곧 율법의 완성으로 주어진 예수님의 말씀을 행하지 않은 사람들로 불린다. 예수님은 그들을 모른다고 선언하시고 자신에게서 떠나라고 명령하신다. 모든 능력 있는 일에도 불구하고 불법을 저질렀다는 것 때문에 심판이 선언된다. 예수님은 이 예화로 자신을 믿고, 자신의 이름으로 놀라운 일들을 행해도 자신의 교훈을 지킴이 없이는 천국의 백성이 될 수 없음을 선언하신 것이다.

▶ **24-27절** 그러므로 누구든지 나의 이 말을 듣고 행하는 자는 그 집을 반석 위에 지은 지혜로운 사람 같으리니 25 비가 내리고 창수가 나고 바람이 불어 그 집에 부딪치되 무너지지 아니하나니 이는 주추를 반석 위에 놓은 까닭이요 26 나의 이 말을 듣고 행하지 아니하는 자는 그 집을 모래 위에 지은 어리석은 사람 같으리니 27 비가 내리고 창수가 나고 바람이 불어 그 집에 부딪치매 무너져 그 무너짐이 심하니라

슬기로운 사람과 어리석은 사람의 비유는 전체적으로 하나님의 심판의 날을 가리킨다. 슬기로운 사람은 바위 위에 집을 세웠다. 어리석은 사람은 모래 위에 집을 세웠다. 비가 오고 강물이 넘치고 바람이 불어 집에 휘몰아쳤는데 바위 위에 지은 집은 끄떡 없이 서 있고 모래 위에 지은 집은 무너져 크게 파손되었다. 바위 위에, 홍수에도 견딘 집을 지은 사람은 예수님의 말씀을 듣고 지키는 사람에 대한 비유다. 그는 하나님의 심판의 날에도 무사히 통과될 것이다. 모래 위에 지은 때문에 홍수에 무너지고 파손된 집을 지은 사람은 예수님의 말씀을 듣고도 지키지 않는 사람에 대한 비유다. 그는 하나님의 심판의 날에 멸망으로 들어갈 것이다.

이 땅에 시작된 하나님의 나라는 하나님의 아들이신 예수 그리스도의 나라이다. 따라서 사람들은 예수님을 믿음으로 받아들이고 주님으로 따라야 하지만 그 교훈도 외면하지 말고 지켜야 한다.

▶ **28-29절** 예수께서 이 말씀을 마치시매 무리들이 그의 가르치심에 놀라니 29 이는 그 가르치시는 것이 권위 있는 자와 같고 그들의 서기관들과 같지 아니함일러라

마태는 예수님의 설교가 끝난 후의 상황을 간략하게 무리들의 놀람으로 표현했다. 그들이 놀랐던 이유는 그들이 예수님의 설교에 항거할 수 없는 위압감을 느꼈기 때문이다. 예수님은 권위 있는 분처럼 자신의 권위로 가르치셨다. 그것은 사람들을 가르쳐 온 율법학자들과 사뭇 다른 것이었다.

Short Commentary
Matthew
마태복음 8장

17. 나병환자와 백부장의 종을 고치심(마 8:1-13)

1) 개요

마태는 자신의 복음서에 먼저 예수님의 설교를 소개하고 이어 비슷한 시기에 있었던 예수님의 활동을 소개하는 구조를 짜 놓았다. 산상설교 후에 마태는 예수님의 기적 활동 10개를 함께 수록해 놓았는데 여기에는 4:23-24에 요약적으로 소개했던 예수님의 치유사역이 구체적으로 기록되어 있다. 이런 구조로 마태는 예수님의 활동을 크게 가르치시는 것과 고치시는 것으로 소개하고 있다.

예수님의 이적 활동은 예수님이 주신 교훈과 마찬가지고 예수님이 누구신가를 나타내고 사람들로 하여금 예수님을 하나님의 아들, 그리스도로 믿게 하는 표시였다. 사람들의 입장에서 보면 예수님의 이적과 교훈은 사람들을 천국으로 부르시고 천국의 백성으로 삼으시는 그리스도의 도구였다.

예수님은 자기에게 다가와 절하는 어떤 나병 환자를 고쳐주셨다. 그는 예수님의 소문을 듣고 예수님이 능력을 가지셨을 뿐만 아니라 원하시기만 하면 자신을 고쳐주시리라고 믿었다. 그의 믿음은 예수님의 인격과 뜻을 향한 것이다.

두 번째 치유 사건은 가버나움에서 한 백부장의 종을 고쳐주신 것이다. 이 백부장은 이방인으로서 예수님이 말씀으로 자신의 종을 고칠 수 있음을 알았고 예수님께 나와서 자기 종을 위해 기꺼이 능력을 사용해 주실 것을 믿음으로 요청했다. 다른 누구도 이런 믿음을 가질 만한 시기가 아니었기 때문에 예수님은 그의 믿음을 칭찬하셨고 그의 종을 고쳐주셨다.

인간의 몸을 가지신 그리스도에게 무릎을 꿇었다는 것, 간절히 도움을 호소했다는 것은 곧 믿음에서 나온 행위라고 할 수 있다. 예수님의 사역이 막 시작되어 십자가를 향해 가는 과정이었기 때문에 예수님이 어떤 분인지 무슨 일을 하시는지 잘 몰랐어도 그들은 실제 예수님을 인격적으로 의존하는 자세로 예수님께 나아왔다. 자신을 위해서는 능력을 행사하지 않으셨던 예수님은 천국의 백성을 끌어 모으시기 위해서는 기꺼이 능력을 사용해 주셨다.

2) 주해

8:1절 예수께서 산에서 내려 오시니 수많은 무리가 따르니라

산상설교를 하신 산에서 예수님이 내려오실 때 많은 무리가 따랐다. 이 무리는 4:25에서 예수님을 따라 산에 올라간 사람들이다. 어렵지만 감동적이고 권위 있는 설교 후에도 이들이 예수님을 계속 따라 다녔다는 것은 이들 중에서 적지 않은 사람들이 예수님의 제자가 되었음을 알려준다.

▶ **2절** 한 나병환자가 나아와 절하며 이르되 주여 원하시면 저를 깨끗하게 하실 수 있나이다 하거늘

어떤 나병환자가 어디선가 예수님이 병자들을 고치신다는 소문을 듣고 예수님을 찾아왔다. 그는 소문을 믿었으며 예수님을 만나기만 하면 자신도 고쳐주시리라고 믿었다. 남은 문제는 과연 주님이 자신을 고쳐주실 의향이 있느냐에 있었다. 그는 예수님 앞에 엎드려 절하며 예수님의 의도를 물었

다. 사람의 몸을 가지신 예수님 앞에 엎드려 절한 것, 그가 예수님을 "주님"이라고 부른 것까지 계산하면 우리는 그의 믿음을 인격적 믿음이라고 평가하지 않을 수 없다.

▶ **3절** 예수께서 손을 내밀어 그에게 대시며 이르시되 내가 원하노니 깨끗함을 받으라 하시니 즉시 그의 나병이 깨끗하여진지라

나병환자에게 접촉하면 누구나 부정해진다는 것이 율법이지만(레 13:46) 예수님은 율법에 매이지 않고 손을 내밀어 그를 만지시며 오히려 나병환자의 부정을 깨끗하게 만들어 주셨다. 나병환자의 믿음에 답하시는 예수님의 은혜는 세 가지였다. 나병환자를 만져 주신 것, "주님이 원하시면"에 "내가 원한다"고 대답하신 것, 예수님의 의지에서 나온 능력 있는 명령 "깨끗해져라"이다. 그의 병이 나은 것은 말씀이 떨어진 그 즉시였다.

▶ **4절** 예수께서 이르시되 삼가 아무에게도 이르지 말고 다만 가서 제사장에게 네 몸을 보이고 모세가 명한 예물을 드려 그들에게 입증하라 하시니라

예수님은 자신의 명령으로 병이 나은 사실을 아무에게도 말하지 말라고 경고하셨다. 자신의 주된 사역이 사람들의 병을 고치는 것이 아니라 사람들의 죄를 대속하는 것이었기에 오해와 불필요한 방해를 방지하려고 이렇게 하신 것으로 보인다. 가서 제사장에게 보이고 모세가 지시한 예물을 드림으로 깨끗한 사람임을 증명하라고 하신 명령은 이제 가서 하나님 앞에 깨끗한 사람으로 살아가라는 명령이나 같은 것이다.

▶ **5-6절** 예수께서 가버나움에 들어가시니 한 백부장이 나아와 간구하여 6 이르되 주여 내 하인이 중풍병으로 집에 누워 몹시 괴로워하나이다

당시 가버나움은 군사적으로 중요한 거점이었다. 헤롯 안디바스가 갈릴리를 지배하고 있었으므로 예수님께 온 백부장은 로마가 아니라 헤롯의 군대에 소속되어 휘하에 100명의 병사를 거느리고 있었을 것이다. 그는 이방인이었다.

어떻게 그가 예수님을 알고 믿게 되었는지를 추측하는 것은, 위의 나병 환자의 경우에서처럼, 어렵지 않다. 그의 믿음도 예수님의 인격을 의지하는 것임을 우리는 그의 간청에서 읽을 수 있다. 그는 예수님을 "주님"이라고 부르며 자신의 종이 중풍에 걸려 몹시 괴로워한다는 사실만을 알렸을 뿐이다. 예수님께 자신의 사정만을 알려도 도와주실 것을 믿었던 것이다.

▶ **7-9절** 이르시되 내가 가서 고쳐 주리라 8 백부장이 대답하여 이르되 주여 내 집에 들어오심을 나는 감당하지 못하겠사오니 다만 말씀으로만 하옵소서 그러면 내 하인이 낫겠사옵나이다 9 나도 남의 수하에 있는 사람이요 내 아래에도 군사가 있으니 이더러 가라 하면 가고 저더러 오라 하면 오고 내 종더러 이것을 하라 하면 하나이다

백부장의 믿음대로 예수님은 어려움을 호소하자 금방 가서 고쳐 주시겠다고 대답하셨다. 예수님이 칭찬하신 백부장의 믿음은 다음에 나타난 그의 말에서 드러났다. 그는 군대에서의 경험을 통하여 명령의 힘을 알고 있었다. 자신도 명령을 받는 사람이었고 자신이 거느린 병사들도 자신의 명령에 따라 가고 오고 무엇이나 하는 사람들이라는 경험을 바탕으로 그는 예수님이 말씀만으로 자신의 종을 고쳐 주실 것을 청했다. 병사에 대한 명령권은 가졌고 유대인들을 통제할 수는 있었지만 그는 자신이 능력 있는 예수님을 집으로 모실 만한 가치, 자격도 없는 사람임을 알고 있었기 때문이다. 세례자 요한이 그러했던 것처럼 그는 예수님을 아주 특별한 분으로 믿고 "주님"이라고 불렀던 것이다. 이 이른 시기에 예수님이 말씀으로 모든 것을 하실 수 있는 분임을 믿었던 것이 그의 강한 믿음이었다.

▶ **10절** 예수께서 들으시고 놀랍게 여겨 따르는 자들에게 이르시되 내가 진실로 너희에게 이르노니 이스라엘 중 아무에게서도 이만한 믿음을 보지 못하였노라

백부장의 대답은 예수님의 기대 이상이었다. 그래서 예수님은 놀라시며 따르는 유대인들에게 그를 간접적으로 칭찬하셨다. 백부장이 가진 믿음, 그의 대답에 나타난 그런 큰 믿음은 예수님이 유대인에게서도 여태껏 발

견하신 적이 없었기 때문이다. 예수님이 큰 믿음이라고 부르신 것은 작은 믿음과 대조되는 것으로서 아직 알려주지 않으신 것을 미리 알고 그러한 지식에 근거하여 예수님을 의지하는 믿음이다. 반대로 작은 믿음이란 이미 알려주신 것이나 충분히 알 수 있는 것도 믿음의 근거로 사용하지 못하는 것이다. 이것은 예수님이 누구시며 어떤 일을 하시는지가 예수님의 생애를 통하여 천천히 밝혀지기 때문에 나타난 현상이다. 예수님을 향한 믿음은 인격적 의존의 형태를 띠면서도 예수님의 신분과 정체, 사역에 대한 지식은 차츰 습득해 가야 하는 과정에 있었다.

▶ **11-12절** 또 너희에게 이르노니 동 서로부터 많은 사람이 이르러 아브라함과 이삭과 야곱과 함께 천국에 앉으려니와 12 그 나라의 본 자손들은 바깥 어두운 데 쫓겨나 거기서 울며 이를 갈게 되리라

예수님은 그가 이방인이라는 사실을 기회로 삼아 하나님의 나라가 어떤 것인지를 알려 주셨다. 하나님의 나라에는 예수님을 믿는 믿음을 근거로 모든 민족이 들어와서 유대인의 거룩한 선조들과 함께 앉을 것이다 그러나 예수님을 믿지 않는 유대인들, 구약시대에 이미 하나님의 일을 위하여 부름을 받은 원 백성은 쫓겨날 것이다. 하나님의 나라는 예수님을 믿는 사람들로 구성되는 범민족적 공동체이다. 예수님을 믿는 것이 유일한 조건임을 인정하지 않는 유대인들은 천국 밖에 쫓겨나 억울해 하며 울고 이를 갈 것이다. 이렇게까지 예수님이 말씀하신 것은 그러한 미래를 염두에 두고 예수님을 믿음으로 하늘나라의 백성이 되라는 데 있었다.

▶ **13절** 예수께서 백부장에게 이르시되 가라 네 믿은 대로 될지어다 하시니 그 즉시 하인이 나으니라

예수님은 백부장이 원한대로 발길을 멈추시고 말만 하셨고 믿은 대로 이루어지라고 말씀하시는 그 시각에 그의 종이 나았다.

18. 예수님을 따름에 대하여(마 8:14-22)

1) 개요

예수님을 따라다니던 사람들을 두 종류로 분류할 수 있다. 예수님이 따라오라고 부르신 사람들과 자발적으로 따르는 사람들이었다. 베드로 등 제자들의 따름은 예수님의 부르심에 대한 순종이었다. 자발적으로 따르는 사람들에게도 이 부르심과 같은 역할을 하는 것이 있었다. 예수님에 대한 소문, 예수님의 설교나 이적 활동이 예수님에게 와서 예수님을 따라다니게 한 부름의 역할을 한 것이다.

앞에 나온 나병환자와 백부장의 종을 고치신 사건이나 이 부분에 나오는 베드로의 장모 및 많은 사람들을 고쳐주신 이적 사건은 따라서 세 가지 의미가 있다. 첫째, 사람들에게 예수님을 하나님의 아들, 그리스도로 알려주는 계시의 역할을 한다. 둘째, 당사자들에게 하나님의 은혜를 베푸시는 도구의 역할을 한다. 셋째, 당사자를 제외한 다른 사람에게는 그리스도에게로 부르시는 도구의 역할을 한다.

예수님의 이적 활동을 소개한 후 마태가 이사야서에서 한 구절을 인용한 것은 이 중 두 번째 의미 즉 예수님의 치유사역이 사람들에게 베푸신 하나님의 은혜임을 강조하기 위한 것이다.

이런 예수님의 활동이 동기가 되어 예수님을 따르는 사람들에게 예수님은 따름의 의미를 설명하셨다. 예수님을 따름에는 조건이 있다. 첫 제자들은 예수님의 부르심에 순종하기 위하여 모든 것을 버리고 따랐다. 예수님이 어디로 가시든지 예수님을 따라다니겠다고 말하는 율법학자에게 예수님은 자신을 따르는 길이, 예수님은 머리 둘 곳도 없기 때문에, 험악한 길이 될 것을 암시하셨다. 따르던 제자 가운데 한 사람이 아버지를 장사하고 오겠다고 하자, 이런 일은 다른 사람들에게 맡기고 자신을 따르기를 요구하셨다.

이때의 따름은 지금 우리가 비유적, 상징적 의미로 예수님을 믿고 따른다고 하는 것과는 달리 실제로 예수님의 뒤를 따르는 것이었다. 예수님이 몸을 가지셨고 앞서 걸어가셨기 때문이다. 예수님의 뒤를 따르기 위해서는 어쩔 수 없이 모든 것을 버릴 수밖에 없었다.

2) 주해

▶ **14-15절** 예수께서 베드로의 집에 들어가사 그의 장모가 열병으로 앓아 누운 것을 보시고 15 그의 손을 만지시니 열병이 떠나가고 여인이 일어나서 예수께 수종 들더라

베드로는 결혼하여 가버나움에서 장모와도 함께 살고 있었다. 예수님이 베드로의 집에 들어가셨을 때 그의 장모는 어떤 병인지는 알 수 없지만 높은 열로 누워 있었다. 이 광경을 보시고 예수님이 다가가서 손을 만지시자 곧 열이 내렸다. 손을 만지신 것은 예수님이 능력을 사용하여 병을 고치신 자비로운 행위였다. 고침을 받은 베드로의 장모는 지체하지 않고 예수님을 대접하였다.

▶ **16절** 저물매 사람들이 귀신 들린 자를 많이 데리고 예수께 오거늘 예수께서 말씀으로 귀신들을 쫓아 내시고 병든 자들을 다 고치시니

그날 저녁 예수님이 베드로의 집에 있는 것을 알고 사람들이 귀신들린 사람들과 아픈 사람들을 예수님께 데리고 왔다. 예수님은 말씀으로 귀신들을 내쫓으시고 아픈 사람들을 고쳐주셨다. 예수님은 원하시면 말이나 동작이나 어떤 것으로도 능력을 행하실 수 있었다. 백부장의 종을 고치실 때 예수님은 이미 이렇게 하신 적이 있었다.

▶ **17절** 이는 선지자 이사야를 통하여 하신 말씀에 우리의 연약한 것을 친히 담당하시고 병을 짊어지셨도다 함을 이루려 하심이더라

마태는 예수님이 구약의 예언을 이루시려고 귀신을 쫓아내시고 사람들의 병을 고치셨다고 하며 이사야 53장 4절을 해석적으로 인용하였다. 구약 본문은 "그는 실로 우리의 질고를 지고 우리의 슬픔을 당하였다"인데 그리스도가 사람들의 고통을 대신 당하실 것이라는 의미이다. 마태는 이것을 "우리의 약함을 맡으셨고 병들을 짊어지셨다"고 번역하고 예수님이 다른 사람들의 고통을 없애주시는 것으로 해석하였다.

▶ **18절** 예수께서 무리가 자기를 에워싸는 것을 보시고 건너편으로 가기를 명하시니라

어느 날에 있었던 일인지는 알 수 없다. "에워쌈을 보시고"는 정확하게 번역하면 "예수님이 자기 둘레의 무리를 보시고"이다. 예수님은 제자들에게 배를 타고 건너편으로 가자고 지시하셨다. 가버나움의 건너편은 갈릴리 바다 동쪽을 뜻한다.

▶ **19절** 한 서기관이 나아와 예수께 아뢰되 선생님이여 어디로 가시든지 저는 따르리이다

예수님과 제자들이 배를 타고 건너편으로 갈 기미를 보이자 예수님을 따르던 무리 중에서 율법학자 한 사람이 가까이 와서 예수님이 어디로 가시든지 따라 가겠다고 말하였다. 예수님과 함께 배를 타게 해 달라고 요청한 것이다. 육지에서는 원하기만 하면 예수님을 따를 수 있어서 이런 요청을 할 필요도 없었다.

21절을 고려할 때 예수님을 따르는 사람들이란 넓은 의미로 제자들 중 하나였던 것으로 보인다. 그가 예수님을 "선생님"이라고 부른 것을 볼 때 그는 아마도 예수님의 권위 있는 가르침에 매료되었던 것 같다. 마태복음에서 예수님의 제자들이나 믿음으로 예수님께 온 사람은 하나 같이 예수님을 주님이라고 부르는 것과 비교하면, 그가 어디든 예수님을 따라가겠다는 결심을 내비쳤지만, 예수님이 인정하실 만한 믿는 마음을 가졌다고 보기는 어렵다.

▶ **20절** 예수께서 이르시되 여우도 굴이 있고 공중의 새도 거처가 있으되 인자는 머리 둘 곳이 없다 하시더라

예수님은 율법학자에게 "여우도 굴을 가지고 있고 하늘의 새도 둥지를 가지고 있지만 인자는 머리 누일 곳이 없다."는 격언처럼 보이는 말씀으로 자신을 따르는 것이 무엇을 뜻하는지를 알려주셨다.

인자, 즉 "사람의 아들"이란 예수님 자신을 가리키는 단어이다. 하나님의 아들이 자신이 만든 사람처럼 낮아지셔서 사람의 하나로 비참하게 살고 있음을 표현하신 것이다. 뿐만 아니라 예수님은 이 땅에 머리 누일만한 장소도 가지고 계시지 않다. 집도 없다는 뜻이다. 예수님은 그 율법학자에게 자신을 따르는 길이 명예와 영광의 길이 아니라 고난과 유랑의 길임을 알려주시며 예수님을 따름이 무엇을 의미하는 지나 알아 두라고 말씀하신 셈이다. 이 말씀의 결과, 즉 이 율법학자가 이 말씀을 듣고도 계속 예수님을 따랐는지는 기록되어 있지 않다.

▶ **21절** 제자 중에 또 한 사람이 이르되 주여 내가 먼저 가서 내 아버지를 장사하게 허락하옵소서

"예수님의 제자들 중 한 다른 사람"이란 표현은 이 사람처럼 앞의 율법학자도 제자들의 하나였음을 암시한다. 그러나 본문의 "제자들"이라는 표현은 예수님의 부름을 받아 수동적으로 따르기를 시작한, 그래서 따름 자체에 믿음이 표현된 그런 제자들을 지시하는 용어는 아니다. 넓은 의미로 예수님을 따르는 모두를 가리킨다. 그래서 율법학자는 예수님을 능동적으로 따르고 있으면서도 확실한 예수님의 허락을 요청했었다. 이 사람은 예수님이 부르신 다른 제자들처럼 모든 것을 버린 단계는 아직 아니었다. 그에게는 예수님을 따름보다 더 시급한 일이 있었다. 먼저 가서 아버지를 장사하는 것이다. 그는 예수님이 땅에 거하시는 이때가 아주 특별한 기간이요 이 기간에는 무엇보다 예수님을 따름이 우선해야 한다는 사실을 모르고 있었다.

▶ **22절** 예수께서 이르시되 죽은 자들이 그들의 죽은 자들을 장사하게 하고 너는 나를 따르라 하시니라

이 시기는 예수님을 따름과 사람들의 보통 삶이 충돌을 일으킬 수 있던 특별한 상황이었다. 우리가 만나는 다른 모든 사람들처럼 예수님도 똑같은 몸을 가지고 계셨기 때문이다. 아버지를 장사하기 위해서는 예수님을 떠나야 한다. 예수님을 따르기 위해서는 아버지를 장사할 수 없다. 따라서 "죽은 자들로 저희의 죽은 사람들을 장사하게 놓아두어라"는 말씀을 승천하신 후의 상황, 곧 우리의 상황에서 이해하면 안 된다. 예수님은 자신의 사역으로 이 땅에 하나님의 나라가 시작된 이 특별한 시기에는 예수님을 따름이 사람들의 일상생활과 부딪힘을 아시고 사람들에게 특별한 선택을 요구하셨다. 모든 것을 젖혀 두고 천국의 왕이신 예수님을 따르는 것이다.

이 특별한 선택을 위해서는 이런 일에 무지한, 영적으로 죽은 사람들이 육적으로 죽은 사람들을 장사하도록 놓아두고 나를 따르라고 말씀하신 것이다. 수동적 따름에서처럼 능동적 따름에도 모든 것을 버리는 것은 몸을 가지고 앞서가시는 예수님을 따르기 위해서는 필수적 요구조건이었다.

19. 바다와 거라사의 이적(마 8:23–27)

1) 개요

예수님의 능력은 사람들의 병을 고치는 것뿐만 아니라 귀신을 쫓아내고 자연을 순종하게 하는 데까지 미친다. 이러한 일을 통하여 제자들은 예수님을 믿고 따르면서 예수님을 자신들을 부르신 분, 회개를 촉구하고 하나님 나라의 복음을 전하신 분, 권위 있는 설교자, 병을 고치고 귀신을 쫓아내는 능력을 가지신 분으로만 믿지 않고 예수님에 대해 보다 깊은 질문을

던진다. 이적은 사람들이 예수님의 정체에 관심을 갖게 하고 나중에는 결국 예수님의 힌트와 가르침을 통해 인격적 의존으로서의 믿음만이 아니라 예수님을 아는 지식에서도 바람직한 결과에 도달하게 된다. 이러한 과정을 배울 수 있는 것이 본문의 두 사건이다.

따름에 대한 교훈을 하신 직후 예수님은 배를 타고 이내 주무시기 시작하셨는데 강한 바람이 불어와서 배는 풍랑과 파도에 뒤집힐 위험에 빠졌다. 제자들은 예수님을 깨워 도움을 요청했고 일어나신 예수님이 바람과 바다를 꾸짖자 바다는 곧 잔잔해졌다. 제자들은 그들이 믿고 따르는 예수님께 자연도 순종하는 것을 보고 "이분이 누구인가?"라는 질문을 던진다. 이 질문에 대한 답은 우스꽝스럽게도 다음에 기록되어 있는 기사에서 귀신들린 사람의 입에서 나온다.

예수님이 배에서 내리시자 귀신 들린 사람 둘이 예수와 마주쳤는데 그들은 예수님을 "하나님의 아들"이라고 고백한다. 귀신들린 사람들의 외침이어서 받아들이기에는 꺼림칙하지만 마태는 앞 사건에서 나왔던 질문의 답을 독자들이 이곳에서 찾도록 사건을 배열해 놓았다.

귀신들린 사람들에게서 쫓겨난 귀신은 예수님의 허락을 받아서 돼지 떼에게로 들어갔고 돼지 떼는 바다에 빠져서 모두 죽었다. 이 일이 동기가 되어 사람들이 몰려나왔지만 사람들은 예수님께 그들을 떠나달라고 한다. 그들은 예수님을 따르고 믿기보다는 정반대의 태도를 보였다. 이적은 꼭 믿음으로 인도하는 것은 아니다.

2) 주해

▶ **23절** 배에 오르시매 제자들이 따랐더니

예수님은 제자들과 함께 여암은 명이 탈 수 있는 작은 배를 타신 것으로 보인다. 제자들이 몇 명이나 함께 있었는지는 알 수 없지만 적어도 처음에 부름을 받은 네 제자는 함께 배를 탔다고 말할 수는 있을 것이다.

▶ **24절** 바다에 큰 놀이 일어나 배가 물결에 덮이게 되었으되 예수께서는 주무시는 지라

갈릴리 바다에 갑자기 강한 바람이 불어왔고 거센 풍랑이 일어났다. 배는 파도에 금방이라도 뒤덮이려 하였다. 예수님이 배에 타고 계셨는데도 풍랑이 일었다. 폭풍과 파도는 예수님이 타고 계신 배라고 피해가지 않았다. 배의 난간을 붙들고 앉아 있기도 힘든 상황에서 예수님은 편안하게 주무시고 계셨다. 제자들이 바다와 사투를 벌이고 온통 소란스러웠지만 예수님은 이 모든 일을 아예 모르시는 듯 했고 폭풍과 미친 파도도 예수님을 깨우지는 못했다.

▶ **25절** 그 제자들이 나아와 깨우며 이르되 주여 구원하소서 우리가 죽겠나이다

안간힘을 쓰던 어부 출신의 제자들이 결국 손을 들었다. 그들은 최선을 다했지만 폭풍과 파도를 당해낼 수는 없었다. 그래서 그들은 주무시는 예수님을 깨우며 도움을 호소했다.

"구원해 달라"고 번역된 단어는 원래 좋은 상태가 되게 만드는 것을 뜻한다. 이 경우에는 "주님, 살려 주십시오"가 더 나은 번역이다. 주님을 깨운 이유는 그들이 죽을지도 모른다고 생각했기 때문이다. 최후의 수단으로 예수님을 깨웠던 것이다. 난장판이 된 배 안에서 주무시던 예수님은 제자들이 깨우자 금방 일어나셨다.

▶ **26절** 예수께서 이르시되 어찌하여 무서워하느냐 믿음이 작은 자들아 하시고 곧 일어나사 바람과 바다를 꾸짖으시니 아주 잔잔하게 되거늘

잠을 깨신 예수님은 제자들을 안심시키시거나 위로하시지 않고 다짜고짜로 야단부터 치셨다. 예수님과 함께 있으면서도 폭풍과 파도를, 그리고 죽음을 무서워했기이다. 무서움이란 걱정과 마찬가지로 믿음을 약하게 하고 작게 만드는 해악적 요소이다. 믿음이 약하다는 증거이기도 했다.

무엇이 잘 못일까? 자신의 생명을 제자들의 손에 맡기신 채 그 소동 중에도 편안하게, 그 어디보다도 더 편안하게 주무시던 예수님이 기대하신

것에 미치지 못했기 때문이다. 예수님을 깨운 것이 잘못이었다. 바람과 파도가 예수님을 깨우지도 못했다면 제자들은 예수님을 깨워 도움을 호소하는 것과 같은 믿음으로 계속 싸우고 버텼어야 했다.

제자들의 작은 믿음을 꾸중하신 예수님은 일어나셔서 바람과 바다를 향해 호령하셨고 바다는 곧 잔잔하게 되었다. 예수님에게 이런 상황은 전혀 위기가 아니었다. 그래서 제자들의 목숨을 구하는 것보다 그들의 작은 믿음을 깨우쳐 주시는 것을 더 시급한 일로 여기셨던 것이다.

▶ **27절** 그 사람들이 놀랍게 여겨 이르되 이이가 어떠한 사람이기에 바람과 바다도 순종하는가 하더라

제자들은 이 광경을 보고 놀라며 예수님의 진정한 정체를 묻기 시작했다. 바람과 바다도 예수님의 말을 듣는다는 것은 그들이 이때까지 알고 있었던 예수님보다 더 많고 더 깊은 것을 알아야 하겠다는 감동을 불러 일으켰던 것이다.

▶ **28절** 또 예수께서 건너편 가다라 지방에 가시매 귀신 들린 자 둘이 무덤 사이에서 나와 예수를 만나니 그들은 몹시 사나워 아무도 그 길로 지나갈 수 없을 지경이더라

예수님이 배를 내리신 곳은 가다라 지역이었다. 마가복음과 누가복음의 병행구절을 따르면 이곳에는 거라사 사람들이 살고 있었다. 그때 귀신들린 사람 둘이 무덤사이에서 나오다가 예수님과 마주쳤다. 이들은 심각한 상태에 있었다. 마을이 아니라 무덤 근처의 굴에 살고 있었으며 아무도 이들을 억제할 수 없을 정도로 힘이 세고 사나워서 사람들이 그 길로 지나다닐 수도 없었다.

▶ **29절** 이에 그들이 소리 질러 이르되 하나님의 아들이여 우리가 당신과 무슨 상관이 있나이까 때가 이르기 전에 우리를 괴롭게 하려고 여기 오셨나이까 하더니

귀신들린 사람들은 예수님을 알아보고 "하나님의 아들"이라고 불렀다.

아직 누구도 예수님을 이렇게 부른 적이 없었다. 영적 세계에는 진리만 통했던 것이다. 비록 이 말이 풍랑을 잔잔케 하신 사건에서 제기된 질문 "이 사람이 누구냐"에 대한 적절한 답변이라고 할 수 있지만 귀신, 귀신 들린 사람의 말 위에 기독교 신앙이 세워진 것은 아니다. 말의 내용이 옳다 하더라도 그것이 귀신의 말이라면 수용할 필요도 없다.

하나님의 아들 예수 앞에서 그들은 더 이상 그들의 특징인 폭력을 사용하지 못하고 이미 물러갈 준비를 하고 있었다. 예수님이 오신 것 자체가 마귀에게는 두려움이었고 패배였다. 사람을 이용하는 귀신이 괴로워하며 아직 때가 되지 않았으므로 그들을 상관하지 말라고 호소하지만 이미 예수님이 오셨다. 완전한 결박의 때는 아니더라도 하나님 나라가 그리스도로 말미암아 시작된 것이다. 귀신의 말에 신경 쓸 필요는 없다.

▶ **30-32절** 마침 멀리서 많은 돼지 떼가 먹고 있는지라 31 귀신들이 예수께 간구하여 이르되 만일 우리를 쫓아 내시려면 돼지 떼에 들여 보내 주소서 하니 32 그들에게 가라 하시니 귀신들이 나와서 돼지에게로 들어가는지라 온 떼가 비탈로 내리달아 바다에 들어가서 물에서 몰사하거늘

귀신들은 예수님 앞에서 두려워 떨면서 마침 그들로부터 먼 곳에 놓아기르고 있던 돼지 떼에게로 들어가도록 허락해 주실 것을 요청하였다. 예수님이 허락하시자 귀신은 돼지들에게로 들어갔고 이성 없는 돼지들은 모두 갑자기 비탈을 달려 내려가서 바다에 빠져 죽었다. 예수님은 비록 사람의 몸을 가지고 계셨지만 영의 세계를 지배하는 분이시며 사람들의 삶을 수많은 돼지들보다 더 귀하게 여기신 분이셨다.

▶ **33-34절** 치던 자들이 달아나 시내에 들어가 이 모든 일과 귀신 들린 자의 일을 고하니 34 온 시내가 예수를 만나려고 나가서 보고 그 지방에서 떠나시기를 간구하더라

목동들이 도망쳐서 성으로 들어갔고 귀신들린 사람들과 돼지 떼에 일어난 일들을 사람들에게 알리자 성에 살던 사람들이 예수와 귀신들렸던 사

람을 만나러 나왔지만 그들은 앞으로 나타날지도 모르는 더 큰 손해를 걱정하며 예수님께 자기들을 떠나주실 것을 간청하였다. 그들은 하나님의 나라가 이 세상에 왔고 그 나라의 왕이신 예수님의 활동이 그들 가운데서 벌어졌지만 예수님보다는 재물을 더 귀히 여겼다.

Short Commentary
Matthew
마태복음 9장

20. 죄를 용서하심(마 9:1-13)

1) 개요

자기 백성을 죄에서 구원하러 오신 예수님의 활동에는 사람의 죄를 지적하신 것과 사람이 하나님 앞에서 죄인임을 알려주신 것 외에 직접 죄를 용서하신 활동도 포함된다. 예수님은 죄인을 불러 용서하시고 회개하고 자신을 믿는 사람들을 천국의 백성으로 삼으시려고 오신 분이시다. 잠시 후에는 그들을 위해서 십자가를 지실 분이시다.

예수님이 죄를 용서하시는 권한을 가지고 계시다는 사실을 유대인들, 특히 율법학자들과 바리새인들은 이해하기 어려웠다. 유대인들은 하나님만이 죄를 용서하실 수 있다고 믿고 있었기 때문이다. 그래서 예수님이 한 중풍환자를 고쳐주실 때 죄의 용서를 선언하시자 율법학자들은 대뜸 예수님이 하나님을 모독한다고 생각했다. 그러나 예수님은 자신이 사람의 죄를 용서하는 권한을 가지고 계심을 알리시기 위하여 일부러 이렇게 말씀하셨다. 하나님만이 인간의 죄를 용서하실 수 있는데 예수님이 중풍환자의 죄를 용서하신다고 선언하셨다면 이것은 자신이 하나님의 아들이심을 선언하신 것이나 다름없다. 앞의 기사에서 예수님이 누구신가라는 의문에 예수님은 자신의 정체를 충분히, 그러나 암시적으로 은근히 알리셨다.

율법학자들이 예수님의 말씀을 하나님 모독으로 오해하자 예수님은 다른 말씀으로 중풍병자를 낫게 해 주셨는데 그것은 예수님이 죄를 용서하는 권한을 가지고 계시다는 사실을 증명하는 것이었다. 중풍병자가 낫는 것을 본 사람들은 하나님이 이런 권한을 예수님에게 주셨다고 믿었다.

이 주제는 저자인 마태를 부르신 사건의 기록에 계속된다. 마태는 네 명의 첫 제자들처럼 예수님의 부르심을 받았다. 당시 세리란 동포를 배반하고 이방인 압제자에게 붙어 있다는 손가락질을 받는, 죄인의 대명사다. 모두가 이들을 피했지만 예수님은 세리들, 또 다른 죄인들과 기꺼이 식사를 하시고 교제를 하셨다. 자신이 죄인들을 부르러 오셨음을 알리시려고 의도적으로 이렇게 하셨다.

2) 주해

9:1-2절 예수께서 배에 오르사 건너가 본 동네에 이르시니 2 침상에 누운 중풍병자를 사람들이 데리고 오거늘 예수께서 그들의 믿음을 보시고 중풍병자에게 이르시되 작은 자야 안심하라 네 죄 사함을 받았느니라

가다라 지방에서 쫓겨나신 예수님은 가버나움으로 돌아오셨다. 사람들이 예수님께 중풍병자를 침대에 누인 채 데려왔다. 중풍환자는 혼자서는 예수님께 올 수 없는 사람이다. 그를 데리고 온 사람들은 친구들, 아니면 가족들이었을 것이다. 막 2:1-12과 눅 5:17-26에는 그들이 지붕 위로 올라가서 지붕을 뜯고 침대를 줄로 달아 내렸다는 기록이 있다. "그들의 믿음"에 중풍병자 자신도 포함되었을 수 있다. 예수님은 그들의 믿음을 보시고 그를 위로하시며 그의 죄를 용서하신다고 선언하셨다. 믿음이 행동으로 표현되어 있었기 때문이다. 이 믿음은 앞에서 본 여러 경우처럼 예수님의 의도를 묻는 격적 믿음이었다. 이환자의 경우 병은 죄와 뗄 수 없는 관계가 있었다. 그러나 모든 병이 죄의 결과는 아니다.

▶ **3절** 어떤 서기관들이 속으로 이르되 이 사람이 신성을 모독하도다

율법학자 몇이 그곳에 있다가 예수님의 죄 용서 선언을 듣고 속으로 불평하기 시작했다. 인간의 모든 죄는 하나님을 향한 것이다. 따라서 어떤 죄든지 용서는 하나님만이 하실 수 있다. 이렇게 믿고 있었던 율법학자들에게 예수님의 말씀은 자신을 알려주는 것이 아니라 하나님을 모독하는 것으로 생각되었다. 그들은 예수님을 믿을 마음을 가지고 있지 않았다.

▶ **4절** 예수께서 그 생각을 아시고 이르시되 너희가 어찌하여 마음에 악한 생각을 하느냐

예수님이 환자를 고치시는 능력을 행사하는 것을 보지 않고 예수님을 비난하는 그들의 마음을 예수님은 "악한 것"이라고 평가하셨다. 예수님은 하나님의 아들이시오 천국의 왕이시므로 예수님을 대항하는 모든 것은 악이다.

▶ **5절** 네 죄 사함을 받았느니라 하는 말과 일어나 걸어가라 하는 말 중에 어느 것이 쉽겠느냐

"죄가 용서되었다"고 말하는 것과 "일어나서 걸어가라"고 말하는 것 둘 중 어느 것이 더 쉬울까? 예수님이 그들에게 제시한 질문이었다. 죄 용서란 눈에 보이도록 나타나는 것이 아니기 때문에 죄 용서의 선언이 더 쉽게 보일 수 있다. 말만하면 되기 때문이다. 그러나 이론적으로는 병을 향한 외침이 더 쉽다. 죄 용서란 하나님의 고유 권한이기 때문이다.

▶ **6-7절** 그러나 인자가 세상에서 죄를 사하는 권능이 있는 줄을 너희로 알게 하려 하노라 하시고 중풍병자에게 말씀하시되 일어나 네 침상을 가지고 집으로 가라 하시니 7 그가 일어나 집으로 돌아가거늘

예수님이 쉬운 말씀(병고침)을 마다하고 더 어려운 말씀(죄용서)을 하신 것은 인자 즉 예수님이 땅에서 죄를 용서하는 권한을 가지고 계시다는 것을 알려주시기 위해서였다. 네 죄 사함을 받았다고 하신 말씀으로 예수님

은 자신을 하나님과 같은 위치에 있는 하나님의 아들이라고 말씀하신 셈이다. "인자" 즉 "사람의 아들"은 예수님 자신을 지시하는 용어이다.

율법학자들의 불필요한 반발을 방지하시려고 예수님은 중풍환자에게 일어나서 가라고 하셨고 그는 그렇게 하였다. 예수님의 말씀 한 마디에 그의 병은 나았고 집으로 돌아갔다. 병이 나았다는 것은 이 경우 병의 원인이었던 죄를 용서 받았다는 것을 뜻한다.

▶ **8절** 무리가 보고 두려워하며 이런 권능을 사람에게 주신 하나님께 영광을 돌리니라

무리들은 중풍환자의 병이 나은 것을 보고 하나님이 "사람들에게" 죄를 용서하는 권한을 주셨다고 믿었다. 그리고 하나님을 두려워하며 하나님께 영광을 돌렸다. "사람들에게"는 복수로서 예수님만을 지시하는 것은 아니다. 그들은 아직 예수님의 독특한 신분과 자격, 역할을 잘 몰랐기 때문에 하나님께서 예수님과 같은 특별한 사람들에게도 이러한 권한을 주셨다고 믿었던 것으로 보인다.

▶ **9절** 예수께서 그 곳을 떠나 지나가시다가 마태라 하는 사람이 세관에 앉아 있는 것을 보시고 이르시되 나를 따르라 하시니 일어나 따르니라

마태는 가버나움에서 로마 황제와 헤롯 안디바스에게 바칠 세금을 걷는 사람이었다. 당시 세리는 죄를 지을 소지가 많고 이방인을 위해 일한다는 것 때문에 사람들에게 멸시를 받고 죄인이란 낙인이 찍힌 직업이었다. 그가 세무서에서 일하고 있을 때 예수님은 그를 부르셨고 그는 "나를 따르라"는 예수님의 부르심에 곧 일어나서 예수님을 따랐다. 그는 마태복음의 저자로 마가복음과 누가복음에는 레위라는 이름으로도 나온다.

▶ **10-11절** 예수께서 마태의 집에서 앉아 음식을 잡수실 때에 많은 세리와 죄인들이 와서 예수와 그의 제자들과 함께 11 바리새인들이 보고 그의 제자들에게 이르되 어찌하여 너희 선생은 세리와 죄인들과 함께 잡수시느냐

마태는 자기 집에 예수님과 제자들을 초대하여 함께 식사를 하였다. 동

료 세리들과 친구들도 함께 청함을 받았다. "죄인들"은 세리는 아니지만 율법대로 살아가지 않는 것 때문에 사회에서 죄인으로 낙인찍힌 사람들로 보인다. 식사자리에 앉았다고 번역한 단어는 비스듬히 기대어 눕는 것으로 유대인의 식사자세였다.

바리새인들은 공인된 이 죄인들과 함께 음식을 나누어 먹지 않았기 때문에 예수님이 그들과 함께 음식을 잡수시는 것을 보고 제자들에게 항의하였다. 이런 황당한 행동을 하는 예수님은 의인일 수 없다는 그들 나름의 계산이 깔려 있었다. "너희 선생"이라는 호칭 속에 예수님을 향한 그들의 태도가 불손했음이 표현되어 있다.

▶ **12-13절** 예수께서 들으시고 이르시되 건강한 자에게는 의사가 쓸 데 없고 병든 자에게라야 쓸 데 있느니라 13 너희는 가서 내가 긍휼을 원하고 제사를 원하지 아니하노라 하신 뜻이 무엇인지 배우라 나는 의인을 부르러 온 것이 아니요 죄인을 부르러 왔노라 하시니라

사람들의 죄를 용서하는 권한을 가지신 예수님이 그들의 말을 들으시고 자신은 의인을 부르러 오지 않고 죄인들을 부르러 오셨다고 자신의 역할을 알려주셨다. 튼튼한 사람은 "의인", 아픈 사람은 "죄인"의 비유어이다. 의사는 물론 죄를 용서하시고 그들을 천국의 사람으로 부르시는 예수님에 대한 비유어이다. 세상에 의사가 필요치 않은 의인들이 있다는 말씀이 아니라 자신을 의인이라고 생각하는 사람에게는 예수님이 필요치 않다는 말씀이다. 천국을 위해서는 죄의 회개가 필수적이다.

예수님은 죄인들을 부르시는 자신의 역할이 "제사가 아니라 자비를 원한다"는 호 5:5절을 따르는 것임을 알려주셨다. 형제에게 자비를 베풀지 않는다면 바른 제사는 없는 것이다.

21. 금식과 치유(마 9:14-17)

1) 개요

금식은 당시 유대인의 세계에서는 아주 중요한 신앙 습관이었다. 당시 금식은 신앙의 척도였던 것이다. 적어도 정해진 금식일을 지켜야만 했다. 그러나 예수님과 제자들은 앞에서 죄인들과 함께 식사하시는 것을 본 것처럼 당시 유대 사회의 종교 관습을 그대로 따르지 않으셨다. 이 때문에 어느 날 세례자 요한의 제자들이 예수님께 다가와서 금식을 하지 않는 이유, 즉 종교적 관습을 따르지 않는 이유를 물었다. 예수님이 대답하신 이유는 두 가지였다.

1) 금식은 슬픔의 표현이다. 하나님 앞에 겸비한 자세를 갖추고 하나님에게만 슬픔을 호소하는 것이었다. 그런데 예수님이 하나님 나라의 왕, 이스라엘이 기다리던 메시야로 오신 이 때는 금식을 해야 할 슬픈 날이 아니라 천국의 백성을 모으는 기쁨의 날이었다. 신랑이 있는 동안은 결혼식 손님들이 금식할 수는 없다. 금식해서도 안 된다.

2) 왕이 오신 이상 옛 관습이 아니라 새로운 질서와 새로운 규범이 있어야 한다. 하나님의 나라가 이 땅에 막 시작되고 있는데 옛 규범을 적용하려는 것은 옳지 않다. 예수님은 이것을 두 가지 비유로 가르치셨다. 새 헝겊 조각을 낡은 옷에 대지 않는다. 새 포도주는 새 부대에 넣어야 한다.

두 번째 단락에는 예수님을 믿는 마음으로 와서 도움을 요청하여 예수님의 은혜의 손길을 경험한 두 사건이 기록되어 있다. 어떤 관원의 딸을 살리시고 출혈병에 시달리던 여인을 고쳐주신 사건이다. 관원의 딸을 살리러 가시는 도중에 출혈병으로 고생하던 여자가 믿음으로 예수님 뒤로 와서 예수님의 옷을 만졌다. 여인은 몰래 했지만 예수님은 모든 일들을 아셨고 친절하게 여자의 병을 고쳐주셨다. 관원의 집에 도착하셨을 때는 장사 준비가 한창이었다. 예수님은 사람들을 다 내어 보내시고 아이의 손을 잡아 일으켜 주셨다. 그 결과 예수님의 소문은 온 땅에 퍼져 나갔다. 세례자 요한의 제자들이 질문을 가지고 예수님께 온 행동과 예수님을 믿음으로 다가온 사람들의 행동이 대조된 것이다.

2) 주해

▶ **14절** 그 때에 요한의 제자들이 예수께 나아와 이르되 우리와 바리새인들은 금식하는데 어찌하여 당신의 제자들은 금식하지 아니하나이까

금식에 대한 질문을 제기한 사람들이 본문에는 세례자 요한의 제자들이지만 막 2:18에는 어떤 사람들, 눅 5:33에는 바리새인과 서기관들이다. 예수님과 제자들이 금식하지 않는 것에 대하여 의문을 품은 데는 요한의 제자들과 바리새인들이 동일한 입장을 가진 것으로 보인다. 질문의 내용에도 이 둘이 같이 등장한다. "저희나 바리새인들은" 자주 금식하는데 어째서 당신의 제자들은 금식하지 않습니까? 하고 물은 것이다. 예수님을 빼고 "당신의 제자들이"하고 질문한 것은 예수님은 금식을 하셨다는 뜻이 아니라 예수님에 대한 정중한 태도를 보여준다.

▶ **15절** 예수께서 그들에게 이르시되 혼인집 손님들이 신랑과 함께 있을 동안에 슬퍼할 수 있느냐 그러나 신랑을 빼앗길 날이 이르리니 그 때에는 금식할 것이니라

금식하지 않는 이유에 대한 첫 번째 대답으로 예수님은 혼인잔치를 예로 드셨다. "혼인집 아들들"은 혼인잔치에 참석하여 결혼식을 돕는 사람들을 가리킨다. "신랑이 함께 있는 동안"은 천국의 왕이신 예수님이 이 땅에 오셔서 사람들을 하나님의 나라로 불러들이는 특별한 기간을 뜻하는 비유어다. 예수님과 함께 있는 이 기간은 사람들에게 기쁨과 축복의 날들이므로 슬픔의 표현인 금식이 필요 없는 것이다.

신랑을 떼어 놓는 날은 비유 속에서는 잔치를 끝내고 떠나가는 때이지만 예수님이 십자가에 못 박히실 순간을 암시하는 것이다. 그 날에는 예수님의 제자들도 금식할 수밖에 없다. 예수님은 자신의 지상 사역 기간이 정

해져 있기 때문에 이 짧은 기간 동안 최대한 힘차게 활동하셔야만 하는 것이다.

▶ **16-17절** 생베 조각을 낡은 옷에 붙이는 자가 없나니 이는 기운 것이 그 옷을 당기어 해어짐이 더하게 됨이요 17 새 포도주를 낡은 가죽 부대에 넣지 아니하나니 그렇게 하면 부대가 터져 포도주도 쏟아지고 부대도 버리게 됨이라 새 포도주는 새 부대에 넣어야 둘이 다 보전되느니라

두 번째 이유로 예수님은 이제 막 시작된 천국 사람들의 삶은 옛 유대인의 종교적 관습에 맞출 수 없고 천국에 어울리는 새로운 행동 양식을 따라야 함을 비유 두 개로 말씀하셨다. 두 비유는 모두 예수님 당시의 문화와 관련되어 있다. 천으로 만든 옷도 비슷하지만, 동물의 가죽으로 만든 옷이 낡았을 때 새 조각을 덧대면 신축성이 없는 헌 옷을 더 크게 찢는 결과를 낳는다. 충분히 익지 않은 새 포도주를 낡은 가죽부대에 담으면 포도주가 발효하며 나오는 열과 가스로 인해 신축성이 없는 가죽부대는 터져서 포도주도 부대도 버리게 된다. 영적인 신약시대의 삶의 양식이 구약시대에 근본이 되었던 육적, 사회적 신앙 관습에 잘 맞지 않는다는 뜻이다. 새 포도주는 새 가죽부대에 담아야 한다. 예수님의 제자들은 천국의 백성답게 구약의 완성이신 예수님의 가르침과 지시를 따라 살게 해야 한다는 뜻이다.

▶ **18-19절** 예수께서 이 말씀을 하실 때에 한 관리가 와서 절하며 이르되 내 딸이 방금 죽었사오나 오셔서 그 몸에 손을 얹어 주소서 그러면 살아나겠나이다 하니 19 예수께서 일어나 따라가시매 제자들도 가더니

"관원" 한 사람은 가버나움의 회당장 야이로였다. 그는 예수님이 세례자 요한의 제자들을 가르치고 계실 때 급히 달려와서 예수님 앞에 엎드려 절하며 죽은 자기 딸을 살려달라고 애원했다. 예수님이 자기 딸에게 손만 얹어주셔도 딸이 살아날 것이라고 믿었고 그렇게 해달라고 예수님께 빌었다. 마가복음과 누가복음에는 회당장이 예수님께 올 때에는 딸이 아직 살

아 있었으나 도중에 죽어서 사람들이 와서 이 소식을 알린 것으로 기록되어 있다. 마태는 요약적으로 죽은 사실만을 보도하였다.

예수는 지체하지 않고 그를 따라 가셨고 그 뒤를 제자들이 따랐다.

▶ **20-21절** 열두 해 동안이나 혈루증으로 앓는 여자가 예수의 뒤로 와서 그 겉옷 가를 만지니 21 이는 제 마음에 그 겉옷만 만져도 구원을 받겠다 함이라

예수님이 가시는 도중에 12년을 출혈에 시달리던 한 여자가 예수님 뒤로 몰래 접근하였다. 출혈은 유대사회에서는 부정을 의미했으며 다른 사람과의 접촉도 엄격히 제한하고 있었다. 이 여자는 병으로 고생하던 중 예수님의 소문을 들었으며 예수님이 기꺼이 자신을 고쳐주시리라는 믿음을 가지고 왔지만, 감히 앞으로 나서서 간청하거나 표 나게 행동하지 못하고 몰래 예수님의 옷 가장자리를 만졌다. "옷 가장자리"는 이 여자에게 예수님의 옷 살짝만 만져도 자신의 병이 나을 것이라는 강한 확신이 있었음을 보여준다.

▶ **22절** 예수께서 돌이켜 그를 보시며 이르시되 딸아 안심하라 네 믿음이 너를 구원하였다 하시니 여자가 그 즉시 구원을 받으니라

여자는 몰래 옷에 닿았지만, 또 많은 사람들이 예수님을 에워싸고 걷고 있어서 이 정도의 접촉은 느낄 수도 없었겠지만 예수님은 그런 사실을 다 알고 계셨다. 예수님은 친절하게도 발을 멈추시고 뒤를 돌아 그 여자를 보시며 위로와 함께 "네 믿음이 너를 낫게 했다"고 선언하셨다. 예수님이 이렇게 하신 것은 자신의 능력, 활동을 통해 병을 고쳐주시는 것을 주변 사람들에게 알리시고 사람들이 자신을 믿게 하시려는 의도 때문이었다고 생각된다. 사실 여인을 고치신 것은 이 여자의 믿음이 아니라 인격적 믿음이 의존하는 바로 그 예수님, 말씀하시는 예수님이셨다. 예수님이 말씀이 떨어지기가 무섭게 여자의 믿음은 응답을 받았다. 그 시각부터 나았기 때문이다.

▶ **23-24절** 예수께서 그 관리의 집에 가사 피리 부는 자들과 떠드는 무리를 보시
24 이르시되 물러가라 이 소녀가 죽은 것이 아니라 잔다 하시니 그들이 비웃더라

회당장의 집에는 소녀가 죽은 것을 알고 피리 부는 사람들과 장례 준비로 바쁜 사람들이 왁자지껄 떠들고 있었다. 예수님은 사람들을 다 내 보내시며 소녀가 죽은 것이 아니라 잔다고 하셨다. 예수님은 소녀를 살릴 마음을 가지고 계셨기에 잔다고 표현하셨지만 예수님을 믿지 않는 사람들은, 소녀가 죽은 것을 알았기 때문에 예수님을 비웃었다. 믿지 못하는 사람에게는 믿음의 일들이 모두 우스꽝스럽게 보일 뿐이다.

▶ **25-26절** 무리를 내보낸 후에 예수께서 들어가사 소녀의 손을 잡으시매 일어나
는지라 26 그 소문이 그 온 땅에 퍼지더라

모든 사람이 나가자 예수님은 방으로 들어가서 소녀의 손을 잡으심으로 죽은 소녀를 살리셨고 하나님의 영광을 드러내셨다. 예수님은 죽은 사람도 살리시는 신적 힘을 가지고 계셨다. 죽은 사람도 예수님이 살리셨다는 이 소문, 예수님에 관한 것은 모두 복음이기에, 온 땅에 퍼져나간 이 소문을 일종의 작은 복음이라고 불러도 좋을 것이다.

22. 눈 먼 사람과 귀 먹은 사람을 고치심(마 9:27-34)

1) 개요

마태가 이곳에 모아 수록해 놓은 이적 기사 열 개는 예수님의 초기 활동 중에 일어난 일들이다. 이 이적들은 사람이 되신 하나님의 아들 예수님이 병을 고치고 귀신을 쫓아내고 자연현상을 통제하는 신적 능력을 가지고 계시다는 것을 알려주는 것으로서 사람들에게 예수님을 믿고 따르도록

자극하는 역할을 했다. 그 결과 예수님에 관한 소문은 점점 넓게 퍼져 나갔고 더 많은 사람들이 예수님을 만나러 오거나 예수님을 믿고 따라다니게 되었다. 본문에는 그 중 마지막 두 개와 이 초기 사역의 전체 요약이 수록되어 있다.

눈먼 사람을 고치신 사건에는 예수님을 "다윗의 아들" 곧 그리스도로 부르는 명칭이 처음 등장한다. 눈먼 사람 두 명이 예수님에게 도움을 청할 때 사용하였다. 이 칭호 자체에 대한 반응은 기록되어 있지 않지만 예수님은 이 사람들의 믿음을 보시고 그들을 고쳐주셨다는 사실에서 예수님이 이 칭호를 긍정적으로 받아들이셨음을 알 수 있다. 이로써 마태가 복음서 처음에 복음의 윤곽으로 제시했던 많은 기독론적 주제들이 다 드러났다. 즉 마태는 많은 사람들이 믿고 예수님을 따르는 광경을 소개함으로써 예수님을 그리스도, 하나님의 아들, 하나님 나라의 왕으로 소개하였고 예수님의 제자들은 비록 완전하다고는 할 수 없지만 예수님을 이런 분으로 믿었다고 말할 수 있다.

말 못하는 사람을 고쳐주신 사건에는 약간 다른 국면이 나타나기 시작한다. 예수님을 믿고 따르는 사람들과 대조를 이루는 유대 지도자들의 태도이다. 귀신이 내쫓기자 무리들이 이스라엘에 이런 일이 있은 적이 없다고 놀라는데 바리새인들은 예수님이 귀신의 우두머리에 힘입어 귀신을 내쫓았다고 반대 의견을 제시하였다. 예수님에 대한 적대적 태도가 처음으로 나타난 것이다. 이 주제는 예수님의 생애가 계속 됨에 따라 더 강하게 부각된다. 물론 예수님을 믿고 따르는 사람들의 믿음도 확고하게 자리 잡는다.

2) 주해

▶ **27절** 예수께서 거기에서 떠나가실새 두 맹인이 따라오며 소리 질러 이르되 다윗의 자손이여 우리를 불쌍히 여기소서 하더니

예수님이 가버나움 백부장의 집에서 나와서 길을 가실 때 눈먼 사람 두 명이 예수님을 따라가며 소리 질렀다. 그들은 도움을 호소하며 예수님을

"다윗의 아들"이라고 불렀다. "불쌍히 여겨 주십시오"라는 외침은 눈을 뜨게 해 달라 것이었다. 그럼에도 그들은 예수님의 처분만을 호소했다. 믿음은 예수님의 의지를 향한 것이다. 다윗의 아들이라는 칭호는 이스라엘 사람들이 기다려 온 메시야, 즉 그리스도를 가리키는 것으로서 그들이 예수님을 그리스도로 믿었음을 뜻한다. 그들이 이 칭호를 사용한 것을 보면 예수님의 활동과 가르침이 사람들에게 충분한 암시가 되었고 사람들이 예수님을 그리스도로 생각하기 시작하였다고 말할 수 있다.

▶ **28절** 예수께서 집에 들어가시매 맹인들이 그에게 나아오거늘 예수께서 이르시되 내가 능히 이 일 할 줄을 믿느냐 대답하되 주여 그러하오이다 하니

예수님이 대꾸도 하지 않고 어떤 집으로 들어가셨지만 두 사람은 그 집으로까지 따라 들어갔다. 보이지 않는 눈으로 길을 더듬어 끝까지 예수님을 따라갔다는 것은 예수님이 그들을 불쌍히 여겨 주실 것을 확실히 믿었다는 것을 보여준다. 예수님은 "내가 이 일을 할 수 있다고 믿느냐?" 하고 그들에게 물어보셨다. "이 일"은 눈을 뜨게 하는 일을 뜻한다. 그들이 예수님의 자비만을 호소했기 때문에 그들이 원한 자비가 '보게 되는 것'인지를 확인하신 것이다. 그들이 "다윗의 아들"이라고만 부르신 것을 다소 부족하게 여기셨을 가능성도 있다. 예수님은 다윗의 주님이시고 하나님의 아들이시기 때문이다. 그들은 기다렸다는 듯이 예수님을 주님이라고 부르면서 그들의 믿음을 표현했다.

▶ **29절** 이에 예수께서 그들의 눈을 만지시며 이르시되 너희 믿음대로 되라 하시니

예수님은 그들의 눈을 만져 주시며 "너희의 믿음대로 되라"고 하셨다. 이것은 예수님이 사람들의 믿음을 보시고 병을 고쳐주신 경우와는 전혀 다른 방법으로 그들의 믿음 자체에 결과를 결부시키신 것이었다. 그들의 믿음을 다시 한 번 확인하시는 말씀이라고 할 수 있다. 예수님의 말씀이 떨어지자 곧 그들의 눈이 열려 보게 되었다면 그들의 믿음이란 '예수님이 우릴 만지시기만 해도 우린 나을 것이다' 또는 '예수님이 허락만 하시면

우린 볼 수 있을 것이다'였다고 설명할 수 있다.

▶ **30-31절** 그 눈들이 밝아진지라 예수께서 엄히 경고하시되 삼가 아무에게도 알리지 말라 하셨으나 31 그들이 나가서 예수의 소문을 그 온 땅에 퍼뜨리니라

이 일을 아무에게도 알리지 못하게 하신 것은 그들이 처음에 사용한 칭호 "다윗의 아들"과 관계된 것으로 보인다. 당시 유대인들은 메시야는 그들을 로마제국과 헤롯의 지배로부터 해방시키고 강대한 메시야 왕국을 건설해줄 것으로 믿고 있었다. 예수님을 다윗의 아들이라고 부르는 것은 예수님을 단순히 그런 정치적, 군사적 메시야로 오해할 가능성을 제공할 수 있다고 예수님의 활동을 방해할 수 있다. 예수님은 이런 오해를 방지하기 위하여 그더러 알리지 말라고 당부하신 것으로 보인다. 그러나 그들은 나가서 기쁨을 참지 못하고 예수님의 소문을 곳곳에 퍼뜨리고 다녔다.

▶ **32-33절** 그들이 나갈 때에 귀신 들려 말 못하는 사람을 예수께 데려오니 33 귀신이 쫓겨나고 말 못하는 사람이 말하거늘 무리가 놀랍게 여겨 이르되 이스라엘 가운데서 이런 일을 본 적이 없다 하되

말을 못하는 장애의 원인이 귀신들린 것에 있었던 한 사람이 있었다. 사람들이 그를 예수님께 데려왔는데 예수님이 귀신을 쫓아내시자 그가 말을 하게 되었다. 그렇지만 모든 장애가 귀신들림의 결과는 아니다. 예수님은 이 사람의 경우가 특별한 것을 아시고 입을 고쳐주시지 않고 귀신을 쫓아내셨던 것이다.

무리들이 놀랐다. 귀신을 쫓아내자 벙어리가 말하게 된 이런 경우는 이스라엘의 역사에도 없었다고 그들이 믿었기 때문이다.

앞의 사건에서 두 소경이 예수님을 "다윗의 아들"이라고 부른 것은 이 문맥에서 의미심장하다. 예수님은 메시야로 오셨으면서도 이스라엘의 역사에서조차도 유래 없는 일을 하신 분이라고 말할 수 있기 때문이다.

▶ **34절** 바리새인들은 이르되 그가 귀신의 왕을 의지하여 귀신을 쫓아낸다 하더라

예수님을 향해 마음을 닫고 비판적인 시각만을 가지고 있던 바리새인들의 평가는 달랐다. 보이는 현상을 거부할 수는 없었기 때문에 그들은 귀신을 쫓아내는 것은 대장귀신, 곧 사탄뿐이고 귀신들린 사람을 고치는 사람은 대장귀신이 들린 사람뿐이라는 결론을 만들어내었다. 예수님을 모독하는 길로 들어선 것이다.

▶ **35절** 예수께서 모든 도시와 마을에 두루 다니사 그들의 회당에서 가르치시며 천국 복음을 전파하시며 모든 병과 모든 약한 것을 고치시니라

예수님의 활동을 요약하면 가르침, 천국의 복음 선포, 병과 약한 것을 고쳐주심이다. 예수님은 이 일을 위해서 한 곳에 머무시지 않고 이스라엘의 각 성, 각 마을로 돌아 다니셨다.

▶ **36절** 무리를 보시고 불쌍히 여기시니 이는 그들이 목자 없는 양과 같이 고생하며 기진함이라

예수님이 이렇게 쉴 새 없이 활동을 하신 것은 사람들을 가엾어 하셨기 때문이다. 예수님의 눈에 그들은 목자 없는 양들같이 지쳐 있었고 버려져 있었다. 예수님은 그들의 목자로 오셔서 말씀하시고 활동하시고, 잠시 후에는 십자가를 지실 것이다. 예수님의 사역의 배후에 인류를 위한 사랑을 읽을 수 있다.

▶ **37-38절** 이에 제자들에게 이르시되 추수할 것은 많되 일꾼이 적으니 38 그러므로 추수하는 주인에게 청하여 추수할 일꾼들을 보내 주소서 하라 하시니라

무리를 향한 동정심과 사랑은 예수님으로 하여금 미래의 일들을 준비하게 자극하였다. 예수님의 삶은 잠시로 끝나기 때문에 그 이후의 일을 염려하신 것이다. 추수는 하나님의 나라가 이 땅에 시작되고 범세계적으로, 그리고 범시대적으로 하나님의 백성을 불러 모으는 것을 뜻한다. 그 추수는 예수님이 다시 오심으로 끝날 것이다. 처음에는 이 일을 예수님 혼자 시작하셨다. 이 일을 위해 몇 제자들을 부르셨다. 그러나 앞으로는 더 많은

일꾼들이 필요하다. 예수님은 추수의 주인이신 하나님에게 추수에 필요한 일꾼들을 더 보내주시도록 기도하라고 명령하셨고 잠시 후에는 직접 열두 제자를 세우신다.

23. 열두 제자의 임명과 파송(마 10:1-15)

1) 개요

하나님의 나라가 이 땅에 시작되는 시점에 이 큰 추수를 대비하여 많은 일꾼들을 보내어 주시도록 하나님께 기도하라고 제자들에게 지시하신 예수님께서는 이를 위해 먼저 자신을 따르던 제자들 중에서 특별히 열두 명을 고르셔서 열두 사도로 임명하셨다. 열두 명을 임명하신 목적은 예수님이 하셨던 것처럼 하나님의 나라가 이 땅에 시작됨을 알리고 회개를 촉구하고 천국의 복음을 선포하며 복음을 받아들이는 사람들을 백성으로 삼아 하나님의 나라를 확장하게 하려는 것이었다. 예수님은 이 일을 위해 제자들에게 특별한 힘, 귀신들을 내쫓고 병을 고칠 수 있는 권세를 주셨다.

열 두 사도의 이름은 둘 씩 짝지어져 있는데 이는 아마 두 명씩을 함께 내보내신 것에서 유래한 것으로 보인다. 베드로와 그의 형제 안드레, 야고보와 그의 형제 요한, 빌립과 바돌로매, 도마와 세리 마태, 야고보와 그의 형제 다대오, 시몬과 가룟 유다가 열두 사도의 이름이다. 마지막 이름 가룟 유다를 제외한 열한 명은 예수님의 승천 이후 복음을 전하고 교회를 세우며 교회 질서를 확립한 교회의 초석들이었다.

5절부터 45절까지는 이 열두 명의 사도들을 전도하라고 내보내시며 주신 설교인데 보통 파송설교라고 부른다. 이 설교는 열 두 제자들에게 주신 특별한 설교로 후대에 일반적으로 적용할 수 있는 내용도 있지만 그렇지 않은 역사적 명령들도 있다. 물론 열두 사도에게 주신 특별한 권한도 일반화해서는 안 된다. 예수님이 이들에게 주신 특별한 권세와 명령은 교회 설립을 위한 것일 뿐 개인을 다른 사람 위에 앉히기 위한 것으로 보아서는 안 될 것이다.

5-15절에는 이들이 가야할 곳, 전파할 내용, 해야 할 일들, 가지고 다닐 것, 어떤 마을에 들어갈 때의 규칙, 어떤 집에 들어갈 때 평화를 빌라는 명령과 그 명령의 결과, 사람들이 받아들이지 않을 때의 행동 규칙과 약속 등이 기록되어 있다. 파송설교의 서론부에 해당한다.

2) 주해

10:1절 예수께서 그의 열두 제자를 부르사 더러운 귀신을 쫓아내며 모든 병과 모든 약한 것을 고치는 권능을 주시니라

마태는 예수님의 설교와 활동기사(5:1-9:38)에 제자의 조건과 자격을 충분히 소개한 다음에 사도들의 임명 기사를 실었다. 예수님이 사도로 선발하신 열두 명 중에서 첫 네 제자와 세리 마태를 제외하고는 언제부터 어떻게 예수님의 제자가 되었는지 알려지지 않았다. 나머지 일곱 명은 능동적으로 예수님을 따라다니던 사람들 중에 있었고 예수님이 10장에 이르기 전에 열두 명을 선택하신 것으로 보인다. 이날 예수님은 그 열두 제자를 "불러내셔서" 사도로 임명하셨다.

예수님은 사도들에게 더러운 영들을 제어할 수 있는 힘을 주셔서 그것들을 내쫓고 모든 병과 모든 약한 것을 고쳐줄 수 있게 해 주셨다. 이 권세는 후에 교회와 신자들에게 주어진 성령의 은사와는 다른, 사도들에게만 주신 특별한 것이다. 이제 사도들도 그들의 설교와 활동의 진실성을 사람

들이 믿게 하기 위하여 이러한 일을 할 수 있게 되었다. 그러나 그들이 가진 권세란 그리스도에게 전적으로 의존하는 것이다.

▶ **2절** 열두 사도의 이름은 이러하니 베드로라 하는 시몬을 비롯하여 그의 형제 안드레와 세베대의 아들 야고보와 그의 형제 요한,

"사도"로 번역된 단어는 보내심을 받은 자란 뜻이다. 열두 사도에게 주로 사용되었지만 가끔 넓은 의미로 쓰이기도 한다. 열두 명의 사도들 명단은 둘 씩 짝지어져 있어서 한 조로 보냄을 받은 짝꿍이라는 인상을 준다. 이름만 알려진 사람도 있다.

첫 쌍인 베드로와 안드레는 형제간으로 요나의 아들이다. 베드로의 원 이름은 시몬인데 예수님이 게바란 별명을 주셨고 이것을 헬라어로 번역하여 베드로로 불린다. 베드로가 가장 먼저 기록된 것은 그가 늘 앞장을 섰고 주도적 역할을 했을 뿐 다른 사도들 위의 어떤 특권을 가졌던 것은 아니다.

두 번째 쌍인 야고보와 요한도 형제간으로 세베대의 아들이다. 이 둘은 베드로와 함께 3대 제자라고 불리고 이 중 요한은 교회 설립에 베드로와 함께 두 기둥의 역할을 하였다.

▶ **3절** 빌립과 바돌로매, 도마와 세리 마태, 알패오의 아들 야고보와 다대오,

세 번째 쌍은 빌립과 바돌로매이다. 빌립은 세례자 요한의 제자였고 바돌로매는 니고데모와 동일시되기도 한다.

네 번째 쌍은 도마와 세리 마태이다. 도마는 의심이 많았던 것으로 알려져 있고 마태는 원래 알패오의 아들 레위였다. 마태복음의 저자이다.

다섯 번째 쌍은 알패오의 아들 야고보와 다대오이다. 다대오는 누가복음과 사도행전에는 야고보의 형제 유다로 나온다.

▶ **4절** 가나나인 시몬 및 가룟 유다 곧 예수를 판 자라

마지막 쌍은 가나안인 시몬과 가룟 유다이다. 시몬은 열심당원이었고

유다는 예수님을 넘겨준 사람이다.

▶ **5-6절** 예수께서 이 열둘을 내보내시며 명하여 이르시되 이방인의 길로도 가지 말고 사마리아인의 고을에도 들어가지 말고 6 오히려 이스라엘 집의 잃어버린 양에게로 가라

예수님이 이 열두 사도를 전도하도록 내보내셨지만 그들의 활동이나 귀환에 대해서 마태복음에는 더 이상의 기록이 없다.

예수님은 이방인의 길과 사마리아 성으로 가는 것을 금지하셨다. "이방인의 길"이란 '이방인에게 가는 길'로 이방인, 그리고 사마리아 사람들을 전도의 대상에서 제외하신 것을 뜻한다. 그들은 "이스라엘 집의 잃은 양들에게로만" 가도록 명령받았다. 이 지역 제한은 일시적이었던 것으로 예수님의 지상 생애시기로 한정되는 것이다. 구약이 끝나는 지점인 유대인에게서 사도들의 사역도 출발한다.

▶ **7-8절** 가면서 전파하여 말하되 천국이 가까이 왔다 하고 8 병든 자를 고치며 죽은 자를 살리며 나병환자를 깨끗하게 하며 귀신을 쫓아내되 너희가 거저 받았으니 거저 주라

사도들이 해야 하는 일은 세례자 요한과 예수님이 하셨던 일과 동일하게 하나님의 나라가 가까이 왔음을 선포하는 것이다. 그러나 이제 이 나라는 곧 나타날 미래가 아니라 예수님의 활동으로 이미 시작된 하나님의 나라이다.

천국이 이 땅에 시작된 증거로, 아픈 사람을 고치는 것, 죽은 사람을 살리는 것, 나병환자를 깨끗하게 하는 것, 그리고 귀신들을 내쫓는 것을 그들이 부수적으로 해야 한다. 예수님께 거저 받은 것처럼 그들도 거저 주어야 하는 것이 계속 고수해야 할 원칙이다.

▶ **9-10절** 너희 전대에 금이나 은이나 동을 가지지 말고 10 여행을 위하여 배낭이나 두 벌 옷이나 신이나 지팡이를 가지지 말라 이는 일꾼이 자기의 먹을 것 받

는 것이 마땅함이라

예수님은 사도들을 잠시 내보내시면서 복음 선포에 거추장스러운 물건들을 금지하셨다. 이것은 이후의 전도자들에게 적용할 수 있는 명령으로 보이지는 않는다. 전대는 허리에 차는 돈 주머니이다. 금, 은, 동은 당시 화폐를 말한다. 주머니 또는 자루라고 번역된 단어는 식량을 간직하기 위한 것이다. 두벌 옷이나 여분의 신발, 지팡이도 금지하셨다. 예수님은 제자들이 복음을 받아들이는 사람을 통해 이 필요를 공급받을 것을 약속하셨다.

▶ **11절** 어떤 성이나 마을에 들어가든지 그 중에 합당한 자를 찾아내어 너희가 떠나기까지 거기서 머물라

성이나 마을에 들어가서 전도하는 동안 사도들은 복음에 문이 열리고 순수한 마음으로 이들을 영접하는 "적당한" 사람을 만날 수 있을 것이다. 그러면 그 집에서 기거하며 복음 사역을 하라는 명령이다.

▶ **12-13절** 또 그 집에 들어가면서 평안하기를 빌라 13 그 집이 이에 합당하면 너희 빈 평안이 거기 임할 것이요 만일 합당하지 아니하면 그 평안이 너희에게 돌아올 것이니라

사도들이 적당한 집을 찾아 그 집에 들어갈 때는 그 집에 평화를 빌라 하셨다. 그 집이 과연 복음을 받고 사도들이 머물만한 가치가 있는 집이면 그들이 빈 평화는 그 집에 머물 것이다. 적당하지 않을 때는 그 평화가 사도들에게로 되돌아올 것이다. 예수님은 이것을 3인칭 명령법을 사용하여 말씀하심으로 경우에 따라 평화가 그 가상의 집에 머물거나 사도들에게 돌아오라고 하셨다.

▶ **14-15절** 누구든지 너희를 영접하지도 아니하고 너희 말을 듣지도 아니하거든 그 집이나 성에서 나가 너희 발의 먼지를 떨어 버리라 15 내가 진실로 너희에게 이르노니 심판 날에 소돔과 고모라 땅이 그 성보다 견디기 쉬우리라

아무도 사도들의 말을 듣지 않는다면 구약성경의 경우처럼 밖으로 나가

면서 발의 먼지를 털라 하셨다. 사도들을 거부함으로 복음을 거부한 것이 되고 결국 소돔과 고모라만도 못한 결과를 그 성이나 촌이 맛볼 것이다.

24. 박해에 관하여(마 10:16-33)

1) 개요

예수님은 전도자로 활동하는 것이 제자들에게 쉽지 않은 길임을 알고 계셨다. 그래서 박해에 대해서 심각하게 경고하신다. 미리 알고 마음의 준비를 가지고 출발하면 어디서 어떤 일을 당하더라도 당황하거나 실수하지 않을 것이기 때문에 예수님은 비교적 길게 박해와 박해시의 제자들이 가져야 할 자세에 관하여 말씀하신 것이다. 예수님의 이 설교는 우선은 12사도를 복음전도의 길로 내 보내시면서 주신 말씀이다. 그러나 예수님의 지상 기간 동안에 한정되는 말씀만 주신 것 같지는 않고 더 먼 미래에 당할 일까지도 미리 말씀하신 것으로 보인다. 따라서 그 당시의 특수한 상황과 관계있는 말씀만 뺀다면 현대 기독교인들이나 복음전도자들에게도 해당되는 말씀이라고 할 수 있다.

예수님은 제자들이 가는 길을 한 마디로 양을 이리들 가운데 보내는 것과 같다고 하셨다. 사람들을 조심하라는 것이다. 예수님 때문에 제자들이 공회에 넘겨지고 채찍질 당하며 심지어 총독과 임금들 앞으로 끌려갈 것이기 때문이다. 이렇게 고난을 당하는 것은 결국 천국 복음을 전하기 위한 것인데 제자들이 공포에 떨며 무슨 말을 해야 할지 모를 때라도 예수님은 할 말을 주시겠다고 약속하셨다. 성령을 통해 마음속에 넣어주실 지혜를 뜻한다.

예수님은 제자들이 부딪힐 박해를 가족이 가족을 대항하고 죽이는 것, 아니 모든 사람에게 미움을 받는 것이라고 하셨다. 끝까지 견디고 다른 성으로 달아나라는 충고도 잊지 않으셨다. 제자가 선생처럼 종이 제 주인처럼 되는 것은 가르치고 능력을 행하는 것만이 아니라 예수님처럼 고난과 멸시를 받는 것을 뜻하는 것이기도 하다.

박해의 경고 속에 반복하여 말씀하신 것은 두려워하지 말라는 권고요 어떤 일이 있더라도 천국 복음을 전하는 것을 멈추지 말라는 명령이다. 하나님의 보호와 도움을 믿으면서 예수님의 말씀과 하신 일들을 전파하는 것, 누구 앞에서도 예수님을 시인하고 알리는 것이 제자들이 해야 할 일이다.

2) 주해

▶ **16절** 보라 내가 너희를 보냄이 양을 이리 가운데로 보냄과 같도다 그러므로 너희는 뱀 같이 지혜롭고 비둘기 같이 순결하라

양은 사도들을 지시하는 비유어로 이들이 평화의 천국 복음을 전할 것을 상징한다. 반면에 사도들을 박해할 사람들을 난폭한 이리로 비유하셨다. 생명까지도 위협받을 미래 상황을 예고하신 것이다. 제자들이 가져야 할 태도는 뱀처럼 슬기롭고 비둘기처럼 순결한 것이다. 뱀과 비둘기는 비유어, 지혜로움과 순결함은 그것이 상징하는 의미이다. 지혜로운 판단력으로 위험을 피하고 섞이지 않는 단순함으로 결코 위험에 굴복하지 말라는 충고다.

▶ **17-18절** 사람들을 삼가라 그들이 너희를 공회에 넘겨 주겠고 그들의 회당에서 채찍질하리라 18 또 너희가 나로 말미암아 총독들과 임금들 앞에 끌려 가리니 이는 그들과 이방인들에게 증거가 되게 하려 하심이라

제자들이 조심해야 할 사람들은 복음에 적개심을 가지는 사람들이다. 이들은 제자들을 세상 법정에 세우려 할 것이기 때문이다. 17절은 유대 법정을, 18절은 이방인 법정을 언급한 것이다. "공회들"은 23명으로 구성

되는 유대인의 지방 공회를, "그들의 회당"은 7명으로 구성되는 소규모 마을 법정을 가리킨다.

예수님은 제자들이 부당하게 법정에 넘겨져 채찍을 당하고 온갖 고난을 겪는 것이 오히려 복음을 증언할 기회가 될 것이라고 예고하셨다.

▶ **19-20절** 너희를 넘겨 줄 때에 어떻게 또는 무엇을 말할까 염려하지 말라 그 때에 너희에게 할 말을 주시리니 20 말하는 이는 너희가 아니라 너희 속에서 말씀하시는 이 곧 너희 아버지의 성령이시니라

제자들이 법정에서 그리스도를 위해 증언해야 할 상황이 닥칠 때 공포와 두려움으로 해야 할 말을 찾지 못할 것을 염려하신 예수님은 위로하시며 그 시간에 성령, 곧 하나님의 영이 마땅히 말할 것을 주실 것이라고 약속하셨다. 하나님은 악한 사람들의 박해도 복음전파의 기회로 직접 사용하신다.

▶ **21-22절** 장차 형제가 형제를, 아버지가 자식을 죽는 데에 내주며 자식들이 부모를 대적하여 죽게 하리라 22 또 너희가 내 이름으로 말미암아 모든 사람에게 미움을 받을 것이나 끝까지 견디는 자는 구원을 얻으리라

예수님의 이름이 제자들에게 불러 올 구박이나 박해는 외국인이나 외부인에게서만 오지 않고 가장 가까운 사람들에게서도 올 것이라고 하셨다. 형제 사이, 부자 사이, 부모와 자식 사이에서 목숨을 빼앗는 데까지 도달할 이런 영적 전쟁은 물론 필연적 상황은 아니다. 복음이 최우선적으로 가정을 세우고 친척과 친구들을 하나님의 나라로 불러들일 수도 있다. 예수님은 가족조차도 원수로 만들 수 있는 복음의 특수성과 그로 인한 특수상황을 염두에 두셨다. "모두에게"는 세상의 모든 사람이라는 의미보다는 어떤 종류의 "사람에게나"로 이해하는 것이 좋다. '모두'는 대개 한정된 상황이나 범위 안에서 모두를 뜻하기 때문이다.

복음으로 인한 박해는 때로는 변질을, 때로는 포기를 가져올 수 있지만 천국의 복음과 복음전도자의 사명을 끝까지, 즉 생명이 다하기까지 견디어

내는 사람이 영원한 구원을 얻는다.

▶ **23절** 이 동네에서 너희를 박해하거든 저 동네로 피하라 내가 진실로 너희에게 이르노니 이스라엘의 모든 동네를 다 다니지 못하여서 인자가 오리라

순교자가 되기 위하여 박해자를 일부러 찾아가는 것은 자살행위나 다름이 없다. 예수님은 복음전도자들에게 박해를 피하여 다른 성으로 달아나라고 하셨다. 이것은 또 천국을 확장하는 기회가 된다. 제자들이 박해를 피하여 가든, 복음을 전하기 위하여 가든 인자가 오시기까지 그들은 이스라엘의 각 동네를 다 돌지 못할 것이다. "인자가 오시기까지"에 대한 해석은 너무 많고 또 다양하지만 예수님의 부활이나 성령 강림, 또는 재림을 지시하는 것으로 보는 것이 무난해 보인다.

▶ **24-25절** 제자가 그 선생보다, 또는 종이 그 상전보다 높지 못하나니 25 제자가 그 선생 같고 종이 그 상전 같으면 족하도다 집 주인을 바알세불이라 하였거든 하물며 그 집 사람들이랴

예수님이 귀신을 쫓아내실 때 바리새인이 귀신의 우두머리 곧 바알세불이 들렸다고 했던 것처럼 제자들도 예수님의 이름 때문에 어려움을 당할 것을 말씀하셨다. 그것은 제자나 종이 선생이나 주인처럼 되는 것과 같은 것이다.

▶ **26절** 그런즉 그들을 두려워하지 말라 감추인 것이 드러나지 않을 것이 없고 숨은 것이 알려지지 않을 것이 없느니라

박해하는 사람들을 두려워하지 말아야 할 이유는, 첫째, "그러므로"가 지시하는 바로 앞 절 즉 천국의 왕이신 예수님도 박해를 당하셨고 또 당하실 것이라는 사실, 둘째, 복음은 진리이므로 세상에서 정당한 대우를 받지 못한다 하더라도 감추어진 모든 것이 하나님 앞에서 밝혀질 것이라는 사실에 있다.

▶ **27절** 내가 너희에게 어두운 데서 이르는 것을 광명한 데서 말하며 너희가 귓속말로 듣는 것을 집 위에서 전파하라

과장법이 포함된 같은 비유적 표현이 두 번 반복되었다. "어두움"이나 "귓속"은 제자들이 예수님에게 배운 것을, "빛 가운데서"나 "지붕 위에서"는 공개적으로 선포할 것을 뜻한다.

▶ **28절** 몸은 죽여도 영혼은 능히 죽이지 못하는 자들을 두려워하지 말고 오직 몸과 영혼을 능히 지옥에 멸하실 수 있는 이를 두려워하라

박해자를 두려워하여 하나님을 떠나가는 것보다는 하나님을 두려워하며 박해자에게 굴복하지 않는 것이 더 낫다. 사람들은 몸만 죽이고 영혼을 해할 수는 없지만 하나님은 몸과 영혼을 모두 지옥에 던지실 수 있기 때문이다.

▶ **29-31절** 참새 두 마리가 한 앗사리온에 팔리지 않느냐 그러나 너희 아버지께서 허락하지 아니하시면 그 하나도 땅에 떨어지지 아니하리라 30 너희에게는 머리털까지 다 세신 바 되었나니 31 두려워하지 말라 너희는 많은 참새보다 귀하니라

하나님은 복음 전도자들을 무작정, 그리고 무한정 박해자의 손에 맡겨 놓지 않으신다. 싼 값에 팔려가는 참새 두 마리도 하나님이 다스리고 계시고 하나님이 허락하셔야만 땅에 떨어져 죽는다. 하나님은 우리의 머리카락조차 다 세어 두셨다. 그 하나님이 참새들보다 더 귀한 복음 전도자들을 지키시고 다스리신다는 말씀이다. 이것을 근거로 예수님은 제자들을 향해 다시 한 번 박해자들을 겁내지 말라고 격려하셨다.

▶ **32-33절** 누구든지 사람 앞에서 나를 시인하면 나도 하늘에 계신 내 아버지 앞에서 그를 시인할 것이요 33 누구든지 사람 앞에서 나를 부인하면 나도 하늘에 계신 내 아버지 앞에서 그를 부인하리라

예수님은 산상설교의 여러 곳에서 사람의 행위와 하나님의 은혜 사이의 긴밀한 관계를 말씀하신 바 있다. 비슷한 관계가 우리가 사람들, 특히 박해자들 앞에서 예수님을 믿는다고 고백하는 것과 예수님이 하늘 아버지

앞에서 아신다고 시인하시는 것 사이에 존재한다. 반대로 사람들 앞에서 예수님을 모른다고 하면 예수님도 우리를 하늘 아버지 앞에서 모른다고 말씀하실 것이다. 이것은 예수님의 약속이기도 하다. 따라서 무슨 일이 있어도 어떤 박해에도 굴복하지 말고 천국의 복음을 전하고 지키라는 말씀이다.

25. 예수님과 복음 전도자(마 10:34-42)

1) 개요

예수님의 교훈 중에는 모든 경우에 적용할 수 있는 일반적인 것만 있지 않고 특수한 상황을 다루시는 것도 있다. 본문에도 특수한 상황에서 일어날 수 있는 일들을 주로 말씀하셨다. 본문이 다루는 특수한 상황은 다음과 같다.

첫째, 예수님은 제자들이 복음을 선포할 때 일어나는 일들과 그러한 때의 자세를 교훈하셨다. 본문은 신자들의 일상적인 삶을 다루신 말씀이 아니다.

둘째, 예수님은 주로 제자들이 복음을 선포하는 그 첫 단계에 초점을 맞추셨다. 복음이 선포된 결과로 나타날 믿는 가정, 기독교 사회를 다루신 말씀이 아니다.

셋째, 예수님은 복음에 무관심하거나 긍정적으로 수용하는 사람들을 염두에 두셨지만 주로 제자들이 당할 수도 있는 박해 상황을 다루셨다.

그러나 특수한 상황을 다루시는 말씀이기는 하지만 이 말씀들은 일반적 진리 또는 원리 위에 세워져 있다는 사실 또한 잊으면 안 된다.

예수님은 34-36절에서 복음을 전파하는 제자들이 사람들에게 박해를 받게 되는 이유를 설명하셨다. 땅 위에 평화를 던지기 위해서가 아니라 칼을 던지기 위해서 오셨으므로 갈라짐과 박해가 있다. 예수 그리스도께서 세상에 주시는 평화는 사람들의 죄를 해결하고 모두를 하나님 앞에 세우는 그리스도 안의 평화이므로 복음은 그 첫 단계에서는 평화보다는 칼이 될 수밖에 없다. 따라서 어떤 상황에서도 마음의 가장 깊은 자리를 그리스도에게 드려야 한다(37절). 그리스도는 가장 귀하신 분이시므로 자기 십자가를 지고 따라야 하고 자기 목숨이라도 버릴 수 있어야 한다(38-39절).

예수님은 이제 막 복음을 가지고 나갈 제자들에게 위로와 약속도 잊지 않으셨다. 제자들을 맞아들이는 것을 예수님 자신을, 나아가서 예수님을 보내신 하나님을 맞아들이는 것이라고 하셨다. 하나님께서 제자들을 맞아들이는 사람에게 그것이 아무리 사소한 행동, 곧 찬 물 한 그릇을 마시게 하는 것이라도 삯을 주실 것이라고 약속하셨다.

2) 주해

▶ **34절** 내가 세상에 화평을 주러 온 줄로 생각하지 말라 화평이 아니요 검을 주러 왔노라

예수님은 평화를 위해 오셨으면서도 땅 위에 평화를 던지러 오지 않으셨다고 말씀하셨다. 예수님이 주시는 평화와 사람들이 생각하는 "땅 위의 평화"는 다르다는 것이 해석의 열쇠이다. 당시 유대인들은 평화를 정치적인 것, 즉 민족의 해방과 과거 이스라엘 왕국의 영화를 되찾는 것으로 생각하고 있었다. 예수님은 자신이 그런 평화를 땅 위에 던지러 왔다고는 "생각하지 말라"고 경고하신 것이다. 예수님이 주시는 평화는 영적인 것, 즉 사람들을 죄로부터 해방시키고 하나님 앞에 천국의 백성으로 세우는 것이다. 이것은 사람들의 삶과 가정, 사회에 그 결과를 남기겠지만 우선은 "칼을 던지는 것"이다. "칼"이란 심판을 뜻할 수 있다. 그러나 이 문맥에서는 35절의 원인이 되는 것, 즉 사람들을 가르고 대립하게 하는 분쟁을

뜻하는 것으로 보인다.

▶ **35-36절** 내가 온 것은 사람이 그 아버지와, 딸이 어머니와, 며느리가 시어머니와 불화하게 하려 함이니 36 사람의 원수가 자기 집안 식구리라

예수님은 칼을 가지고 아버지와 아들을, 어머니와 딸을, 시어머니와 며느리를 갈라놓으러 오셨다고 하셨다. 가족 관계에서 몇을 예로 들어서 사람의 원수가 자기 집안사람들일 것이라고 하신 것이다. 가족의 경우가 이렇다면 말할 필요도 없이 예수님은 친척, 친구, 이웃 등 모든 사람을 서로 갈라놓으러 오셨다고 해야 한다. 천국의 복음은 사람을 그 죄로부터 건져내어 하나님의 나라로 옮기는 것이다. 이렇게 자기 백성을 죄인들로부터 가려내는 것이다.

"원수"라는 표현은 복음을 수용하는 사람과 수용하지 않는 사람 사이의 심각한 영적 대립관계를 알려주는 단어이다. 이 대립관계는 복음을 수용한 사람에게서 만들어져서는 안 된다. 예수님은 원수라도 사랑하라고 하셨기 때문에(5:44) 이런 용어가 우리에겐 필요치 않다. 그것은 복음을 받지 않는 사람이 신자들을 향한 태도를 지시한다고 보아야 한다.

▶ **37절** 아버지나 어머니를 나보다 더 사랑하는 자는 내게 합당하지 아니하고 아들이나 딸을 나보다 더 사랑하는 자도 내게 합당하지 아니하며

가장 사랑하는 사람들, 그리스도의 평화 안에서 더욱 사랑해야 할 사람들, 그들도 복음의 칼이 서로 갈라놓을 때, 아니 그리스도 안에서라도, 그들을 예수 그리스도보다 더 사랑해서는 안 된다고 하셨다. 천국의 백성은 그리스도의 사람이기 때문이다. 그러나 그리스도 안에서 가족은 더 이상 대립개념이 아니다.

▶ **38절** 또 자기 십자가를 지고 나를 따르지 않는 자도 내게 합당하지 아니하니라

"자기 십자가"란 복음을 받아들이고 그리스도를 믿는 것 때문에 생긴 짐, 고난을 뜻한다. 이 문맥에서만 말한다면 앞 절에 나온 가족의 적개심

이나 박해, 다음 절의 자기 목숨이라고 할 수 있다.

▶ **39절** 자기 목숨을 얻는 자는 잃을 것이요 나를 위하여 자기 목숨을 잃는 자는 얻으리라

목숨을 살리기 위하여 복음이나 그리스도를 떠나면 영원한 생명을 잃고 그리스도 때문에 목숨을 잃으면 영원한 생명을 얻는다는 말씀이다. 박해 상황에서는 종종 벌어지는 일이지만 현대사회에서는 잘 일어나지 않는 일이다. 예수님은 목숨을 버리는 한이 있더라고 천국의 복음을 더 귀중히 여기라고 말씀하신 것이다. 목숨을 경시하라는 말씀은 결코 아니다.

▶ **40절** 너희를 영접하는 자는 나를 영접하는 것이요 나를 영접하는 자는 나를 보내신 이를 영접하는 것이니라

보냄을 받은 사람은 보낸 사람의 이름으로 활동한다. 따라서 사신을 영접하는 것은 그 사신을 보낸 사람을 영접하는 것이다. 이 관계는 제자들과 예수님, 나아가서 예수님과 하나님에게도 그대로 적용된다. 예수님이 파송하는 제자들과 이들이 전하는 천국의 복음을 받아들이는 사람은 이들을 보내신 예수님을 받아들이는 것이다. 예수님과 천국 복음을 받아들이는 사람은 자신의 아들을 보내신 하나님을 받아들이는 것이다.

▶ **41절** 선지자의 이름으로 선지자를 영접하는 자는 선지자의 상을 받을 것이요 의인의 이름으로 의인을 영접하는 자는 의인의 상을 받을 것이요

"상"이라고 번역한 단어 "미스토스"는 '삯'이라고 번역해야 한다. '삯'은 제공된 일에 적합한 대가, 보상을 뜻하지만 '상'은 제공된 일에 어울리지 않게 더 많은 것을 얹어서 보상하는 것을 뜻한다. 삯은 주어진 일만 계산하지만 상은 주어진 일에 선도적 목적을 첨가하여 계산하기 때문에 생기는 차이이다.

"…의 이름으로"는 "…이기 때문에" 또는 "…라는 이름으로"를 의미한다. 예수님은 자신이 천국의 복음을 전하도록 보내는 제자들을 누가 선지

자로 받아들인다면 선지자가 받는 상을 받고, 누가 의인으로 받아들이면 의인이 받는 상을 받을 것이라고 말씀하신 셈이다. "선지자"는 하나님의 영에 감동을 받아서 하나님의 이름으로 예언을 하고 설교를 한 사람들이다. "의인"은 하나님의 말씀대로 사는 사람들을 가리킨다. 이 둘은 구약적 개념으로 모든 유대인들이 이런 용어에 익숙해 있었기 때문에 새로운 신약적 개념인 "사도들"의 위치와 역할을 이 사람들과 비교하며 말씀하셨다. 예수님은 사도들을 영접하는 사람에게 사도들이 받을 상을 주시겠다고 약속하신 것이다.

▶ **42절** 또 누구든지 제자의 이름으로 이 작은 자 중 하나에게 냉수 한 그릇이라도 주는 자는 내가 진실로 너희에게 이르노니 그 사람이 결단코 상을 잃지 아니하리라 하시니라

예수님이 이 설교를 하실 때 12제자만 있었는지 아니면 무리도 함께 있었는지에 따라 이 구절의 해석이 달라질 수 있다. 12제자만 있었다면 "이 소자"는 그 제자들을 가리킨다. '누구라도 너희를 나의 제자라고 하여 찬물 한 그릇이라도 마시게 주면' 예수님이 그에게 보상하시겠다는 뜻이다. 그러나 따르는 제자들의 무리 가운데서 12명을 특별히 "불러내어"(1절) 무리들이 있는 가운데 이 파송설교를 하셨다면 예수님은 무리 중에 섞여 있던 어린이나 별 쓸모없어 보이는 사람들을 "이 소자"로 지칭하셨고 그런 사람이 예수님의 제자라고 하여 찬 물 한 그릇이라도 마시게 주면 예수님이 그에게 보상하시겠다는 뜻이 된다. 고대 이스라엘에서 찬 물 한 그릇은 생명을 연장시키는 귀한 것이었다.

Short Commentary Matthew
마태복음 11 장

26. 세례자 요한의 질문과 대답(마 11:1–15)

1) 개요

파송설교가 끝난 뒤 제자들은 아마 전도를 하러 여러 곳으로 흩어졌으며 다시 모였다. 마가와 누가는 그들의 귀환을 보도하지만 마태는 이를 생략했다. 어느 정도의 시간이 지나서 세례자 요한의 제자들이 옥에 갇혀 있던 요한의 질문을 가지고 예수님을 찾아왔다. 감옥에서 그리스도의 일에 관하여 들은 그가 예수님이 과연 그리스도이신가에 의문을 품었기 때문이다. 예수님이 오실 그분이신지 아니면 그들이 다른 분을 여전히 기다려야 하는 지를 묻는 요한의 제자들에게 예수님은 자신이 하고 계신 일들을 알리라고 하셨다. 이 일들 곧 병자들과 장애인들을 고치시고 복음을 전하시는 것은 구약성경에 메시야의 일로 예언되어 있었기 때문이다.

이 시점을 기회로 예수님은 세례자 요한에 대하여 사람들에게 가르치셨다. 요한이 황야에서 회개에 이르는 세례를 전파했었는데 이 때 사람들이 가서 그들의 죄를 자백하면서 세례를 받은 것은 그들이 요한을 선지자로 믿었기 때문이다. 그러나 예수님은 그를 선지자보다 더 큰 자, 즉 메시야를 알리고 메시야의 길을 준비함으로 그는 여자에게서 태어난 사람들 중 가장 큰 자라고 부르셨다. 덧붙여 천국에서는 가장 작은 자라도 요한보다 더 크다고 하심으로써 구약시대와 새로운 시대를 비교하여 주셨다. 구약성경이 세례자 요한까지 예언한 것이기 때문에 이렇게 말씀하신 것이다.

요한이 선포했던 하나님의 나라는 그때부터 "지금" 곧 예수님이 요한에 대하여 말씀하시던 그 시점까지, (그리고 앞으로도 계속) 천국은 예수님의 활동을 통해서, 또 제자들의 복음 전파를 통해서 힘 있게 앞으로 나아가고 있다. 구약시대와는 달리 사람들은 힘을 써서 이 천국을 손에 넣을 수 있다. 다른 말로 바꾸면 누구나 천국의 백성이 된다. 마태복음에서 세례자 요한은 한 편으로는 구약시대의 끝에, 다른 한 편으로는 그리스도의 일에 포함된 것으로 계산하셨다. 예수님은 요한을 말라기가 예언한 바로 그 엘리야라고 규정하셨다.

2) 주해

11:1절 예수께서 열두 제자에게 명하기를 마치시고 이에 그들의 여러 동네에서 가르치시며 전도하시려고 거기를 떠나 가시니라

예수님이 12제자에게 주신 파송설교를 끝내시고 그 장소를 떠나셨다. "그들의 성에서" 즉 갈릴리 지방의 성에서 가르치시고 전파하시려는 목적에서였다.

▶ **2-3절** 요한이 옥에서 그리스도께서 하신 일을 듣고 제자들을 보내어 3 예수께 여짜오되 오실 그이가 당신이오니이까 우리가 다른 이를 기다리오리이까

예수님의 사역이 시작될 때 세례자 요한이 감옥에 갇혔다(4:12). 예수님의 활동이 약 1년 정도 진행되는 동안 요한은 감옥에서 제자들을 통해 "그리스도의 일"을 들었다. 마태는 복음서 처음에 예수님을 "그리스도"라고 소개했는데 요한이 제자들을 보내서 예수님이 그리스도이신지를 확인하고자 ㅎ던 사건을 기록하면서 처음으로 이 칭호를 사용하였다. '예수님

의 일'을 "그리스도의 일"로 표현한 것이다. 마태에게 둘은 같았다. 요한이 사용한 용어 "오시는 그분"을 "그리스도"로 읽도록 밝혀 놓은 것이다. 유대인에게 "오시는 그분"은 메시야를 뜻할 뿐이다.

요한은 자기 뒤에 오시는 분을 예고했고 또 예수님에게 직접 세례를 베풀었지만 확신이 없었다. 그래서 예수님이 "오시는 바로 그분이신지", 아니면 그들이 "다른 분을 기다려야 하는지"를 물었다. 요한의 의심은 그가 가지고 있던 메시야 상과 예수님의 일이 일치하지 않은 데서 비롯되었던 것으로 보인다. 유대인들은 정치적 메시야를 기다렸다. 요한은 심판하실 메시야를 선포했다(3:10). 그러나 예수님으로 오신 그리스도가 하신 일은 이런 것과는 거리가 멀었다.

▶ **4절** 예수께서 대답하여 이르시되 너희가 가서 듣고 보는 것을 요한에게 알리되

예수님은 요한의 제자들이 보고 들은 것을 전하라고 대답하셨다. 누가는 요한의 제자들이 도착했을 그때 예수님이 병을 고치고 소경을 보게 하셨다고 기록하여(눅 7:21) 이 대답의 의미를 분명하게 했다.

▶ **5절** 맹인이 보며 못 걷는 사람이 걸으며 나병환자가 깨끗함을 받으며 못 듣는 자가 들으며 죽은 자가 살아나며 가난한 자에게 복음이 전파된다 하라

예수님은 자신이 행하신 일들을 그들이 전할 수 있도록 요약하여 주셨다. 그 중에서 눈먼 사람이 보고, 귀먹은 사람이 듣고 가난한 자에게 복음이 전파되는 것은 메시야가 오시면 이루어진다고 예언한 이사야서에 기록되어 있는 말씀이기도 하다(사 43:8; 61:1). 예수님은 자신이 "오시는 그분", 곧 그리스도이심을 간접적으로 인정하신 것이다.

▶ **6절** 누구든지 나로 말미암아 실족하지 아니하는 자는 복이 있도다 하시니라

"실족하다"로 번역된 단어는 "걸어 넘어뜨리다"의 수동형으로 "걸려 넘어지다"를 뜻한다. 직접적으로는 세례자 요한이 의심한 것을 가리키지만 예수님은 보다 일반적으로 자신의 정체를 오해하지 않고 자신이 알려주시

는 것을 따라 믿는 사람들을 복 있는 사람이라고 부르셨다.

▶ **7-9절** 그들이 떠나매 예수께서 무리에게 요한에 대하여 말씀하시되 너희가 무엇을 보려고 광야에 나갔더냐 바람에 흔들리는 갈대냐 8 그러면 너희가 무엇을 보려고 나갔더냐 부드러운 옷 입은 사람이냐 부드러운 옷을 입은 사람들은 왕궁에 있느니라 9 그러면 너희가 어찌하여 나갔더냐 선지자를 보기 위함이었더냐 옳다 내가 너희에게 이르노니 선지자보다 더 나은 자니라

요한의 제자들이 떠난 후 예수님은 요한의 역할에 대해 설교하셨다. 요한이 황야에서 활동할 때 사람들이 그에게 세례를 받으러 나갔던 때를 회상시키시며 "너희가 무엇을 보려고 나갔느냐?"고 수사학적 질문을 던지셨다. "바람에 흔들리는 갈대"와 "부드러운 옷을 입은 사람"은 무리가 "아니요"로 답변할 것을 기대하신 질문이다. 사람들은 갈대, 또는 왕궁에나 있음직한 사람들을 보려고 나간 것이 아니었기 때문이다. "부드러운 옷"은 그 시대에는 부자들이나 권력자들이 입는 옷이었다. 세 번째 질문은 당시 사람들이 요한을 선지자로 믿고 세례를 받았던 사실을 상기시켰다. 예수님은 요한을 우히려 "선지자보다 나은 사람"이라고 소개하셨다.

▶ **10절** 기록된 바 보라 내가 내 사자를 네 앞에 보내노니 그가 네 길을 네 앞에 준비하리라 하신 것이 이 사람에 대한 말씀이니라

예수님은 말라기 3:1을 인용하시며 이 예언이 세례자 요한을 가리킨 것이라고 하셨다. 구약의 하나님을 가리키는 "내 앞에"를 예수님은 자신을 가리키는 "네 앞에"로 해석하셨다. 요한은 예수님의 길을 준비하는 역할을 한 것이다.

▶ **11절** 내가 진실로 너희에게 말하노니 여자가 낳은 자 중에 세례 요한보다 큰 이가 일어남이 없도다 그러나 천국에서는 극히 작은 자라도 그보다 크니라

요한은 "여자에게서 태어난 사람들 중에서" 가장 큰 사람이다. 아마도 하나님의 나라와 관련하여 예언 내지 예표적 역할을 한 구약시대의 인물과 왕이신 예수님의 길을 예비한 요한을 비교하신 것이다. 그러나 예수님

으로 인하여 시작된 천국의 백성은 “가장 작은 사람이라도” 요한보다 더 크다. 인격이나 자격, 권한의 차이를 말씀하신 것은 아니다.

▶ **12-13절** 세례 요한의 때부터 지금까지 천국은 침노를 당하나니 침노하는 자는 빼앗느니라 13 모든 선지자와 율법이 예언한 것은 요한까지니

본문은 세 가지 해석이 가능하다.

1) 천국이 폭력을 쓰는 사람들에게 공격당하고 있다(수동태). 2) 천국은 힘을 쓰는 사람들이 빼앗아 가진다(수동태). 3) 천국은 스스로 힘 있게 전진하고 있다(중간태). 한국에는 2)가 주로 소개되었지만 문법적으로 가능한 것은 1)과 3)이다. 최근 신학자들은 3)을 선호한다.

세례자 요한은 구약시대의 끝에 왔으면서도 예수님의 일을 함께 한 것으로 취급된다. 요한의 활동 때로부터 예수님이 이 말씀을 하신 때까지, 그리고 이 경계를 넘어 예수님의 재림시까지 천국은 스스로 힘 있게 전진하고 있다. 맹렬히 힘을 쓰는 사람들, 즉 소문을 듣고 예수님께 와서 따르는 사람들이 천국으로 몰려들고 있다. 구약성경의 예언적 기능이 세례자 요한에게까지 와서 끝나고 새로운 구원의 시대가 시작된 것이다.

▶ **14-15절** 만일 너희가 즐겨 받을진대 오리라 한 엘리야가 곧 이 사람이니라 15 귀 있는 자는 들을지어다

예수님은 말라기 선지자가 4:5에 엘리야에 대하여 예언한 것이 세례자 요한을 가리킨 것이라고 해석하셨다. 엘리야의 부활이 아니라 엘리야의 열심과 능력을 가지고 온다는 의미이다(눅 1:17). 예수님은 요한의 역할에 대한 설명이 쉽지 않기 때문에 특별히 귀 가진 사람은 들으라고 부가하셨다.

27. 믿지 않는 세대(마 11:16-30)

1) 개요

천국이 힘 있게 전진하고 있고 힘을 쓰는 사람은 이 천국의 백성이 된다는 말씀(11:12)은 누구나 예수님을 환영하고 믿고 따랐다는 것을 뜻하지 않는다. 초창기에는 많은 사람들이 몰려들었지만, 또 다라 다녔지만, 천국의 왕으로, 하나님의 아들로, 또 그리스도로 오신 예수님의 가르침과 여러 활동에도 대부분의 사람들은 회개하지 않았고 예수님을 믿지 않았다. 예수님은 그들이 기대하던 그런 메시야의 모습과는 달랐고 제자로서의 자격을 쉽지 않게 규정하셨기 때문이다. 그래서 예수님은 회개하지 않는 사람들과(16-19) 도시들을 꾸짖기 시작하셨다(20-24). 예수님의 사역이 초기에서 중기로 넘어가면서 믿지 않는 사람들과 믿는 사람들이(20-27) 서서히 나누이기 시작한 것이다.

예수님을 따르면 당시 사람들이 요한이나 예수님의 사역에 반응을 보일 수 없었던 것은 그들 나름대로의 기준을 가지고 요한과 예수님을 재고 있었기 때문이다. 예수님은 이것을 장터에 앉아 노는 아이들의 비유로 설명하셨다. 요한과 예수님이 가르치시고 요구하는 대로가 아니라 그들의 기준에 맞추어서 요한을 "귀신들렸다"고 하고 예수님을 "먹보요 술꾼이다"라고 한다는 것이다.

고라신, 벳새다, 가버나움은 예수님이 사셨던 동네와 그 인근으로 첫 사역을 시작하신 곳이었다. 그러나 이들도 예수님의 말씀에 회개하지 않았다. 예수님은 그들에게 화를 선언하셨다.

모두가 무반응을 보였던 것은 아니다. 복음을 받아들인 사람들도 있었다. 예수님은 비록 똑똑한 사람들이 아니라 어린아이들이 이러한 반응을 보인 것에 대해 하나님께 감사하셨고 그것을 하나님의 뜻으로 받아들이셨다.

자신을 받아들인 사람들이 있었으므로 예수님은 이곳에서 자신을 천국의 왕이요 하나님의 아들로 선언하셨다. 믿는 사람들이 천국의 백성이다. 그리고 아주 분명하게 사람들을 자신에게로 부르셨다. 수고하고 무거운 짐 진 자들을 부르시는 유명한 초청(28-30)도 이때 말씀하셨다.

2) 주해

▶ **16-17절** 이 세대를 무엇으로 비유할까 비유하건대 아이들이 장터에 앉아 제 동무를 불러 17 이르되 우리가 너희를 향하여 피리를 불어도 너희가 춤추지 않고 우리가 슬피 울어도 너희가 가슴을 치지 아니하였다 함과 같도다

"이 세대"는 예수님 당시 사람들을 지시한다. 예수님은 자신이 가르치는 것과 활동하는 것을 수용하지 않고 마음대로 판단하는 이 사람들을 "장터에 앉아서 다른 아이들을 부르는 아이들"에 비유하셨다. 멋대로 피리를 불고 다른 아이들이 춤추기를 기다렸지만 춤을 추지 않자, 이번엔 멋대로 슬픈 노래를 부르며 다른 아이들이 가슴을 치기를 기다리다가, 가슴도 치지 않자 불평을 늘어놓았다는 비유다.

▶ **18-19절** 요한이 와서 먹지도 않고 마시지도 아니하매 그들이 말하기를 귀신이 들렸다 하더니 19 인자는 와서 먹고 마시매 말하기를 보라 먹기를 탐하고 포도주를 즐기는 사람이요 세리와 죄인의 친구로다 하니 지혜는 그 행한 일로 인하여 옳다 함을 얻느니라

"이 세대"는 세례 요한이 와서 자신들의 기준에 맞게 행동하지 않고 먹지도 않고 마시지도 않으니까 "귀신이 들렸다"는 판단을 내렸다. 인자, 즉 예수님이 오셔서 그들의 기준에 맞지 않게 먹고 마시니까 이번에는 "먹보요 술꾼이다. 죄인들의 친구다"라는 판단을 내렸다. 잘못된 판단을 내리게 된 이유는 잘못된 선입견, 즉 그들의 잘못된 메시야 관에 있었다. 이 때문에 요한이 준비하고 예수님이 시작케 하신 하나님의 나라를 놓치고 있었다. 지혜는 "행한 일", 즉 결과를 통해 옳은 지 그른 지가 가려지는 것이다. '열매로 알 것이다'와 같은 말이다.

▶ **20절** 예수께서 권능을 가장 많이 행하신 고을들이 회개하지 아니하므로 그 때에 책망하시되

예수님은 회개하지 않는 성들을 책망하기 시작하셨다. "성"이란 그곳에 살며 회개하지 않는 사람들을 가리킨다. 예수님이 이곳에서 자신의 능력을 드러내셨음에도 불구하고 천국을 받아들이기 위해 회개하지도 않고 예수님을 믿지도 않았기 때문이다.

▶ **21-22절** 화 있을진저 고라신아 화 있을진저 벳새다야 너희에게 행한 모든 권능을 두로와 시돈에서 행하였더라면 그들이 벌써 베옷을 입고 재에 앉아 회개하였으리라 22 내가 너희에게 이르노니 심판 날에 두로와 시돈이 너희보다 견디기 쉬우리라

예수님의 첫 탄식과 책망은 고라신과 벳새다를 향한 것이었다. 이곳에서 예수님이 어떤 일을 행하셨는지는 기록되어 있지 않지만 본문을 가지고 예수님은 이곳에서도 많은 이적을 행하셨다고 말할 수 있을 것이다.

두로와 시돈을 언급하신 정확한 이유는 알기 어렵다. 두로와 시돈은 지중해에 연한 이스라엘 북쪽 지역의 항구로 주로 이방인들이 살고 있었고 부와 향락이 심했다. 예수님은 고라신과 벳새다에 살고 있는 유대인들이 회개하지 않은 책임을 강조하시기 위해서 더 나쁜 상태의 두로와 시돈에 빗댄 것으로 보인다. 그들이 베옷을 입고 재에 앉아 회개했을 것이란 표현과 심판 날에 더 잘 버틸 수 있을 것이라는 표현은 책망 받는 두 도시 사람들의 책임감을 더 증가시킨다. "베옷을 입고 재에 앉아"란 슬픔의 표현이다.

▶ **23-24절** 가버나움아 네가 하늘에까지 높아지겠느냐 음부에까지 낮아지리라 네게 행한 모든 권능을 소돔에서 행하였더라면 그 성이 오늘까지 있었으리라 24 내가 너희에게 이르노니 심판 날에 소돔 땅이 너보다 견디기 쉬우리라 하시니라

가버나움은 예수님이 사시던 곳이요 초기 사역에서 다른 어디보다 더 많은 이적을 행한 곳이다. 그러나 이적에 비해 회개하는 사람들은 많지 않았다. 이것을 예수님은 가버나움 사람들의 교만이라고 부르셨다. 하늘에까

지 닿을 만한 교만한 모습이지만 반대로 지옥에까지 낮아질 것이다. 회개하고 예수님을 믿음으로 받아들이지 않는 한 심판을 받을 수밖에 없다는 뜻이다.

"소돔과 고모라"를 비교개념으로 사용하신 것은 이 도시들이 죄악으로 인하여 하나님의 심판을 받았기 때문이다. 가버나움 사람들이 경험한 하나님의 능력을 멸망 받은 그 성에서 행하셨더라면 그 성들이 멸망하지 않았고, 또 심판날에 더 잘 버틸 수 있다고 말씀하심으로 가버나움 사람들의 책임을 피할 수 없는 것으로 고정시키셨다.

▶ **25-26절** 그 때에 예수께서 대답하여 이르시되 천지의 주재이신 아버지여 이것을 지혜롭고 슬기 있는 자들에게는 숨기시고 어린 아이들에게는 나타내심을 감사하나이다 26 옳소이다 이렇게 된 것이 아버지의 뜻이니이다

1년여의 사역의 결과로 믿는 사람들이 있었다는 것으로 인하여 예수님은 하늘과 땅의 주인이신 아버지께 감사의 기도를 드렸다. 하나님이 그 기쁘신 뜻을 따라 천국의 비밀을 지혜롭고 똑똑한 사람들에게는 감추시고 어린아이들에게는 나타내신 것으로 이해하신 것이다. "어린아이들"이란 실제 어린이들일 수도 있고, 어린아이처럼 순박하게 예수님의 설교와 사역을 받아들인 별 가치 없어 보이는 사람들을 의미할 수도 있다.

▶ **27절** 내 아버지께서 모든 것을 내게 주셨으니 아버지 외에는 아들을 아는 자가 없고 아들과 또 아들의 소원대로 계시를 받는 자 외에는 아버지를 아는 자가 없느니라

이곳에서 예수님은 자신을 하나님 나라의 왕이요 하나님의 아들이라고 선언하셨다. 하늘과 땅의 주인은 하나님이시다(25절). 그런데 모든 것이 그 아버지로부터 예수님에게 주어졌다. 예수님은 사람들과는 다른 의미로 하나님을 아버지로 부르셨다. 성부만이 성자를 아시고 성자만이 성부를 아신다. 그런데 이제 그 아들 예수 그리스도가 원하는 사람들도 아버지를 알게 되었다. 성부 하나님이 하신 일, 곧 천국의 비밀을 알게 하는 것을 성자 예

수님이 하시는 일, 곧 하나님을 알게 하는 것과 동일시하셨다.

▶ **28절** 수고하고 무거운 짐 진 자들아 다 내게로 오라 내가 너희를 쉬게 하리라

예수님은 수고하고 무거운 짐을 진 사람들을 하나님께로 부르시지 않고 자기 자신에게로 부르셨다. 뿐만 아니라 예수님은 자신에게 오는 사람에게 자신이 쉼, 곧 안식을 주시겠다고 약속하셨다. 이것은 자신을 하나님과 동일시하시거나 하나님의 아들로 믿고 계실 때만 가능한 일이다. "짐"은 영적인 성질의 것으로 짐이다. "쉰다"는 단어 역시 영적인 의미로 읽어야 하지만 꼭 최후의 안식만을 뜻하지는 않으신 것으로 보인다.

▶ **29-30절** 나는 마음이 온유하고 겸손하니 나의 멍에를 메고 내게 배우라 그리하면 너희 마음이 쉼을 얻으리니 30 이는 내 멍에는 쉽고 내 짐은 가벼움이라 하시니라

"온유"란 화내지 않고 참고 기다리는 자세를, 겸손은 자신을 낮추는 자세를 지시한다. 그런 예수님에게 오는 제자들이 해야 할 것은 예수님의 "멍에를 자기 어깨에 올려놓고 배우는 것"이다. 쉼은 아무에게나 주어지지 않는다. 예수님이 주시는 조건을 충족시킬 때 주어진다. 짐 또는 멍에는 예수님이 그에게 오는 사람들에게 부과하시는 의무를 말한다. 하나님의 은혜로, 성령의 도우심과 기쁨으로 하는 것이기 때문에 예수님의 멍에와 짐은 가벼운 것이다.

Short Commentary
Matthew
마태복음 12 장

28. 안식일 논쟁(마 12:1–13)

1) 개요

하나님이 모세에게 주신 율법은 당시 이스라엘을 위한 것이었기 때문에 이스라엘 땅에 자기들끼리 모여 살았던 시절에는 지키기에 별 어려움이 없었다. 그러나 유대인들이 지중해 연안 사방에 흩어져 살게 되고 이방인이 직접 이스라엘을 다스리며 수시로 이방인들과 접촉해야 하는 변한 상황에서는 자주 글자 그대로 지킬 수 없게 되었다. 이런 어려움 때문에 율법을 현실에 맞게 해석하여 현 사회에 적용하는, 이른바 전통, 또는 유전이 발달하였다. 이러한 일을 전적으로 하는 사람들이 율법학자들이었고 적지 않은 율법학자들이 바리새파에 속해 있었다. 그들은 율법 준수에 있어서 어떤 경우에는 지나치게 느슨하게 하여 율법 자체를 파괴하는가 하면 어떤 경우에는 너무 세밀하게 하여 율법의 정신을 해치곤 하였다. 마태는 그 중 안식일 준수 여부에 관련하여 일어난 논쟁 2개를 이곳에 수록하여 놓았다.

첫 번째 논쟁(1-8절)은 밀밭에서 일어났다. 밀밭 사이를 지나가던 제자들이 배가 고파서 이삭을 잘라먹었고 바리새인들이 이것을 보고 안식을 범했다고 비난하기 시작했다. 예수님은 다윗이 배가 고팠을 때 제사장이 아니라면 아무도 먹을 수 없는 드린 빵을 그 일행과 함께 먹음으로써 실제로는 율법을 어겼지만 율법을 어겼다고 비난하지 않은 구약의 예와 제사장이 안식일에 성전에서 기구를 사용하는 등 실제로는 안식일을 어겨도 이것을 죄로 인정하지 않는 또 다른 예를 드시며 자기 제자들의 경우도 죄가 되지 않는다고 하셨다. 특히 안식일의 주인인 예수님 자신과 함께 있다는 것을 무죄의 근거로 제시하셨다.

두 번째 논쟁은 어떤 회당에서 일어났다. 안식일에 회당에 한 손이 마른 사람이 있었는데 사람들이 예수를 고소할 근거를 찾으려고 안식일에 병 고치는 것이 옳은지를 물었다. 예수님은 사람들이 안식일에 구덩이에 빠진 양을 끌어내는 예를 드시면서 안식일에 양보다 더 귀한 사람에게 선을 행하는 것이 잘못이 아니라고 말씀하셨다. 하나님은 제사보다는 자비를 원하시기 때문이다.

2) 주해

▶ **1-2절** 그 때에 예수께서 안식일에 밀밭 사이로 가실새 제자들이 시장하여 이삭을 잘라 먹으니 2 바리새인들이 보고 예수께 말하되 보시오 당신의 제자들이 안식일에 하지 못할 일을 하나이다

예수님과 제자들이 어느 봄날, 아마도 5월 중순쯤, 안식일에 밀밭 사이 길을 걷고 있었다. 예수님의 제자들이 배가 고파서 이삭을 잘라서 먹기 시작하였다. 당시 유대인들은 이러한 행동을 "안식일에 해서는 안 되는 일"로 규정했기 때문이 이것을 본 바리새인들이 예수님께 항의하였다.

▶ **3-4절** 예수께서 이르시되 다윗이 자기와 그 함께 한 자들이 시장할 때에 한 일을 읽지 못하였느냐 4 그가 하나님의 전에 들어가서 제사장 외에는 자기나 그 함께 한 자들이 먹어서는 안 되는 진설병을 먹지 아니하였느냐

예수님은 그들의 질문에 직접적으로 대답하지 않으시고 율법이 기록되

어 있는 원전, 곧 구약성경에서 다윗의 경우를 읽어보지 못했느냐고 반문하셨다. 예수님이 말씀하신 사건은 삼상 21:1-6에 나온다. 사울을 피하여 호위병들과 함께 도망치던 다윗이 놉에서 배가 고파서 하나님의 집, 곧 성막에 들어갔고 제사장이 주는 드린 빵을 먹은 사건이었다. 드린 빵을 제사장이 아닌 다윗과 호위병들이 먹었다는 것은 명백한 율법 위반 행위였다. 그러나 허기를 면하기 위하여 한 이 행동을 구약 어디에서도 정죄하지 않았다. 예수님은 율법 자체가 굶주림이라는 비상 상황을 인정하고 있다고 말씀하신 셈이다.

▶ **5절** 또 안식일에 제사장들이 성전 안에서 안식을 범하여도 죄가 없음을 너희가 율법에서 읽지 못하였느냐

예수님의 두 번째 반문은 안식일 계명 자체와 관련이 있다. 제사장은 안식일에도 성전(회막)에서 제사와 관련된 여러 가지 일들을 하도록 율법이 명령하고 있다(민 28:9-10 등). 안식일 계명을 기준으로 삼으면 이것은 "안식일을 어기는 것"이다. 그러나 제사법을 기준으로 삼으면 이것은 죄가 아니라 오히려 의무이다. 율법 자체가 안식일을 범해도 "죄가 없는" 경우를 인정하고 있음을 지적하신 것이다.

▶ **6절** 내가 너희에게 이르노니 성전보다 더 큰 이가 여기 있느니라

예수님은 자신이 "성전보다 더 큰 사람"이라고 하심으로써 제사장이 성전에서 안식일에 한 일과 자기 제자들이 성전보다 더 큰 예수님 곁에서 한 일을 비교하게 하셨다. 예수님은 성전의 주인이신 하나님의 아들이시다. 성전에서 안식일에 한 일이 죄가 되지 않는다면 하나님의 나라를 이 땅에 가져오신 그리스도 곁에서 안식일에 한 일은 더욱 더 죄가 되지 않는다는 논리이다.

▶ **7절** 나는 자비를 원하고 제사를 원하지 아니하노라 하신 뜻을 너희가 알았더라면 무죄한 자를 정죄하지 아니하였으리라

예수님은 자기 제자들이 죄가 없다고 주장하셨다. 하나님은 제사가 아니라 자비를 원하신다고 말씀하셨기 때문이다. 바리새인들의 잘못은 이 말씀, 즉 율법의 근본정신을 몰랐다는 데 있다. 자비라는 율법의 근본정신에 비추어 볼 때 안식일에 허기를 면하기 위하여 제자들이 이삭을 잘라 먹은 것은 죄가 될 수 없는 것이다.

▶ **8절** 인자는 안식일의 주인이니라 하시니라

보다 적극적으로 예수님은 자신이 안식일의 주인이라고 하심으로 바리새인들의 항의를 일축하셨다. 안식일의 원 정신을 안식일을 위한 사람이 아니라 사람을 위한 안식일로 밝혀주신(막 2:27) 분이시라는 것 외에도 안식일에 해도 좋은 일, 할 수 없는 일을 새롭게 규정하실 수 있는 권한을 가지고 계시고 사람들을 안식일의 멍에로부터 해방시켜 진정한 안식으로 인도하시는 분(마 11:28-29)임을 뜻한다. 예수님은 구약성경을 완성하러 오신 분(5:17)이시다.

▶ **9절** 거기에서 떠나 그들의 회당에 들어가시니

두 번째 논쟁은 안식일에 회당에서 발생하였다. 이 논쟁과 앞의 논쟁 사이에 얼마 정도의 시간 간격이 있는지는 알 수 없다. 마태는 주제별로 자료를 모아 놓았기 때문이다.

▶ **10절** 한쪽 손 마른 사람이 있는지라 사람들이 예수를 고발하려 하여 물어 이르되 안식일에 병 고치는 것이 옳으니이까

예수님이 회당에 들어 가셨을 때 그곳에 한 편 손이 마른 사람이 있었다. 신경 계통이나 혈액 순환 계통의 장애인이었다. 사람들이 예수님을 안식일 법에 걸리게 하여 율법을 어기는 사람이라고 고소할 목적으로 이 사람을 데려다 놓았을 것이라고 주석하기도 한다. 사람들은 단도직입적으로 "안식일에 병 고치는 것이 옳은지를 예수님께 물었다. 안식일에 이삭을 잘라 먹은 사건에서 있었던 예수님의 가르침을 참고로 하여 자비를 베풀 만

한 휼계를 꾸민 것으로 보인다.

회당은 성이나 큰 마을에 있던 큰 건물로 바벨론 유배 생활 때부터 유대 사회의 구심점 역할을 했다. 이곳에서 예배, 율법 교육, 재판 등의 모임이 있었는데 재판의 경우 제사장을 포함하여 모두 7명의 지역 원로들이 진행하였다.

▶ **11-12절** 예수께서 이르시되 너희 중에 어떤 사람이 양 한 마리가 있어 안식일에 구덩이에 빠졌으면 끌어내지 않겠느냐 12 사람이 양보다 얼마나 더 귀하냐 그러므로 안식일에 선을 행하는 것이 옳으니라 하시고

예수님은 양 한 마리를 가졌는데 이 양이 구덩이에 빠지면 그것을 끌어내지 않을 사람이 누가 있느냐고 는 질문이었다. 예수님은 당시 유대인들의 규정을 인용하신 것으로 보인다. 탈무드에는 동물이 안식일에 구덩이에 빠졌을 경우 안식일을 무사히 지낼 수 있도록 음식을 넣어주거나 동물의 목숨이 달렸을 때에는 그것을 끌어낼 것을 허용하는 내용이 기록되어 있다. 현실을 감안한 질문일 수도 있다. 즉 당장 자기 재산에 손실이 오는데 안식일이라고 누가 보고만 있겠느냐? 라는 질문이다. '우리 중에는 아무도 없습니다'가 예수님이 기대하신 답변이다.

이 가상적 대답을 전제하시고 예수님은 사람이 양보다 더 귀하며, 따라서 안식일에 사람에게 착한 일을 하는 것은 위법이 아니라고 하셨다. 안식일의 주인이신 예수님이 착한 일을 안식일에 할 수 있는 정당한 일로 선언하신 것이다.

▶ **13절** 이에 그 사람에게 이르시되 손을 내밀라 하시니 그가 내밀매 다른 손과 같이 회복되어 성하더라

논쟁을 마치신 예수님은 사람들이 보는 앞에서 보란 듯이 그 사람의 손을 고쳐주셨다. 안식의 주인이신 예수님이 안식일에 선을 행하심으로 본을 보이신 것이다.

29. 바리새인들의 적개심(마 12:14-29)

1) 개요

예수님의 사역이 중반기로 접어 들어가면서 예수님의 정체가 사람들에게 확실히 알려지기 시작했고 사도들의 임명을 통하여 복음전파의 길이 다져졌는가 하면, 다른 한 편으로는 예수님을 향한 적대세력이 등장하고 자라기 시작하였다.

안식일 논쟁은 바리새인들에게 예수님은 메시야일 수 없다는 강한 인상을 심어주었다. 바리새인들은 지혜와 논쟁으로 예수님을 꺾거나 고소할 증거를 얻지 못하자 예수님을 죽일 음모를 시작하였다. 이러한 상황에서 예수님은 자신에게 오는 사람들을 계속 고쳐주시지만 침묵할 것을 더 강하게 명령하셨다. 이것은 불필요한 오해와 이에 따르는 소동을 방지하고 사람들이 바라는 대로가 아니라 자신이 원하시는 대로 메시야 사명을 이끌어 가시기 위한 조처였다(14-16절).

그리스도를 모세와 같은 혁명적 지도자, 다윗과 같은 능력 있는 왕으로 소개하지 않고 인류를 구원하기 위한 고난의 길을 가신 분으로 소개하는 것은 신약성경 전체의 특징이다. 마태는 초기와는 달리 조금씩 뒤로 물러서시는 예수님의 삶에서 이사야가 예언한, 고난 받는 종의 모습이 성취되는 것을 보았다(17-21절). 그는 꺾인 갈대와 같고 그을음 나는 심지와 같은 사람들을 하나님의 나라로 부르시기 위하여 이 땅에 오신 하나님의 아들이시다. 하나님이 고르셨고 기뻐하시며 사랑하시는 하나님의 종이다. 모든 사람에게 하나님의 공의와 구원을 알리는, 모든 민족이 그 이름에 희망을 걸, 고난 받는 그리스도이시다. 예수님은 영광이 아니라 고난을 통하여 메시야의 사명을 완수하신다.

귀신들려서 보지 못하고 말 못하는 사람을 고치신 사건이 계기가 되어 바리새인들의 적개심은 노골화한다(22-29절). 그들은 예수님이 귀신의 왕 바알세불에 힘입어 귀신을 쫓아내었다고 결론지었다. 예수님은 하나님의 영에 힘입어 귀신을 쫓아낸 것이며 이렇게 하나님의 나라가, 천국 백성에게는 구원으로, 믿지 않는 사람들에게는 심판으로 이미 시작되었음을 선언하셨다.

2) 주해

▶ **14절** 바리새인들이 나가서 어떻게 하여 예수를 죽일까 의논하거늘

안식일 논쟁에서 바리새인들은 예수님을 고소할 아무런 증거도 찾지 못했다. 그러나 그들은 예수님이 자신을 성전보다 더 큰 사람, 안식일의 주인이라고 하는데 격분하여 아예 예수를 없애버리려고 의논하였다.

▶ **15절** 예수께서 아시고 거기를 떠나가시니 많은 사람이 따르는지라 예수께서 그들의 병을 다 고치시고

예수님은 그들의 음모를 아시고 그곳을 떠나셨다. 바리새인들의 음모는 가능성을 타진하는 차원을 넘어 실제적이고 구체적으로 진행되고 있었음을 알 수 있다. 많은 사람들이 따랐는데 이들 중에는 바리새인들의 반발도 아랑곳하지 않으시고 장애인을 고쳐주신 것에 고무되어 찾아온 병자들도 많이 포함되어 있었다. 예수님은 이 사람들도 모두 고쳐주셨다.

▶ **16절** 자기를 나타내지 말라 경고하셨으니

예수님의 침묵 명령은 이적 소문이 널리 퍼져 예수님을 이적이나 행하는 사람으로 오해하는 것을 방지하려는 조치였다.

▶ **17절** 이는 선지자 이사야를 통하여 말씀하신 바

신적 능력의 행사로 야기된 무리들의 열광적 환호를 받으시면서 뒤로 물러나시고 오히려 사람들에게 알리지 말 것을 당부하시는 이런 예수님의

모습을 마태는 사 42:1-4의 성취라고 소개한다. 이하는 구약의 자유로운 해석적 인용인데 예수님을 조용히 고난의 길을 가는 메시야로 그리고 있다.

▶ **18절** 보라 내가 택한 종 곧 내 마음에 기뻐하는 바 내가 사랑하는 자로다 내가 내 영을 그에게 줄 터이니 그가 심판을 이방에 알게 하리라

예수님의 메시야 사역은 하나님이 고르신 종의 길을 가는 것이다. 이런 길을 가시는 하나님의 아들을 하나님이 기뻐하시고 또 사랑하신다. 하나님이 자신의 영을 보내신 것은 군중의 왕이 되게 하려는 것이 아니라 종의 길을 가도록 하기 위해서였다. 그 목적은 복음으로 세계 모든 민족들에게 하나님의 공의와 심판, 하나님의 은혜와 사랑을 알리는 것에 있다.

▶ **19절** 그는 다투지도 아니하며 들레지도 아니하리니 아무도 길에서 그 소리를 듣지 못하리라

"다투지도 않고 떠들지도 않고 거리에서 아무도 그의 목소리를 듣지 못하였다"는 예언은 환호하는 무리들 뒤로 조용히 숨으시는 예수님에게서 이루어졌다.

▶ **20절** 상한 갈대를 꺾지 아니하며 꺼져가는 심지를 끄지 아니하기를 심판하여 이길 때까지 하리니 또는 연기나는 삼대를

"꺾인 갈대를 자르지 않고 그을음 나는 심지를 끄지 않는다"는 표현은 힘없고 약하고 희망의 빛마저 사라져가는 인간에 대한 비유어로서 고난의 종이 이 세상을 소생시켜 희망을 주고 생명을 주며 하나님의 공의를 세워 악의 세력 위에 승리의 깃발을 꽂을 것을 뜻한다.

▶ **21절** 또한 이방들이 그의 이름을 바라리라 함을 이루려 하심이니라

고난 받는 종 메시야로서의 예수님이 모든 민족의 희망이 될 것이다.

▶ **22절** 그 때에 귀신 들려 눈 멀고 말 못하는 사람을 데리고 왔거늘 예수께서 고쳐 주시매 그 말 못하는 사람이 말하며 보게 된지라

마태는 이 사람이 귀신 들린 결과로 앞을 보지 못하고 말을 못하게 되었다는 점을 분명히 한다. 사람들이 데려왔을 때 예수님이 "고쳐주셨다"는 것은 귀신을 내쫓았으며 그래서 그가 말하고 보게 되었다는 뜻이다.

▶ **23절** 무리가 다 놀라 이르되 이는 다윗의 자손이 아니냐 하니

사람들이 놀라서 한 말 "이 사람이 다윗의 아들이 아니냐?"는 부정적 의미를 담고 있다. 다윗의 아들일 수는 없는데 어떻게 이런 일을 하는가 정도이다.

▶ **24절** 바리새인들은 듣고 이르되 이가 귀신의 왕 바알세불을 힘입지 않고는 귀신을 쫓아내지 못하느니라 하거늘

사람들이 반신반의하고 있을 때 바리새인들이 해결책을 제시했다. 그들은 9:34에서처럼 귀신들의 우두머리인 바알세불에 힘입지 않고서는 예수님이 귀신을 쫓아낼 수 없었다는 결론을 내렸다. 예수님을 죽일 음모를 이미 시작한 바리새인들은 예수님의 기적을 성령이 하신 것으로 설명하거나 예수님을 메시야로 인정할 수 없었던 것이다.

▶ **25-26절** 예수께서 그들의 생각을 아시고 이르시되 스스로 분쟁하는 나라마다 황폐하여질 것이요 스스로 분쟁하는 동네나 집마다 서지 못하리라 26 만일 사탄이 사탄을 쫓아내면 스스로 분쟁하는 것이니 그리하고야 어떻게 그의 나라가 서겠느냐

예수님의 설명은 달랐다. 바리새인들의 주장은 사단의 나라가 스스로 나뉘었을 때나 가능한 일인데 그렇게 되면 그 나라 자체가 설 수 없고 스스로 멸망하는 것이 되어서 모순이라는 것이다. 나라나 성이나 집이나 나뉘는 것은 파멸을 자초하는 길이기 때문이다. 따라서 사단이 사단을 내쫓았다는 것은 말이 되지 않는다.

▶ **27절** 또 내가 바알세불을 힘입어 귀신을 쫓아내면 너희의 아들들은 누구를 힘입어 쫓아내느냐 그러므로 그들이 너희의 재판관이 되리라

두 번째로 예수님은 귀신을 쫓아내는 다른 사람들의 경우를 지적하시며 '그렇다면 너희 아들들은 누구에 힘입어 귀신을 쫓아내느냐?' 하고 물으셨다. "너희 아들들"은 두 가지로 해석할 수 있다. 당시에 바리새인 무리에 속해 있으면서 귀신을 내쫓는 사람들(행 19:13 참조)이나 이스라엘의 역사 중에 있었던 이런 사람들이다. 바리새인들은 아마도 이 사람들의 귀신축출 행위를 긍정적으로 말해왔기에 그들의 주장이 틀렸다는 것은 이 사람들이 증거하고 있다. 이것이 "그들이 너희 재판관이 될 것이다"의 의미이다.

▶ **28-29절** 그러나 내가 하나님의 성령을 힘입어 귀신을 쫓아내는 것이면 하나님의 나라가 이미 너희에게 임하였느니라 29 사람이 먼저 강한 자를 결박하지 않고서야 어떻게 그 강한 자의 집에 들어가 그 세간을 강탈하겠느냐 결박한 후에야 그 집을 강탈하리라

귀신을 내쫓는 것은 예수님을 따르면 적대적 관계에서 발생한다. 따라서 예수님의 행위는 하나님의 영, 곧 성령에 힘입은 것이다. 그리고 그것은 하나님의 나라가 이미 이 세상에 시작되었다는 증거가 된다. 예수님을 믿는 사람에게 하나님의 나라는 구원을, 하나님 나라의 백성이 됨을 뜻하지만 믿지 않는 사람에게는 심판을 뜻한다. 힘센 사람을 먼저 묶어 놓지 않으면 아무도 그 집에 들어가서 살림살이를 빼앗아 가지 못한다. 묶어 놓아야만 집을 털어갈 수 있다. 그렇게 예수님은 하나님 나라의 왕으로 오셔서 사단을 먼저 묶어 놓으셨다.

30. 성령을 훼방한 죄(마 12:30-37)

1) 개요

예수님에 의하여 사단이 이미 결박당하고 쫓겨나며 그 결과로 매여 있던 사람이 그 결박에서 벗어나는 것을 보면서도 성령의 능력으로 시작된

하나님의 나라를 오히려 대장 귀신 바알세불의 힘이라고 매도한 바리새인들에 대해 예수님은 매우 신랄한 선언을 하셨다.

그들은 예수님에게 맞서고 천국의 백성을 흩는 사람들이다. 그렇게 함으로써 예수님과 함께 역사하신 성령을 모독하였다. 성령 모독, 또는 성령 훼방 죄를 예수님은 영원히 용서받지 못하는 죄로 규정하셨다. 인간의 모든 죄들, 심지어 인간의 몸으로 오신 하나님의 아들, 인자에게 맞서서 말하는 사람은 용서받을 수 있지만 성령에 대한 모독, 성령에게 맞서 말하는 사람은 이 세상에서도, 오는 세상에서도 용서될 수 없다는 뜻이다.

예수님이 성령훼방죄라고 지적하신 것은 귀신들린 사람에게서 귀신이 쫓겨나고 보고 말하는 광경을 보면서도 예수님이 대장 귀신이 들렸다고 말한 사실이다. 나무나 열매나 다 좋다고 하든지 나무나 열매를 다 나쁘다고 해야 하는데 그들은 열매(귀신을 쫓아냄)는 좋다고 하면서 나무(예수님)는 나쁘다고 했기 때문이다. 열매로 나무를 안다는 규칙을 거부한 것이다.

어떻게 이런 일이 있을 수 있는가? 바리새인들은 나쁜 나무들이기 때문이다. 악하기 때문에 선한 말을 할 수 없었던 것이다. 마음에 가득한 것을 입으로 뱉기 때문이다. 그들은 악하기 때문에 악한 마음의 창고에서 악한 것을 말할 수밖에 없었다.

예수님은 바리새인들이 자신들도 믿지 않을 뿐 아니라 다른 사람들을 믿지 못하게 하기 위하여 악의적으로 만들어낸 말을 중시하셨다. 이적의 기능과 정확하게 반대되는 기능을 가진 말을 한 것이다. 따라서 이러한 것을 예수님은 성령 훼방죄라고 부르셨다. 하지만 사람이 하는 어떤 허튼 소리라도 심판날에 다 해명해야 한다. 그날 사람들이 내뱉은 말들이 바른 것인지 잘못된 것인지가 분명히 드러날 것이다.

2) 주해

▶ **30절** 나와 함께 아니하는 자는 나를 반대하는 자요 나와 함께 모으지 아니하는 자는 헤치는 자니라

"나와 함께 있지 않는 사람"과 "나와 함께 모으지 않는 사람"은 직접적으로는 예수님을 악의적으로 바알세불과 연결한 바리새인들을 가리킨다. 그러나 보다 일반적으로 이 말은 예수님을 위하지 않는 모든 사람들을 가리킨다. 예수님이 오셔서 사단을 결박하고 내쫓고 하나님의 통치가 이 땅에 시작되는 시기에 중립은 없는 것이다. 예수님은 바리새인들을 예수님에게 맞서는 사람들로, 천국 백성을 모으려는 왕이신 예수님과는 달리 성령의 사역을 보고 믿을 수도 있는 시점에 사람들을 흩어 버리는 사람으로 규정하시고, 이것을 기회로 예수님을 적극적으로 믿고 따르지 않는 사람들을 경고하셨다.

▶ **31절** 그러므로 내가 너희에게 이르노니 사람에 대한 모든 죄와 모독은 사하심을 얻되 성령을 모독하는 것은 사하심을 얻지 못하겠고

예수님은 용서받는 죄와 용서받지 못하는 죄를 구별하셨다. 용서받는 죄는 용서받지 못하는 죄 하나를 제외한 모두요 용서받지 못하는 죄는 성령을 모독하는 죄이다. 성령 모독은 성령을 대항하여 말하는 죄(32절)를 가리킨다.

"죄"란 사람이 사람에게, 또는 사람이 하나님에게 저지르는 모든 잘못, 말로 저지르는 "모독"까지도 다 포함할 수 있는 단어다. 그런데도 예수님이 죄라는 단어만 사용하시지 않고 모독이란 특수한 죄를 별도로 사용하셨다. 성령에 대하여 악하게 말하는 것을 구별하시기 위해서였다. 여기서 말하는 성령에 대하여 악하게 말하는 것은 예수님이 귀신을 쫓아낸 것이 성령이 하신 사역이 확실한데도 바리새인들이 바알세불, 곧 귀신의 우두머리가 한 일로 말한 것을 가리킨다. 그들은 천국의 왕이신 예수님을 모독했을 뿐만 아니라 성령을 모독하고 말았다. 예수님이 여기서 용서받을 수 없다고 말씀하신 성령 모독죄는 그러니까 바리새인들의 특수한 죄를 일컫는 것이다. 이 죄를 일반화하여 현대 사회에 적용하려는 것은 지극히 위험한 일이다. 성령의 사역이 확실하다는 증거를 찾기가 쉽지 않기 때문이다.

▶ **32절** 또 누구든지 말로 인자를 거역하면 사하심을 얻되 누구든지 말로 성령을 거역하면 이 세상과 오는 세상에서도 사하심을 얻지 못하리라

인자는 사람이 되신 하나님의 아들이 자신의 비천하게 된 현재의 모습, 특별히 고난 받는 모습, 그리고 부활하신 모습을 가리킬 때 사용하신 3인칭 표현법이었다. 예수님은 인간의 모습을 하고 계신 예수님을 향하여 악하게 말하는 죄는 용서받겠지만 그 인자를 통하여 일하신 성령을 향해 악하게 말하는 죄는 이 세상에서만이 아니라 오는 세상에서도, 곧 영원히 용서받지 못한다고 선언하셨다. 앞에서 말한 대로 바리새인들이 성령의 사역을 바알세불의 일로 돌린 특수한 경우를 지칭하신 것이다.

▶ **33절** 나무도 좋고 열매도 좋다 하든지 나무도 좋지 않고 열매도 좋지 않다 하든지 하라 그 열매로 나무를 아느니라

예수님은 여러 번 나무와 열매의 관계를 비유로 사용하신 적이 있다. 이 구절에서 "나무"는 예수님을, "열매"는 예수님이 하신 일을 의미한다. '나무도 좋고 열매도 좋다고 하든지 둘 다 나쁘다고 하여라'는 바리새인들이 예수님과 그 하신 일에 대하여 둘 다 좋다고 하든지 둘 다 나쁘다고 해야 한다는 말씀이다. 나무가 열매를 만들고 열매로 나무를 알게 되기 때문이다. 그런데 바리새인들은 예수님이 귀신을 쫓아내신 사건에서 예수님이 하신 일은 좋다고 알고 있으면서도 예수님에 대해서는 대장 귀신이 들린 것으로 말하여 이 단순한 진리에 맞지 않게 행동하였다.

▶ **34절** 독사의 자식들아 너희는 악하니 어떻게 선한 말을 할 수 있느냐 이는 마음에 가득한 것을 입으로 말함이라

이제 예수님은 직접 바리새인들을 향해서 책망하신다. "독뱀 새끼들아"는 비유가 아니라 독설이다. 예수님은 나무와 열매의 비유에 나타난 원리를 마음과 말에 적용하시며 바리새인들이 악하고 마음에 악이 가득하기 때문에 악한 것들을 말할 수밖에 없었다고 꾸중하셨다. 그들은 애당초 예수님을 향하여, 또 예수님을 통하여 나타난 성령을 향하여 선한 말을 할

수가 없는 사람들이었다. 성령의 사역을 바알세불의 사역으로 설명한 바리새인들의 말을 지적하신 것이다.

▶ **35절** 선한 사람은 그 쌓은 선에서 선한 것을 내고 악한 사람은 그 쌓은 악에서 악한 것을 내느니라

마음과 말의 관계와 나무와 열매의 관계를 합쳐서 바리새인의 경우를 넘어 일반화하시며 말씀하셨다. 선한 사람은 선한 마음의 창고에서 선한 말들을 내보내고 악한 사람은 악한 마음의 창고에서 악한 말들을 내보낸다는 말씀이다. 따라서 말이 악하면 악한 사람이요 말이 선하면 선한 사람이라는 등식도 성립한다.

▶ **36절** 내가 너희에게 이르노니 사람이 무슨 무익한 말을 하든지 심판 날에 이에 대하여 심문을 받으리니

사람들이 마음대로 떠들어대고 심지어 인자와 성령에 대해서까지 멋대로 말하는 것은 말이 인간 사이의 것인 줄로만 알고 있고 이 말에 대해서 하나님 앞에서 책임을 져야 한다는 것을 모르기 때문이다. 예수님은 바리새인들이 성령에 대하여 악하게 말한 것만이 아니라, 일반적으로, 사람들이 지껄이는 모든 허튼 소리에 대하여 마지막 심판의 날에 하나님 앞에서 책임을 지고 해명해야 한다고 말씀하셨다.

▶ **37절** 네 말로 의롭다 함을 받고 네 말로 정죄함을 받으리라

"의롭다 함을 받고"로 번역된 단어는 '의롭다고 하다', '의롭다고 인정하다'의 미래 수동태이다. 이 단어는 보통 '칭의'로 번역되는 단어다. "정죄함을 받으리라"고 번역된 단어는 앞의 단어에서 파생된 단어다.

사람들이 한 말로 의롭다는 선언을 받거나 정죄된다는 것은 소위 행위구원론을 말하는 것이 아니다. 말은 마음에서 나오고 마음은 그 사람의 됨됨이에서 나오는 것이므로 예수님은 결국 그 말이 나오는 마음과 그 사람 자신에 따른 칭의와 심판을 말씀하신 것이다. 즉 열매를 보고 심판을 하는

것은 열매를 보고 나무를 알 수 있다는 원리를 따른 것이므로 결국은 나무의 좋고 나쁨에 따라 칭의와 심판이 있다고 말씀하신 것이나 다름없다. 행위를 보고 심판 또는 구원하신다는 말씀은 그 행위가 믿는 또는 믿지 않는 사람에게서 나오는 것이므로 믿음이나 불신을 보고 구원 또는 심판하신다는 것과 같은 말이 된다.

31. 시대의 표적과 새로운 공동체(마 12:37-50)

1) 개요

예수님의 신랄한 선언과 꾸중에 직면한 바리새인들과 어떤 율법학자들이 예수님에게 보다 확실한 표적을 요구했다. 예수님은 이미 많은 이적을 행하셨지만, 그들은 이것을 표적으로 인정하지 않고 오히려 바알세불을 힘입은 귀신의 장난으로 모독하고 말았다.

예수님은 그들에게 요나의 표적 말고는 어떤 다른 표적도 주어지지 않을 것이라고 선언하셨다. 요나의 표적이란 예수님의 죽음을 가리키는 것으로 요나의 경험처럼 인자도 사흘 낮과 밤을 땅 속에 있을 것을 뜻한다. 즉 예수님이 죽으시고 사흘 후에 다시 살아나시는 것이 하나님의 나라가 임했고 메시야의 시대가 왔다는 확실한 표적이 될 것이라는 말씀이다. 더 이상의 표적은 없기 때문에 예수님은 곧바로 심판과 그때 있을 이 세대의 심판에 대하여 말씀하셨다.

충분히 표적으로 주어진 이적을 거부하고 보다 확실한 표적을 요구하는 "이 세대"를 예수님은 더러운 영이 쫓겨나간 사람/집에 비유하셨다. 이 비유는 이 세대가 잠시 하나님의 은총을 맛보다가 잠시 후에는 더 나쁜 상태에 빠질 것을 알려준다. 예수님이 떠나고 나면 일곱 귀신이 들어가서 사는 집처럼 더 나쁘게 변하고 말 것이다.

예수님의 가족이 예수님을 찾아온 사건에서 우리는 어쩌면 또 하나의 표적을 말할 수 있다. 예수님은 친 가족을 젖혀두시고 제자들 위로 손을 내뻗으시며 "보라, 내 어머니요 내 형제들이다"고 말씀하셨다. 그리고 하늘에 계신 아버지의 뜻대로 하는 사람이 예수님의 형제요 누이요 어머니라고 설명하셨다. 11장에서 회개하지 않고 교만하기만 한 "이 세대"를 한탄하셨고 12장에서도 실망스런 "이 세대"를 책망하셨던 예수님은 하나님의 뜻대로 하는 사람들을 만나셨고 그들을 가족이라고 선언하셨다. 천국의 백성의 탄생을 선언하신 것이다. 이 공동체의 출현은, "이 세대"가 거부한 예수님을 통해 이 땅에 하나님의 나라가 시작되었다는 확실한 표적이 될 수 있을 것이다. 하나님의 나라는 이 공동체를 통해 눈에 보이는 것으로 나타난다.

2) 주해

▶ **38절** 그 때에 서기관과 바리새인 중 몇 사람이 말하되 선생님이여 우리에게 표적 보여주시기를 원하나이다

표적은 표, 표시, 또는 어떤 것을 알려주는 기호이다. 율법학자들과 바리새인들은 그런 역할을 하는 이적을 귀신의 것으로 돌려버리고 예수님을 하나님이 보내셨다는 표시, 다윗의 아들, 즉 메시야임을 확인할 수 있는 더 확실한 표시를 보여주시기를 요구했다.

▶ **39-40절** 예수께서 대답하여 이르시되 악하고 음란한 세대가 표적을 구하나 선지자 요나의 표적 밖에는 보일 표적이 없느니라 40 요나가 밤낮 사흘 동안 큰 물고기 뱃속에 있었던 것 같이 인자도 밤낮 사흘 동안 땅 속에 있으리라

"이 세대"란 예수님 당시의 사람들을 집합체로 부르신 용어이다. "음란하다"는 표현은 성적으로 문란함을 뜻하지 않고 메시야를 기다린다고 하면서도 오신 메시야를 공격하는 이중 태도를 지적하신 것으로 보인다.

그 세대에게 예수님은 요나의 표적만 주시겠다고 하셨다. 사흘 낮과 사흘 밤을 큰 물고기 뱃속에 있었던 요나를 자신의 예표로 해석하시며, 그렇게 인자 즉 예수님이 사흘 낮과 사흘 밤을 땅속에 묻혀 있는 것이 그 세대가 찾는 표적이 될 것이라고 하신 것이다. 그것은 고난 받는 종으로 오신 메시야의 표식이다.

▶ **41-42절** 심판 때에 니느웨 사람들이 일어나 이 세대 사람을 정죄하리니 이는 그들이 요나의 전도를 듣고 회개하였음이거니와 요나보다 더 큰 이가 여기 있으며 42 심판 때에 남방 여왕이 일어나 이 세대 사람을 정죄하리니 이는 그가 솔로몬의 지혜로운 말을 들으려고 땅 끝에서 왔음이거니와 솔로몬보다 더 큰 이가 여기 있느니라

예수님은 요나의 전도에 회개한 니느웨 사람들과 요나보다 더 큰 사람인 자신의 전도에 회개하지 않는 "이 세대"를 비교하시며 그들이 심판날에 이 세대를 심판할 것이라고 선언하셨다.

같은 어조가 남쪽 스바의 여왕과 이 세대, 솔로몬과 예수님 사이에 적용되었다. 스바 여왕은 솔로몬의 지혜를 들으려 먼 곳에서 찾아왔지만 이 세대 사람들은 지혜의 근본이신 예수님이 그들을 찾아왔어도 회개하지 않기 때문에 이 세대 사람들이 마지막 날 스바 여왕에게 심판을 받을 것이라고 선언하셨다.

▶ **43절** 더러운 귀신이 사람에게서 나갔을 때에 물 없는 곳으로 다니며 쉬기를 구하되 쉴 곳을 얻지 못하고

예수님은 자신의 사역을 바알세불의 일로 돌리는 바리새인들로 대표되는 당시 사람들을 더러운 영이 나온 사람/집에 비유하셨다. 바알세불이 들려서 귀신을 쫓아낸다는 비난을 오히려 그들에게 돌려주며 이 세대야 말로 귀신이 들렸다고 말씀하신 셈이다.

천국의 왕이신 예수님이 오셔서 복음을 전하시고 아픈 사람들을 고치시고 귀신을 쫓아내는 이때 이스라엘 사람들은 그들의 믿음에 관계없이 하

나님의 크신 일들을 경험하고 있다. 그 세대의 모든 사람들이 하나님의 영광을 보며 하나님의 아들이 직접 주시는 회개와 용서와 믿음의 기회에 접촉하고 있다. 이러한 상황은 더러운 영이 쫓겨나간 사람/집과 같다. 그 더러운 영은 물 없는 척박한 땅을 돌아다니다 쉴 곳을 찾지 못하고 다시 그 사람/집으로 돌아온다.

▶ **44절** 이에 이르되 내가 나온 내 집으로 돌아가리라 하고 와 보니 그 집이 비고 청소되고 수리되었거늘

더러운 영이 다시 돌아왔을 때 그 집이 비어 있고 치워지고 잘 꾸며져 있는 것을 발견하는 것처럼 이 세대는 축복의 시대에 살며 그리스도가 베푸시는 많은 일들을 경험하면서도 정작 천국의 복음을 받아들이지 않고 그리스도로 오신 예수님을 믿지도 않는다. 비어 있는 집과 같은 이 세대이다.

▶ **45절** 이에 가서 저보다 더 악한 귀신 일곱을 데리고 들어가서 거하니 그 사람의 나중 형편이 전보다 더욱 심하게 되느니라 이 악한 세대가 또한 이렇게 되리라

예수님의 음성으로 천국의 복음을 듣고 친히 하시는 일들을 볼 수 있는 축복의 시간은 제한되어 있다. 예수님은 잠시 후에 이 세대를 떠나가실 것이다. 그때에 이 세대는 마치 더러운 영이 더 악한 영 일곱을 데리고 들어가서 그 집에 자리를 잡아 더 나빠지는 것처럼 그 상황이 예수님이 오시기 전보다 더 나빠질 것이다.

축복의 시대에 예수님을 받아들일 것을 거부하며 비어 있는 집, 그러나 잠시 후에 더 나빠질 집, 그것이 바로 이 세대이다. 예수님의 죽음은 이 세대에 나타날 변화에 대한 확실한 표적이다.

▶ **46-47절** 예수께서 무리에게 말씀하실 때에 그의 어머니와 동생들이 예수께 말하려고 밖에 섰더니 47 한 사람이 예수께 여짜오되 보소서 당신의 어머니와 동생들이 당신께 말하려고 밖에 서 있나이다 하니

예수님의 가족이 방문한 사건에 대한 기사는 이 세대와는 달리 예수님

의 복음을 받아들인 사람들에 대한 예수님의 평가를 보여준다는 면에서 앞의 말씀과 대조적 쌍을 이룬다.

이야기는 예수님이 앞의 말씀을 하고 계실 때 예수님의 어머니 마리아와 형제들이 예수님을 찾아와 대화를 하려는 데서 시작한다. 무슨 말을 하려 했는지에 대해서는 아무 것도 기록되어 있지 않다. 아마 많은 사람들 때문에 예수님에게 접근할 수가 없었던 것 같다. 그래서 누가 예수님에게 이 소식을 알렸다.

▶ **48절** 말하던 사람에게 대답하여 이르시되 누가 내 어머니이며 내 동생들이냐 하시고

예수님은 이 기회를 이용하셔서 바리새인들과는 달리 자신을 믿고 따르는 사람들을 자신이 어떻게 보고 계신지를 알려주셨다. 예수님의 말씀은 수사적 의문법으로 시작한다. "누가 나의 어머니이며 누가 나의 형제들이냐?" 실제 가족들을 부정하고 결별을 선언하신 것이 아니라 잠시 후에 있을 전혀 다른 의미의 가족 공동체를 설립하시려는 말씀이다.

▶ **49절** 손을 내밀어 제자들을 가리켜 이르시되 나의 어머니와 나의 동생들을 보라

예수님은 자신의 제자들 위로 손을 내뻗으시면서 이 사람들, 즉 자신을 믿고 따르는 제자들을 자신의 어머니와 형제라고 선언하셨다. 예수님의 이 새로운 가족들을 우리는 예수님이 목표로 삼으신 하늘나라의 백성, 또는 죄에서 건져내려 오신 자기 백성이라고 불러도 좋을 것이다.

▶ **50절** 누구든지 하늘에 계신 내 아버지의 뜻대로 하는 자가 내 형제요 자매요 어머니이니라 하시더라

실제 제자들을 가족이라고 부르신 예수님은 이를 일반화하여 새로운 가족 공동체의 자격을 제시하셨다. "누구든지 하늘에 계신 내 아버지의 뜻대로 하는 사람"이 예수님의 형제요 누이요 어머니이다. 예수님은 자신의 제자들을 하나님의 뜻대로 하는 사람들이라고 인정하셨을 뿐만 아니라 그러한 사람이 천국의 백성임을 명확하게 선언하셨다.

Short Commentary
Matthew
마태복음 13장

32. 씨 뿌리는 자 비유와 비유로 말씀하신 이유 (마 13:1-17)

1) 개요

만나는 모든 사람들에게 공개적으로 천국의 복음을 전파하셨던 예수님은 자신을 믿는 사람들과 믿지 않는 사람들이 명백하게 구분되기 시작하자 천국의 비밀을 비유에 담아 말씀하기 시작하셨다. 자신을 믿는 사람들, 특히 제자들에게만 말씀하신 때도 점점 많아졌다. 사람들의 잘못된 기대가 그 원인이기도 했지만, 그 주된 원인은 예수님의 기대에 못 미치는 사람들의 반응에 있었다.

비유란 비교하는 표현 방법이다. 모르는 것을 알려주기 위하여 사람들이 아는 것과 비교하며 스스로 이해하게 하는 방법. 예수님이 사용하신 비유는 당시 사람들이 잘 알고 있는 지식, 경험에서 나왔다. 공통분모를 가진 사람에게 비유는 새로운 것을 생생하게, 또 감동적으로 전하는 효과가 있다. 그런 공통분모가 없는 사람에게는 비유란 이해할 수 없는 것이 될 뿐만 아니라 오히려 혼동을 일으키게 하고 감추는 효과가 나타난다.

예수님은 초기에도 자주 비유를 사용하셨다. 그러나 초기 비유가 청중들 모두를 위한 일반적인 것이었는데 비해 천국의 비밀을 알리신 비유들은 특정한 사람들, 즉 특별한 공통분모를 가진 사람들을 위한 것이었다. 천국 비유들을 이해하는 열쇠, 이 특별한 공통분모는 예수님을 향한 믿음이다. 예수님을 믿는 사람에게는 비유를 통해 천국의 비밀이 더 주어진다. 믿지 않는 사람에게는 비유가 천국의 비밀을 가릴 뿐만 아니라 예수님이 이때까지 하신 일이나 말씀들조차도 혼란을 일으키게 한다(10-17절).

예수님을 하늘나라의 백성을 모으기 위해서 오신 하나님의 아들, 약속된 메시야로 믿는 사람들에게 씨 뿌리는 자 비유는 예수님의 활동과 그 결과를 알려준다. 천국의 복음이 천국의 왕 예수에 의해서 이 땅에 뿌려지는데도 불구하고 다른 결과가 나타난다는 것, 그 다른 결과가 사람들의 태도와 반응에 달려 있다는 것이 씨 뿌리는 사람의 비유에 들어있는 천국의 비밀이다(1-9절).

2) 주해

13:1-2절 그 날 예수께서 집에서 나가사 바닷가에 앉으시매 2 큰 무리가 그에게로 모여 들거늘 예수께서 배에 올라가 앉으시고 온 무리는 해변에 서 있더니

예수님은 자신을 믿는 사람들을 축복하신 바로 그날 사람들에게 천국의 비유를 말씀하셨다. 설교의 장소는 가버나움에 있던 베드로의 집에서, 바닷가로 또 작은 배 위로 옮겨졌다. 비유 설교를 들은 "무리"에는 예수님을 믿는 사람들과 믿지 않는 사람들이 섞여 있었다.

▶ **3절** 예수께서 비유로 여러 가지를 그들에게 말씀하여 이르시되 씨를 뿌리는 자가 뿌리러 나가서

"비유"는 어떤 현상이나 사물을 이것과 비슷한 다른 현상이나 사물을

끌어대어 비교하는 표현법이다. 예수님은 사람들이 알지 못하는 "천국의 비밀"(11절)을 알려주시기 위하여 사람들이 잘 알고 있었던 씨를 뿌리는 당시 생활풍습을 비유에 사용하셨다.

"많은 것"은 예수님이 비유로 알려 주신 천국의 비밀이 여러 가지였음을 알려준다. 그 첫 번째가 본문의 '씨 뿌리는 자 비유'였다.

"씨 뿌리는 자"는 예수님에 대한 비유어이다. 그렇다면 씨 뿌리는 행위는 예수님의 모든 활동에 대한 비유어로 볼 수 있다.

당시의 파종 풍습은 오늘날의 한국과는 달랐다. 농부들은 먼저 밭에 씨를 뿌리고 그 후에 땅을 갈아엎었다. 이때 길로 남겨지는 부분이 있고 돌밭이 드러나고 가시덤불이 남는다. 결과적으로 씨는 흙이 있는 곳만이 아니라 길, 돌밭, 가시덤불에도 떨어지게 된다.

▶ **4절** 뿌릴새 더러는 길 가에 떨어지매 새들이 와서 먹어버렸고

길가에 떨어져 새들이 와서 먹어버린 씨는 천국의 말씀을 받아들일 준비가 전혀 되어 있지 않은 사람들을 비유하신 것이다.

▶ **5-6절** 더러는 흙이 얇은 돌밭에 떨어지매 흙이 깊지 아니하므로 곧 싹이 나오나
6 해가 돋은 후에 타서 뿌리가 없으므로 말랐고

돌밭은 큰 바위에 흙이 조금 덮여 있는 곳으로 싹은 나지만 뿌리가 자랄 수 없어서 해가 돋을 때 말라 죽는 씨처럼 천국의 복음을 기쁨으로 받아들이지만 함께 오는 어려움 때문에 금방 포기하는 사람들에 대한 비유이다.

▶ **7절** 더러는 가시떨기 위에 떨어지매 가시가 자라서 기운을 막았고

가시덤불 사이에 떨어진 씨는 가시덤불의 왕성한 성장력에 제대로 성장하지 못한다. 세상살이 걱정과 재물의 유혹이 천국의 복음을 막아서 열매를 맺지 못하게 하는 사람에 대한 비유어이다.

▶ **8절** 더러는 좋은 땅에 떨어지매 어떤 것은 백 배, 어떤 것은 육십 배, 어떤 것은

삼십 배의 결실을 하였느니라

좋은 땅에 떨어진 씨들만이 성장하고 열매를 맺는다. 천국의 복음을 이해한다는 것은 복음이 가져오는 어려움을 극복하고 세상의 일들을 포기하는 것을 뜻한다. 백 배, 육십 배, 삼십 배는 결실의 정도를 예로 드신 것이다.

▶ **9절** 귀 있는 자는 들으라 하시니라

씨 뿌리는 자 비유는 천국의 왕이신 예수님의 활동이 사람들에게 똑같은 결과가 아니라 다양한 결과를 낳은 것을 설명하는 것이다.

"귀 있는 사람"은 예수님이 선포하신 천국의 말씀을 듣고 이해하는 사람, 즉 말씀을 들을 뿐만 아니라 기뻐하며 받아들이고, 그 결과로 나타나는 어려움과 핍박을 참고 견디며, 삶의 걱정과 재물의 유혹을 극복하고 그 말씀대로 순종하는 사람을 뜻한다.

▶ **10절** 제자들이 예수께 나아와 이르되 어찌하여 그들에게 비유로 말씀하시나이까

천국의 비밀, 그것은 예수님이 천국의 왕으로 오셨다는 사실이다. 이것을 믿고 천국의 백성으로 인정된 제자들은 이날 예수님이 말씀하신 비유를 모든 사람이 이해할 수 없다는 것을 알고 예수님께 이전처럼 명확하게 말씀하지 않으시는 이유를 물었다. "제자들"은 열두 사도만을 뜻하지 않고 비유를 이해할 수 없을 "저 사람들"에 대조되는 믿는 사람들을 지시한다. 그 중에 어떤 제자들이 질문을 던진 것이다.

▶ **11절** 대답하여 이르시되 천국의 비밀을 아는 것이 너희에게는 허락되었으나 그들에게는 아니되었나니

예수님은 자신을 믿는 사람들을 영적 가족 공동체, 즉 하나님 나라의 백성으로 인정하신 다음에 이 사람들, 즉 "너희"와 그렇지 않은 "저희"를 구별하셨다. 뿐만 아니라 이제부터는 자신의 활동도 다른 목적으로 주어진다고 하셨다. 천국의 비밀이 믿지 않는 사람들에게는 주어지지 않고 믿는 사람들에게만 주어지는 것, 이것이 비유를 말씀하신 목적이었다.

▶ **12절** 무릇 있는 자는 받아 넉넉하게 되되 없는 자는 그 있는 것도 빼앗기리라

"가진 사람"은 예수님을 천국의 왕으로 믿는 믿음을 가진 사람, "가지지 못한 사람"은 이 믿음이 없는 사람을 뜻한다. 예수님을 믿는 사람에게는 비유가 이때까지 선포된 천국의 말씀과 활동에 덧붙여 천국의 비밀을 계속 알려주고 넘치게 만들지만 믿지 않는 사람에게는 그들이 이때까지 예수님에게서 보고 들었던 모든 것도 쓸모없게 만드는 수단이 된다.

▶ **13-15절** 그러므로 내가 그들에게 비유로 말하는 것은 그들이 보아도 보지 못하며 들어도 듣지 못하며 깨닫지 못함이니라 14 이사야의 예언이 그들에게 이루어졌으니 일렀으되 너희가 듣기는 들어도 깨닫지 못할 것이요 보기는 보아도 알지 못하리라 15 이 백성들의 마음이 완악하여져서 그 귀는 듣기에 둔하고 눈은 감았으니 이는 눈으로 보고 귀로 듣고 마음으로 깨달아 돌이켜 내게 고침을 받을까 두려워함이라 하였느니라

이유는 어떤 사건의 과거와, 목적은 그 사건의 미래와 논리적으로 연결된다. 비유를 말씀하신 목적은 믿는 사람들은 천국의 비밀을 더 알게 하고 믿지 않는 사람들은 천국의 비밀을 모르게 하는 것이다. 비유를 말씀하신 이유는 같은 것을 보고 들으면서도 대부분의 사람들은 마음이 무디어지고 귀가 어두워지고 눈이 가려져서 제자들이 도달한 믿음에 도달하지 못했기 때문이다. 예수님은 이런 현상이 이미 예언되어 있었음을(사 6:9, 10) 지적하셨다. 예수님의 비유란 따라서 이 예언을 성취하는 것이다.

▶ **16-17절** 그러나 너희 눈은 봄으로, 너희 귀는 들음으로 복이 있도다 17 내가 진실로 너희에게 이르노니 많은 선지자와 의인이 너희가 보는 것들을 보고자 하여도 보지 못하였고 너희가 듣는 것들을 듣고자 하여도 듣지 못하였느니라

믿는 사람들에게도 눈과 귀는 단순히 몸의 한 부분일 뿐이지만 이것이 예수님이 왕으로 오신 천국의 비밀을 받아들이고 경험하는 복된 기구가 된다. 그것은 구약시대의 선지자들과 의인들이 고대하기는 했지만 경험할 수 없었던, 바로 그런 복된 상황인 것이다. 12:50절의 축복과 연결되어 있다.

33. 씨 뿌리는 사람의 비유 해석과 독보리 비유 (마 13:18-30)

1) 개요

'씨 뿌리는 사람의 비유'(18-23절)는 목회현장에서 신자들이 설교자의 설교를 잘 듣고 깨닫고 순종해야 한다는 것을 뜻하지 않는다. 이런 해석은 천국의 비밀과 관련은 있지만 원래 의미와는 거리가 멀다. 예수님이 단순히 자신의 설교를 경청하라고 주신 비유인 것 같지도 않다. 씨 뿌리는 자 비유는 천국의 왕으로 오셔서 천국의 말씀을 선포하신 예수님 자신의 사역을 설명하신 비유로 보인다.

"씨"는 예수님이 선포하신 "천국의 복음", 즉 하나님의 말씀이다. "씨를 뿌리는 사람"은 예수님이다. 천국의 왕으로 오신 예수님의 활동은 사람들이 기대하던 것처럼 메시야를 기다리던 유대인들이 적극 환호하고 따라나서고 받아들이는 혁명적 방식으로 전개되지 않고 다양한 결과로 나타났다. 천국의 말씀을 듣고서도, 또 능력으로 하나님의 나라가 임하여 귀신이 쫓겨나는 것을 보면서도 냉담한 사람들이 있었다. 적대자도 있었다. 예수님을 잠시 따르며 말씀을 기뻐하고 예수님에게서 일어나는 이적으로 말미암아 하나님께 찬양을 드리는 사람들도 있었다. 그러나 천국의 말씀에 따르는 어려움들을 극복하지 못하고 말씀을 포기하는 사람들이나 세상의 걱정과 재물의 유혹에 굴복하고 떠나는 사람도 있었다. 예수님을 계속 믿고 천국의 백성으로 인정받으며 열매를 맺는 사람들은 아주 소수였다. 사람들이 모르는 천국의 비밀 그것은 예수님으로 말미암아 이 세상에 시작되는 천국이 각기 다른 결과로 나타난다는 것이다.

독보리 비유(24-30절)는 예수님에게서 시작되는 하나님의 나라는 사람들의 기대처럼 일시에 이 세상과 그 역사를 끝내는 것으로 나타나지 않는다는 것이다. 씨를 뿌리는 농부는 역시 예수님에 대한 비유어이다. 예수님은 이 세상에 좋은 씨를 뿌리고 마귀의 활동을 물리치셨지만 이 세상에는 여전히 악의 세력이 존재하고 세상 끝 날까지 혼합 상태가 계속된다. 그래서 사람들은 여전히 "주님의 나라가 이 땅에 오소서"하고 기도할 수밖에 없다.

2) 주해

▶ **18절** 그런즉 씨 뿌리는 비유를 들으라

예수님은 씨 뿌리는 자 비유를 직접 해석해 주셨다. 이 비유로 알려주신 천국의 비밀은 예수님의 사역에 서로 다른 결과가 나타난다는 것이다.

▶ **19절** 아무나 천국 말씀을 듣고 깨닫지 못할 때는 악한 자가 와서 그 마음에 뿌려진 것을 빼앗나니 이는 곧 길 가에 뿌려진 자요

단단한 길가에 뿌려져 새가 먹어치우는 씨와 같은 사람은 예수님이 선포하신 천국의 말씀을 들으면서도 깨닫지 못한 사람을 가리킨다. 그들은 몰이해 때문에 어떤 긍정적 반응도 나타내지 못 한다. 천국의 말씀은 남아서 언젠가는 싹이 나는 것이 아니라 악한 자, 즉 사탄이 앗아가 버려서 결국 듣지 못한 사람과 같아지고 만다.

축복의 시대를 살고 있었지만 예수님에게 긍정적 반응을 보이지 않은 "이 세대"를 돌아온 귀신이 사는 집에 비유하셨던 것(12:43-45)과 크게 다르지 않다.

▶ **20-21절** 돌밭에 뿌려졌다는 것은 말씀을 듣고 즉시 기쁨으로 받되 21 그 속에 뿌리가 없어 잠시 견디다가 말씀으로 말미암아 환난이나 박해가 일어날 때에는 곧 넘어지는 자요

흙이 얇게 덮인 바위 위에 떨어진 씨가 곧 싹이 돋지만 뿌리를 내릴 수 없어 햇빛에 타 죽고 마는 씨와 같은 사람은 예수님의 말씀을 듣고 기쁜 마음으로 받아들이지만 확신이 없어서 말씀 때문에 일어나는 어려움이나

박해로 인하여 복음을 포기하는 사람들을 가리킨다.

예수님으로 인하여 핍박을 받는 사람을 복되다(5:11)고 하신 말씀과 크게 다르지 않다. 예수님으로 말미암아 일어나는 미움이나 박해에 끝까지 견디는 자만이 구원을 얻게 된다(10:22).

▶ **22절** 가시떨기에 뿌려졌다는 것은 말씀을 들으나 세상의 염려와 재물의 유혹에 말씀이 막혀 결실하지 못하는 자요

가시떨기 사이에 떨어져서 자라기는 하지만 가시떨기 때문에 충분히 성장하지 못하고 열매를 맺지도 못하는 씨와 같은 사람은 예수님의 말씀을 듣고 받아들이지만 삶의 걱정과 재물의 유혹을 이기지 못하고 필요한 순종의 열매를 맺지 못하는 사람들을 가리킨다.

재물을 하나님처럼 섬기는 것(6:24), 걱정을 우상숭배로 규정하신 것과(6:25- 34) 크게 다르지 않다.

▶ **23절** 좋은 땅에 뿌려졌다는 것은 말씀을 듣고 깨닫는 자니 결실하여 어떤 것은 백 배, 어떤 것은 육십 배, 어떤 것은 삼십 배가 되느니라 하시더라

좋은 밭에 떨어져서 많은 결실을 맺는 씨와 같은 사람은 천국의 말씀을 "들으면서 이해하는" 사람이다. 예수님은 "이해"란 단어로 지적, 영적 수용력을 뜻하신 것 같지 않다. 첫 번째의 "이해하지 못함"과 네 번째의 "이해함"은 긍정과 부정이어서 중간 단계가 없어야 하는데 예수님은 이 사이에 두 종류의 사람들을 더 말씀하셨기 때문이다. 이 두 종류의 사람들은 진정한 이해가 무엇인지를 돕는 보조 개념이다. 즉, "들으면서 이해하는 사람"은 지적, 영적으로 말씀을 받아들이고 확신할 뿐만 아니라 어려움과 박해에도 인내하며 삶의 걱정과 재물의 유혹을 이겨내는 사람이라야 한다는 것이다. 이것은 예수님이 자신을 따르는 제자들에게 여러 번 요구하셨던 바른 태도이다.

"백 배, 육십 배, 삼십 배"란 표현은 예수님을 믿고 그 말씀을 받아 지키는 사람들, 즉 천국의 백성이 만들어낼 풍성한 결과를 지적하신 것이다.

예수님을 믿는 사람들도 획일적 결과에 도달하는 것은 아니다.

▶ **24절** 예수께서 그들 앞에 또 비유를 들어 이르시되 천국은 좋은 씨를 제 밭에 뿌린 사람과 같으니

천국이 명확하게 씨 뿌리는 사람에 비유되었다. 그는 자기 밭에 좋은 씨를 뿌렸다. 예수님에 대한 비유어로 천국의 백성을 모으시는 것을 비유한 것이다. 세상은, 아직 마귀의 세력이 남아있기는 하지만, 하나님의 세상이고 그리스도의 밭이다. 이원론적 싸움터로 보기에는 예수님의 표현이 너무 강하다.

▶ **25절** 사람들이 잘 때에 그 원수가 와서 곡식 가운데 가라지를 덧뿌리고 갔더니

씨 뿌리는 농부를 싫어하는 원수가 밤에 독보리를 뿌리고 갔다. 독보리는 보리나 밀과 비슷하지만 열매에 독이 있어 먹을 수 없는 풀이다. 실제로 이런 일이 있을 법하지는 않지만 밀밭 또는 보리밭에 자라는 독보리를 본 사람들은 사실적 경험에 추가되는 이런 인위적 요소를 별로 어렵지 않게 이해할 수 있었을 것이다. "사람들이 잘 때" 이런 일이 벌어졌다는 것도 인위적으로 첨가된 요소로 보아야 한다. 예수님은 천국의 백성을 모으시는 이 땅에 존재하는 믿지 않는 사람들, 또는 신자처럼 보이지만 그렇지 않은 사람들의 존재를 지적하시려고 이 부분을 첨가하신 것으로 보인다.

▶ **26-27절** 싹이 나고 결실할 때에 가라지도 보이거늘 27 집 주인의 종들이 와서 말하되 주여 밭에 좋은 씨를 뿌리지 아니하였나이까 그런데 가라지가 어디서 생겼나이까

독보리는 밀이나 보리와 모습이 거의 같아서 이삭이 팰 때라야 명확하게 드러난다. 종들이 독보리를 발견하고 그 출처를 주인에게 묻는다. 주인은 밭에 좋은 씨만을 뿌렸음을 알고 있었기 때문이다. 천국이 시작되면 이 세상이 갑자기 좋은 세상으로 바뀐다고 생각하던 사람들에게 독보리, 겉으로는 천국의 백성과 비슷하게 보이지만 그렇지 않은 사람들이 섞여 있다

는 것은 구약시대부터 전해져 내려온 오래된 질문이었다. 새로운 형태로 천국이 이 땅에 시작된 이후에도 같은 질문이 반복된다.

▶ **28절** 주인이 이르되 원수가 이렇게 하였구나 종들이 말하되 그러면 우리가 가서 이것을 뽑기를 원하시나이까

주인, 즉 예수님은 독보리의 출처를 알고 있다. 그것은 원수, 즉 사탄에게서 나온 것이다. 이 땅에 천국이 시작되어도 천국에 속하지 않는 사람들이 존재한다. 종들은 독보리를 제거할 것인지를 주인에게 묻는다.

▶ **29-30절** 주인이 이르되 가만 두라 가라지를 뽑다가 곡식까지 뽑을까 염려하노라 30 둘 다 추수 때까지 함께 자라게 두라 추수 때에 내가 추수꾼들에게 말하기를 가라지는 먼저 거두어 불사르게 단으로 묶고 곡식은 모아 내 곳간에 넣으라 하리라

주인은 독보리를 제거할 것을 거부한다. 밀 또는 보리를 함께 뽑을까 걱정이 되기 때문이다. 천국이 새롭게 시작된 후에 존재하는 천국에 속하지 않는 이 부분은 천국의 백성을 위해서 존재가 허락된다. 어떻든 주인은 받걷이 때까지 둘을 함께 자라도록 허용하고 받걷이 때 둘의 완전한 구별과 차별이 예고된다.

34. 겨자씨와 효모 비유, 가라지 비유의 해석, 보물과 진주(마 13:31-46)

1) 개요

이 시기에 예수님은 천국의 비밀을 비유로만 말씀하셨다. 사람들은 구약성경을 따라 메시야를 기다리고 있었을 뿐 구약성경에 뿌리를 두고는

있지만 그것을 능가하는 메시야 상, 즉 예수님의 역할을 이해하지 못했기 때문이다. 예수님이 알리시고 수행하러 오신 메시야의 역할과 그 메시야가 이루시는 하나님의 나라는 예수님의 가르침과 생애를 통하여 배워야 하는 것이다.

비유는 예수님을 천국의 왕으로 믿는 사람에게는 예수님에 관한 것, 즉 하나님이 세상을 창조하실 때부터 계획하셨던 천국의 비밀을 더 알려주는 역할을 한다. 하지만 믿지 않는 사람에게는 예수님을 오히려 알지 못하게 한다(34-35절).

당시 유대인들은 메시야의 출현으로 당장 세상에 시작될 하나님의 신적 통치를 기대했지만 그 하나님의 영적 통치는 겨자 씨 한 알처럼 이 세상의 역사 속에 아주 작은 것으로 시작하여 큰 나무로 서서히 자라는 것이다(31-32절). 그 끝에는 효모가 밀가루를 발효시키는 것처럼 이 세상, 또는 인생 전체를 완전히 바꾸어 놓는 것이다(33절). 또 천국은 시작되자 말자 이 세상에서 악의 세력을 한꺼번에 몰아내는 것으로 나타나지 않고 알곡 속의 독보리처럼 마지막 날까지 천국의 자녀들과 공존한다.

마지막 날 분리가 벌어진다. 그 날이 오기까지 천국은 섞여 있고 그렇게 점점 자라나서 온 세상을 물들인다(36-43절). 따라서 이 날이 와서 천국이 모든 사람들에게 확실하게 인식되기까지 천국은 이 땅에 시작되었지만 잘 감지되지 않고 확인되지 않는다. 하나님의 나라는 사람들이 기대한 것처럼 하나님께서 일방적으로 시작케 하시는 것이기도 하지만 다른 한 편으로 보면 사람의 삶과도 직접 연결되어 있다. 밭에 숨겨진 보화처럼 어떤 사람이 우연히 발견할 수도 있고 좋은 진주를 찾아다니는 상인처럼 열심히 찾는 사람의 것이 될 수도 있다(44-46절).

2) 주해

▶ **31-32절** 또 비유를 들어 이르시되 천국은 마치 사람이 자기 밭에 갖다 심은 겨자씨 한 알 같으니 32 이는 모든 씨보다 작은 것이로되 자란 후에는 풀보다 커서

나무가 되매 공중의 새들이 와서 그 가지에 깃들이느니라

겨자씨가 세상에서 가장 작은 씨라고 생각할 필요는 없다. "모든 씨들"이란 사람들이 알고 있던 씨들이란 제한된 의미로 쓰인 것이다. 예수님은 겨자씨를 작은 것에서 큰 성장이라는 대비 때문에 천국의 비유로 사용하셨다.

천국은 사람들이 기대하던 것처럼 갑자기 세상의 역사를 끝내는 방식이 아니라, 알아보지도 못하게, 예수님에게서 시작하여 큰 나무처럼 자라고, 모든 사람들이 하나님의 은혜를 경험하는 그런 방식으로 이 땅에 왔다는 것이 이 비유가 알려주는 천국의 비밀이다.

▶ **33절** 또 비유로 말씀하시되 천국은 마치 여자가 가루 서 말 속에 갖다 넣어 전부 부풀게 한 누룩과 같으니라

누룩으로 번역된 단어는 빵을 만들 때 밀가루를 발효시키기 위하여 넣는 효모를 뜻한다. 겨자씨 비유에서는 천국의 미미한 시작과 그 성장 과정에, 효모 비유에서는 그런 과정의 끝에 밀가루 전체를 다 발효시키는 결과에 초점을 맞추셨다. 천국은 마침내 온 세상의 모든 족속과 나라들을 다 하나님의 통치 아래 들어오게 한다는 것이 이 비유에 포함되어 있는 천국의 비밀이다.

▶ **34절** 예수께서 이 모든 것을 무리에게 비유로 말씀하시고 비유가 아니면 아무것도 말씀하지 아니하셨으니

예수님은 비유가 아닌 말씀도 많이 하셨지만 믿는 사람들과 그렇지 않은 사람들이 명백히 갈리기 시작하고, 예수님이 자신을 믿는 사람들을 천국의 영적 가족 공동체로 인정하신 이날에는 모든 가르침을 비유로 말씀하셨다. 그것은 믿음/불신에 따라 서로 다른 결과에 도달하게 하시기 위해서였다.

▶ **35절** 이는 선지자를 통하여 말씀하신 바 내가 입을 열어 비유로 말하고 창세부

터 감추인 것들을 드러내리라 함을 이루려 하심이라

마태는 이중 목적을 가지신 예수님의 이 태도를 아삽의 시인 시편 78:2의 완성으로 보았다. 하나님이 세상을 만드신 때부터 감추어 두셨던 구속의 비밀을 예수님이 자신의 가르침과 활동을 통해 드러내셨음을 뜻한다. "입을 열어서"란 표현은 5:2절처럼 이 말씀을 주신 때를 장중하게 표현한 것이다.

▶ **36절** 이에 예수께서 무리를 떠나사 집에 들어가시니 제자들이 나아와 이르되 밭의 가라지의 비유를 우리에게 설명하여 주소서

예수님은 비유 설교를 일단 끝내시고 무리를 떠나 집으로 들어가셨다. 그때 제자들이 따라 들어와서 독보리 비유(24-30절)를 설명해 주실 것을 요청했다. 제자들이라고 예수님의 비유를 완벽하게 이해할 수 있었던 것은 아니었다.

▶ **37절** 대답하여 이르시되 좋은 씨를 뿌리는 이는 인자요

천국에 비유된 "좋은 씨를 뿌리는 사람"을 예수님은 "인자"라고 부르셨다. 이 단어는 예수님 자신을 가리키는 삼인칭 표현법으로, 비유와 마찬가지로, 자신을 가리시거나 알리시는 이중 목적으로 고안된 것이다. 예수님은 사람으로 오셔서 고난의 길을 걸어가시지만 사실은 하나님의 아들, 천국의 왕, 심판주란 사실이 담겨 있는 표현이다.

▶ **38-39절** 밭은 세상이요 좋은 씨는 2)천국의 아들들이요 가라지는 악한 자의 아들들이요 헬, 그 나라의 39 가라지를 뿌린 원수는 마귀요 추수 때는 세상 끝이요 추수꾼은 천사들이니

"교회"가 아니라 세상 전체가 밭으로 비유되었다. 천국은 이 세상에서 악한 자들을 몰아내는 형태가 아니라 천국의 백성을 모으기 시작하는 형태로 나타났다는 것, 당분간은 세상에 두 종류의 사람이 섞여 있는 형태로 공존한다는 것이 이 비유에 나타난 천국의 비밀이다. 예수님은 믿지 않는

사람들의 출처를 원수, 곧 마귀라고 하셨다. 뚜렷한 이원론은 아니지만 이 혼합 상태는 받건이 즉 이 세상의 마지막 날까지 계속된다.

▶ **40-41절** 그런즉 가라지를 거두어 불에 사르는 것 같이 세상 끝에도 그러하리라 41 인자가 그 천사들을 보내리니 그들이 그 나라에서 모든 넘어지게 하는 것과 또 불법을 행하는 자들을 거두어 내어

하나님의 구속의 계획을 거부하는 독보리, 즉 악한 자의 아들들의 분리는 세상 끝에 일어난다. 이 날은 인자, 즉 재림하실 예수님의 날이요, 모든 믿지 않는 사람들을 갈라놓는 심판의 날이다. 독보리를 거두어 불에 태우듯이 천사들이 천국에 속하지 않은 사람들을 골라내어 영원히 꺼지지 않는 불로 태우실 것이다.

심판을 받는 사람들이 '죄짓도록 넘어뜨리는 사람들', '불법을 저지르는 사람들'로 규정되었다. 불법이란 예수님을 통해 새롭게 선포된 하나님의 뜻을 거스른다는 의미이다.

"그의 나라"는 믿지 않는 사람들이 포함된 이 세상 전체를 가리키는 것으로 보인다. 비록 악한 자들이 아직 활개치고 있지만, 이 세상은 하나님이 지으셨고 그리스도께서 오심으로 모두가 하나님의 은총을 맛보는 그런 곳, 그런 상태라는 의미가 살아난다.

▶ **42절** 풀무 불에 던져 넣으리니 거기서 울며 이를 갈게 되리라

불 아궁이는 심판의 상태 또는 장소에 대한 비유어이다. 천국의 비밀은 예수 그리스도인데 이 점을 모르고 받아들이지 않은 사람들이 하나님의 심판을 받으며 후회하고 억울해 할 것이란 예언이 '울고 이를 가는 것'으로 표현되어 있다. 이 점을 미리 알려주신 것은 예수님을 천국의 비밀, 하나님의 아들 그리스도로 받아들이라는 교훈이다. 그렇게 하는 사람이라도 남을 죄짓게 하고 하나님의 뜻을 거스른다면 믿지 않는 사람이나 똑같은 결말을 맞이할 것이라는 경고이다.

▶ **43절** 그 때에 의인들은 자기 아버지 나라에서 해와 같이 빛나리라 귀 있는 자는 들으라

천국의 백성들이 '의로운 사람들'로 규정되었다. 하나님의 뜻인 그리스도를 받아들이고 믿으며 그의 교훈대로 살아간다는 뜻이다. 그런 사람들에게 예수님은 해같이 빛나는 영광을 주실 것을 약속하셨다.

▶ **44-46절** 천국은 마치 밭에 감추인 보화와 같으니 사람이 이를 발견한 후 숨겨 두고 기뻐하며 돌아가서 자기의 소유를 다 팔아 그 밭을 사느니라 45 또 천국은 마치 좋은 진주를 구하는 장사와 같으니 46 극히 값진 진주 하나를 발견하매 가서 자기의 소유를 다 팔아 그 진주를 사느니라

천국의 비밀은 예수님이 천국의 왕이시라는 사실과 이에 얽힌 모든 요소이다. 은행이 없던 시대에 누가 땅에 묻어 놓았던 주인 없는 보물을 어쩌다가 발견하듯이 어떤 사람은 나사렛 예수를 따라왔다가 천국의 백성이 되었다. 어떤 사람은 진주를 애써 찾던 상인처럼 하나님의 의와 하나님의 통치를 오랜 기대하고 기다린 끝에 예수님을 만났다. 예수님을 만난 사람은 천국의 문턱에 도달한 사람이다. 자신의 모든 것을 팔아서 보물/진주를 손에 넣듯이 어떤 값을 지불하더라도 예수님을 믿고 따라야 한다. 천국은 이제 가까이 찾고 발견할 수 있는 곳에 있다. 예수님을 만나 고난과 유혹을 극복하고 그것을 소유할 수 있다는 것이 천국의 비밀이다.

35. 그물, 새 것과 묵은 것, 고향에서의 예수(마 13:47-58)

1) 개요

예수님이 비유를 말씀하신 것은 사람들이 자기들의 생각을 따라 예수님을 저울질 할 뿐(11:16-19), 예수님 자신을 이해하고 받아들이려는 태도가

없었기 때문이다. 메시야를 기다리던 이들의 기준은 당시 유대지도부가 가르쳐 오던 것인데 대부분 구약성경에 그 뿌리를 두고 있었다. 그렇지만 구약성경에서 출발하였거나 구약성경을 인용한다고 해서 다 바른 것은 아니다.

천국의 왕으로 오신 메시야 예수님을 바르게 이해하는 데는 예수님 자신의 말씀을 듣고 그 활동을 보며 동시에 이것을 구약성경에 비추어 보는 것이 필요하다. 이러한 역할을 예수님은 새 것과 묵은 것으로 비유하셨다(51-53절). 예수님이 묵은 것, 즉 구약성경을 자신, 즉 새 것에 비추어서 해석하시고, 자신을 통해 나타나는 하나님의 나라를 보여주신 것처럼 자신을 믿는 제자들도 구약성경과 예수님을 함께 전해야 한다는 말씀이다. 예수님은 "율법과 선지자"(5:20)를 없애러 오신 것이 아니라 완성하러 오셨기 때문이다. 비유는 새로운 것을 믿음이란 공통분모를 가진 특정 인물에게만 천국을 알려주시려고 하신 것이다.

옛 것에 집중하다가 새 것의 가치를 바로 인식하지 못하는 실수는 예수님의 어린 시절과 관계해서도 나타났다(54-58절). 예수님이 비유를 마치시고 고향인 나사렛에 가셔서 설교하셨을 때 사람들은 새 것, 즉 예수님의 지혜와 능력을 듣고 목격하면서도 옛 것, 즉 예수님의 어린 시절과 그들 곁에 살고 있던 예수님의 형제들, 자매들 때문에 예수님이 천국의 왕이요 그리스도로 오신 하나님의 아들이시라는 사실을 받아들이지 않았다. 선입견에 기초한 사람들의 몰이해는 예수님이 더 이상 능력을 행하지 않으시는 결과를 초래했다. 능력이나 이적은 예수님이 누구이신지를 알려주기 위한 것인데 사람들은 능력과 지혜를 보고 들으면서도 그 목표인 믿음에 도달하지 못했고, 그들의 머리 속에 박혀 있었던 이전의 예수님에 대한 상을 지우거나 바꿀 용기가 없었기 때문이다.

2) 주해

▶ **47절** 또 천국은 마치 바다에 치고 각종 물고기를 모는 그물과 같으니

천국은 바다 속에 던져져서 온갖 종류의 고기를 모으는 그물처럼, 세상

에 와서 유대인만이 아니라 모든 민족, 모든 나라에서 그 백성을 모으는 것이다.

▶ **48-49절** 그물에 가득하매 물 가로 끌어 내고 앉아서 좋은 것은 그릇에 담고 못된 것은 내버리느니라 49 세상 끝에도 이러하리라 천사들이 와서 의인 중에서 악인을 갈라 내어

그물이 가득 채워진다는 것은 하나님의 백성들이 모두 회개하고 하나님께로 돌아옴을 뜻한다. 하나님의 나라는 이 세상에 태어나는 사람들 가운데서 하나님의 백성을 하나도 빠짐없이 끌어 모으는 것이다. 모든 백성이 부름을 받으면 어부들이 그물을 해변에 끌어올려 좋은 고기는 동이에 담고 나쁜 고기를 버리는 것과 같은 분리가 일어난다. 이 분리는 세상 마지막에 있을 심판, 즉 의로운 사람들 가운데서 악한 사람들을 추려내는 것이다. 의로운 사람들은 하나님의 뜻을 받아들이고 그대로 사는 사람을, 악한 사람들은 그렇지 않은 사람을 뜻한다.

천국에 비유된 후릿그물에 들어있는 고기를 다시 분리하는 것에 대한 쉬운 해석은 그물을 천국의 현실적 부분인 교회로 이해하는 것이다. 교회에는 항상 신자가 아니어서 결국 버려야 할 사람들이 섞여 있기 때문이다. 그러나 이 시기가 신약적 의미의 교회가 나타나기 전이요, 후릿그물이 교회의 비유어가 아니라 천국의 비유어라는 사실이 어려움을 더한다.

천국은 넓은 개념이어서 이 세상에 시작되는 천국에는 부정적 부분이 섞여 있을 수 있다거나, 이 부정적 부분은 본인들은 천국의 백성이라고 생각하는데 사실은 그렇지 않은 사람들을 지시한다거나, 예수님이 오신 이후 사람들이 하나님의 통치나 은혜를 다소 경험하기는 했지만 이런 것이 천국 백성이라는 보증수표는 아니라고 해석하는 방법도 있다.

▶ **50절** 풀무 불에 던져 넣으리니 거기서 울며 이를 갈리라

그물을 천국으로 해석하면 이 부분은 독보리 비유와 정확하게 같은 말씀이다(42절). 예수님으로 말미암는 천국의 시작을 몰랐기 때문이라고 억울

함을 호소하지 못하도록 예수님은 미리 경고하신 것이다.

▶ **51절** 이 모든 것을 깨달았느냐 하시니 대답하되 그러하오이다

예수님을 하나님 나라의 왕으로 믿는 제자들도 예수님의 자세한 설명에 따라 올바른 이해에 도달했다. 그래서 그들은 "이 모든 것을 깨달았느냐?"는 예수님의 물음에 "예"라고 대답했다.

▶ **52-53절** 예수께서 이르시되 그러므로 천국의 제자된 서기관마다 마치 새것과 옛것을 그 곳간에서 내오는 집주인과 같으니라 53 예수께서 이 모든 비유를 마치신 후에 그 곳을 떠나서

제자들이 해야 할 일을 다른 한 비유로 알려주셨다. 그들은 집안사람들을 위해 곳간에서 햇곡식과 묵은 곡식을 꺼내오는 집주인과 같은 역할을 해야 한다. 즉 제자들은 예수님에 대하여 증언하며 하신 일들과 주신 교훈들을 소개해서 사람들을 천국으로 불러 들여야 하는 임무만이 아니라, 율법학자들이 했던 역할과 같이 구약시대, 구약역사, 구약성경을 예수님과 관련하여 새롭게 해석하고 가르쳐야 할 사명을 가지고 있다.

▶ **54절** 고향으로 돌아가사 그들의 회당에서 가르치시니 그들이 놀라 이르되 이 사람의 이 지혜와 이런 능력이 어디서 났느냐

예수님은 자신의 고향 곧 나사렛에서도 사역을 계속하셨다. "그들의 회당"은 그곳 사람들의 회당, 즉 어렸을 때부터 예수님도 자주 드나드셨던 바로 그 회당을 뜻한다. 고향 사람들도 예수님의 가르치심이 평범하지 않음을 발견하고 놀랐다. 그러나 그들은 그들이 알고 있었던 예수님에게 그들이 알지 못하는 이런 지혜와 능력이 어디에서 왔는가? 라는 의문만을 제기했다.

이 의문을 통해서 우리는 공생애 이전의 예수님은 특기할 만한 그런 분이 아니었음, 공생애에 임하신 예수님에게 있는 지혜와 능력은 본래부터 예수님이 가지고 있던 것이었지만 세례 요한의 세례 때부터 나타나기 시

작하였고 성령이 인간 예수와 함께 하신 결과라는 것을 알 수 있다.

고착화된 메시야 사상 때문에 예수님의 현재 모습을 거부했던 유대 지도자들처럼 사람들은 그들의 뇌리에 새겨져 있는 예수님의 평범한 모습 때문에 공생애에 나타나는 지혜와 능력을 받아들여 믿는 사람이 되기를 거부한 것이다.

▶ **55절** 이는 그 목수의 아들이 아니냐 그 어머니는 마리아, 그 형제들은 야고보, 요셉, 시몬, 유다라 하지 않느냐

사람들에게 새겨져 있는 예수님의 모습은 선지자나 메시야가 아니라 목수였고 마리아의 아들, 야고보와 요셉과 시몬과 유다의 형이었다. 예수님의 형제들은 이때는 예수님을 믿지 않았지만 후에 십자가의 죽음을 보며 예수님을 믿는 사람이 되었고 야고보와 유다는 신약성경에 포함된 야고보서와 유다서를 썼다.

▶ **56절** 그 누이들은 다 우리와 함께 있지 아니하냐 그런즉 이 사람의 이 모든 것이 어디서 났느냐 하고

나사렛에는 예수님의 누이들이 살고 있었다. 그래서 사람들은 예수님을 특별한 사람으로 인정하려 하지 않았고 쓸모없는 질문만 되풀이하였다. 예수님의 권위 있는 말씀이나 능력 있는 행동이 그들의 선입관을 파괴하지 못했던 것이다. 이 누이들에 대해서는 알려진 것이 별로 없다.

▶ **57절** 예수를 배척한지라 예수께서 그들에게 말씀하시되 선지자가 자기 고향과 자기 집 외에서는 존경을 받지 않음이 없느니라 하시고

고향 사람들의 반응은 부정적이었다. 돌에 채여 넘어지듯 예수님에게 걸려 넘어진 것이다. 사람들에게 존경을 받는 선지자가 고향에서 이웃, 친구, 친지들로부터 냉대를 받는 것은 흔히 일어나는 일이었기에 예수님은 마치 격언을 인용하시듯이 고향사람들의 반응을 평범하게 평하셨지만 이 반응은 믿기를 거부하는 도시를 저주하시던 것과 별로 다름이 없다.

▶ **58절** 그들이 믿지 않음으로 말미암아 거기서 많은 능력을 행하지 아니하시니라

이런 부정적 평가를 우리는 예수님이 그들의 불신 때문에 고향에서는 별다른 이적을 행하지 않으신 것에서 읽을 수 있다. 능력으로 나타내는 이적은 믿음을 일으키기 위한 것인데 이 사람들이 이미 믿지 않는 태도를 표명해 버렸기 때문에 불필요한 것이었다.

Short Commentary
Matthew
마태복음 14장

36. 세례자 요한의 죽음(마 14:1-12)

1) 개요

세례자 요한은 이 기록이 들어있는 문맥보다 어느 정도 이전에 처형당했지만 마태는 헤롯 안티파스가 예수님의 소문을 듣고 예수님을 살아난 요한으로 착각한 시점에 와서 그의 죽음을 소개하였다.

세례자 요한은 예수님보다 앞서 와서 사람들에게 회개를 촉구하고 다가온 천국, 오시는 메시야를 소개하고, 예수님에게 세례를 베푼 것으로 선구자의 사명을 다했지만, 이방인 헤롯을 신랄하게 꾸짖었다가 살해당한 것에서 구약의 선지자들과 같은 삶을 살았다고 해야 할 것이다.

헤롯이 동생 빌립의 아내 헤로디아를 빼앗아 아내로 삼은 것을 비판했던 것이 화근이었다. 비록 이방인이었지만 유대인들을 다스리는 왕의 자리에 앉아 있는 이상 요한은 그가 유대인의 이상을 따라 윤리적으로 깨끗해야 한다는 점을 지적했고 이것을 괘씸하게 생각한 헤롯이 그를 잡아 감옥에 가두었던 것이다. 그러나 요한을 즉시 또 쉽게 죽이지는 않았던 것은 유대인들이 세례자 요한을 선지자로 인정하고 있었기 때문에 유대인들의 반발이 있을 것을 무서워하고 있었기 때문이다. 자신의 통치영역에서 소요가 일어나서 권좌를 잃지 않을까 하는 염려가 더 컸을 것이기 때문에 했던 행동이므로 자신을 위한 정치적 배려였다고 해야 할 것이다.

요한의 죽음을 부추긴 것은 권좌에 앉은 헤롯을 새로운 남편으로 맞게 되었던 헤로디아였다. 헤롯의 생일 잔치에서 자신과 전 남편 사이에서 난 딸 살로메가 헤롯을 기쁘게 만들었고 흥에 겨운 헤롯이 고관들 앞에서 무엇이든지 주겠다고 호언장담한 것을 기회로 이용한 것이다. 헤로디아의 원한에 찬 사주와 살로메의 분별없는 요청에 헤롯은 왕의 체통을 구기지 않으려고 요한의 처형을 명령했다. 구약시대의 마지막 선지자, 신약시대의 선구자 세례자 요한이 헤롯의 유흥과 체통의 희생물이 된 것이다.

마태는 요한의 죽음 기사를 통해서 신약시대의 삶이 구약적 삶을 단절하는 색다른 것이 아니라 그 전통을 이어가는 것임을 알리려 했을 것이다.

2) 주해

14: 1-2절 그 때에 분봉 왕 헤롯이 예수의 소문을 듣고 2 그 신하들에게 이르되 이는 세례 요한이라 그가 죽은 자 가운데서 살아났으니 그러므로 이런 능력이 그 속에서 역사하는도다 하더라

사분(四分)왕이란 한 나라를 넷으로 쪼갠 영토의 왕이란 의미이다. 로마 황제는 헤롯 대왕 때의 이스라엘을 넷으로 분할하여 헤롯 안티파스를 갈릴리와 베레아 지역의 왕으로 승인했다. 이 지역에서 벌어진 예수님의 활동, 특히 이적을 일으킨다는 소식은 통치자였던 헤롯에게 보고되었고 소문을 들은 헤롯은 신하들에게 자신이 죽인 세례자 요한이 살아나서 능력이 활동하고 있다는 미신적 견해를 피력하였다. 성령의 능력을 바알세불에 힘입은 결과로 돌렸던 바리새인들의 견해와 크게 다른 것 같지 않다.

▶ **3-4절** 전에 헤롯이 그 동생 빌립의 아내 헤로디아의 일로 요한을 잡아 결박하여 옥에 가두었으니 4 이는 요한이 헤롯에게 말하되 당신이 그 여자를 차지한 것이

옳지 않다 하였음이라

헤롯 안티파스는 헤롯 대왕의 아들이고 빌립의 배다른 형이며 헤로디아의 삼촌이었다. 헤로디아는 사분왕의 자리조차 물려받지 못한 다른 삼촌 빌립과 결혼하여 살로메를 낳았으나 권력과 허영에 눈멀어 남편을 버리고 사분왕이었던 헤롯 안티파스와 불법적 결혼을 하였다. 이 사건으로 안티파스의 아내, 사바테아의 왕 아레타스의 딸은 고국으로 도망을 갔고 나중에 두 나라 사이에 전쟁이 일어나는 원인이 되었다. 헤로디아의 전 남편 빌립은 눅 3:1에 나오는 사분왕 빌립은 아니다. 역사 기록물에는 헤롯 대왕의 아들 중에서 사분왕 외에는 이 이름을 가진 다른 아들이 없지만 한 아들의 다른 이름으로 불 수 있을 것이다.

예수님보다 앞서 천국의 도래를 선포했고 회개를 촉구하며 회개하는 사람들에게 세례를 주다가 예수님에게도 세례를 베풀었던 요한은 이 불법적 결혼을 비판한 죄로 체포되었으며 감옥에 갇혔고 수감생활 중에 예수님의 활동 소식을 듣고 제자들을 보내 그리스도의 일에 관한 질문을 했었다(11:2). 헤롯 안티파스는 이방인이었지만 유대인들을 다스리고 있었고 스스로 유대인의 한 사람으로 자처하고 있었기 때문에 요한이 그를 유대적 기준에서 비윤리적이라고 비판한 것으로 보인다.

▶ **5절** 헤롯이 요한을 죽이려 하되 무리가 그를 선지자로 여기므로 그들을 두려워하더니

분노한 헤롯 안티파스는 요한을 잡는 즉시 죽여 버리려고 했으나 폭동이 일어날 것을 염려하여 오랫동안 감금하고 있었다. 많은 사람이 그의 요구에 응하여 회개하며 세례를 받았고 그를 의로운 선지자로 인정하고 있었기 때문이다. 요한을 재빨리 죽이지 않았던 다른 이유는 유대인들의 폭동이 자신의 통치구를 혼란에 빠트릴 뿐만 아니라 이것이, 유대 지역을 다스리던 헤롯 아켈라우스의 경우처럼, 로마 황제가 자신을 축출할 구실이 될 수 있다는데 있었다.

▶ **6-7절** 마침 헤롯의 생일이 되어 헤로디아의 딸이 연석 가운데서 춤을 추어 헤롯을 기쁘게 하니 7 헤롯이 맹세로 그에게 무엇이든지 달라는 대로 주겠다고 약속하거늘

헤롯의 생일이 언제인지는 알려져 있지 않다. 헤롯은 고관대작을 모두 초청하여 왕궁에서 여러 날 동안 잔치를 베풀었는데 유흥 중에 헤로디아의 딸 살로메가 춤을 추어 헤롯을 기쁘게 하였다. 자기도취에 빠진 헤롯은 여러 번 맹세하며 살로메에게 무엇이나 주겠다고 약속하였다. 신하들 앞에서의 약속과 맹세는 스스로도 깨기 어려운 올무가 되었고 이것이 곧바로 요한의 죽음을 가져 왔다.

▶ **8절** 그가 제 어머니의 시킴을 듣고 이르되 세례 요한의 머리를 소반에 얹어 여기서 내게 주소서 하니

춤을 춘 살로메의 나이는 대략 12-3세였던 것으로 보인다. 궁전에서 생활하며 부족한 것이 없었던 살로메는 헤롯의 약속에 직접 답하지 않고 어머니 헤로디아에게 물었고 헤로디아가 이것을 요한을 죽일 절호의 기회로 삼았다. 헤로디아는 세례자 요한 머리를 사람들이 모두 볼 수 있도록 큰 접시에 얹어 가져다 줄 것을 요청하라고 딸에게 사주하였다. 요한을 향한 헤로디아의 시퍼런 분노를 읽을 수 있는 대목이다.

이런 방식을 청하도록 한 이유는 남편 헤롯이 정치적 부담감 때문에 자신과 헤로디아를 꾸중한 요한을 죽이지도 살리지도 못하는 상황에서 왕의 체통을 생각해서라도 약속을 지키도록 하려는 것이었다. 잔치에 참석한 모든 사람들이 헤롯의 맹세에 대한 증인이었기 때문이다.

▶ **9-10절** 왕이 근심하나 자기가 맹세한 것과 그 함께 앉은 사람들 때문에 주라 명하고 10 사람을 보내어 옥에서 요한의 목을 베어

살로메의 요구에 헤롯은 선택의 순간에 세워졌다. 고대사회에서 왕의 말은 곧 그 지역의 법이었다. 스스로 이 법을 깨트리는 것은 왕이라도 쉬

운 일이 아니다. 그렇다고 요한을 죽이는 것도 쉽지 않았다. 헤롯의 슬픔은 아마도 선지자라고 하는 사람을 죽이는 일에 대한 최소한의 가책에서 나왔거나 자신의 맹세로 스스로 위기를 자초했다는 후회에서 나왔을 것이다.

그러나 헤롯은 자신을 위한 선택을 하였다. 좁은 공간에서 조금 전에 하였던 맹세를 깸으로써 자신을 나약한 사람으로 보이게 하고 자신이 초대한 사람들 앞에서 무시당하며 체통을 구기기보다는 소동과 폭동의 위험이 있더라도 당장 눈앞에 보이는 사태를 거드름피우며 해결하려고 했다. 그래서 그는 사람을 보내서 감옥에서 요한의 목을 잘랐다. 최후의 구약 선지자, 다시 온 엘리야, 예수님이 여인에게서 태어난 사람 중 가장 크다고 말씀하신 요한은 이렇게 죽었다.

▶ **11-12절** 그 머리를 소반에 얹어서 그 소녀에게 주니 그가 자기 어머니에게로 가져가니라 12 요한의 제자들이 와서 시체를 가져다가 장사하고 가서 예수께 아뢰니라

헤로디아의 사주를 따라 요한의 목을 청했던 살로메에게 피가 흐르는 요한의 머리가 쟁반에 놓인 채 연회장으로 들어왔고 소녀는 용감하게 그것을 어머니 헤로디아에게 가져다주었다. 헤롯은 자신의 체통을 의인의 죽음, 그리고 잔인한 생일잔치로 맞바꾸었고 요한은 순교당한 마지막 선지자가 되었다. 머리 없는 요한의 몸을 요한의 제자들이 가져다가 장사했고 그들은 이 모든 일을 즉시 예수님께 알렸다. 후에 이들 중 얼마는 계속 독자적인 단체로 계속 활동했지만(행 18:25; 19:3-4 참고) 얼마는 예수님의 제자가 되었을 수도 있다.

37. 오병이어의 기적(마 14:13-21)

1) 개요

예수님이 믿는 사람들과 믿지 않는 사람들을 다르게 취급하시기 시작한 비유 설교 후에 예수님의 활동은 눈에 띄게 달라지기 시작했다. 무리를 찾아가시기보다는 한적한 곳으로 가셨고 제자들만을 가르치는 데 치중하는 시간이 조금씩 늘어났다. 믿는 사람들과 믿지 않는 사람들, 그리고 적대감정을 가진 사람들을 대하시는 태도가 명백하게 변한 것이다. 사람들의 오해를 피하고 자신이 뜻하신 메시야의 길을 가시기 위함이었다.

세례자 요한을 죽인 헤롯 안티파스가 예수님에 관하여 듣고 자신이 죽인 요한이 살아났다는 말을 하며 예수님에게 관심을 가지고 있다(눅 6:6)는 소식도 한 원인으로 작용하였다. 예수님은 헤롯이 이런 동정을 들으시고 나서 그의 관심을 피해 배를 타고 그의 통치지역을 떠나서 벳새다 들판으로 가셨다.

위대한 선지자 한 사람을 잃은 무리들은 이제 예수님에게 더욱 집중하기 시작했고 배를 타고 가신 예수님을 걸어서 벳새다로 따라갔다. 목자 없는 양처럼 방황하는 무리를 불쌍히 여기신 예수님은 여느 때와 다름없이 그들을 가르치시고 병자들을 고쳐주셨으며 이 날은 특히 빵과 생선으로 배불리 먹여주셨다.

모인 무리들은 어느 때보다도 많았다. 남자들의 숫자만도 오천 명 가량이었다. 저녁때 제자들은 자신들이 이들에게 아무 것도 줄 수 없다는 것을 깨닫고 사람들을 흩어서 각자 먹을 것을 해결하도록 제안했지만 예수님의 자비는 출애굽 당시에 하나님이 직접 만나를 주셨던 것처럼 예수님 자신이 이 문제를 해결하도록 움직였다. 가지신 것은 빵 다섯과 생선 두 마리였지만 이것이 예수님 손에서 오천 명 이상의 사람들을 배불릴 수 있는 양식이 되었고 모두가 배불리 먹고도 그 부스러기를 열두 바구니 가득 주워 모았다. 헤롯 궁전의 화려한 연회는 살인의 현장이 되었지만 벳새다 들판은 하나님의 은혜를 체험하고 감사하는 감격의 장소로 변했다.

2) 주해

▶ **13절** 예수께서 들으시고 배를 타고 떠나사 따로 빈 들에 가시니 무리가 듣고 여러 고을로부터 걸어서 따라간지라

예수님은 헤롯이 자신을 되살아난 요한이라고 부르며 자신에게 관심을 가지기 시작했다(1-2절)는 소문을 들으시고 배를 타고 벳새다 들판으로 가셨다. 이때 예수님은 혼자 계셨고 열두 사도들이 전도여행에서 돌아오기를 기다리고 계셨다(막 6:30; 눅 9:10). 13절은 하루 사이에 벌어진 일이 아니라 며칠 동안 있었던 일을 압축해 놓은 것이다.

그동안 예수님은 벳새다 들판에 혼자 계셨는데 한 편으로는 사도들이 돌아왔고 다른 한 편으로는 소문이 퍼져 나가서 주변의 여러 성에서 사람들이 몰려 나왔다. 갈릴리 바다 동북쪽 끝에 넓게 형성된 평지였던 것으로 추정된다.

▶ **14절** 예수께서 나오사 큰 무리를 보시고 불쌍히 여기사 그 중에 있는 병자를 고쳐 주시니라

무리들이 모여들자 예수님은 자신이 공개되는 것을 꺼리지 않으시고 무리 앞으로 나오셔서 그들을 가르치셨고 병자들을 고쳐주셨다. 무리들을 향한 깊은 동정심, 자비심이 그 동인이었다. "많은 무리"는 최소한 오천 명 이상이었으며 약 만여 명이었던 것으로 추정된다.

▶ **15절** 저녁이 되매 제자들이 나아와 이르되 이 곳은 빈 들이요 때도 이미 저물었으니 무리를 보내어 마을에 들어가 먹을 것을 사 먹게 하소서

무리가 모였던 장소는 성이나 마을에서 멀리 떨어져 있었다. 무리들이 저녁때가 되기까지 흩어지지 않자 제자들이 예수님에게 무리를 강제로 흩

어 보내실 것을 제안하였다. 장소가 외지고 식사 때가 지나기는 했지만 마을로 가서 음식을 사먹기에는 아직 충분한 시간이 있다고 보았기 때문이다.

▶ **16절** 예수께서 이르시되 갈 것 없다 너희가 먹을 것을 주라

무리들을 불쌍히 여기는 감정으로 가득 차 계셨던 예수님은 그대로 그들을 흩으실 마음이 없으셨다. 무리들이 자신과 함께 있는 한 먹을 것을 사기 위하여 마을로 갈 필요는 없는 것이다. 예수님은 제자들에게는 별 방법이 없다는 사실을 아시면서도 "너희가 먹을 것을 주라"고 명령하셨다. 자신이 주셨던 능력과 사명을 그들이 훌륭히 수행하고 돌아왔기 때문에, 또 그 능력을 주신 예수님과 함께 있었기 때문에 이렇게 명령하셨을 것이다. 제자들은 하늘나라의 영적 양식만이 아니라 이 세상의 육적 양식을 사람들에게 제공할 사명을 부여 받았다.

▶ **17-18절** 제자들이 이르되 여기 우리에게 있는 것은 떡 다섯 개와 물고기 두 마리뿐이니이다 18 이르시되 그것을 내게 가져오라 하시고

제자들은 스스로 이 사명을 수행할 방법을 찾지 못했다. 그들에게는 빵 다섯 개와 생선 두 마리밖에 없었고 먹여야 할 무리는 오천여 명이 넘었기 때문이다. 가진 전부를 예수님께 내어 놓는 것 말고는 달리 할 일이 없었다.

예수님은 그것을 자기에게로 가져오라고 말씀하셨다. 기적은 예수님의 손에서 예수님의 자비와 의지로 인해 발생하는 것이다. 제자들은 하나님의 축복과 은혜를 나누어 주는 사람들일 뿐 그것을 시작하게 하는 사람들은 아니었지만 문제를 예수님께 가져오고 그들이 가진 전부를 예수님께 바쳤을 때 모두가 하나님의 손길을 경험할 수 있었다.

▶ **19절** 무리를 명하여 잔디 위에 앉히시고 떡 다섯 개와 물고기 두 마리를 가지사 하늘을 우러러 축사하시고 떡을 떼어 제자들에게 주시매 제자들이 무리에게 주니

아열대성 기후인 벳새다 들판에서 풀 위에 앉을 수 있었다는 것은 오병이어의 기적이 3월 초순경에 일어났음을 알려준다.

예수님은 무리들이 풀 위에 앉게 하셨고 하늘을 우러러 보시며 감사하셨다. 그리고 빵을 떼어 제자들에게 나누어 주기 시작하셨다. "감사"는 '좋게 말하다'는 뜻으로 일용할 양식을 주심을 하나님께 감사하고 찬송하신 행동을 뜻하는 것이다. 빵이 무한정 늘어나기를 부탁하는 기도였다고 보기 어렵다. 예수님은 자신이 그런 능력을 가지고 계시는 하나님의 아들이시기 때문이다.

두 손을 가지신 예수님에게서 빵 다섯 개와 생선 두 마리는 오천여 명 이상이나 되는 그날의 군중이 모두 먹고도 남도록 불어났다. 떡을 떼어 주시는 예수님의 손 안에서 빵은 조금도 줄어들지 않는 기적이 일어난 것이다. 빵을 받아든 제자들은 그 빵을 무리들에게 나누어 줌으로써 그들은 예수님이 처음에 하셨던 명령을 정확하게 수행하게 되었다. 제자들은 이 명령을 들었을 때 어쩌면 당황하고 어떻게 할지를 몰랐겠지만 예수님은 이미 자신이 무리들을 먹이는 기적을 행하시고 제자들이 이것을 무리들에게 가져다 주는 역할을 염두에 두고 계셨다고 말해야 할 것이다.

▶ **20절** 다 배불리 먹고 남은 조각을 열두 바구니에 차게 거두었으며

두 사람이 나누어 먹기에도 모자란 다섯 개의 빵과 두 마리의 생선을 모두가 먹고 배부르게 되었다. 부족함을 느끼는 사람은 아무도 없었다는 뜻이다. 사람들이 모두 풍족히 먹었다는 사실은 먹고 남은 부스러기를 열두 바구니에 가득 주워 모았다는 것에서도 밝혀진다. 따라서 그날 더 많은 사람이 모였어도 그 모두가 똑같은 결과에 도달했을 만큼 하나님의 축복과 은혜는 차고 넘치는 것이었다고 말해도 좋을 것이다.

부스러기가 열두 바구니 가득 남았다는 것은 사실의 기록일 뿐이다. 제자들이 열두 명이었기 때문에 큰 바구니 하나씩을 들고 빵 조각들을 담은 결과라고 말해도 좋다. 어떻든 그들은 이것을 다음에 사용하기 위하여 하나도 버리지 않고 다 모았다. 비록 예수님이 하나님의 아들로서 창조 때와 같은 권능을 가지셨기 때문에 늘 이런 방식으로 사람들의 궁핍을 채울 수

있으셨겠지만 예수님은 자신이 부여하신 우주의 질서, 자연의 법칙을 결코 쉬 깨트리지 않으시고 오히려 창조주이신 그분이 자신이 만드신 법칙 아래 사셨음을 알려준다.

▶ **21절** 먹은 사람은 여자와 어린이 외에 오천 명이나 되었더라

어린이나 여자들을 빼고 성인 남자들만을 계산한 것은 유대인들의 보통 계산법이다. 만약 가리지 않고 모두를 계산했다면 아마도 만 명 아니면 그 이상이 되었을 것이다.

38. 바다 위를 걸으심(마 14:22-36)

1) 개요

이 시기에 예수님과 제자들이 관계는 더 깊게 발전한다. 예수님은 자신을 믿고 따르는 제자들에게 자신의 정체를 보다 명확하게 알려주시고 이에 어울리는 반응을 요구하신다. 제자들은 예수님이 십자가를 지시기 전이지만 예수님이 하시는 말씀과 행동을 통해 더욱 큰 확신에 도달하고 예수님을 하나님의 아들로 메시야로 그리고 천국의 왕으로 확신한다.

그 첫 번째 사건이 예수님이 바다 위를 걸으신 사건이다. 오병이어의 감격스런 사건이 있은 직후 제자들이 배를 타고 갈릴리 바다를 항해하는 동안 예수님은 무리를 흩으시고 산으로 올라가셔서 오랫동안 혼자 계시다가 바다 한 가운데서 파도에 시달리던 제자들에게로 걸어가셨다. 제자들은 바다 위로 걸어오는 시커먼 물체를 보고 겁에 질려 유령이라고 소리 질렀다.

안심하라고 말씀하시는 예수님의 목소리를 알아듣고 제자들은 안심하

는데, 베드로는 자신도 바다 위로 걷게 해 달라고 요청한다. "오라"는 예수님의 소리에 베드로는 순간적으로 배에서 내려 바다 위를 걷지만 잠시 후 겁에 질려 바다 속으로 가라앉기 시작하며 살려달라고 고함을 지른다. 예수님은 베드로를 붙잡아 건져 내시며 의심한 것을 꾸중하시며 함께 배에 오르신다. 예수님이 배에 오르시자 바람이 그치고 바다도 고요해진다. 있을 수 없는 이러한 경험을 통하여 제자들은 예수님이 하나님의 아들이심을 확신하고 경배하며 그들의 믿음을 최초로 고백한다. 예수님의 사역이 완벽한 반응을 끌어낸 것이다.

이 시기에 초점이 예수님과 제자들의 깊어지는 관계에 초점이 맞추어지기는 하지만 이전의 사역이 완전히 중지된 것은 아니다. 게네사렛에 도착하신 예수님은 몰려드는 사람들을 고치시는 사역을 계속하셨다. 이것은 새로운 제자들을 불러 모으는 천국의 근본 사역에 해당한다. 마태는 아픈 사람이 예수님의 옷 가장자리라도 만졌을 때에 완전히 나았다고 서술하고 있다.

2) 주해

▶ **22절** 예수께서 즉시 제자들을 재촉하사 자기가 무리를 보내는 동안에 배를 타고 앞서 건너편으로 가게 하시고

빵 다섯과 생선 두 마리로 오천 명 이상을 먹이시는 사건을 경험한 무리들이 예수님을 왕으로 삼고자 하는 움직임이 일어나자(요 6:15) 예수님은 서둘러 제자들을 배를 타고 건너편으로 가도록 재촉하셨고 무리들을 흩으셨다. 이런 기대는 이적 자체를 목적으로 삼는 것으로서 예수님이 원하시는 것이 아니었기 때문이다. 이적은 천국의 왕으로 오신 예수님을 믿게 하는 도구였을 뿐이다.

▶ **23절** 무리를 보내신 후에 기도하러 따로 산에 올라가시니라 저물매 거기 혼자 계시더니

무리를 흩으시고 나서 예수님은 혼자 산으로 올라가셨고 그곳에서 오랫동안 기도하셨다. 예수님의 기도 모습은 일상적인 것이었지만 복음서는 예수님이 특히 중요한 전환점에서 기도하셨음을 알려준다. 예수님은 이때 요한의 죽음에서 잠시 후에 있을 자신의 죽음을 느끼기 시작하셨던 것으로 보인다.

▶ **24-25절** 배가 이미 육지에서 수 리나 떠나서 바람이 거스르므로 물결로 말미암아 고난을 당하더라 25 밤 사경에 예수께서 바다 위로 걸어서 제자들에게 오시니

"수리"로 번역한 단어는 "많은 스다디온"으로 요 6:19에는 25-30 스다디온으로 나온다. 1스다디온은 약 180m이므로 예수님이 기도하시는 동안 배는 육지에서 약 4-5km 정도나 떨어져 있었다. 그 바다 한 가운데서 작은 돛단배는 맞바람 때문에 가지도 못하고 파도에 흔들려서 제자들은 고생을 하고 있었다.

예수님이 기도를 마치시고 제자들에게 오신 것은 로마 시간으로 밤 4경, 현재의 시간으로는 새벽 3-6시 사이였다. 예수님은 어두운 밤에 그 먼 거리를 바다 위로 걸어서 제자들에게 오셨다. 예수님이 자연의 법칙을 만드신 분이요 따라서 그 법칙 위에 계신 분이심을 보여주는 사건이었다.

▶ **26-27절** 제자들이 그가 바다 위로 걸어오심을 보고 놀라 유령이라 하며 무서워하여 소리 지르거늘 27 예수께서 즉시 이르시되 안심하라 나니 두려워하지 말라

제자들은 배 쪽으로 다가오는 희끄무레한 한 형상을 발견하고 예수님이실 것이라고는 생각하지도 못하고 겁에 질려 유령이다 하고 소리 지르기 시작했다. 예수님이 계시지 않는 상황에서 제자들의 공포와 두려움은 어쩌면 당연한 것이었다. 가까이 오시던 예수님이 제자들을 격려하셨다. 안심하라는 용기를 가지라, 용기를 내라, 즉 무서워하지 말라는 뜻이다. "나다"는 제자들이 예수님의 목소리, 즉 음색을 알고 있다는 것을 전제하고 목소리를 들려주신 표현이다.

▶ **28절** 베드로가 대답하여 이르되 주여 만일 주님이시거든 나를 명하사 물 위로 오라 하소서 하니

예수님의 소리는 선명하게 들려왔던 것 같지는 않다. 항상 성질 급하게 먼저 나서는 베드로가 이번에도 먼저 대답을 하였다. "주님, 당신이시면"은 소란스러운 상황에서 과연 예수님이신지를 확인하는 질문이다. 물체도 분별하기 어렵고 목소리도 긴가민가하는 상황에서도 베드로는 그 형체가 예수님이시라면 자신도 바다 위로 걷게 하실 것이라는 확신을 가지고 있었다. "물위로 오라고 나에게 말씀하십시오."는 할 수 있다는 자기 확신에서 나온 것이 아니라 예수님의 권능과 말씀에 의존하는 신앙에서 나온 것이다.

▶ **29절** 오라 하시니 베드로가 배에서 내려 물 위로 걸어서 예수께로 가되

때로는 누구보다도 먼저 확신을 가지고 하나님의 은혜에 도달하면서도 때로는 누구보다 심하게 실패의 쓴 잔을 경험하는 베드로는 "오라"는 예수님의 명령이 떨어지기가 무섭게 배에서 바다로 뛰어 내렸고 예수님이 오시던 것처럼 예수님을 향해 걸어갔다. 예수님이 바다 위를 걸으신 것은 당연한 일이었다. 그러나 베드로도 그렇게 했다는 사실은 평범한 것이 아니었다. 예수님은 자신을 바라보고 자신을 의존하는 사람도 초자연적 기적을 행하게 하실 수 있었다.

▶ **30절** 바람을 보고 무서워 빠져 가는지라 소리 질러 이르되 주여 나를 구원하소서 하니

하지만 베드로의 성공적 경험은 순간으로 끝났다. 맞불어오는 강한 바람을 보고 그는 한 순간 공포를 느꼈고 예수님에게서 거센 바람과 파도로 눈을 돌리는 순간 이미 극복했던 바다 속으로 가라앉기 시작했다. 제자들의 이적은 예수님에게서 나오는 것이요 예수님을 의존할 때만 가능한 것이다.

물속으로 빠져들며 베드로는 살려 달라고 예수님을 향해 외쳤다. 믿음은 실패의 순간에도 살아계신 예수님을 부르고 의지하게 한다. 또 예수님은 실패에서 부르짖는 믿음의 기도도 외면하지 않고 들어주시는 분이시다.

▶ **31절** 예수께서 즉시 손을 내밀어 그를 붙잡으시며 이르시되 믿음이 작은 자여 왜 의심하였느냐 하시고

어느 정도나 빠져 들어갔을까? 늦어도 머리가 들어가기 전에 예수님이 손을 뻗어서 베드로의 손을 잡아 주셨다고 보는 것이 적당하다.

예수님은 이번에도 베드로의 작은 믿음을 꾸중하셨다. 의심과 공포는 예수님을 의존하는 믿음에 치명타를 가하는 것, 확신을 작게 만드는 해악적 요소이다.

▶ **32-33절** 배에 함께 오르매 바람이 그치는지라 33 배에 있는 사람들이 예수께 절하며 이르되 진실로 하나님의 아들이로소이다 하더라

두 사람이 배에 오르자마자 신기하게도 바람이 그쳤다. 이전(8:23-27)처럼 바람과 바다를 향해 호령하실 필요조차 없었다. 그때는 "이 분이 누군가?"라는 질문을 던졌던 제자들이 이때는 주저하지 않고 예수님께 절하며 "참으로 당신은 하나님의 아들이십니다."하고 고백을 하였다. 신앙고백은 마음에 일어난 신앙을 말로 표현하는 것이다.

▶ **34-36절** 그들이 건너가 게네사렛 땅에 이르니 35 그 곳 사람들이 예수이신 줄을 알고 그 근방에 두루 통지하여 모든 병든 자를 예수께 데리고 와서 36 다만 예수의 옷자락에라도 손을 대게 하시기를 간구하니 손을 대는 자는 다 나음을 얻으니라

제자들은 남다른 경험을 통하여 예수님을 하나님의 아들로 확신하기 시작했다. 그러나 예수님의 일은 제자들에게만 국한되지 않고 모여드는 사람들을 고치고 가르치는 방식으로 계속 진행되었다. 사람들은 예수님의 옷

가장자리만이라도 만지게 해 주실 것을 빌었고 그렇게 한 사람들은 그들의 믿음대로 완전한 나음을 얻었다. 제자들은 이제 예수님이 하나님의 아들이심을 이 치유사역에서도 확인할 수 있었다.

Short Commentary
Matthew
마태복음 15장

39. 전통 논쟁(마 15:1-14)

1) 개요

구약시대의 율법은 유대인들이 이집트에서 나올 때 가나안에서의 생활을 위하여 하나님이 모세를 통하여 주신 것이다. 따라서 율법에는 그 시대의 여러 가지 색채가 묻어 있어서 유대인들이 이방인들의 통치를 받고 지중해 전역에 흩어져 살게 된 후대에는 현실에 글자 그대로 적용하기 어려워 보이는 경우가 종종 있었다. 그래서 변한 시대적 상황에 계명들을 문자적으로 적용하기 위한 해석이 율법학자들을 통하여 발달하였는데 이것이 (장로들의) 유전 또는 전통이었다.

본문의 논쟁은 빵을 먹기 전에 손을 씻어야 한다는 전통과 관련되어 있다. 이 전통은 부정에 관한 계명에서부터 발달한 것으로 보인다. 예를 들면 레 7:20- 21에는 시체나 사체를 만진 때 사람이 부정하게 되어 여호와께 나아갈 수 없다는 계명이 있다. 유대인들끼리 살던 시대에는 이 계명을 지키는 것이 별로 어렵지 않았다. 그러나 이 계명을 알지 못하는 이방인들,

특히 사람을 죽이는 로마 군인들과 함께 살아야 하는 시대에는 자신도 알지 못하는 사이에 부정한 사람이 될 수 있었다. 이러한 경우 밖에서 돌아와서 손을 씻음으로써 부정을 씻어내어야 한다고 가르쳐 왔다. 따라서 씻지 않은 손은 부정한 손을 뜻하게 되었고 이런 손으로 음식을 먹으면 결국 자신이 더럽혀진다고 생각한 것이다.

예수님의 제자들이 손을 씻지 않고 빵을 먹는 것을 보고 율법학자들과 바리새인들이 예수님께 의문을 제기하였다. 바로 이 전통을 어겼다는 것이다. 예수님은 그들이 전통으로 '부모를 공경하라'고 하신 계명을 어기고 있는 사례를 지적하시면서 전통을 사람의 생각대로 하나님을 섬기려고 하는 것으로 비판하셨다.

천국의 왕이 오셨으므로 이제 새로운 규범이 필요하다(9:15-17). 새 것은 율법을 버리는 것이 아니라 완성하는 것이요(5:17-20) 옛 것에 뿌리를 두고 있는 것이다(13:52). 이 때문에 전통논쟁에서 예수님은 계명을 옹호하셨다.

2) 주해

15:1절 그 때에 바리새인과 서기관들이 예루살렘으로부터 예수께 나아와 이르되

예수님에게 온 사람들은 갈릴리 지방에서 활동하며 예수님을 비판한 바리새인들이나 율법학자들(12:1, 24, 38)과는 달리 예루살렘에서 산헤드린의 파견을 받고 예수님(의 활동과 교훈)을 조사하러 온 사람들이었던 것으로 보인다.

▶ **2절** 당신의 제자들이 어찌하여 장로들의 전통을 범하나이까 떡 먹을 때에 손을 씻지 아니하나이다

예수님은 전통과 같은 당시 종교적 관습에 구애되지 않고 자유롭게 행동하셨고 이것이 금식하지 않음, 안식일에 이삭을 잘라먹음 등과 같이 제자들의 행동에도 반영되어 나타났다. 그러나 전통을 율법보다 더 소중히

여기는 바리새인들과 율법학자들은 빵을 먹기 전에 손을 씻지 않는 제자들의 행동을 즉각 발견했고 이에 대해 예수님께 항의하였다.

▶ **3절** 대답하여 이르시되 너희는 어찌하여 너희의 전통으로 하나님의 계명을 범하느냐

제자들이 전통을 지키지 않는다는 비난을 받자 예수님은 이 기회에 그들이 전통을 하나님의 율법 위에 두는 잘못을 지적하셨다. 전통을 지키지 않은 것이 문제라면 계명을 지키지 않거나 파괴하는 것은 더 심각한 범죄 행위이다.

▶ **4절** 하나님이 이르셨으되 ㄱ)네 부모를 공경하라 하시고 또 ㄴ)아버지나 어머니를 비방하는 자는 반드시 죽임을 당하리라 하셨거늘

전통으로 하나님의 계명을 무효화한 경우라고 예수님이 예로 드신 것은 십계명 중 제 5계명이다. "부모를 공경하라"는 출 20:12; 레 19:3 등에, "부모를 저주하는 사람을 죽이라"는 출 21:17; 레 20:9 등에 기록되어 있다.

▶ **5-6절** 너희는 이르되 누구든지 아버지에게나 어머니에게 말하기를 내가 드려 유익하게 할 것이 하나님께 드림이 되었다고 하기만 하면 6 그 부모를 공경할 것이 없다 하여 너희의 전통으로 하나님의 말씀을 폐하는도다

정상 상황에서 하나님을 섬기는 것과 부모를 섬기는 것은 결코 대립하는 개념이 아니다. 그러나 유대인들은 하나님을 섬기는 것을 강조한 나머지 부모에게 필요한 것이라 하더라도 '고르반'(막 7:11), 즉 하나님께 드리는 '예물'이라고 하면 부모에게 드리지 않아도 괜찮다고 가르침으로써 이 둘을 대립시켰고 결과적으로 하나님의 명령을 위반하고 있었다.

▶ **7절** 외식하는 자들아 이사야가 너희에 관하여 잘 예언하였도다 일렀으되

여러 번 위선에 대하여 경고하신(6:2, 5, 16; 7:5) 예수님이 본문에서는 바리새인과 율법학자들을 이러한 사람들로 규정하셨다. 하나님을 잘 섬기는

것처럼 하면서 세밀한 전통들을 만들어내었지만 사실은 바로 그 전통으로 하나님의 명령을 무시 내지 파괴하였기 때문이다.

이러한 현상은 선지자 이사야 시대에 이미 나타나고 있었다. 그래서 예수님은 백성을 책망했던 이사야 29장 13절을 이 사람들에 대한 예언으로 인용하셨다.

▶ **8-9절** 이 백성이 입술로는 나를 공경하되 마음은 내게서 멀도다 9 사람의 계명으로 교훈을 삼아 가르치니 나를 헛되이 경배하는도다 하였느니라 하시고

위선자들이란 원하는 대로 행동하지 않거나, 원하지 않는 행동을 하는 사람들이다. '몸 따로 마음 따로'가 그 특징인 것이다. 종교적 삶에서는 입/입술로는 하나님을 섬긴다고 하면서도 마음에는 하나님을 모시지 않는 것을 뜻한다. 하나님의 뜻인 계명들이 아니라 그 형식적 준수에 얽매이거나 사람들이 좋아하는 것을 찾아 가르치는 것도 그 하나다. 하나님을 섬기는 것은 신본주의, 즉 하나님께서 명령하신 것이 싫어도 지키고, 금지하신 것이 좋아도 하지 않는 것을 뜻한다. 인간중심의 종교는 헛된 것, 결과 없는 섬김이다.

▶ **10절** 무리를 불러 이르시되 듣고 깨달으라

오랫동안 예루살렘 지도부의 영향 하에 살아온 사람들은 예루살렘에서 온 율법학자들과 바리새인들의 항의 때문에 술렁거리고 있었던 것으로 보인다. 본문에서 예수님은 의문을 제기한 바리새인들과 율법학자들에게 직접적인 답을 주시면서도 무리를 가까이 부르시고 그들이 바르게 깨닫고 잘못된 올무에서 벗어나도록 무엇이 하나님 앞에서의 부정(不淨)인가를 가르치셨다.

▶ **11절** 입으로 들어가는 것이 사람을 더럽게 하는 것이 아니라 입에서 나오는 그것이 사람을 더럽게 하는 것이니라

예수님을 따르면 밖에서 사람에게로 들어가는 것, 즉 씻지 않은 손으로 음식을 먹는 것이 아니라 사람의 입에서 나오는 것, 즉 말과 행동으로 표현되는 인간의 생각, 감정, 욕망 등이 사람을 더럽힌다. 전통은 인간은 선하다는 전제를 가졌지만 예수님은 인간은 악하다는 전제를 가지고 계셨다. 말과 행동은 인격의 표현이고 이런 것이 하나님 앞에서 더러운 것, 즉 죄로 규정된다는 것이다.

▶ **12절** 이에 제자들이 나아와 이르되 바리새인들이 이 말씀을 듣고 걸림이 된 줄 아시나이까

예수님의 가르침은 장로들의 유전을 정면에서 부정하는 것이었다. 이 가르침을 듣고 바리새인들이 크게 성내고 있었는데 제자들은 그 위험성을 감지하고 예수님께 알렸다. "걸림이 되었다", 마음이 상했다"고 번역한 단어는 예수님의 말씀에 걸려 넘어졌다는 뜻이다.

▶ **13절** 예수께서 대답하여 이르시되 심은 것마다 내 하늘 아버지께서 심으시지 않은 것은 뽑힐 것이니

예수님의 가르침을 깨닫고 생각과 행동을 고치며 예수님을 하나님 나라의 왕으로 따르는 사람들은 하나님 나라의 백성이다. 그렇게 하지 않고 오히려 불편하게 생각하고 상심하며 적개심을 가지는 사람들, 이 경우 바리새인들과 율법학자들은 "하나님이 심지 않으신 나무", 또는 사탄이 뿌려 놓은 독보리이다. 심판의 날에 모두 뽑혀 불에 던져질 것이다.

▶ **14절** 그냥 두라 그들은 맹인이 되어 맹인을 인도하는 자로다 만일 맹인이 맹인을 인도하면 둘이 다 구덩이에 빠지리라 하시니

"놓아 두어라"는 말씀은 독보리를 뽑지 말도록 충고한 밭주인의 지시(13:29)와 같다. 하나님의 나라는 즉각 악한 부분을 도려내는 방식이 아니라 당분간 천국의 백성들과 함께 그렇지 못한 사람들이 공존하는 형태로 진행된다. 하지만 사람들이 좋아하는 방식으로 전통을 만들어내고 사람들

을 지도하는 유대 지도부가 잘못 가고 있다는 사실을 예수님은 소경을 인도하는 소경, 그래서 모두 구덩이에 빠지듯 하나님의 심판을 받을 수밖에 없는 사람들로 명확하게 규정하셨다.

40. 가나안 여인의 믿음(마 15:15-28)

1) 개요

씻지 않는 손으로 빵을 먹는 것이 사람을 더럽히지 못하고 속에서 나오는 것, 즉 악한 생각, 살인, 간음, 음행, 도적질 위증, 모독 등이 사람을 더럽힌다는 말씀은 곧바로 가나안 여인의 딸을 고쳐주신 사건으로 연결된다. 형식과 의식이 하나님을 섬기는 본질적 부분이 되지 못하는 것처럼, 민족과 나라와 출신 성분 등 인간의 외적인 요인이 하나님을 섬기는 삶에 아무런 차별이나 방해로 작용하지 못한다는 것이 이 사건에 표현되어 있다.

당시 유대인들은 구약적 사고에 바탕을 두고 유대인들만이 하나님에게 뽑힌 특별한 백성이라는 선민의식에 붙잡혀 있었다. 이러한 관점에서 보면 가나안 여인이란 하나님의 약속이나 축복과는 아무런 관련이 없는 더러운 민족, 개만도 못한 처지를 뜻한다. 그러나 아브라함에게 약속하셨던 하나님의 축복이 하나님의 아들 예수 그리스도로 말미암아 드디어 모든 민족과 모든 나라로 확대되는 시대가 시작되면서 과거의 이러한 구별은 더 이상 의미가 없다. 인간의 능력, 사회적 위치와 역할, 가문이나 출신 성분, 민족이나 인간의 나라 등이 인간의 가치를 재는 역할을 하지 못할 뿐만 아니라 왕으로 오신 그리스도에게 와서 그리스도를 믿고 따르면 누구나 하나님 나라의 백성이 되는 것이다.

이방인도 하나님 나라의 백성이 될 수 있다는 사실은 백부장의 종을 고쳐주신 사건에서 이미 말씀하신 바 있다(8:11). 그때 이방인이 유대인들보다도 더 큰 믿음을 보여서 예수님이 칭찬하시고 그의 종을 고쳐주셨는데 이번에는 가나안 여인이 강한 믿음으로 예수께 왔고 누구보다 강한 믿음을 보임으로 칭찬을 받고 도움을 받았다.

물론 예수님은 자신의 육체적 사역이 이스라엘 집의 잃어버린 양들에게로 제한되어 있고 실제로 이스라엘이라는 울타리 안에서 벌어지는 것을 알고 계셨지만 이방인들이 강한 믿음으로 자신에게 다가왔을 때 거부하지 않고 그들의 주님으로 그들에게 필요한 은혜를 베푸셨다.

2) 주해

▶ **15절** 베드로가 대답하여 이르되 이 비유를 우리에게 설명하여 주옵소서

앞의 말씀은 어려운 말이 아니었다. 그러나 제자들은 이 말씀이 손 씻는 전통을 비평하신 것임을 알면서도(12절) 그 정확한 의미는 몰랐다. 여느 때처럼 비유라고 생각했기 때문이다. 그래서 이번에도 베드로가 먼저 물었다.

▶ **16절** 예수께서 이르시되 너희도 아직까지 깨달음이 없느냐

예수님은 자신의 사역과 병행하는 정확한 이해와 확실한 믿음을 제자들에게 기대하셨는데 이번에도 제자들의 이해가 기대치에 미치지 못하자 그들을 꾸중하셨다. 그러나 믿는 사람들을 향한 꾸중은 믿지 않는 사람들에게 주신 것과는 달리 선의의 것이었다. 그래서 바른 이해로 이끄시기 위한 설명을 주셨다.

▶ **17절** 입으로 들어가는 모든 것은 배로 들어가서 뒤로 내버려지는 줄 알지 못하느냐

입으로 들어가는 것, 즉 손을 씻지 않고 먹는 음식은 배로 들어가 몸 밖으로 배설되기 때문에 하나님 앞에서의 영적 깨끗함이나 더러움과는 아무런 상관이 없다. 음식을 대하는 잘못된 태도, 즉 과도한 탐식, 무절제함 등도 음식 자체에 있는 것이 아니다. 인간의 마음이 만들어내는 것이다.

▶ **18절** 입에서 나오는 것들은 마음에서 나오나니 이것이야말로 사람을 더럽게 하느니라

입에서 나오는 것이란 우선 '말'을 뜻하지만 19절에는 마음에서 나오는 모든 악한 것으로 확대되었다. 말과 행동은 인간의 타락한 마음에서 나오는 것으로 지식과 감정과 의지의 복합물이다. 하나님 앞에서 이런 것들이 사람을 더럽게 만들고 하나님 앞에 서지 못하게 하며 영원한 심판을 자초한다.

▶ **19-20절** 마음에서 나오는 것은 악한 생각과 살인과 간음과 음란과 도둑질과 거짓 증언과 비방이니 20 이런 것들이 사람을 더럽게 하는 것이요 씻지 않은 손으로 먹는 것은 사람을 더럽게 하지 못하느니라

예수님은 인간의 악한 마음에서 나오는 것 일곱을 예로 드셨다. "악한 생각"을 다른 여섯 가지 뒤에 놓인 근본적 악으로 취급하여 여섯으로 계산하기도 한다. 살인, 간음, 음란, 도둑질, 위증, 모독은 십계명 중 두 번째 돌판에 새겨졌던 계명들이다. 바리새인들과 율법학자들이 신앙과 윤리를 대립명제로 만들고 하나님을 잘 섬긴다는 미명하에 윤리적 성격을 지닌 계명들을 무시했음을 계속 비판하신 것이다. 하나님의 계명들을 겉으로 드러나는 행동 자체보다 이 행동과 연결되어 있는 인간의 마음에 초점을 맞추어 관찰하셨다는 것도 특기해야 한다.

▶ **21절** 예수께서 거기서 나가사 두로와 시돈 지방으로 들어가시니

예수님의 갈릴리 사역이 끝나고 후기 사역이 시작되는 것을 마태는 "예수께서 거기", 즉 가버나움 또는 갈릴리에서 "나와서 두로와 시돈", 갈릴리 북쪽의 베니게 지역으로 들어가셨다고 요약하였다. 두로와 시돈은 팔레스틴 북쪽에 있는 지중해 연안의 도시들이다.

▶ **22절** 가나안 여자 하나가 그 지경에서 나와서 소리 질러 이르되 주 다윗의 자손이여 나를 불쌍히 여기소서 내 딸이 흉악하게 귀신 들렸나이다 하되

그곳에 살고 있다가 예수를 만나러 나왔던 한 여인을 마태는 그 지역의 옛 이름을 따라 가나안 여자라고 했지만, 마가는 이 여자가 헬라인이라는 점을 밝혔고 로마 지명을 따라 수로보니게 여자라고 했다(막 7:26).

예수님을 "주님"과 "다윗의 아들"이라고 불렀다는 사실로부터 우리는 이 여자가 유대인의 메시야 대망 사상을 알고 있었고 예수님을 바로 그 메시야로 믿고 있었다고 말할 수 있다.

이 여자는 딸이 귀신 들린 것 때문에 많은 고통을 당하다가 예수님이 귀신을 쫓아내셨다는 소문을 듣고 예수님은 자신의 딸도 기꺼이 고쳐주실 것이라고 믿었다. 그래서 이 여자는 예수님을 따라가며 예수님의 자비, 즉 자기 딸을 고쳐달라고 크게 소리 질렀다. 여자의 호소는 예수님의 능력이 아니라 그 능력을 사용해 주실 예수님의 자비와 의지를 향하고 있었다.

▶ **23-24절** 예수는 한 말씀도 대답하지 아니하시니 제자들이 와서 청하여 말하되 그 여자가 우리 뒤에서 소리를 지르오니 그를 보내소서 24 예수께서 대답하여 이르시되 나는 이스라엘 집의 잃어버린 양 외에는 다른 데로 보내심을 받지 아니하였노라 하시니

예수님은 평소와는 달리 그 여자의 외침에 한 마디도 대답하지 않으셨다. 이를 안타깝게 여긴 제자들이 다가와서 예수님에게 그 여자를 도와주셔서 빨리 집으로 돌려보내 주시기를 요청했지만 예수님은 자신이 이스라엘 집의 잃어버린 양외에 다른 데로는 보내심을 받지 않았다고 그 이유를 밝히셨다. 예수님은 천국이 새롭게 시작되는 이스라엘의 울타리 안에 머물러 있기를 원하셨고 이방인에게 복음을 전하는 단계는 제자들이 해줄 것을 바라셨던 것이다.

▶ **25절** 여자가 와서 예수께 절하며 이르되 주여 저를 도우소서

예수님이 제자들과 얘기를 주고받으시는 동안 그 여자는 예수님에게 다가올 수 있었다. 제자들에게 하시는 말씀을 이 여자가 들었는지는 알 수 없다. 또 대답도 하지 않고 마냥 걸어가시는 예수님을 따르며 실망이나 좌

절감의 유혹을 겪었는지에 대해서도 알 수 없다. 그러나 멀리서 고함지르다가 침묵하시는 예수님에게 더 가까이 오려고 애썼으며 마침내 예수님 앞에 와서 절하며 도움을 요청했다는 사실에서 이 여자의 견고한 믿음을 확실하게 엿볼 수 있다.

▶ **26-27절** 대답하여 이르시되 자녀의 떡을 취하여 개들에게 던짐이 마땅하지 아니하니라 27 여자가 이르되 주여 옳소이다마는 개들도 제 주인의 상에서 떨어지는 부스러기를 먹나이다 하니

도움을 요청하는 여자에게 예수님은 그 여자의 청을 들어주는 것이 자녀들의 빵, 즉 유대인에게 주어져야 할 은혜를 개들, 즉 이방인에게 던져주는 것이나 다름없다고 대답하셨다. 예수님은 이방인에게 자기 스스로 능력을 행하실 것을 거부하신 것이다. 그러나 여자는 이방인이라도 주인의 상에서 떨어지는 부스러기를 먹는다고 말하며 천국과 이방인, 예수님과 자신의 관계를 믿고 있음을 밝혔다.

▶ **28절** 이에 예수께서 대답하여 이르시되 여자여 네 믿음이 크도다 네 소원대로 되리라 하시니 그 때로부터 그의 딸이 나으니라

이방인에게 은혜를 베푸시기를 거절하셨던 예수님은 하나님의 축복은 이방인에게도 주어진다고 믿고 있었던 이 여인의 믿음을 칭찬하시며 그 여자의 믿음과 그 결과를 결합시켜 말씀하셨다. 여자는 예수님이 허락만 하신다면 자기 딸이 나을 것이라고 믿고 있었기 때문에 그녀의 딸은 바로 그 시각에 낫게 되었다.

41. 병자들을 고쳐주시고 사천 명을 먹여주심 (마 15:29-39)

1) 개요

예수님이 두로와 시돈 지방에서 지내신 기간은 오래 걸리지 않았다. 가나안 여인의 믿음을 보시고 그 딸을 고쳐주신 사건 말고는 특기할 만한 일들도 없었다. 자신의 직접적 사역을 이스라엘의 울타리 안에서 진행되는 것으로 보셨기 때문에 예수님이 의도적으로 이렇게 하셨을 수 있다. 마치 한 이방인, 즉 가나안 여인을 만나기 위하여 두로와 시돈 지역으로 여행하신 것으로 보이기도 한다.

예수님은 다시 갈릴리 바다로 돌아오셨고 이곳에서 평소처럼 활동하셨다. 어떤 신학자들은 본문의 사역을 이방인 여자를 부르신 사건에 연결하며 많은 이방인들을 위한 것으로 설명하려 하지만 예수님이 이때 만나신 사람들을 딱히 유대인이 아니었다고 단정할 만한 마땅한 증거가 없다. 이방인을 위한 사역을 이곳에서 일반화하기보다는 예수님을 만나 큰 믿음을 보인 가버나움의 백부장과 가나안 여인의 경우를 예외로 취급하는 것이 더 적당할 것이다. 예수님이 그들의 믿음을 큰 믿음이라고 부르시며 칭찬하신 이유를 유대인을 부르시는 이 시기에 그들이 미리 그리고 유대인들보다 더 강한 믿음으로 예수님에게 다가왔던 데서 찾는 것이 좋을 것이다.

갈릴리 바다 곁의 한 산에 예수님은 오르셨고 많은 무리들이 함께 오르며 아픈 사람들이나 장애인들을 데리고 왔다. 예수님은 그들을 모두 고쳐주셨다. 사람들은 놀라며 이스라엘의 하나님께 영광을 돌렸다. 또 이곳에서 다시 한 번 기적으로 무리들의 배고픔을 해결해 주셨다. 삼일 동안 자기 곁을 떠나지 않고 말씀을 듣기도 하고 아픈 사람들에게 내리는 하나님의 은혜를 본 사천 명 이상의 무리를 흩어 보내시기 전에 일곱 개의 빵과 작은 생선 몇 마리로 배부르게 먹여주신 것이다. 헤롯왕이 자신을 만나고 싶어한다는 것을 알고 계셨고 그 만남의 위험성 때문에 가능하면 헤롯의 통치권역을 피하셨으면서도 배고픈 무리에게 선한 일을 베푸신 것이다.

2) 주해

▶ **29절** 예수께서 거기서 떠나사 갈릴리 호숫가에 이르러 산에 올라가 거기 앉으시니

예수님은 두로와 시돈 지방에서 다시 갈릴리 바닷가로 내려가셔서 어떤 산에 올라가 앉으셨다. 5:1에는 산에서 말씀만을 주셨는데 이곳에는 병자들을 고쳐주신 것만 기록되어 있다. 본문은 최소한 사흘 동안(32절) 진행된 일들을 요약해 놓은 것이다.

▶ **30절** 큰 무리가 다리 저는 사람과 장애인과 맹인과 말 못하는 사람과 기타 여럿을 데리고 와서 예수의 발 앞에 앉히매 고쳐 주시니

예수님이 계신 산으로 많은 무리들이 올라오며 다리를 저는 사람들, 앞을 보지 못하는 사람들, 걷지 못하는 사람들, 말을 못하는 사람들 등 가난하여 치료를 받지 못하고 고생하는 많은 사람들을 데리고 올라와서 예수님의 발 곁에 내려놓고 하나님의 은혜를 기다렸다. 예수님은 그들을 모두 고쳐주셨다.

▶ **31절** 말 못하는 사람이 말하고 장애인이 온전하게 되고 다리 저는 사람이 걸으며 맹인이 보는 것을 무리가 보고 놀랍게 여겨 이스라엘의 하나님께 영광을 돌리니라

말 못하던 사람이 말을 하고 절던 사람들이 성하게 되고 걷지 못하던 사람들이 걸어 다니고 앞을 보지 못하던 사람들이 보게 되자 무리들이 모두 놀라며 하나님께 영광을 돌렸다. 산에 오르신 예수님은 말씀으로 사람들을 가르치시는 메시야이시며(7:27) 어둠에 앉은 백성들을 치료하시는 메시야이셨던 것이다.

구약시대에 자신의 백성을 고르셔서 친히 다스리시고 밝은 미래를 약속

하신 그 하나님이 자신의 아들 예수 그리스도를 통하여 이렇게 성실하게 약속을 이루시는 모습을 "이스라엘의 하나님"으로 표현하였다. 그러나 천국은 이스라엘 백성들로만 이루어지는 것은 아니다.

▶ **32절** 예수께서 제자들을 불러 이르시되 내가 무리를 불쌍히 여기노라 그들이 나와 함께 있은 지 이미 사흘이매 먹을 것이 없도다 길에서 기진할까 하여 굶겨 보내지 못하겠노라

제자들이 먼저 무리를 걱정했던 오병이어의 이적 때와는(14:15) 다르게 예수님이 먼저 먹을 것에 대한 얘기를 하셨다. 무리가 사흘 동안 산 위에 자신과 함께 있어서 먹을 것이 아무 것도 없는 것을 아셨고 굶은 채로 보낸다면 길에서 기진맥진할 것을 염려하셨기 때문이다.

기적의 동기는 언제나 예수님에게서 나왔다. 사람들을 불쌍히 여기는 마음에서 나온 것이기 때문에 모여 있던 무리들이 예수님을 어떻게 생각하느냐, 즉 믿는 사람들이냐 아니냐도 전혀 고려하지 않으셨다. 이적은 사람이 원해서 벌어지는 것이 아니라 예수님이 원하실 때 벌어지는 것이다.

사람들의 형편과 자신의 마음을 알리신 예수님의 말씀 속에는 제자들을 향하여 너희들이 먹을 것을 주어야 한다는 뜻이 암시되어 있는 것으로 보인다.

▶ **33절** 제자들이 이르되 광야에 있어 우리가 어디서 이런 무리가 배부를 만큼 떡을 얻으리이까

예수님의 생각을 들은 제자들은 빵에 대한 걱정을 하기 시작하였다. 남자만 계산한다 해도 사천 여명이나 되는 무리를 배부르게 할 만큼의 빵을 황야에서 구한다는 것은 그들에게 상상도 할 수 없는 일이었기 때문이다. 다른 한 편으로 보면 이 황야 "어디에서"라는 표현 속에는 주님이 아니시라면 어디에서도 해결책을 마련할 수 없다는 제자들의 막연한 기대감이 표현되어 있다. 물론 이러한 마음을 예수님의 권능에 대한 믿음이라고 과장하여 해석할 필요도 없고 예수님의 의도를 모르는 상황에서 그들이 예

수님을 불신했다고 주석할 수도 없다.

얼마 전에 빵 다섯 개와 생선 두 마리로 더 많은 사람들을 먹이신 이적이 있기는 했지만 제자들은 그런 기적을 기대하고 호소한 것 같지는 않다. 이적이란 사람들이 전혀 기대하지 않을 때 하나님의 필요에 따라 느닷없이 벌어지는 일이다. 다만 예수님이 말씀하시기 시작하셨으므로 예수님에게는 해결책이 있을 것이라는 정도의 기대감을 가지고 있었다고 보는 것이 적당할 것이다.

▶ **34절** 예수께서 이르시되 너희에게 떡이 몇 개나 있느냐 이르되 일곱 개와 작은 생선 두어 마리가 있나이다 하거늘

예수님은 무리들을 흩어 보내야겠다고 생각하실 때부터, 또 제자들에게 먹을 것에 대한 얘기를 꺼내실 때부터 오병이어의 기적 때와 같은 방법으로 무리들을 먹여주실 것을 생각하셨던 것으로 보인다. 제자들의 걱정에 예수님은 그들에게 빵이 몇 개나 있는지를 물으셨다. 이전보다 사람은 더 적었지만 가진 것은, 턱없이 부족한 것이기는 했지만, 이전보다 더 많았다. 빵 일곱 개와 작은 생선 몇 마리였다.

▶ **35절** 예수께서 무리에게 명하사 땅에 앉게 하시고

계절이 바뀌어 돋아나던 풀은 다 말랐고 마른 땅이 드러나고 있었다. 우기가 지난 4월 초쯤으로 생각된다. 무리들은 모두 땅위에 앉았다.

▶ **36-37절** 떡 일곱 개와 그 생선을 가지사 축사하시고 떼어 제자들에게 주시니 제자들이 무리에게 주매 37 다 배불리 먹고 남은 조각을 일곱 광주리에 차게 거두었으며

예수님은 그 많은 무리를 위해서는 정말 얼마 되지도 않는 빵 일곱 개와 생선을 들고 하나님 아버지께 감사 기도를 드리셨다. 감사는 먹을 것을 주심에 대한 것이지 기적을 일으켜 달라는 것은 아니었다. 기적은 예수님이 원하시면 언제나 일어날 수 있었다.

예수님은 빵을 떼어서 제자들에게 주셨고 제자들은 그 많은 무리가 먹고 배부르게 될 때까지 부지런히 날랐다. 빵이 예수님의 손에서 모두가 먹고 배부르게 되었고 남은 부스러기만도 일곱 광주리에 가득 차도록 바뀐 것이다.

▶ **38절** 먹은 자는 여자와 어린이 외에 사천 명이었더라

마태는 유대인들의 관습을 따라 여자들과 아이들을 빼고 남자들만 계산하여 사천 여명이었다고 밝히고 있다. 전체는 육천 명 내지 칠천 명은 되었을 것이다.

▶ **39절** 예수께서 무리를 흩어 보내시고 배에 오르사 마가단 지경으로 가시니라

예수님이 배를 타고 가신 마가단 지방이 막 8:10에는 달마누다 지방으로 나온다. 막달라 또는 마게단이라고 되어 있는 사본들도 있다. 갈릴리 바다 북서쪽 해변으로 디베랴와 가버나움 중간쯤의 평원으로 생각된다.

Short Commentary
Matthew
마태복음 16장

42. 표적에 대한 질문과 효모 비유(마 16:1–12)

1) 개요

바리새인들은 구별된 삶을 살려 하던 사람들로서 정치나 사회적 문제에는 거리를 두고 있었다. 반면 사두개인들은 정치적 기득권을 놓치지 않으려던 사람들로서 경건한 삶에는 별 관심이 없었다. 이 사람들은 삶의 방식이나 신학이 전혀 달랐기 때문에 함께 다니는 일이 거의 없었다. 세례자 요한이 세례를 베풀 때 한 번 함께 언급된 적이 있지만(3:7) 이때도 함께 왔다고 보기는 어렵다.

그러나 그들은 예수님을 대적하기 위해 모든 차이를 버리고 처음으로 그리고 유일하게 기꺼이 손을 잡았다. 함께 와서 예수님이 하늘로부터 오는 표적을 보여주기를 요청한 것이다. 그들의 태도는 예수님의 활동과 말씀을 알아보거나 중립적으로 조사하려는 것이 아니라 악의적으로 예수님을 시험하고 공격할 근거를 확보하려는 것이었다.

예수님은 그들을 날씨는 구별할 줄 알면서도 시대의 표적, 즉 하나님의 나라가 이 땅에 시작되었다는 표적은 구별할 줄 모른다고 비판하셨다. 나타난 표적을 놓치고 같은 질문을 던지는 이유는 천국의 왕으로 오신 예수님을 믿지도 않았고 받아들이지도 않기 때문이다. 예수님을 믿지 않는 사람들에게 주어질 표적은 예수님이 이전에 말씀하셨던(12:39) 요나의 표적, 즉 자신의 죽음뿐이다.

갈릴리 지방에서 만난 바리새인들과 율법학자들의 불신과 적개심, 예수님의 사역을 폄하하고 죽이려는 시도, 또 예루살렘에서 파송을 받은 대표들과의 전통논쟁과 그들의 분노, 그 결과로 이제 나타난 바리새인들과 사두개인들의 합동 출현, 도저히 함께 할 수 없는 이 집단들의 연합은 요나의 표적을 사실로 만들어가고 있었다. 예수님은 죽음의 기운이 자신을 향해 서서히 뻗어오는 것을 느끼시면서 제자들에게 바리새인과 사두개인의 가르침을 조심하도록 경고하셨다. 그들의 가르침이 밀가루를 발효시키는 효모처럼 세상에, 교회에, 그리고 제자들의 삶에 그 영향력을 미치고 자신을 죽음으로 몰고 갈 것을 예측하신 것이다.

2) 주해

16:1절 바리새인과 사두개인들이 와서 예수를 시험하여 하늘로부터 오는 표적 보이기를 청하니

아마 15장 1절에 예루살렘에서 내려왔던 바리새인들과 사두개인들의 보고가 산헤드린에 전달된 모양이다. 이번에는 예수님을 더 자세하게 조사하고 시험하여 공격할 근거를 확보하기 위하여 바리새인들이 사두개인들과 함께 내려왔다.

그들은 예수님에게 와서 하늘로부터 오는 표적, 즉 하나님이 보내셨다는 것을 증명할 수 있는 표시를 보여 달라고 했다. 보고 믿겠다는 태도가 아니라 그런 표시를 보여줄 수는 없을 것이라고 비아냥거리는 태도가 엿보인다.

▶ **2-3절** 예수께서 대답하여 이르시되 너희가 저녁에 하늘이 붉으면 날이 좋겠다 하고 3 아침에 하늘이 붉고 흐리면 오늘은 날이 궂겠다 하나니 너희가 날씨는 분별할 줄 알면서 시대의 표적은 분별할 수 없느냐

예수님은 당시 사람들의 습관을 예로 드시며 그들을 비평하셨다. 저녁에 하늘이 붉은 것은 다음날 날씨가 좋을 것을 알리는 표적이었고, 아침에 하늘이 붉으며 흐릿한 것은 그날 궂은 날씨가 될 것을 알리는 표적이었다. 사람들은 이렇게 하늘의 모습을 통해 기후를 예측하면서도 예수님으로 인해 나타난 많은 표적들을 분간하고 하나님의 나라의 왕이 이미 오셨고 그의 나라가 이 땅에 시작되고 있다는 것은 알지 못했다. 표적이 없었던 것이 아니라 그들이 보거나 듣는 표적을 분간하는 능력 즉 믿음이 없었다는 것이 문제였다.

▶ **4절** 악하고 음란한 세대가 표적을 구하나 요나의 표적 밖에는 보여 줄 표적이 없느니라 하시고 그들을 떠나 가시니라

예수님은 명백한 표적을 보고 들으면서도 믿지 못하는 이 세대를 "악하고 음란한 세대"라고 규정하셨다. "음란"이란 여기서는 성적타락이 아니라 하나님을 믿지 않고 제멋대로 사는 것을 뜻하는 것으로 "악함"과 거의 같은 것이다. 그들에게 더 이상 주어질 표적은 없다. 남아 있는 표적은 하나, 곧 요나의 경험에 미리 알려준(12:38-40) 예수님의 죽음뿐이다. 예수님의 죽음은 믿지 않는 사람들에게는 하나님의 심판이 그대로 임할 뿐이라는 표적이 되는 것이다.

▶ **5절** 제자들이 건너편으로 갈새 떡 가져가기를 잊었더니

예수님과 제자들은 마가단 지방에서 다시 배를 타고 벳새다 지방으로 향하셨다. 예수님이 바리새인들과 사두개인들을, 그들이 이해할 수 없는 말로, 책망하신 다음에 그들을 남겨두고 떠나시며 황급히 배를 타신 까닭에 제자들은 빵을 가져가는 것을 미처 생각하지 못했다.

▶ **6절** 예수께서 이르시되 삼가 바리새인과 사두개인들의 누룩을 주의하라 하시니

배를 타신 예수님은 조금 전에 하시던 말씀에 이어서 제자들에게 바리새인들과 사두개인들의 효모를 살피고 주의하라고 말씀하셨다. "효모"란 빵을 만들기 위하여 밀가루에 섞어 반죽하는 발효제로 예수님은 이것을 천국에 비유하신 적이 있었는데(13:33) 이번에는 바리새인들과 사두개인들의 교훈, 가르침에 대한 비유어로 사용하셨다. 작은 것이지만 밀가루 덩이 전체를 발효시키는 것처럼 그들의 잘못된 교훈이 사람들, 심지어 제자들에게 영향을 미칠 수도 있기 때문이다.

▶ **7절** 제자들이 서로 논의하여 이르되 우리가 떡을 가져오지 아니하였도다 하거늘

제자들은 예수님의 말씀을 즉각 이해하지 못하고 빵에 대해 걱정하며 수군거리기 시작하였다. 효모가 빵을 만들 때 사용하는 것이었기 때문에 제자들은 쉽게 효모와 빵을 연결하여 생각한 것으로 보인다. 그러나 예수님이 "바리새인들과 사두개인들의 효모"라고 말씀하신 점을 귀담아 들었다면 이런 오해는 발생하지 않았을 수도 있다. 현실적 문제와 염려가 예수님의 말씀을 피상적으로 듣게 하였고 멋대로 판단하게 만들고 말았다.

▶ **8절** 예수께서 아시고 이르시되 믿음이 작은 자들아 어찌 떡이 없으므로 서로 논의하느냐

제자들의 수군거림과 빵에 대한 걱정을 아신 예수님은 제자들을 책망하시며 제자들을 "믿음이 작은 사람들"로 규정하셨다. 그들은 예수님과 함께 있었다. 또 예수님을 믿고 의지하고 있었다. 그들이 믿는 예수님은 얼마 전에 빵 다섯 개로 오천 명 이상을, 빵 일곱 개로 사천 명 이상을 먹이신 적이 있었다. 이 점을 생각하였다면 예수님에게는 빵이 걱정거리가 되지 않는다는 점을 알 수 있었고 예수님의 교훈의 참 뜻을 곰곰이 생각해 보았을 수 있었을 것이다. 작은 믿음이란 예수님을 믿고 따르는 중에 등장하는 세상살이에 대한 걱정을 뜻한다.

▶ **9-10절** 너희가 아직도 깨닫지 못하느냐 떡 다섯 개로 오천 명을 먹이고 주운 것이 몇 바구니며 10 떡 일곱 개로 사천 명을 먹이고 주운 것이 몇 광주리였는지를 기억하지 못하느냐

예수님은 자신이 빵에 대하여 염려하거나 교훈하신 것이 아님을 깨닫게 하시기 위하여 과거를 회상케 하셨다. 오천 명 이상이 먹고도 남았던 빵 다섯 개와 사천 명 이상이 먹고도 남았던 빵 일곱 개는 제자들을 염려에서 충분히 벗어나게 할 수 있었다. 예수님의 질문에 대한 대답은 기록되어 있지 않지만 제자들은 열 두 바구니와 일곱 광주리를 충분히 연상할 수 있었다.

▶ **11절** 어찌 내 말한 것이 떡에 관함이 아닌 줄을 깨닫지 못하느냐 오직 바리새인과 사두개인들의 누룩을 주의하라 하시니

예수님은 이 과정에서 빵에 대해 말한 것이 아니라고 단정적으로 말씀하셨지만 효모가 무엇에 대한 비유어인지는 마지막까지 설명하지 않으셨다. 반복하여 "바리새인들과 사두개인들의 효모를 주의하라"고만 말씀하셨다. 예수님은 그들이 현실적 염려를 떠나고 그들이 믿는 분이 얼마 전에 어떤 일들을 하셨는지를 생각한다면 자신의 말을 충분히 깨달을 수 있다고 기대하셨기 때문일 것이다.

▶ **12절** 그제서야 제자들이 떡의 누룩이 아니요 바리새인과 사두개인들의 교훈을 삼가라고 말씀하신 줄을 깨달으니라

예수님의 꾸중, 염려를 작은 믿음으로 지적하시는 것, 빵 다섯 개와 일곱 개로 수많은 사람들이 먹고도 넘쳤던 광주리들을 생각하라는 충고에 제자들은 곧바로 예수님의 말씀을 깨달을 수 있었다. 효모는 바리새인들과 사두개인들의 가르침을 뜻했고 예수님은 그들의 가르침이 가져오는 결과, 영향력을 경고한 것이다.

43. 베드로의 신앙고백과 첫 번째 수난예고 (마 16:13-28)

1) 개요

어느 날 예수님은 제자들에게 자신의 사역에 대한 사람들의 반응을 물어보셨다. 예수님은 처음부터 의도적으로 활동하셨고 자신의 활동이 사람들에게 자신을 영적 메시야로 각인시켜줄 것을 기대하셨기 때문이다. 제자들은 그들이 사람들에게서 들은 이 말 저 말로 대답하였다. 사람들의 엉뚱한 반응을 들은 예수님은 제자들의 견해를 물어보셨다. 이 질문이 베드로의 유명한 신앙고백으로 이어진다. 그는 예수님을 그리스도로, 살아 계신 하나님의 아들로 믿고 있었다. 이 신앙고백은 혼자만의 생각이 아니라 오랫동안 예수님을 따라 다니며 하시는 일을 보고 하시는 말씀을 들은 제자들의 공통된 믿음, 즉 합의된 생각에서 나온 것이다. 예수님은 베드로의 이 신앙고백, 그리고 이 고백을 만들어낸 그들의 믿음에 만족하셨고 그러한 믿음을 주신 분이 하나님이심을 알려주셨다. 뿐만 아니라 죽음의 권세도 흔들 수 없는 천국의 백성들, 즉 교회의 시작을 선포하셨다. 교회는 천국의 열쇠들을 가지게 되었다.

예수님은 곧 이어서 자신의 마지막 수난과 죽음, 부활에 대하여 말씀하셨다. 베드로의 신앙고백 직후 자신의 미래에 대하여 미리 말씀하셨다는 것은 교회의 설립과 관련된 신앙고백과 이 고백을 만들어내는 믿음에 수난, 죽음, 부활이 그 내용으로 포함되어야 함을 암시하는 것이다. 그러나 사건이 실제로 일어나기 전에 제자들은 이러한 사실을 받아들이거나 믿을 수 없었다. 예수님을 믿고 사랑하는 제자들, 특별히 베드로가 나서서 예수님을 붙잡고 절대로 그런 일이 일어나서는 안 된다고 말하지만 예수님의 신랄한 꾸중을 듣고 말았다. 예수님이 몸을 가지고 인간으로 사셨고 중대 사건들이 벌어지기 전의 이 시기에는 예수님을 사랑하는 것과 예수님의 고난이나 죽음을 믿음으로 받아들이는 것은 충돌을 일으킬 수 있었다. 이 모든 일들 뒤에 있을 예수님의 영광스러운 귀환도 제자들이 아직 받아들이기 어려운 미래의 사건들이었다. 그러나 제자들은 예수님을 인격적으로 믿고 의지하고 따르고 있었다.

2) 주해

▶ **13절** 예수께서 빌립보 가이사랴 지방에 이르러 제자들에게 물어 이르시되 사람들이 인자를 누구라 하느냐

예수님이 갈릴리 북쪽, 빌립 왕이 확장한 가이사랴 부근에서 제자들에게 사람들이 자신을 어떻게 생각하는지 물으셨다. 따르는 사람들 때문에 예수님은 '나를' 대신에 "인자를"이란 단어를 사용하셨다.

▶ **14절** 이르되 더러는 세례 요한, 더러는 엘리야, 어떤 이는 예레미야나 선지자 중의 하나라 하나이다

제자들은 예수님께 우호적인 의견들만을 전하였다. 사람들은 예수님을 세례자 요한, 엘리야, 예레미야, 또는 다른 선지자 등 과거의 한 인물과 결부시켜 생각하고 있었다. 죽은 사람이 살아나면 능력이 그 속에서 활동한다는(14:2) 잘못된 신앙에 근거한 것이었다.

▶ **15절** 이르시되 너희는 나를 누구라 하느냐

사람들의 믿음은 맞는 것도 예수님이 기대하신 것도 아니었다. 예수님은 다른 대답을 기다리시며 제자들이 자신을 어떻게 생각하시는지를 물으셨다.

▶ **16절** 시몬 베드로가 대답하여 이르되 주는 그리스도시요 살아 계신 하나님의 아들이시니이다

늘 그러했듯이, 베드로가 대답하였다. 이때 그는 혼자만의 생각이 아니

라 제자들이 가지고 있었던 공통 믿음을 고백한 것으로 보인다. "그리스도"는 '메시야'를 번역한 것인데 , 여기서는 하나님이 보내신다고 하셨던 바로 그 '기름 부음을 받은 사람'이라는 뜻이다. 사람들은 탁월하다고 해도 살아난 선지자 이상일 수는 없는 인간 메시야를 기다렸지만 제자들은 예수님을 신성을 가지신 하나님의 아들로 믿고 있었다.

▶ **17절** 예수께서 대답하여 이르시되 바요나 시몬아 네가 복이 있도다 이를 네게 알게 한 이는 혈육이 아니요 하늘에 계신 내 아버지시니라

예수님은 만족하시고 1) 베드로를 복되다고 하셨다. 이것은 '그렇다'의 최상급 표현이다. 2) 베드로가 스스로 알게 된 것이 아니라 하늘에 계신 "내 아버지" 곧 하나님이 알려 주신 결과라고 하셨다. 베드로를 원 이름 요한의 아들(=바요나) 시몬으로 부르신 것은 그의 신앙고백을 사도의 신분이 아닌 보통사람의 것으로 인정하셨음을 뜻하는 것으로 보인다.

▶ **18절** 또 내가 네게 이르노니 너는 베드로라 내가 이 반석 위에 내 교회를 세우리니 음부의 권세가 이기지 못하리라

베드로(그리스 어)는 게바(아람어)의 번역어로 바위를 뜻한다. 예수님은 믿는, 믿음을 고백하는 베드로 위에 자신의 교회를 세우시겠다고 약속하셨다. 신앙은 사람 없이 존재하지 않는다. 예수님은 베드로가 제자들을 대표하여 확실한 신앙고백을 하였기 때문에 그를 자신의 교회를 세우실 바위에 비유하신 것이다.

에클레시아(=교회)란 세상에서 하나님의 백성으로 불려 나온 사람들의 모임을 뜻한다. 믿는 사람들의 모임은 이 땅에 시작된 하나님의 나라인 것이다. 하나님의 나라는 교회란 이름으로 시작되었다고 말해도 좋다. 따라서 "지옥의 문" 즉 죽음의 권세라도 교회를 이길 수는 없다.

▶ **19절** 내가 천국 열쇠를 네게 주리니 네가 땅에서 무엇이든지 매면 하늘에서도 매일 것이요 네가 땅에서 무엇이든지 풀면 하늘에서도 풀리리라 하시고

예수님이 베드로에게, 그리고 사도들, 즉 교회에(18:18) 주신다고 하신 천국의 열쇠들은 다음 세 가지에 대한 비유어일 것이다. ① 믿는 사람들을 하나님의 나라로 불러들이거나 불신자들을 배제하는 복음 전파의 권한, ② 믿는 사람들이 이행하거나 금해야 할 규범을 확정하는 권한, ③ 이 규범에 따라 성실하게 칭찬과 책망을 수행하는 치리의 권한. 이러한 권한은 하나님의 다스리심의 결과라는 사실이 "네가 땅 위에서 묶는 것은 무엇이든지 하늘에서 **묶여 있을 것이고** 네가 땅 위에서 푸는 것은 무엇이든지 하늘에서 **풀려 있을 것이다**."에 표현되었다.

▶ **20절** 이에 제자들에게 경고하사 자기가 그리스도인 것을 아무에게도 이르지 말라 하시니라

예수님은 사람들이 잘못된 인간적, 정치적 메시아관으로 자신을 오해할 것을 염려하신 나머지 자신이 그리스도이신 것을 말하지 말도록 명령하셨다.

▶ **21절** 이 때로부터 예수 그리스도께서 자기가 예루살렘에 올라가 장로들과 대제사장들과 서기관들에게 많은 고난을 받고 죽임을 당하고 제삼일에 살아나야 할 것을 제자들에게 비로소 나타내시니

이때부터 예수님은 명확하게 자신의 고난과 죽음과 셋째 날의 부활에 대하여 말씀하셨다. 예루살렘으로 가셔야 하고 장로들과 대제사장들과 율법학자들이 그주체라는 것을 밝히셨다. 베드로의 신앙고백 직후에 이것을 밝히기 시작하신 것은 이것이 그들이 믿고 따르는 그리스도의 활동의 필수적 부분임을, 즉 그들의 믿음이 이러한 내용도 포함하여야 함을 알려주신 것이다.

▶ **22절** 베드로가 예수를 붙들고 항변하여 이르되 주여 그리 마옵소서 이 일이 결코 주께 미치지 아니하리이다

예수님을 믿고 사랑하는 베드로는 참을 수 없어서 예수님을 붙들고 "꾸짖기 시작하였다." 그리스도의 고난은 아직 실현되지 않은 천국의 비밀이

었고 믿는 베드로라도 받아들일 수가 없었던 것이다.

▶ **23-26절** 예수께서 돌이키시며 베드로에게 이르시되 사탄아 내 뒤로 물러 가라 너는 나를 넘어지게 하는 자로다 네가 하나님의 일을 생각하지 아니하고 도리어 사람의 일을 생각하는도다 하시고 24 이에 예수께서 제자들에게 이르시되 누구든지 나를 따라오려거든 자기를 부인하고 자기 십자가를 지고 나를 따를 것이니라 25 누구든지 제 목숨을 구원하고자 하면 잃을 것이요 누구든지 나를 위하여 제 목숨을 잃으면 찾으리라 26 사람이 만일 온 천하를 얻고도 제 목숨을 잃으면 무엇이 유익하리요 사람이 무엇을 주고 제 목숨과 바꾸겠느냐

그렇지만 예수님은 베드로의 행동이 결국 그리스도의 길을 막는 것이기 때문에 사탄이라고까지 하시면서 멈추도록 명령하셨다. 베드로의 선한 행동은 사람들을 구원하시려는 하나님의 일을 생각하지 않고 사람의 일을 생각하는 것이었다. 인간의 선한 생각도 하나님의 일을 방해하는 사탄의 도구가 될 수 있다면 그리스도를 따르는 사람들이 해야 할 일은 자신을 부정하고 그리스도가 주시는 말씀대로 자기 십자가를 지고 따르는 것뿐이다. 영원한 생명을 얻기 위하여 그리스도를 위하여 생명을 포기하는 것이다. 모든 기준이 그리스도에게서 주어진다.

▶ **27-28절** 인자가 아버지의 영광으로 그 천사들과 함께 오리니 그 때에 각 사람이 행한 대로 갚으리라 28 진실로 너희에게 이르노니 여기 서 있는 사람 중에 죽기 전에 인자가 그 왕권을 가지고 오는 것을 볼 자들도 있느니라

예수님은 부활 후에 있을 자신의 재림에 대해서도 덧붙여 말씀하셨다. 그날은 아버지의 영광으로 자기 천사들과 함께 오는 날이다. "각 사람의 행위"란 예수님을 믿고 예수님의 말씀대로 사는 것을 모두 포함하는 넓은 개념이다.

28절의 의미는 많은 논란이 있지만 부활 이후에 시작될 하나님 나라의 영광스러운 역사적 모습을 가리키셨다고 넓게 보는 것이 가장 적절해 보인다. 부활은 예수님이 자신의 왕권을 가지고 영적으로 다스리기 시작하는 날이다.

Short Commentary
Matthew
마태복음 17 장

44. 변화산 사건(마 17:1-13)

1) 개요

베드로의 신앙고백과 첫 번째 수난예고가 있은 지 엿새 후에 예수님께서 세 제자만을 데리시고 높은 산으로 올라가셔서 모습이 바뀌셨다. 보통 변화산 사건으로 부르는 것이다. 이 변화산 사건은 제자들이 그리스도요 하나님의 아들로 믿는, 그러나 잠시 후에 고난의 길을 가시고 죽었다가 다시 사셔야 할 예수님의 감추어진 영광을 미리 조금 보여주고 그들의 믿음을 강화하며 마지막 수난에도 넘어지지 않게 하기 위하여 예수님이 계획하신 사건이다.

세 제자는 예수님의 얼굴이 해처럼 빛나고 옷이 빛처럼 하얘졌으며 갑자기 모세와 엘리야가 나타나 예수님과 함께 대화하는 것, 그리고 빛난 구름이 그들을 덮는 것을 보았고 하늘에서 소리가 나는 것을 들었다. 이런 일들은 제자들을 감동시키고 그들의 믿음을 강화하기에 충분하였다. 베드로는 황홀한 광경에 취해 영원히 그 산에 있고 싶은 충동을 느꼈고 그곳에 천막을 치겠다는 제안을 하기도 했으며 예수님의 승천 후에도 오랫동안 이 일을 회상하며 사람들에게 거듭거듭 얘기하였다(벧후 1:16). 특히 하늘에서 들려온 소리는 예수님이 하나님의 아들이시라는 그들의 믿음, 자신의 기준을 따라야 한다는 예수님의 말씀을 확인해 주는 것이었다.

이 엄청난 광경은 메시야의 고난과 죽음과 부활에 대한 예고를 선뜻 받아 들이지 못하는 제자들만을 위한 예수님의 특별한 배려였기 때문에 예수님은 그들이 본 것을 자신이 죽었다가 살아나기까지 아무에게도 말하지 말 것을 지시하셨다. 고의적으로 다시 한 번 죽음과 부활을 강조하신 것이다. 제자들은 정신을 차리고 산에서 내려오면서 엘리야가 먼저 와야 한다고 하는 율법학자들의 말을 질문하였다. 예수님은 이미 엘리야가 왔다는 것만이 아니라 그가 먼저 왔으므로 메시야의 시대가 되었음을 다시 한 번 확인시켜 주셨다. 제자들은 예수님이 세례자 요한을 가리키는 것으로 이해했다.

2) 주해

17:1절 엿새 후에 예수께서 베드로와 야고보와 그 형제 요한을 데리시고 따로 높은 산에 올라가셨더니

마태는 베드로의 신앙고백과 예수님의 첫 번째 수난예고가 있은 날과 변화산 사건이 있었던 날을 빼고 "엿새 후"라고 하지만 누가는 이 두 날을 모두 포함하여 "여드레 후"(눅 9:28)라고 적은 것으로 생각된다.

예수님은 다른 제자들과 무리들을 산 밑에 떨어뜨려 두시고 가장 좁은 제자 집단인 베드로, 야고보, 요한만을 데리고 높은 산으로 올라가셨다. 다볼 산 등 다른 곳으로 해석되기도 하지만 가이사랴 빌립보와 가까운 헤르몬 산이 더 적당해 보인다.

▶ **2절** 그들 앞에서 변형되사 그 얼굴이 해 같이 빛나며 옷이 빛과 같이 희어졌더라

예수님의 모습이 바뀐 것은 변신, 변형과 같은 영적 몸으로의 변화가 아니라 얼굴이 해처럼 밝게 빛나고 옷이 하얗게 빛난 정도였다. 모세는 하

나님과 말씀을 나눈 것 때문에 얼굴 표면이 빛났지만(출 34:29) 예수님은 하나님의 아들로서 얼굴만이 아니라 온 몸이 빛을 내고 있었다.

▶ **3절** 그 때에 모세와 엘리야가 예수와 더불어 말하는 것이 그들에게 보이거늘

예수님은 모세와 엘리야, 구약시대의 두 대표적 인물과 함께 자신의 고난과 죽음에 관하여 말씀을 나누셨다(눅 9:31). 세 제자는 그 말씀을 통해서 두 사람을 알아보았다. 이때 나타난 놀라운 광경들은 예수님이 곧 벌어질 자신의 고난과 죽음에 제자들을 충분히 대비하게 하시려는 것이었다.

▶ **4절** 베드로가 예수께 여쭈어 이르되 주여 우리가 여기 있는 것이 좋사오니 만일 주께서 원하시면 내가 여기서 초막 셋을 짓되 하나는 주님을 위하여, 하나는 모세를 위하여, 하나는 엘리야를 위하여 하리이다

하늘의 영광과 위엄을 본 베드로는 예수님이 허락하시면 그곳에 초막 셋을 짓겠다고 하였다. 그는 자기가 하는 말을 자신도 알지 못할 정도로 흥분하고 두려워하고 있었다(눅 9:33). 예수님의 영광은 산 아래, 이 세상에 무슨 일이 일어나고 있고 무엇이 필요한 지조차도 잊어버릴 정도였던 것이다. 초막은 천막을 뜻하기도 한다.

▶ **5절** 말할 때에 홀연히 빛난 구름이 그들을 덮으며 구름 속에서 소리가 나서 이르시되 이는 내 사랑하는 아들이요 내 기뻐하는 자니 너희는 그의 말을 들으라 하시는지라

그들이 황홀하고 두려운 광경에 압도당하고 있을 때 빛나는 구름이 그들을 덮었고 하나님이 예수님을 자신의 사랑하고 기뻐하시는 아들로 알려주셨다. 또 예수님의 말씀을 듣도록 지시하셨다. 하나님께서도 베드로의 신앙고백을 옳은 것으로 확인하신 것이다. 제자들의 삶은 예수님의 말씀에 의해 좌우되어야 한다는 것도 하나님께서 지시하신 것이다.

▶ **6-8절** 제자들이 듣고 엎드려 심히 두려워하니 7 예수께서 나아와 그들에게 손

을 대시며 이르시되 일어나라 두려워하지 말라 하시니 8 제자들이 눈을 들고 보매 오직 예수 외에는 아무도 보이지 아니하더라

제자들은 땅에 엎드려서 떨 수밖에 없었다. 그러는 중에 황홀한 하늘의 광경은 사라지고 평소의 예수님이 그들을 만지시며 위로하셨다. 예수님과 함께 산 밑으로 내려가야 할 시간이 된 것이다. 신적 영광에 도취하고 있을 수만은 없다.

예수님은 제자들에게 잠시 보여준 것보다 훨씬 더 큰 영광을 버리고 세상에 오신 분이시다. 가장 낮아지셔서 고난과 죽임을 당하셔야 한다. 예수님은 산 밑에서 아직 하셔야 할 일이 있었다. 따라서 제자들도 해야 할 일이 있었다.

▶ **9절** 그들이 산에서 내려올 때에 예수께서 명하여 이르시되 인자가 죽은 자 가운데서 살아나기 전에는 본 것을 아무에게도 이르지 말라 하시니

산 위에서 본 것은 제자들을 확신으로 인도하시기 위해서였다. 따라서 예수님을 믿지도 않고 예수님의 고난과 죽음을 보며 그들의 서툰 메시야 기대마저 버릴 사람들에게 알릴 필요는 없다. “아무에게도” 중에는 다른 아홉 제자들도 포함되어 있다고 보는 것이 좋을 것이다. 예수님은 세 제자, 특히 베드로를 교회를 세울 바위로 삼으시기 위해 특별히 고르시고 남다른 경험을 하게 하신 것이다

▶ **10절** 제자들이 물어 이르되 그러면 어찌하여 서기관들이 엘리야가 먼저 와야 하리라 하나이까

엘리야가 먼저 와야 한다는 율법학자들의 말은 말라기 4장 5절에서 나온 것이다. 율법학자들은 그 엘리야가 먼저 오지 않았으니까 예수님은 메시야일 수 없다는 논리를 전개한 것으로 보인다.

제자들은 예수님을 하나님의 아들이신 메시야로 믿고 있었고 변화산의 경험을 통하여 더 확고한 뿌리를 얻었지만 그들의 마음에는 이 말씀이 여전히 의문으로 남아 있었을 수 있다. 변화산 위에서 환상 속에 엘리야를

본 것이 의문을 다른 면으로 키웠을 수도 있다. 그래서 산에서 내려오며 제자들은 이 질문을 예수님께 던졌다.

▶ **11절** 예수께서 대답하여 이르시되 엘리야가 과연 먼저 와서 모든 일을 회복하리라

예수님은 구약성경을 폐지하러가 아니라 채우러, 즉 성취하러 오신 분이셨다. 그래서 예수님은 이 질문에도 구약의 예언을 긍정하시며 정말 그가 와서 모든 것을 회복할 것이라고 말씀하셨다.

▶ **12절** 내가 너희에게 말하노니 엘리야가 이미 왔으되 사람들이 알지 못하고 임의로 대우하였도다 인자도 이와 같이 그들에게 고난을 받으리라 하시니

예수님은 "엘리야가 벌써 왔다."고 선언하셨다. 제자들이 산 위에서 보았던 환상이나 엘리야의 부활이 아니라 엘리야의 심정과 능력을 가지고 활동했던(눅 1:17) 세례자 요한을 가리키신 것이었다. 율법학자들은 세례자 요한을 알아보지 못했고 그들 멋대로 생각하고(11:16-18) 멋대로 대했기 때문에 여전히 예언이 남아 있는 것처럼 말했던 것이다.

예수님은 대답에서 요한에게서 멈추지 않으시고 자기 자신에 대한 얘기로 발전하셨다. 인자 즉 예수님 자신이 고난을 당하고 죽임을 당하는 것도 표적을 보면서도 이 땅에 천국이 시작되었음을 알지 못하는 사람들의 무지와 불신 때문이다. 이 말씀에는 자신이 백성을 구하러 오신 메시야시라는 대답도 들어 있다.

▶ **13절** 그제서야 제자들이 예수께서 말씀하신 것이 세례 요한인 줄을 깨달으니라

제자들은 율법학자들의 충고를 극복하고 전에 들었던 요한에 대한 말씀(11:14)으로 되돌아왔다. 이것은 예수님이 메시야이심을 믿었을 뿐만 아니라 더 이상 의문을 갖지 않게 되었음을 뜻한다.

45. 간질에 걸린 아이를 고치심, 두 번째 수난예고, 성전세를 내심(마 17:14–27)

1) 개요

본문에는 세 가지의 기사가 실려 있다. 간질환자를 고치신 사건(14-21절)과 두 번째 수난예고(22-23절)와 성전세를 내신 사건(24-27절)이다.

변화산에서 세 제자에게 자신의 영광의 한 부분을 보여주시고 내려오시는 길에 간질에 걸린 아이를 가진 한 사람의 애원을 들으시고 그를 고쳐주신 사건은 두 가지 의미가 있다.

첫째, 예수님은 자신의 마지막 길을 가시려고 준비를 하시면서도 사역을 처음 시작하셨을 때와 마찬가지로 병든 사람들이 오면 기꺼이 그들을 고쳐주셨다. 병고침이나 이적은 예수님이 누구인가를 알려주는 표적의 역할을 하는 것이어서 확실하게 믿는 제자들이 생긴 이 시점에 꼭 필요한 것은 아니었지만 사람들의 삶 자체를 측은히 여기시고 도와주시기를 거부하지 않으신 것이다.

둘째, 예수님은 자신이 이 세상에 계시지 않는 동안 제자들이 어떻게 믿음으로 살며 믿음으로 활동해야 하는가를 가르치기 시작하셨다. 예수님은 자신이 없을 때도 제자들이 자신이 주신 능력을 사용하여 귀신을 쫓아내고 병자를 고쳐주실 것을 기대하셨다. 그러나 그렇게 하지 못했다는 소식을 들으시고 무리들과 제자들을 책망하셨다. 특히 제자들을 작은 믿음을 가진 자들로 또 한 번 규정하셨다. 주신 능력을 사용하지 못하는 것이 작은 믿음이다. 반대로 예수님을 믿는다면 예수님이 함께 계시고 함께 계시지 않고에 상관없이 제자들은 산이라도 옮길 수 있어야 하고 못할 일이 없어야 한다.

얼마 지나지 않아서 예수님은 두 번째로 자신의 수난, 죽음 부활을 예고하셨다. 이제 제자들은 이것을 피할 수 없는 기정사실로 받아들이고 슬퍼한다.

가버나움에서 성전세를 거두는 사람들을 만나셨을 때 베드로에게 낚시를 던져 고기를 잡아 그 고기입에 있는 은전 한 닢을 가져다 줄 것을 명령하셨다. 예수님은 율법을 완성하는 분이시고 하나님의 아들로서 성전의 주인이시지만 따라서 성전을 내실 필요가 없으셨지만 율법을 결코 범하지 않는 삶을 사셨다.

2) 주해

▶ **14절** 그들이 무리에게 이르매 한 사람이 예수께 와서 꿇어 엎드려 이르되

예수님과 세 제자가 산 밑에 있던 무리에게 왔을 때 한 사람이 예수님에게 다가와서 무릎을 꿇었다. 간질에 걸려 있던 아들의 고통이 그를 이렇게 하도록 자극하였다.

▶ **15절** 주여 내 아들을 불쌍히 여기소서 그가 간질로 심히 고생하여 자주 불에도 넘어지며 물에도 넘어지는지라

그는 아들을 위한 예수님의 자비를 호소했다. 예수님의 자비심, 자비를 베푸시려는 뜻이 이적적 결과를 만들어내는 관건이기 때문이다. 그는 아들이 자주 고통을 당하며 불에 엎어지거나 물에 빠지곤 한다고 설명했다. 간질은 뇌질환으로 나타나는 정신적 신체적 병이었다. 이 경우 귀신 들린 것이 원인이었으나(18절) 그는 이 원인을 알고 있지는 못했다.

▶ **16절** 내가 주의 제자들에게 데리고 왔으나 능히 고치지 못하더이다

이 사람은 아들을 고치고자 하는 간절한 마음으로 예수님을 찾아왔고 예수님이 마침 산에 계셨기 때문에 제자들에게 데려갔지만 그들이 아들을 고치지 못했다고 하소연하였다. 예수님만이 고쳐주실 것이라는 절박한 심정을 읽을 수 있다.

▶ **17절** 예수께서 대답하여 이르시되 믿음이 없고 패역한 세대여 내가 얼마나 너희와 함께 있으며 얼마나 너희에게 참으리요 그를 이리로 데려오라 하시니라

"믿지 못하고 뒤틀린 세대여"는 제자들을 포함한 무리 모두를 향한 것이다. 예수님은 열두 사도들에게 병고치고 능력을 행사하며 귀신들을 내쫓는 권세를 주셨고(10:1) 제자들은 예수님이 없이도 이 힘을 사용한 적이 있었다(눅 10:17). 사람들은 가끔 예수님은 믿었어도 제자들이 이러한 일을 할 수 있다고 믿지는 못했을 것이다. 제자들은 예수님이 그들에게 주신 능력을 사용하지 못했다. 하나님의 통치가 새롭게 시작되었으므로 자기 없이도 이런 일을 할 수 있어야 한다는 예수님의 기대가 "언제까지 너희와 함께 있겠느냐?" "언제까지 참고 기다리겠느냐?"라는 한탄에 포함되어 있다.

한탄과 꾸중에도 불구하고 예수님은 아이에게 자비를 베푸실 마음을 가지고 계셨기에 그를 데려오라고 하셨다.

▶ **18절** 이에 예수께서 꾸짖으시니 귀신이 나가고 아이가 그 때부터 나으니라

예수님은 아이를 꾸짖으셨지만 사실은 그를 사로잡고 있는 마귀를 야단치셨다. 예수님의 한 마디에 귀신은 그에게서 나갔고 아이가 완전히 치료되었기 때문이다. 예수님은 병의 원인을 고쳐주셨다. 사탄은 예수님에 맞서는 절대세력이 아니라 예수님이 명령하시기까지 숨어서 힘을 쓰는 잔존세력이다. 따라서 예수님이 오신 이후 예수님을 믿고 의지하는 사람들에게 사탄의 세계는 없는 것이나 마찬가지이다.

▶ **19절** 이 때에 제자들이 조용히 예수께 나아와 이르되 우리는 어찌하여 쫓아내지 못하였나이까

아홉 명의 제자들은 자신들이 귀신을 쫓아내지 못했던 이유를 조용히 여쭈었다. 예수님이 함께 하지 않을 때 어떻게 해야 하는지를 물은 것이나 다름없다.

▶ **20절** 이르시되 너희 믿음이 작은 까닭이니라 진실로 너희에게 이르노니 만일 너

희에게 믿음이 겨자씨 한 알 만큼만 있어도 이 산을 명하여 여기서 저기로 옮겨지라 하면 옮겨질 것이요 또 너희가 못할 것이 없으리라

예수님은 그 원인을 제자들의 작은 믿음에 있다고 지적하셨다. 믿음을 작게 만드는 요소로 예수님은 믿는 자들의 마음을 파고드는 걱정(6:30; 16:8), 공포(8:26), 의심(14:31)을 지적하신 적이 있었다. 이 경우 의심이 제자들의 믿음을 약하게 만들었을 것이라고 추측할 수 있다. 믿음은 질이나 양을 따질 수 있는 문제가 아니다. 예수님을 의지하는 것이기 때문이다. 따라서 예수님은 자신을 향하여 겨자씨만한 믿음만 있어도 산을 향하여 말할 수 있고, 산이 순종하며, 못할 일이 없다고 말씀하셨다. 예수님에게 불가능한 일이 없기 때문이다. 그러나 믿음의 결과는 하나님에게 달려 있으므로 하나님이 원하시는 것만이 믿음의 결과로 나타난다고 말해도 좋을 것이다.

▶ **22-23절** 갈릴리에 모일 때에 예수께서 제자들에게 이르시되 인자가 장차 사람들의 손에 넘겨져 23 죽임을 당하고 제삼일에 살아나리라 하시니 제자들이 매우 근심하더라

북쪽 여행을 마치시고 갈릴리로 들어오셔서 예수님은 두 번째로 자신의 수난과 죽음, 부활을 예고하셨다. "사람들의 손"이란 16:21에서 밝히신 "장로들과 대제사장들과 율법학자들"을 뜻한다. 같은 말씀을 두 번 들은 제자들은 말릴 수도 없다는 것을 알고 기정사실화하며 슬퍼하기 시작하였다. 예수님을 믿는답시고 고개 숙여 감사하며 빨리 그렇게 해주시도록 기도할 수는 없는 노릇이었다.

▶ **24절** 가버나움에 이르니 반 세겔 받는 자들이 베드로에게 나아와 이르되 너의 선생은 반 세겔을 내지 아니하느냐

반 세겔은 출애굽 후 모든 유대인 남자들이 생명의 속전으로 바쳤던 것으로 예수님 당시는 매년 부과되었으며 당시 화폐로 동전 "두 드라크마"였다. 성전에서 파견 받은 사람들이 예수님께 나타났는데 그들이 모든 사

람에게 걷으러 다니던 중이었는지 예수님이 율법을 지키시는지를 시험하기 위해서 왔는지 확실하지 않다. 예수님만을 지적한 것을 보면 악의적이었던 것으로 보인다.

▶ **25-26절** 이르되 내신다 하고 집에 들어가니 예수께서 먼저 이르시되 시몬아 네 생각은 어떠하냐 세상 임금들이 누구에게 관세와 국세를 받느냐 자기 아들에게냐 타인에게냐 26 베드로가 이르되 타인에게니이다 예수께서 이르시되 그렇다면 아들들은 세를 면하리라

베드로는 내신다고 대답하고 집으로 들어갔는데 예수님이 먼저 성전세와 자신의 관계를 질문하셨다. 베드로가 알고 믿고 있는 예수님은 하나님의 아들이시다. 성전의 주인이시라고 말씀하신 적도 있다. 임금들이 자기 아들에게가 아니라 타인에게서 세금을 걷는다면 하나님의 아들이신 예수님도 성전세를 내실 필요가 없다. 예수님과 베드로 사이의 대화의 결론이었다.

▶ **27절** 그러나 우리가 그들이 실족하지 않게 하기 위하여 네가 바다에 가서 낚시를 던져 먼저 오르는 고기를 가져 입을 열면 돈 한 세겔을 얻을 것이니 가져다가 나와 너를 위하여 주라 하시니라

그러나 예수님은 자신을 메시야로도, 하나님의 아들로도 믿지 않는 그들이 오해하지 않도록 하시기 위하여 베드로에게 성전세를 줄 것을 명령하셨다. 예수님은 돈이 없으셨기에 베드로는 바다에 가서 낚시를 던지고 먼저 올라오는 고기의 입속에 있는, 네 드라크마에 해당하는 은전을 예수님과 자신을 위하여 주어야 했다. 예수님은 율법을 지키시는 것에서도 다른 사람과 같아지셨던 것이다.

Short Commentary Matthew

마태복음 18장

46. 하나님의 나라에서 더 큰 사람(마 18:1–14)

1) 개요

마태복음에는 다섯 개의 설교가 수록되어 있다. 이 설교들은 마태가 예수님이 하신 설교들 중에서 중요한 말씀들을 주제별로 묶어 놓은 것이다. 본문은 그 네 번째로 예수님을 믿는 사람들, 즉 교회 또는 천국의 백성들 사이의 문제를 다루고 있다. 이 말씀들은 세상에서, 즉 믿지 않는 사람들 가운데서 천국의 백성이 어떠해야 하느냐를 다루신 산상설교(5-7장)나 파송설교(10장), 두 종류의 사람이 섞여 있는 상황에서 이중의 결과를 낳도록 고안된 비유설교(13장)와는 성격이 사뭇 다르다. 믿는 사람들 사이의 태도와 질서를 말씀하셨다는 면에서 이 설교는 오래 전부터 교회설교라고 불리어 왔다.

첫 번째 단락(1-4절)은 천국에서 어떤 사람이 더 큰 사람이냐? 라는 주제에서 시작한다. 예수님은 제자들의 질문을 받으시고 천국의 사람들은 크다 작다는 식으로 말해서는 안 된다고 교훈하셨다. 굳이 이런 단어를 써야 한다면 자신을 어린아이처럼 낮추는 사람이 하늘나라에서 큰 사람이다.

아니, 어린아이처럼 되지 않으면 아무도 천국에 들어가지 못한다.

둘째 단락(5-14절)은 한 사람의 중요성에 대하여 하신 말씀이지만 근본적으로 크게 되고자 하는 욕구를 가지고 있었던 제자들, 곧 지도자들에게 주신 말씀이다. 예수님을 믿는 천국의 백성은 모두가 똑같이 귀중하다는 전제가 깔려 있다. 하나님의 나라는 권위와 서열과 가치와 능력이 지배하는 나라가 아니라 예수님이 지상 사역에서 보여주신 것처럼 사랑과 희생과 이해와 도움이 나타나는 나라이다. 따라서 누구나 약하고 힘없는 사람들에게 더 큰 관심을 가지고 예수님을 맞아들이는 것과 같이 대해야 한다. 아이라도 업신여기거나 넘어뜨려서는 안 된다. 남을 넘어뜨리는 것보다는 넘어지게 하는 손과 발을 자르고 눈을 뽑는 한이 있더라도 불구자로 영원한 생명을 얻는 것이 더 나은 일이다. 한 마디로 표현한다면 가장 작은 사람들 가운데 하나라도 망하(게 하)는 것은 하나님의 뜻이 아니다.

2) 주해

18:1절 그 때에 제자들이 예수께 나아와 이르되 천국에서는 누가 크니이까

앞부분에서 다룬 예수님의 가르침은 제자들 사이에 하나님의 나라에서 누가 더 크냐는 논쟁을 불러 일으켰다. 그들은 아직도 하나님의 나라를 서열이 있는 인간의 나라와 비슷한 것으로 생각하고 있다(막 9:33-37; 눅 9:40-48 참조).

마태는 모든 논쟁 과정을 생략하고 제자들의 결정적 질문: 하늘나라에서는 대체 누가 더 큽니까? 만을 설교의 도입부로 적어 놓았다.

▶ **2절** 예수께서 한 어린 아이를 불러 그들 가운데 세우시고

예수님이 실물교육을 위하여 불러서 세우신 어린아이는 당시 사람의 숫자로 계산되지 않고 재산처럼 취급되거나 무시되고 있었다. 그러나 예수님은 어린아이를 사람으로 인정하시며 오히려 어른들이 본받아야 할 천

국시민의 표본으로 제시하셨다.

▶ **3절** 이르시되 진실로 너희에게 이르노니 너희가 돌이켜 어린 아이들과 같이 되지 아니하면 결단코 천국에 들어가지 못하리라

어린아이는 미성숙, 유치함, 순수함 등의 특징도 가지고 있지만 여기서는 자신의 약함을 알고 부모를 의지하는 특성, 곧 아이들의 겸손과 의지심이 부각되고 있다. 예수님은 큰 사람, 명예 등에 관심을 가지는 사람들이 마음을 고쳐먹고 이런 어린아이처럼 되지 않으면 아무도 천국에 들어가지 못한다고 하셨다.

▶ **4절** 그러므로 누구든지 이 어린 아이와 같이 자기를 낮추는 사람이 천국에서 큰 자니라

천국은 강한 사람들의 나라가 아니라 어린아이처럼 자신을 낮추는 사람들의 나라이다. 크다 작다는 용어를 굳이 사용한다면 이런 사람이 하늘나라에서 큰 사람이다. 천국에도 큰 사람 작은 사람이 있다는 말씀이 절대 아니다. 전절에서 그렇지 않은 사람은 천국에 들어가지 못한다고 하셨기 때문이다.

▶ **5절** 또 누구든지 내 이름으로 이런 어린 아이 하나를 영접하면 곧 나를 영접함이니

따라서 보잘것없어 보이는 사람이라도 귀중히 여겨야 한다. 예수님은 당시 사람으로 취급도 받지 못했던 어린아이를 영접하는 것을 예수님 자신을 맞아들이는 것으로 계산하신다고 하셨다.

▶ **6절** 누구든지 나를 믿는 이 작은 자 중 하나를 실족하게 하면 차라리 연자 맷돌이 그 목에 달려서 깊은 바다에 빠뜨려지는 것이 나으니라

반대로 작고 약하다고 하여 무시하거나 학대하고 넘어뜨리는 것은 결코 일어나서는 안 되는 일이다. 실족케 한다고 번역된 말은 실수하게 하고 죄를 짓게 한다는 뜻이다. 예수님은 그러한 행동에 심판이 따른다는 사실을

목에 연자맷돌을 걸고 깊은 바다에 던져지는 것으로 비유하셨다.

▶ **7절** 실족하게 하는 일들이 있음으로 말미암아 세상에 화가 있도다 실족하게 하는 일이 없을 수는 없으나 실족하게 하는 그 사람에게는 화가 있도다

예수님은 강한 사람들의 돈, 권력, 재주, 명예 등이 원인이 되어 도덕적으로나 신앙적으로 약한 사람을 넘어뜨리는 일이 세상에는 많이 있음을 인정하셨다. 이런 일이 없을 수 없다 하더라도 남을 넘어뜨리는 사람에게는 화가 있다. "화"란 지옥 불, 즉 하나님의 심판을 받음을 뜻한다.

▶ **8-9절** 만일 네 손이나 네 발이 너를 1)범죄하게 하거든 찍어 내버리라 장애인이나 다리 저는 자로 영생에 들어가는 것이 두 손과 두 발을 가지고 영원한 불에 던져지는 것보다 나으니라 또는 실족 9 만일 네 눈이 너를 범죄하게 하거든 빼어 내버리라 한 눈으로 영생에 들어가는 것이 두 눈을 가지고 지옥 불에 던져지는 것보다 나으니라

예수님은 마음에 일어나는 음란한 생각과 성적 범죄를 교훈하실 때 사용하셨던 과장법을(5:29-30) 이 문맥에서도 사용하셨다. 남이나 자신을 죄짓게 하는 것은 무엇이든지 절단해야 한다. 불구나 절름발이나 외눈으로 생명에 들어가는 것이 불에 던져지는 것보다 더 낫기 때문이다. 실제로 우리 몸을 잘라내는 것이 아니라 그럴 때의 결단과 아픔으로 욕망, 권력, 명예, 악한 생각 등 우리로 하여금 죄를 짓게 하는 원인과 수단들을 제거해야 함을 과장법으로 강조하신 것이다.

▶ **10절** 삼가 이 작은 자 중의 하나도 업신여기지 말라 너희에게 말하노니 그들의 천사들이 하늘에서 하늘에 계신 내 아버지의 얼굴을 항상 뵈옵느니라

어린아이처럼 육체적으로나 정신적으로 작고 약한 사람들은 스스로를 지켜낼 수도 없을 뿐만 아니라 보통 사람에게라도 쉽게 무시당할 수 있다. 예수님은 가치 없어 보이는 사람이더라도 업신여기지 말라고 하셨다. "이 작은 사람"은 사회에서 힘없는 사람을 뜻할 수도 있지만, 여기서는 예수님을 믿는 연약한 사람을 뜻하는 것으로 보는 것이 좋을 것이다. 교회/하나

님의 나라에서 또는 이 세상에서 약하고 불쌍한 사람들은 무시하고 짓밟을 상대가 아니라 보호하고 도우며 섬겨야 할 사람들인 것이다.

그들의 천사들이 하나님의 얼굴을 늘 뵙고 있다는 표현은 사람, 또는 신자 각자의 수호천사가 존재함을 알려 그 천사들을 의지하고 살아가야 함을 알려주는 것 같지 않다. 천사들이 예수님을 시중들었듯이(4:11) 예수님을 믿는 사람들을 돕는 역할을 하며 진정한 보호자이신 하나님의 명령을 수행하기 위하여 기다리고 있음을 알려주는 것으로 보인다.

▶ **12-13절** 너희 생각에는 어떠하냐 만일 어떤 사람이 양 백 마리가 있는데 그 중의 하나가 길을 잃었으면 그 아흔아홉 마리를 산에 두고 가서 길 잃은 양을 찾지 않겠느냐 13 진실로 너희에게 이르노니 만일 찾으면 길을 잃지 아니한 아흔아홉 마리보다 이것을 더 기뻐하리라

잃은 양의 비유는 연약하여 넘어지기 쉬운 한 교인의 중요성을 강조한다. 양 한 마리가 길을 잃었을 때 목자가 아흔 아홉 마리를 산에 두고 그 양을 찾으러 나섰고 양을 찾았을 때 그 양 때문에 더 기뻐한다는 말씀은 아흔 아홉이 중요하지 않다는 역차별이 아니다. 강하고 능력 있는 사람들은 스스로 보호할 수 있다. 그러나 약한 사람들은 도움이 필요하다. 강한 사람들, 지도자들은 특별히 이 약한 사람들에게 특별한 관심과 배려를 가져야 하는 것이다.

이 비유는 전통적으로 교회 안의 한 사람보다는 믿지 않는 사람들을 교회로 불러들이는 비유로 이해해 왔다. 가능은 하지만 문맥에서 절단하는 해석이 된다.

▶ **14절** 이와 같이 이 작은 자 중의 하나라도 잃는 것은 하늘에 계신 너희 아버지의 뜻이 아니니라

연약한 사람들 가운데 하나라도 망하는 것은 결코 하나님이 뜻이 아니라는 말씀은 잃은 양 비유의 결론이며 동시에 미천하게 보이는 한 사람의 귀중함에 대하여 말씀하신 부분(5-10절)의 결론이기도 하다.

47. 용서에 대하여(마 18:15-35절)

1) 개요

다른 사람에게 죄를 지어서는 안 된다는 앞의 교훈에 이어 본문에는 다른 사람이 죄를 지을 때 어떻게 해야 하는가에 관한 말씀이 나온다.

죄의 문제에서 가장 중요한 것은 기준의 문제이다. 죄나 의의 기준은 예수님의 말씀이다. 구약성경은 예수님이 완성하신 실례(實例)를 따라서만 기준의 역할을 한다. 교회가 각 시대와 각 장소에 적합하게, 예수님의 말씀의 원리 위에서 무엇이 옳고 그른가를 규정할 수 있다(16:19; 18:18).

누가 죄를 지으면, 첫째 단계는 그 사람만 있을 때 죄를 깨우쳐 주는 것이고, 둘째 단계는 한 두 증인을 데리고 가서 죄를 확인해 주는 것이고, 셋째 단계는 천국의 백성인 교회에 말하는 것이다. 죄를 인정하고 용서를 빌면 다음 단계로 진행할 필요가 없다. 용서가 그 끝이다. 그러나 죄를 인정하지 않으면 다음 단계로 진행하고 마지막에는 예수님의 말씀을 받아들이지 않는 불신자로 취급하는 것으로 끝이 난다. 두 세 사람이 모여서 예수님의 이름으로 예수님이 주신 기준을 사용하는 것은 하나님께서도 그대로 인정하시는 방법이다.

형제를 몇 번이나 용서해 주어야 하는가? 이 질문에 예수님은 일흔 번씩 일곱 번이라도 용서해 주라고 하시며 일만 달란트 빚진 사람의 비유를 말씀하셨다.

일만 달란트 빚진 사람의 비유는 '천국의 비유'이다. 천국은 사람이 용서를 빌고 용서를 하는 이 세상에 나타나는 것이다. 한 임금이 자기에게 일만 달란트 빚진 사람을 탕감해 주었다. 하나님의 용서를 뜻한다. 그런데 그 종은 백 데나리온 빚진 동료 종을 용서해주지 않았다. 사람의 용서의 비유어다. 그러자 임금은 그 종을 불러 일만 달란트를 다시 갚으라고 명령한다. 용서에 관한 천국의 질서는 하나님이 우리를 용서하신 것처럼 형제를 용서해 주어야 한다는 것, 형제를 용서해 주지 않는다면 하나님도 우리를 용서해 주지 않으신다는 것이다. 인간의 용서는 하나님의 용서에 대한 응답이므로 횟수를 따질 문제가 아니다.

2) 주해

▶ **15절** 네 형제가 죄를 범하거든 가서 너와 그 사람과만 상대하여 권고하라 만일 들으면 네가 네 형제를 얻은 것이요

"형제"란 신자들을 가리키는 용어이다. 교회 안에서 누가 죄를 지으면 피해를 입은 사람이 개인적으로 정중하게 이것을 깨닫게 해야 한다. 만약 이 권고를 듣고 회개한다면 신앙의 형제관계는 용서를 통하여 회복되고 잃은 자를 얻는 효과에 도달한다. (이 마지막 단서조항은 다음 각 절에 반복되어 나오지 않지만 생략된 것으로 보아야 한다.)

▶ **16절** 만일 듣지 않거든 한두 사람을 데리고 가서 두세 증인의 입으로 말마다 확증하게 하라

만약 그가 자신의 잘못을 깨닫거나 시인하지 않으면 단념하지 말고 그가 죄를 지었음을 알고 있는 증인 한 두 사람을 데리고 가서 하나하나를 확인하며 회개하기를 권해야 한다.

▶ **17절** 만일 그들의 말도 듣지 않거든 교회에 말하고 교회의 말도 듣지 않거든 이방인과 세리와 같이 여기라

그가 두 세 사람의 증언과 권고조차 흘려 듣는다면 마지막으로 교회에 알리고 교회가 공개적으로 그를 아끼는 마음으로 타일러야 한다. 이것 마저 귓전으로 흘린다면 그를 "이방인과 세리" 즉 믿지 않는 사람처럼 대해야 한다. 신앙의 교제를 멈추라는 말씀이다. 그리스도께서 교회에 주신 기준에 기초한 권고를 받아들이지 않는 것은 그리스도 자신을 인정하지 않는

것과 같기 때문이다.

▶ **18절** 진실로 너희에게 이르노니 무엇이든지 너희가 땅에서 매면 하늘에서도 매일 것이요 무엇이든지 땅에서 풀면 하늘에서도 풀리리라

예수님은 16:19에서 베드로에게 주셨던 권한을 모든 교회에 주셨다. 그곳에서 열쇠로 상징하셨던 세 가지 내용 중 두 가지를 "묶는 것"과 "푸는 것"으로 반복하신 것으로 보인다. 즉 교회는 예수님의 말씀의 근거 위에서 믿는 사람들이 이행하거나 금해야 할 규범을 확정하는 권한과 이 규범에 따라 성실하게 칭찬과 책망을 수행하는 권한을 가지고 있다. "묶여 있을 것이다."와 "풀려 있을 것이다."는 교회의 이 권한이 하나님의 다스리심의 결과임을 보여준다.

▶ **19-20절** 진실로 다시 너희에게 이르노니 너희 중의 두 사람이 땅에서 합심하여 무엇이든지 구하면 하늘에 계신 내 아버지께서 그들을 위하여 이루게 하시리라
20 두세 사람이 내 이름으로 모인 곳에는 나도 그들 중에 있느니라

"두 사람"은 교회라는 단어가 적용될 수 있는 최소단위이다. ① 두 사람은 15절의 가해자와 피해자일 수 있다. 이 경우 본문은 예수님의 명령, 이 명령에 근거한 죄의 기준에 동의하며 용서를 빌고 용서하는 것을 뜻한다. ② 18절의 규범의 작성이나 치리의 권한과 관련된 두 사람일 수 있다. 이 경우 본문은 규범을 만들거나 이 규범으로 교회 질서를 유지하는 것을 뜻한다. ③ 믿는 두 사람일 수 있다. 이 경우 본문은 두 사람이 마음을 모아 기도함을 뜻한다. 어떤 본문이든 문맥의 지원을 받는데 예수님은 하나님이 그것을 듣고 이루어주신다고 약속하셨다. 두 세 사람이 예수님의 이름으로 모이는 곳에는 항상 예수님도 함께 계시기 때문이다.

"내 이름으로"는 예수님을 의지하는 믿음만을 근거로" 모이는 것을 뜻한다.

▶ **21-22절** 그 때에 베드로가 나아와 이르되 주여 형제가 내게 죄를 범하면 몇 번

이나 용서하여 주리이까 일곱 번까지 하오리이까 22 예수께서 이르시되 네게 이
르노니 일곱 번뿐 아니라 일곱 번을 일흔 번까지라도 할지니라

죄의 권고, 회개와 용서 등의 교훈은 제자들에게 얼마나 용서해야 하느냐? 라는 의문을 몰고 왔다. 또 베드로가 물었다. 일곱 번까지 할까요? 예수님은 일흔 번씩 일곱 번이라도 용서하라고 하셨다. 용서란 몇 번이 아니라 진심의 문제라는 교훈이 이어 나오는 비유에 새겨져 있다.

▶ **23절** 그러므로 천국은 그 종들과 결산하려 하던 어떤 임금과 같으니

이 비유는 하나님이 다스리시는 방법 즉 교회라는 이름으로 이 땅에 시작된 천국에서 통용되는 용서에 관한 교훈이다. 초점은 임금으로 비유된 하나님의 행동에 맞추어져 있다.

▶ **24절** 결산할 때에 만 달란트 빚진 자 하나를 데려오매

달란트는 금의 무게를 재던 단위로 34kg 정도에 해당한다. 일만 달란트란 현 시세로 약 7조원이 된다. 한 마디로 하나님에게 갚을 수 없는 빚을 진 인간의 상황에 대한 과장법적 비유어이다.

▶ **25-27절** 갚을 것이 없는지라 주인이 명하여 그 몸과 아내와 자식들과 모든 소
유를 다 팔아 갚게 하라 하니 26 그 종이 엎드려 절하며 이르되 내게 참으소서 다
갚으리이다 하거늘 27 그 종의 주인이 불쌍히 여겨 놓아 보내며 그 빚을 탕감하여
주었더니

빚진 종, 아마 한 지역의 통치자, 내지 영주는 갚을 것이 없어서 왕은 그와 그의 가족을 팔아서라도 빚을 갚으라고 한다. 그는 갚을 것이 없지만 다급하게 갚겠다고 말한다. 왕이 그를 불쌍히 여겨서 빚을 다 탕감하여 주었다는 것은 천국으로 비유된 하나님의 무조건적이고 끝이 없는 용서를 상징한다.

▶ **28-30절** 그 종이 나가서 자기에게 백 데나리온 빚진 동료 한 사람을 만나 붙들

어 목을 잡고 이르되 빚을 갚으라 하매 29 그 동료가 엎드려 간구하여 이르되 나에게 참아 주소서 갚으리이다 하되 30 허락하지 아니하고 이에 가서 그가 빚을 갚도록 옥에 가두거늘

탕감을 받은 종은 홀가분하게 나오다가 백 데나리온, 약 500만원 정도의 빚을 진 동료를 만났다. 적지도 않지만 탕감 받은 것에 비하면 소액이었다. 그는 화풀이라도 하듯 동료의 목을 잡아 비틀며 빚 청산을 요구했고, 애걸하는 모습에도 불구하고 그 동료를 불쌍히 여기지 않고 옥에 가두고 말았다.

▶ **31-34절** 그 동료들이 그것을 보고 몹시 딱하게 여겨 주인에게 가서 그 일을 다 알리니 32 이에 주인이 그를 불러다가 말하되 악한 종아 네가 빌기에 내가 네 빚을 전부 탕감하여 주었거늘 33 내가 너를 불쌍히 여김과 같이 너도 네 동료를 불쌍히 여김이 마땅하지 아니하냐 하고 34 주인이 노하여 그 빚을 다 갚도록 그를 옥졸들에게 넘기니라

이 소식을 들은 임금은 그 종을 다시 불렀다. 왕은 그 종이 비는 모습을 측은히 여겨 일만 달란트란 어마어마한 빚을 탕감하여 준 것처럼 그 종도 동료를 불쌍히 여겨 백 데나리온을 탕감하여 주었어야 한다는 논리를 펴며 탕감해 주었던 빚을 다시 갚도록 옥에 넣고 말았다.

▶ **35절** 너희가 각각 마음으로부터 형제를 용서하지 아니하면 나의 하늘 아버지께서도 너희에게 이와 같이 하시리라

비유 전체를 하나하나 풀어 가면 하나님의 용서로 비유된 탕감이 번복되었다는 신학적 난제에 도달한다. 그러나 이 비유를 사용하신 예수님의 의도에만 초점을 맞춘다면 용서란 "진심"에서 나오는 것이라는 교훈이 부각된다. 형제를 진심으로 용서하지 않는 사람은 하나님의 용서를 진심으로 받아들이지 않은 사람이므로 결국 하나님의 용서가 없을 것이라는 말씀이다. 하나님의 용서를 아는 사람은 진심으로 형제를 용서해야 한다는 필연적 교훈이다.

Short Commentary
Matthew
마태복음 19 장

48. 이혼논쟁(마 19:1–12)

1) 개요

예수님이 갈릴리 사역을 마치시고 유대지역으로 들어가셨을 때 바리새인들이 이혼에 관하여 질문하였다. 이혼 문제가 당시 사회에서도 중요하기 때문이기도 했지만, 직접적으로는 이 문제에 대한 태도에 따라서 예수님을 공격하거나 배척할 수 있는 구실을 손쉽게 얻을 수 있었기 때문이었다. 예수님은 이스라엘의 중심 지역인 유대 땅에서 본격적으로 유대 지도부와 부딪치신 것이다.

당시 바리새인들 사이에는 이혼에 관하여 크게 두 종류의 주장이 있었다. 신명기 24:1에 기록된 이혼 허용과 관련되어 있었는데, 힐렐 학파는 이유만 있으면 이혼할 수 있다고 함으로써 이혼을 남자의 권리인 것처럼 만들었고 샤마이 학파는 가능한 한 이혼을 금지했다.

바리새인들의 질문은 힐렐 학파의 주장에 근거한 것이었다. 예수님은 창조질서에 입각하여 결혼이란 하나님이 두 사람을 한 몸으로 결합시켜 주시는 것이기 때문에 이혼할 수 없다고 대답하셨다. 그러자 바리새인들은 모세가 이혼문서를 써주고 아내를 버리도록 허용한 이유를 질문했다. 이 질문은 샤마이 학파의 관점에서 제기된 것이었다. 예수님은 이 계명을 출애굽 당시의 상황, 즉 사람들의 완고한 마음 때문에 주신 것이라고 규정하셨다. 범죄행위인 간음이 아닌 다른 사유로 이혼한다면, 그리고 다른 사람과 결혼한다면 이 자체가 간음이라고 하셨다. 예수님의 대답은 겉으로는 샤마이 학파와 같아 보였지만 그 정신은 전혀 달랐다. 구약의 어떤 계명을 상황적인 것으로 해석하고 원래 창조질서에 입각하여 설명하신 것이다.

이 이혼논쟁은 곧 독신에 대한 교훈으로 이어졌다. 듣고 있던 제자들이 결혼하지 않는 것이 더 좋다는 의견을 제시하였기 때문이다. 예수님은 세 종류의 독신에 대하여 말씀하시면서 천국을 위하여 독신으로 살 수 있는 사람은 그렇게 하라는 선택적 명령을 주셨다.

2) 주해

19:1-2절 예수께서 이 말씀을 마치시고 갈릴리를 떠나 요단 강 건너 유대 지경에 이르시니 2 큰 무리가 따르거늘 예수께서 거기서 그들의 병을 고치시더라

십자가 사건이 일어나기 한 달쯤 전에 예수님은 갈릴리를 떠나셨고 베레아를 거쳐 유대 지역으로 들어가셨다. 예수님은 이때도 사람들을 고쳐주셨지만 이제 주된 사역은 유대지도부와의 충돌, 제자들을 보다 확실한 집단으로 교육하시는 것에 집중된다.

▶ **3절** 바리새인들이 예수께 나아와 그를 시험하여 이르되 사람이 어떤 이유가 있으면 그 아내를 버리는 것이 옳으니이까

"시험하였다"로 마태는 바리새인들의 태도가 예수님께 악의적이었음을 알린다. 그들의 질문은 "이유만 있으면 아내를 버려도 좋습니까?"였다. 여자를 물건 취급하고 결혼과 이혼을 남자들의 특권으로 생각하던 풍습을

엿볼 수 있다.

여자에게 "수치되는 일"이 발견될 때 이혼문서를 주고 아내를 돌려보낼 수 있다(신 24:1)는 계명을 힐렐 학파는 가능하면 넓게, 샤마이 학파는 가능하면 좁게 해석하였는데, 이 사이에서 이렇게 대답해도 걸리고 저렇게 대답해도 걸리게 하여 예수님을 공격하려는 것이 그들의 계획이었다.

▶ **4-5절** 예수께서 대답하여 이르시되 사람을 지으신 이가 본래 그들을 남자와 여자로 지으시고 5 말씀하시기를 그러므로 사람이 그 부모를 떠나서 아내에게 합하여 그 둘이 한 몸이 될지니라 하신 것을 읽지 못하였느냐

예수님은 이혼 문제를 성경을 가지고 대답하셨다. "하나님이 처음부터 사람을 남자와 여자로 지으셨다."는 창 1:27절, "이러므로 사람이 아버지와 어머니를 떠나서 자기 아내와 함하여 둘이 한 몸이 될 것이다."는 창 2:24의 인용이다.

"읽어보지 못하였느냐?"는 바리새인들이 성경의 한 부분만을 강조하여 논쟁하고 더 중요한 부분을 무시하는 실수를 지적하신 것이다.

▶ **6절** 그런즉 이제 둘이 아니요 한 몸이니 그러므로 하나님이 짝지어 주신 것을 사람이 나누지 못할지니라 하시니

예수님의 결론은 남편과 아내는 결혼으로 육체적으로나 정신적으로, 즉 인격적으로 한 몸이 된다는 것이다. 하나님이 창조 시에 이런 원리를 세우셨으므로 이혼이란 하나님이 짝지어 주신 것을 사람이 나누는 것이 된다.

비록 바리새인들의 옳지 못한 태도가 교훈의 동기가 되었지만 예수님은 보다 적극적으로 사람들을 향하여 "사람이 나누지 말아라"라고 명령하셨다.

▶ **7절** 여짜오되 그러면 어찌하여 모세는 이혼 증서를 주어서 버리라 명하였나이까

예수님이 샤마이 학파와 같은 대답을 하신다고 느낀 바리새인들은 그들이 늘 논쟁을 벌였던 주제: 모세는 왜 이혼문서를 써 주는 것을 허락하였는가를 질문하였다. 이혼을 금지한다면 특별한 조건 하에 이혼을 허락한

모세의 율법을 거스르는 것이 되기 때문이다.

모세가 말한 "수치스러운 일이란 음행이나 불륜의 의혹 등은 아니었다. 이런 죄는 사형으로 처벌하게 되어 있었다. 결혼생활을 중단해도 좋을 수치스러운 일이란 아마 성적 불구나 불임과 같은 것이었을 것이다. 이런 경우에도 이혼은 명령이 아니었다. 남편이 계속 아내와 함께 살기를 원한다면 이혼할 필요가 없었다. 다만 그 수치스런 것 때문에 남편이 아내와 살기를 좋아하지 않을 때, 여자를 보호하기 위하여, 이혼문서를 써 주라고 하였다.

▶ **8절** 예수께서 이르시되 모세가 너희 마음의 완악함 때문에 아내 버림을 허락하였거니와 본래는 그렇지 아니하니라

모세의 권위로 공격하는 바리새인들에게 예수님은 "나는 너희에게 말한다"고 자신의 권위로 말씀하셨다. 물론 그들이 예수님의 권위를 인정하지 않았겠지만 천국의 왕, 하나님의 아들의 권위는 모세보다 더 큰 것이었다. 예수님의 설명을 따르면 모세가 그런 예외 조항을 말한 것은 원래부터 그렇게 되어 있기 때문이 아니라 당시 사람들의 완고한 마음 때문이었다.

▶ **9절** 내가 너희에게 말하노니 누구든지 음행한 이유 외에 아내를 버리고 다른 데 장가 드는 자는 간음함이니라

음행이라고 번역한 단어와 관련하여 여러 부드러운 해석들이 있지만 예수님의 어조에 비추어 볼 때 한 몸임을 인위적으로 파괴하는 성적 관계, 즉 간음 행위를 뜻하신 것으로 보인다. 범죄 행위가 아니라면 누구도 부부의 한 몸임을 파괴할 수 없다는 것이다. 따라서 음행이 아닌 이유로 이혼하고 다른 사람과 결혼하는 사람은 한 몸이 파괴되지 않은 상태에서 다른 관계를 만드는 것이므로 그 자체가 간음죄가 되는 것이다.

▶ **10절** 제자들이 이르되 만일 사람이 아내에게 이같이 할진대 장가 들지 않는 것이 좋겠나이다

이혼을 남자들의 당연한 권리와 자유로 알고 쉽게 이혼하고 다시 결혼

하던 당시 관습을 제자들도 알고 있었다. 죄가 아니라면 어떤 이유도 결혼 관계를 끝낼 수 없다는 예수님의 말씀은 결혼을 무거운 굴레로 인식하게 한 것으로 보인다. 그렇다면 차라리 결혼하지 않는 것이 좋겠습니다. 제자들의 말이었다.

▶ **11절** 예수께서 이르시되 사람마다 이 말을 받지 못하고 오직 타고난 자라야 할 지니라

"이 말"이란 앞 절의 장가들지 않는 것"을 지시한다. 인간의 본성을 알고 계신 예수님은 결혼하지 않고 산다는 것이 보통 사람에게는 쉽지 않음을 알고 계셨다. 아니, 예수님은 결혼을 정죄하거나 제한하지 않으셨다. 반대로 결혼을 하나님께서 세우신 창조 질서로 축복하기도 하셨다. 독신 생활은 모두가 아니라 그런 삶이 "주어진 사람들이라야 한다."

▶ **12절** 어머니의 태로부터 된 고자도 있고 사람이 만든 고자도 있고 천국을 위하여 스스로 된 고자도 있도다 이 말을 받을 만한 자는 받을지어다

"고자(鼓子)"라고 번역한 단어는 거세당한 내시(內侍), 환관(宦官)을 뜻한다. 예수님은 결혼하지 않을 수 있는 사람을 세 종류로 제시하셨는데, 태어날 때부터 생식기에 이상이 있는 고자(鼓子), 인위적으로 거세한 내시(內侍), 그리고 천국에 봉사하기 위하여 스스로 자신을 거세하는 사람들이다.

"받을 만한 사람은 받으라는 말씀은 실제로 거세해야 함을 뜻하지 않는다. 예수님의 삶과 죽음으로 이 땅에 시작된 하나님의 나라를 위하여 스스로 성욕을 억제할 수 있는 은사를 받은 사람이라면 그렇게 하라는 권고이다.

49. 아이들과 부자 청년(마 19:13-22)

1) 개요

유대사회는 남자, 그리고 어른 위주의 사회였다. 여자와 아이들은 가정과 사회의 구성원이기는 했지만 남자들만큼, 또 어른만큼 권리를 인정받지 못했다. 어느 사회처럼 권력자와 부자와 똑똑한 사람들이 큰 소리 치는 세상이었다. 하나님의 나라는 달랐고 이 나라의 왕이신 예수님도 다르셨다. 예수님은 병든 사람들, 가난한 사람들, 천한 일을 하는 사람들, 그리고 여자와 아이들을 인간으로 대우하셨다. 아니, 이들은 더 많은 보살핌을 필요로 하는 사회적 약자였기 때문에 예수님은 이들에게 특별히 친절히 하셨다. 이 점은 당시 사회 관습에 습관화되어 있었던 제자들과도 달랐다. 예수님의 행동은 제자들이 사람들을 어떻게 대해야 하는지를 보여주는 모범이었다.

사람들이 아이들을 예수님께 데리고 와서 만져주시고 기도해 주시기를 원했을 때 제자들은 그들을 꾸짖었다. 예수님이 활동하시는 데 방해가 된다고 생각했기 때문이다. 그러나 예수님은 오히려 제자들을 책망하시며 친절하게 아이들을 축복해 주셨다. 하나님의 나라는 필요에 의해서 자신을 찾는 목적 위주의 어른들보다는 무조건적으로 은혜와 축복을 바라는 아이들의 것이라고 말씀하셨다.

예수님은 사람들의 체면을 봐 주지 않고 자신의 원칙, 즉 하나님의 뜻에 따라 말씀하시고 행동하신 분이셨다. 한 부자 청년이 영생에 관한 질문을 가지고 왔을 때, 그가 관원이라는 직책을 가지고 있었지만 예수님은 다소 퉁명스럽게 왜 선한 일을 내게 묻느냐고 반문하신다. 그는 예수님을 선생님이라고 불렀는데 이것이 예수님의 기대와는 다른 것이었다. 그가 예수님이 하나님의 아들이심을 알았다면 자신이 찾는 것이나 찾는 방법이 잘

못되었음을 알았고 진정한 마음의 평안을 얻을 수 있었을 것이다. 예수님은 그에게도 자신을 알려주셨다. 심지어 "나를 따르라"고 부르시기까지 하셨다. 그러나 대화 끝에 그는 슬퍼하면서 가버리고 말았다. 축복을 받고 돌아간 아이들과 대조되는 사건이었다.

2) 주해

▶ **13절** 그 때에 사람들이 예수께서 안수하고 기도해 주심을 바라고 어린 아이들을 데리고 오매 제자들이 꾸짖거늘

"그때"는 예수님이 바리새인들과 논쟁하던 심각한 때요 결혼, 독신에 대해 가르치시던 때였다. 예수님이 결혼을 비판하고 독신을 장려하시지 않았다는 사실이 이런 때에 온 아이들, 즉 결혼의 열매를 대하신 태도에 나타나 있다.

손을 얹어주시고 기도해 주실 것을 원했다는 사실에서 이 사람들의 믿음을 알 수 있다. 이것은 권위 있는 사람이 하는 행동이기 때문이다. 즉 그들은 예수님의 신적 권위를 믿고 아이들을 데려왔다.

그러나 제자들에게는 이들이 바쁘신 예수님을 방해하는 거추장스러운 사람들로 비쳤다. 그곳에는 예수님의 손길을 필요로 하는 더 많은 어른들이 있었기 때문이다. 그래서 제자들은 그들, 즉 아이들을 데리고 온 사람들을 나무랐다.

▶ **14절** 예수께서 이르시되 어린 아이들을 용납하고 내게 오는 것을 금하지 말라 천국이 이런 사람의 것이니라 하시고

예수님은 아이들을 좋아하셨다. 자신의 약함을 알고 하나님을 의지하는 순수한 마음이, 이유 없이 축복을 기대하는 의존심이 천국에 적합했기 때문이다. 그래서 예수님은 아이들이 자기에게 오는 것을 가로막지 말라고 지시하셨고 천국이 이런 아이들의 것이라고 선언하셨다.

그렇다면 아이들이 스스로 예수님께 나올 수 없을 때 보호자가 아이들

을 예수님께 데리고 와서 예수님의 축복에 맡기는 것은 잘한 일이며 옳은 일이다. 부모에게 이것보다 더 가치 있는 일은 없을 것이다.

▶ **15절** 그들에게 안수하시고 거기를 떠나시니라

예수님은 아이들에게 손을 얹어주시고 축복해 주셨다. 그러나 기도해 주지는 않으셨다. 이때 예수님은 아이들을 축복하시는 하나님의 아들의 역할만을 하신 것이다. 예수님은 하나님처럼 기도를 들으시는 분이시므로 달리 기도하실 필요가 없었을 것이다.

▶ **16절** 어떤 사람이 주께 와서 이르되 선생님이여 내가 무슨 선한 일을 하여야 영생을 얻으리이까

어떤 부자 청년을 누가는 관원이라고 소개했다(눅 18:18). 그는 젊음과 권력과 부와 명예를 다 가진 사람이다. 그는 선한 일을 함으로써 영생을 얻게 된다고 생각하고 있었다. 그가 예수님에게 온 것은 그런 선한 일이 무엇인가를 묻기 위해서였다. "영생"은 죽지 않는 삶, 영원한 생명을 뜻하는 것으로 보인다.

그가 예수님에게 사용한 호칭 "선생님"에서 그의 정중한 태도를 엿볼 수는 있지만 이것은 예수님이 사람들에게 기대하신 그런 믿음은 아니었다. 예수님은 가르치시는 분이시지만 그 이상이다. 축복해 주시는 분으로 믿고 왔던 아이들의 부모와는 사뭇 다른 면이다.

▶ **17절** 예수께서 이르시되 어찌하여 선한 일을 내게 묻느냐 선한 이는 오직 한 분이시니라 네가 생명에 들어 가려면 계명들을 지키라

"왜 선한 일을 내게 묻느냐?"는 질문은 예수님을 당시 율법선생들보다 우위에 두면서도 하나님의 아들로는 믿지 않는 청년의 마음을 지적하신 것이다. '더 이상 율법학자들에게 가지 않고 내게 온 것은 잘한 일이다. 그러나 탁월한 선생으로만 알고 온 것은 잘못이다.' 라고 말씀하신 셈이다. 이 질문에서 예수님은 자신에 대한 관심을 촉구하셨다.

예수님은 청년의 관점에서 시작하셨다. 선한 이는 한 분 하나님이시니까 선한 일이란 하나님에게서만 배울 수 있다. 따라서 생명에 들어가고 싶으면 계명들을 지켜야 한다. 청년이 영원한 삶을 추구한 반면 예수님은 하나님과 함께 하는 삶이란 의미로 "생명"이란 용어를 사용하셨다.

▶ **18-19절** 이르되 어느 계명이오니이까 예수께서 이르시되 살인하지 말라, 간음하지 말라, 도둑질하지 말라, 거짓 증언 하지 말라, 19 네 부모를 공경하라, 네 이웃을 네 자신과 같이 사랑하라 하신 것이니라

청년은 예수님이 말씀하시는 "계명"에 관심을 가졌고 그것이 어떤 것인지를 물었다. 예수님은 십계명의 두 번째 돌판에 새겨졌던 계명들 다섯과 이웃 사랑을 일일이 열거하셨다. 예수님이 이 계명들을 인용하신 것은 청년의 관심사에서 시작하여 그를 생명이신 자신에게로 이끄시기 위해서였다(21절 참조). 윤리적 계명이 기록된 두 번째 돌판만 인용하신 이유는 당시 율법학자들이 이 계명들을 무시하며 신앙과 윤리를 대립개념으로 가르쳤기 때문(15:5-6)일 것이다. 다른 이유는 윤리의 중요성 때문이다. 윤리적으로 선한 사람이 구원을 얻는 것은 아니지만 그렇다고 비윤리적인 사람이 구원을 얻는 것도 아니다. 구원은 윤리를 배제하지 않고 윤리를 포함한다.

▶ **20절** 그 청년이 이르되 이 모든 것을 내가 지키었사온대 아직도 무엇이 부족하니이까

예수님의 긴 말씀에 비해 청년의 대답은 아주 짧았다. 그는 이 모든 계명을 어려서부터 지켜왔다(막 10:20). 그러나 그는 여전히 부족함을 느꼈다. 그래서 무엇이 모자라는지를 물었다.

▶ **21절** 예수께서 이르시되 네가 온전하고자 할진대 가서 네 소유를 팔아 가난한 자들에게 주라 그리하면 하늘에서 보화가 네게 있으리라 그리고 와서 나를 따르라 하시니

"완전하고 싶다면"은 부족을 느끼고 있는 청년의 마음과 연결된다. 정말 모자라다고 느낀다면 네가 가진 것을 팔아서 가난한 사람들에게 주라

고 하신 것이다. 청년의 마음은 이 세상의 삶을 영원히 지속하는데 집중해 있었다. 그러나 예수님은 천국과 하늘의 보물에 관심을 갖게 하셨다. 그가 생명을 얻는데 가장 큰 방해물이 무엇인지를 지적해 주신 것이다. 천국은 자신의 모든 것을 다 팔아서라도 값진 진주를 손에 넣는 상인과 같다(13:45-46)고 하신 말씀을 생각나게 한다.

더 중요한 것은 다른 제자들의 경우처럼 천국의 왕이신 자신을 따르라고 부르셨다는 사실이다. "하늘의 보물", 즉 생명은 예수님을 믿고 따르는데 있다.

▶ **22절** 그 청년이 재물이 많으므로 이 말씀을 듣고 근심하며 가니라

예수님은 완벽하게 생명에 이르는 길을 제시하셨지만 청년은 예수님의 부르심의 가치를 깨닫지도 못하고 슬퍼하면서 예수님을 떠나갔다. 마태는 그 이유가 많은 재산을 가지고 있었기 때문이라고 썼다. 그의 재물을 걸림돌로 지적하신 예수님의 말씀은 옳았다.

50. 부자와 하늘나라(마 19:23-30)

1) 개요

예수님은 자신의 친절한 가르침에도 불구하고 슬퍼하며 돌아가는 부자 청년을 보시고 부자와 하늘나라에 대한 교훈을 하셨다. 이 교훈은 공중의 새들과 들판의 꽃들을 보며 하나님의 다스리심을 믿으라고 가난한 자들을 위로하신 말씀(6:26-28)과 짝을 이룬다.

예수님은 부자가 천국에 들어가기가 어렵다고 하셨다. 얼마나 어려운가? 낙타가 바늘구멍을 통과하는 것보다 더 어렵다. 이것은 어렵다는 것을

실감나게 설명하신 과장법이다. 과장법은 금방 효력을 나타냈다. 제자들은 놀라며 구원이 가능한지를 여쭈었다.

예수님은 구원이란 사람의 일이 아니라 하나님이 하시는 일임을 알려주셨다. 부자가 천국에 들어가는 것은 사람의 힘이나 노력으로는 되지 않는다. 하나님이 은혜를 베푸시고 부자들의 마음을 열어주실 때 부자도 천국에 갈 수 있다. 하나님에게는 모든 일이 가능하다. 이 말씀은 사실 부자에게 만이 아니라 모두에게 해당하는 말씀이다. 가난한 사람이라고 쉽게 천국에 들어가지는 못하기 때문이다. 천국은 누구에게나 좁은 길, 좁은 문이다.

구원의 조건은 부나 가난이 아니라 예수님을 믿음이다. 부자가 가진 재물이 하나님을 향해 가야 할 마음을 가로막는데 이것이 부자의 구원을 더 어렵게 만든다. 예수님이 경고하신 것은 부 자체나 재물의 마력이 아니라 그것을 바라보고, 기대하며, 의지하는 인간의 탐욕스런 마음이었다. 마음이, 마음의 탐욕이 재물을 하나님의 자리에 앉히고 의지하며 살아가도록 만든다.

가난한 사람들은 가진 것이 별로 없기에 예수님에게 오기 위해서 포기해야 할 것도 별로 없다. 그러나 부자는 예수님을 믿고 따르기 위하여 물질로부터 자신의 마음을 떼어내어야 한다. 이 포기가 쉽지 않다. 어렵다. 그러나 하나님께서 가능하게 은혜를 베푸신다.

몸으로 앞서가시는 예수님을 따르기 위하여 제자들은 모두를 버렸다. 그리고 예수님을 따랐다. 예수님은 그들에게 영광과 보상을 약속하셨다.

2) 주해

▶ **23절** 예수께서 제자들에게 이르시되 내가 진실로 너희에게 이르노니 부자는 천국에 들어가기가 어려우니라

예수님은 제자들에게 부자가 하늘나라에 들어가기 어렵다고 경고하셨다. 이것은 누구나 가난해야만 천국에 들어갈 수 있다는 말씀은 아니다. 가난하다고 예수님에게 오지는 않는다. 가난한 사람이 재물에 더 집착할

수 있다. 그러나 보편적으로 가난은 하나님을 찾게 하는 동기가 되지만 부는 탐욕, 자만, 자랑 등으로 나타나며 하나님을 찾는 눈을 가린다. 이 장애물 때문에 예수님은 부자가 천국에 들어가기 더 어렵다고 말씀하신 것으로 보인다.

▶ **24절** 다시 너희에게 말하노니 낙타가 바늘귀로 들어가는 것이 부자가 하나님의 나라에 들어가는 것보다 쉬우니라 하시니

같은 내용을 예수님은 첫째, "다시 내가 너희에게 말한다."고 하시고, 둘째, "낙타가 바늘귀로 통과하는 것"과 비교하심으로 강조하셨다.

작다는 것을 실감나게 전하기 위하여 불가능할 정도로 줄이는 표현법이 과소과장법이다. 낙타가 바늘귀로 통과하는 것은 불가능하다. 그런데 이것은 부자가 천국에 들어가는 것보다는 쉽다. 부자가 천국에 들어가기 어렵다는 개념이 제자들의 머리에 각인되었을 것이다.

▶ **25절** 제자들이 듣고 몹시 놀라 이르되 그렇다면 누가 구원을 얻을 수 있으리이까

구약적 사고에 젖어 있던 유대인들은 일반적으로 부는 하나님의 축복이라고 가르쳤다. 그래서 모두가 부를 소유하고자 소원하고 노력했다. 예수님의 말씀은 제자들이 알고 있던 이 통념과 너무 달랐다. 그래서 제자들은 매우 놀랐고 이 말씀을 모든 사람이 구원받을 수 없다는 식으로 이해했다. 그들은 "그렇다면 누가 구원될 수 있습니까?"하고 예수님께 여쭈었다.

"천국에 들어감"(23절)과 "하나님의 나라에 들어감"(24절)과 "구원받음"은 모두 동의어로 사용되었다.

▶ **26절** 예수께서 그들을 보시며 이르시되 사람으로는 할 수 없으나 하나님으로서는 다 하실 수 있느니라

방금 예수님을 떠난 부자 청년은 영생을 사람의 힘이나 노력으로 버는 것으로 알고 있었다. 그러나 구원은 하나님의 일이다. 예수님이 누구인지 알고 믿고 따르게 하신 분은 혈육이 아니라 하나님이셨다(16:17). 예수님은

여기서도 "사람에게는 이것이 불가능하나 하나님에게는 모든 것이 가능하다."고 하셨다. "이것"은 "부자가 천국에 들어가는 것", 또는 "구원 받는 것"을 지시한다. 예수님은 구원은 인간의 힘이나 노력에 달려 있는 것이 아님을, 아니, 모든 일이 하나님에게 달려 있음을 알려주셨다. 그렇다면 부자가 하나님의 나라에 들어가기 위해서는 더 큰 하나님의 은혜가 필요하다고 말할 수 있다. 당황하던 제자들을 위로하시는 모습이 "쳐다보셨다"는 단어에 표현되어 있다.

▶ **27절** 이에 베드로가 대답하여 이르되 보소서 우리가 모든 것을 버리고 주를 따랐사온대 그런즉 우리가 무엇을 얻으리이까

성질 급한 베드로가 또 나섰다. 그는 자기들이 모든 것을 버리고 주님을 따랐음을 말하며("보십시오") 그것이 그 청년에게 요구하셨던 것과 같다고 할 수 있는지를 확인하고 싶어 했다. 제자들은 그들의 얼마 안 되는 재산을 팔아치우거나 아내와 이혼하고 자녀들을 고아원에 맡기지는 않았지만 예수님이 따르라 하실 때 모든 것을 버리고 예수님을 실제로 따라 다녔던 사람들이다.

또 그는 그들이 무엇을 얻을 것인지를 여쭈었다. 청년에게 말씀하셨던 "하늘의 보물", 즉 영생을 그들도 기대할 수 있는지 확인하려는 것이었다. 이 질문을 우리는 노력의 대가를 바라는 욕심이 아니라 버리고 따름의 보상을 알려 하고 또 기대하는 믿음에서 나온 것으로 이해해야 한다.

▶ **28절** 예수께서 이르시되 내가 진실로 너희에게 이르노니 세상이 새롭게 되어 인자가 자기 영광의 보좌에 앉을 때에 나를 따르는 너희도 열두 보좌에 앉아 이스라엘 열두 지파를 심판하리라

베드로는 "버리고 따랐다"고 했지만 예수님은 "따랐다"만 인정하시며 그들에게 큰 영광을 약속하셨다. 보다 확실하게 그들의 미래를 보장하심으로 예수님이 계시지 않는 동안에도 충실하게 봉사하도록 배려하신 것이다.

"세상이 새롭게 될 때"로 번역된 단어는 중생이나 재창조, 부활을 뜻할

수도 있어서 예수님이 어떤 때를 지시하신 것인지 단정하기 어렵다. "인자가 영광의 보좌에 앉을 때"라는 단서 조항을 고려할 때 다음 두 가지 설명이 가능한데 첫 번째가 더 적당해 보인다. 이 경우 "영광스러운 보좌"에 주님이 앉으신다는 것은 죽음과 부활로 이루어지는 죄와 심판에 대한 예수님의 승리를 뜻한다.

1) 예수님의 죽음/부활 후에 제자들이 교회를 설립하며 영적으로 이스라엘에서 시작하여 세상을 다스릴 것에 대한 상징적 표현이다. 복음은 세상을 구원하기도 하고 심판하기도 하는 하나님의 방법이 된다.

2) 이 세상이 끝나고 영원한 세상이 시작될 때 제자들이 예수님의 심판에 참여할 것에 대한 상징적 표현이다. 제자들은 열두 보좌에 앉아 이스라엘을 심판하는 보조 심판자가 된다.

▶ **29절** 또 내 이름을 위하여 집이나 형제나 자매나 부모나 자식이나 전토를 버린 자마다 여러 배를 받고 또 영생을 상속하리라

"내 이름 때문에"는 예수님, 또는 복음이나 하나님 나라를 위하여 라는 뜻이다. 예수님이 여기 나열하신 것은 보통 상황에서는 예수님의 이름과 대립하지 않고 종속한다. 이 경우 예수님보다 더 귀중히 여기는 것이 있어서는 안 된다. 특수상황에서는 대립개념이 될 수 있는데 이 경우는 정말 문자적 포기가 따라야 한다. 예수님은 그러한 사람에게 이 세상에서, 아마 천국의 백성이란 영적 공동체를 통하여, 백배의 보상과 영생을 약속하셨다. 꼭 100을 뜻하신 것은 아니다.

▶ **30절** 그러나 먼저 된 자로서 나중 되고 나중 된 자로서 먼저 될 자가 많으니라

첫째와 꼴찌가 뒤바뀌는 반전은 20장 이하의 기사를 고려할 때 천국 안의 상황에서 벌어지는 것이다. 믿는 자들에게 나타나는 결과는 모두 하나님의 은혜에 의해 좌우된다는 말씀이 된다. 이 말씀이 무엇을 뜻하는지 그 구체적인 것은 20장에 이어 나온다.

Short Commentary Matthew

마태복음 20 장

51. 포도원의 일꾼 비유(마 20:1-16)

1) 개요

비유는 사람들이 알고 있는 공통 경험을 이용하여 새로운 지식을 알려주는 방법이다. 따라서 비유에 사용하는 재료는 그 시대 그 장소에서 나온다. 예수님이 갈릴리 지역에서 말씀하신 비유는 주로 농사나 고기잡이 등 갈릴리 지역의 삶을 반영하는 것이었다. 유대 지역에서는 그 지역에서 흔히 볼 수 있는 포도원, 목축, 잔치 등이 비유의 재료로 등장한다.

포도원의 일꾼 비유는 19장의 끝에 나오는 "첫째들이 꼴찌가 되고 꼴찌들이 첫째가 된다."는 말씀이 무엇을 의미인지를 알려준다. 천국의 질서나 법칙에 관한 비유라고 불러도 좋다. 포도원의 일꾼 비유로 통용되지만 초점은 포도원 주인에게 맞추어져 있다.

포도원 주인이 아침 일찍 나가서 하루 한 데나리온을 주기로 하고 일꾼들을 고용하였다. 주인은 세 시, 여섯 시, 아홉 시, 열한 시에도 나가서 각각 일꾼들을 고용한다. 처음 고용된 일꾼들은 하루 종일, 마지막에 고용된 일꾼들은 한 시간만 일했다. 저녁에 포도원 주인은 모두에게 한 데나리온을 주었다. 처음부터 와서 하루 종일 일한 일꾼들은 좀 더 받을 것을 기대했지만 같은 돈을 받자 주인의 처사에 불평을 널어놓았다. 한 시간 일한 일꾼들과 자신들에게 한 데나리온씩 주는 것은 불공평하다는 것이다. 주인은 한 데나리온이 합의한 품삯이기 때문에 잘못이 없다고 말한다.

이 비유에서 꼴찌가 첫째가 되고 첫째가 꼴찌가 된다는 것은 하나님의 나라에서는 부름을 받은 시간과 제공한 일이나 주어진 역할에 관계없이 같은 것을 받게 됨을 뜻한다. 첫 제자로 부름을 받은 네 사람이나, 후에 부름을 받은 다른 제자들, 그리고 계속 천국의 백성으로, 교회의 일꾼으로 불려나올 모든 신자들이 결국은 똑같이 영광과 영생을 받을 것임을 가르치신 것이다. 기계적 계산을 좋아하는 사람들에게 이것은 불공평하게 보인다. 그러나 이것이 부르심에서부터 심판까지 모두를 혼자 계획하시고 이루어 가시는 하나님의 은혜로우신 뜻이다.

2) 주해

20:1절 천국은 마치 품꾼을 얻어 포도원에 들여보내려고 이른 아침에 나간 집 주인과 같으니

하늘나라는 하나님의 나라이다. 예수 그리스도가 왕이시다. 예수님을 믿는 사람들, 즉 교회가 그 통치 대상이다. 예수님은 자기 백성을 구원하시는 일을 하신다. 이 비유는 이 세 요소 중에서 왕이신 예수님의 계획과 이로 인한 결과를 알려주는 것이다. "하늘나라는 ... 집주인과 같다."는 표현은 이 비유가 사실은 포도원의 주인 비유라는 사실을 알려준다.

포도원 주인이 아침 일찍, 아마도 새벽 6시쯤, 일꾼을 고용하기 위해 장터로 나갔다. "일꾼들"은 앞 장에서 "무엇을 얻겠습니까?" 라고 질문했던 베드로와 다른 제자들, 계속 부름을 받을 천국 백성에 대한 비유어이다.

▶ **2절** 그가 하루 한 데나리온씩 품꾼들과 약속하여 포도원에 들여보내고

주인은 일꾼들이 하루 일하는 대가로 한 데나리온을 주기로 합의하였

다. 고용계약이 맺어진 것이다. 데나리온은 로마 동전이다.

▶ **3-4절** 또 제삼시에 나가 보니 장터에 놀고 서 있는 사람들이 또 있는지라4 그들에게 이르되 너희도 포도원에 들어가라 내가 너희에게 상당하게 주리라 하니 그들이 가고

3시는 유대인이 사용하던 시간으로 지금의 오전 9시쯤이다. 주인은 다시 장터로 나가서 일 없이 서 있는 사람들을 발견했고 그들도 포도원으로 들여보냈다. 주인은 이번에는 일방적으로 "적당한" 삯을 주겠다고 약속했다.

▶ **5절** 제육시와 제구시에 또 나가 그와 같이 하고

6시는 지금의 12시, 9시는 지금의 오후 3시에 해당한다. 주인이 이 시간에도 장터에 나가서 "똑같이 했다"는 것은 앞 절과 같은 "적당한"삯을 주겠다고 약속하고 일꾼들을 고용했음을 뜻한다.

▶ **6-7절** 제십일시에도 나가 보니 서 있는 사람들이 또 있는지라 이르되 너희는 어찌하여 종일토록 놀고 여기 서 있느냐 7 이르되 우리를 품꾼으로 쓰는 이가 없음이니이다 이르되 너희도 포도원에 들어가라 하니라

해가 지기 1시간 전인 11시에도 주인은 장터로 나갔다. 그때도 일 없이 서 있는 사람들이 있었다. 주인이 이유를 묻자 그들은 아무도 자기들에게 일거리를 주지 않았다고 대답했다. 주인은 삯에 대해서는 아무 말도 하지 않고 그들을 포도원으로 들여보냈다. 종일 일을 기다리던 사람들을 불쌍히 여긴 것이다.

▶ **8-9절** 저물매 포도원 주인이 청지기에게 이르되 품꾼들을 불러 나중 온 자로부터 시작하여 먼저 온 자까지 삯을 주라 하니 9 제십일시에 온 자들이 와서 한 데나리온씩을 받거늘

저녁에 주인은 관리인에게 명령하여 품삯을 주게 하였다. 주인의 지시대로 품삯 지불은 마지막에 온 일꾼들에게서 시작하였다. 그들은 한 시간만 일했지만 주인의 배려로 하루의 품삯인 한 데나리온을 받았다.

중간에 온 일꾼들의 경우는 생략되어 있지만 그들도 한 데나리온을 받았다. 주인이 약속한 "적당한" 삯은 하루 품삯이었다.

▶ **10절** 먼저 온 자들이 와서 더 받을 줄 알았더니 그들도 한 데나리온씩 받은지라

아침부터 와서 일한 일꾼들이 주인 앞에 오면서 속으로 더 많이 받을 것을 기대했다. 인간적 희망이었다. 그러나 그들도 한 데나리온을 받았다. 주인과 처음에 합의한 품삯이었다.

▶ **11-12절** 받은 후 집 주인을 원망하여 이르되 12 나중 온 이 사람들은 한 시간 밖에 일하지 아니하였거늘 그들을 종일 수고하며 더위를 견딘 우리와 같게 하였나이다

그들은 품삯을 받고 나서 실망하며 집주인을 향해 투덜거렸다. 한 시간만 일한 삯이 한 데나리온이라면 하루 종일 뙤약볕 밑에서 짐을 나른 그들은 12데나리온은 못 받는다 하더라도 최소한 2데나리온은 받아야 하는데도 모두를 똑같이 대우하는 것은 불공평하다는 것이 그 이유였다. 일을 시작하기 전에는 충분하다고 생각했었는데 마지막 순간에 기계적 계산, 다른 사람과의 비교, 인간적 기대 등이 가세하며 불평하게 된 것이다.

▶ **13절** 주인이 그 중의 한 사람에게 대답하여 이르되 친구여 내가 네게 잘못한 것이 없노라 네가 나와 한 데나리온의 약속을 하지 아니하였느냐

집주인은 합리적으로 계산하고 인간적으로 항의하는 일꾼에게 합의한 대로 했으므로 잘못이 없다고 말한다. 고용에는 두 당사자의 계약이 우선하는 것이다.

▶ **14절** 네 것이나 가지고 가라 나중 온 이 사람에게 너와 같이 주는 것이 내 뜻이니라

주인은 처음 온 일꾼들에게 합의한 정당한 품삯을 가지고 가라고 말한다. 마지막에 온 사람에게도 같은 품삯을 주는 것은 주인의 뜻이었다. 처

음 온 일꾼들에게는 계약이, 마지막에 온 일꾼들에게는 은혜가, 나머지 일꾼들에게는 약속이 적용되었다.

▶ **15절** 내 것을 가지고 내 뜻대로 할 것이 아니냐 내가 선하므로 네가 악하게 보느냐

주인은 자신의 것을 자신의 뜻대로 사용하는 것은 자신의 권한이라고 말한다. 처음 온 일꾼들의 불평은 주인이 가지고 있는 이 권한을 못마땅해 하는 것이나 같다. 주인의 선한 행동을 눈에 거슬리게 본 것이나 다름없다. 주인은 모든 일꾼들에게 자신의 권리대로 행동하였고 누구에게도 빚진 것이 없다.

▶ **16절** 이와 같이 나중 된 자로서 먼저 되고 먼저 된 자로서 나중 되리라

이 비유에서 꼴찌가 첫째가 되고 첫째가 꼴찌가 된다는 것은 신분이나 가치, 등급 등의 반전을 뜻하지 않는다. 다른 시간에 부르셔서 다른 분량의 일을 한 사람들에게 같은 보상이 주어지는 것을 이렇게 표현하셨을 뿐이다.

반전의 의미가 적용될 수 있는 사람들은 처음에 온 일꾼들과 마지막에 온 일꾼들이다. 마지막에 온 일꾼들은 놀고 있던 그들에게 일거리를 주었을 뿐만 아니라 하루의 품삯을 준 주인의 호의에 감사할 수밖에 없다. 그러나 처음 온 일꾼들은 그들이 기꺼이 합의한 품삯을 받았으면서도 마지막 일꾼들처럼 감사하는 마음을 갖기는커녕 불만을 널어 놓았다.

이 비유의 핵심은 천국의 왕이 이렇게 하시겠다는 데 있다. 꼴찌가 첫째가 된다는 것은 마지막에 부름을 받은 사람들이 은혜에 감사하였고, 첫째가 꼴찌가 되었다는 것은 처음 부름을 받은 사람들이 불평하였음을 뜻한다. 예수님은 이 비유로 처음 부름을 받은 제자들, 열두 사도들이 다른 사람들과 서로 비교하거나 불평하거나 다투지 말고 하나님이 천국의 백성으로 부르신 것과 미래에 보상하실 것에 대해 진심으로 감사해야 할 것을 가르치셨다.

52. 야고보와 요한의 부탁(마 20:17-28)

1) 개요

서로 불평하거나 다투지 말라는 뜻을 담은 앞의 비유는 예수님이 제자들을 떠나가실 것을 염두에 두신 교훈이었다. 이 기사에 이어 마태는 예수님이 자신의 고난과 죽음, 부활을 세 번째로 예고하신 사실을 수록하여 두었다. 예수님의 생애는 끝을 향해 달리고 있었다. 예수님이 이렇게 자신의 떠나심을 거듭 예고하신 이유는 자신도 이를 대비하셔야 했지만, 그보다는 미래에 있을 이 사건들의 의미를 제자들에게 정확히 알려주시고 제자들이 이 사건들 후, 즉 자신이 없을 때를 잘 견딜 수 있도록 준비시켜야만 하셨기 때문이다. 서로 불평하지 말라는 앞의 교훈도 그 일환이었다.

그러나 제자들의 마음은 달랐다. 예수님이 계속해서 예고하시는 수난, 죽음, 부활을 들으면서 그들은 상황이 급박하게 돌아가고 있음을 느끼며 여전히 제자들 중에서 누가 더 큰가를 다투고 있었다.

예루살렘으로 가는 길에 야고보와 요한의 어머니, 아마도 예수님의 이모가 예수님에게 와서 자기 두 아들을 예수님의 오른 편과 왼 편에 앉게 해달라고 부탁하였다. 하나님의 나라는 아직도 권력, 명예, 영광, 등급 등의 요소를 가지고 있는 것으로 이해되고 있었다. 예수님은 그들의 몰이해를 지적하시면서도 자신의 길이 사람들의 눈에는 고통스러운 길임을 알려주셨다. 그들은 예수님의 잔을 마실 수는 있다. 그러나 오른 편이나 왼 편에 앉는 것은 하나님이 주신다.

다른 열 명의 제자들은 자신들을 제치고 권력의 자리로 생각된 예수님의 오른 편과 왼 편을 탐낸 두 제자에게 성을 내었다. 예수님은 이 다툼을 말리시며 천국의 백성들이 같은 신자들을 어떻게 대해야 하는지를 다시 가르치셨다. 천국은 권력의 나라가 아니다. 사랑의 나라요 희생의 나라다.

따라서 크게 되고 싶은 사람은 섬기는 사람이 되어야 한다. 으뜸이 되고 싶은 사람은 종이 되어야 한다. 앞 선 사람의 역할은 다음 사람을 섬기고 봉사하고 희생하는 것이다.

2) 주해

▶ **17절** 예수께서 예루살렘으로 올라가려 하실 때에 열두 제자를 따로 데리시고 길에서 이르시되

예루살렘으로 올라가시는 길에, 아마 여리고 부근에서 예수님은 세 번째로 자신의 고난, 죽음, 부활을 예고하셨다. 제자들을 "따로 데려다가" 말씀하신 것은 무리로 인해서 일어날 수도 있는 불필요한 방해를 미리 방지하시기 위함이었다.

▶ **18-19절** 보라 우리가 예루살렘으로 올라가노니 인자가 대제사장들과 서기관들에게 넘겨지매 그들이 죽이기로 결의하고 19 이방인들에게 넘겨 주어 그를 조롱하며 채찍질하며 십자가에 못 박게 할 것이나 제삼일에 살아나리라

16:21과 17:22,23의 예고와 거의 같다. 예수님은 제자들에게 예루살렘으로 올라가고 있다는 것을 상기시키시고 그곳에서 자신이 대제사장들과 율법학자들에게 넘겨지고 조롱당하고 채찍질당하고 십자가에 못 박힐 것을 예고하셨다. 이 사건들과 함께 삼일만의 부활도 함께 예고되었다. 이 사건들은 모두 붙어 있는 사건들이다.

▶ **20절** 그 때에 세베대의 아들의 어머니가 그 아들들을 데리고 예수께 와서 절하며 무엇을 구하니

세베대의 아들들은 예수님의 가장 가까이 있던 세 명 중 야고보와 요한이고 그들의 어머니는 살로메이다. 막 10:35에는 아들들이 직접 말한 것으로 적혀 있는 것을 볼 때 어머니는 아들들의 부탁으로 와서 말한 것으로 보인다. "절했다"는 표현에서 예수님을 하나님의 아들로 믿고 부탁한다는

것을 알 수 있다.

▶ **21절** 예수께서 이르시되 무엇을 원하느냐 이르되 나의 이 두 아들을 주의 나라에서 하나는 주의 우편에, 하나는 주의 좌편에 앉게 명하소서

살로메가 부탁한 것은 "당신의 나라", 즉 하나님의 나라에서 한 아들은 예수님의 오른쪽에 다른 아들은 왼쪽에 앉도록 해 주시는 것이었다. 그들은 예수님이 "영광스러운 보좌"에 앉을 때 제자들은 열두 보좌에 앉게 해 주시겠다고 하신 약속(19:28)에 자극을 받았으나 이것으로는 만족하지 못하고 보다 높고 귀한 두 자리를 차지하고 싶은 야망을 가지고 있었다. 그들은 하나님의 나라가 예수님과 함께 이미 시작되었음을 아직 깨닫지 못했고 또 이 나라를 권력이 주도하는 그런 나라로 알고 있었다.

▶ **22절** 예수께서 대답하여 이르시되 너희는 너희가 구하는 것을 알지 못하는도다 내가 마시려는 잔을 너희가 마실 수 있느냐 그들이 말하되 할 수 있나이다

예수님이 오래 동안 선포하셨던 하나님의 나라와 얼마 전에 예고하셨던 "세상이 새롭게 되는 것", 또는 "영광스러운 보좌" 등을 이렇게 이해하는 것은 오해였다. 그래서 예수님은 야고보와 요한을 향하여 "너희가 청하는 것을 너희가 알지 못한다."고 지적해 주셨다. "세상이 새롭게 됨"이나 "영광스러운 보좌"(요 7:39 참조)는 곧 예수님에게 벌어질 일련의 사건들, 즉 고난, 죽음, 부활과 관련한 말씀이었다. 그래서 예수님은 그 시작에 해당하는 고난을 "내가 마시는 잔"에 비유하시며 그들이 마실 수 있는지 물어보셨다. 분명 그들은 그 의미를 잘 알지도 못하면서 "마실 수 있다"고 대답하였다.

▶ **23절** 이르시되 너희가 과연 내 잔을 마시려니와 내 좌우편에 앉는 것은 내가 주는 것이 아니라 내 아버지께서 누구를 위하여 예비하셨든지 그들이 얻을 것이니라

예수님은 그 대답을 받아들이시며 언젠가 그들도 같은 고난을 당할 것, 곧 "내 잔 마실 것"을 예고하셨다. 그렇지만 예수님의 오른쪽 왼쪽에 앉는

것은 그들에게 허락하지 않으셨다. 그것은 하나님께서 준비 해 놓으신 사람들의 자리인 것이다. 아니, 이 자체가 상징적 표현이었고 이것을 제자들이 정치적인 어떤 권력의 자리로 오해하였을 뿐이다.

▶ **24절** 열 제자가 듣고 그 두 형제에 대하여 분히 여기거늘

다른 열 제자들이 듣고 나서 두 형제에게 성을 내었다는 것은 이 제자들의 생각도 별로 다르지 않았음을 보여준다. 야고보와 요한이 선수를 쳤던 것이다.

▶ **25절** 예수께서 제자들을 불러다가 이르시되 이방인의 집권자들이 그들을 임의로 주관하고 그 고관들이 그들에게 권세를 부리는 줄을 너희가 알거니와

제자들이 여전히 누가 큰가에 관심이 있고 하나님의 나라와 그 질서를 세상의 어떤 나라 처럼 이해하고 있다는 것을 아신 예수님은 제자들의 논리에서 시작하시며 그들의 생각과는 전혀 다른 천국의 질서를 가르치셨다.

이 세상의 질서란 통치자들이 백성을 지배하고 높은 사람들이 낮은 사람들에게 권력을 휘두르는 것이다. 그러나 천국의 질서는 왕이신 예수님 아래 믿는 사람들 모두가 동등하게 모이는 것이다.

▶ **26-27절** 너희 중에는 그렇지 않아야 하나니 너희 중에 누구든지 크고자 하는 자는 너희를 섬기는 자가 되고 27 너희 중에 누구든지 으뜸이 되고자 하는 자는 너희의 종이 되어야 하리라

천국에는 세속적 의미의 큰 사람, 작은 사람이 없다. 권력을 가진 으뜸, 지배하는 높은 사람이 있지 않다. 세상의 용어를 사용한다면 "크게 되고 싶어하는 사람은 섬기는 사람이 되어야 한다." "으뜸이 되고 싶어하는 사람은 종이 되어야 한다." 즉 섬기고 봉사하는 사람이 높은 사람이고 으뜸이다. 천국의 질서는 반전의 질서인 셈이다.

종이란 단어는 예수님과 연결 되어 예수님 다음의 권위와 능력을 표현하지 않고 "너희" 즉 그 사회의 구성원과 연결되어서 그 사람들의 종으로

살아야 한다는 것을 표현하고 있다.

사랑과 희생과 봉사가 기본 질서인 나라가 예수님이 왕으로 오신 하나님의 나라이다. 그렇다면 사람들에게 주어지는 직책이나 직무, 능력, 기회, 부, 재능 등은 모두 다른 사람을 섬기도록 주신 것이며 그런 일을 하도록 하는 하나님의 부르심이 된다.

▶ **28절** 인자가 온 것은 섬김을 받으려 함이 아니라 도리어 섬기려 하고 자기 목숨을 많은 사람의 대속물로 주려 함이니라

다투는 제자들, 누가 더 큰가에 관심이 많은 제자들을 예수님은 타이르시고 가르치시며 자기 자신을 본보기로 내세우셨다. 제자들이 주님, 그리스도, 하나님의 아들이라고 믿고 따르며 의지하는 예수님은 섬김을 받으러 오시지 않고 사람들을 섬기러 오셨다. 버려두어도 좋은 그들, 하나님 앞에서 영원한 죄인들을 죄로부터 건져내러 오셨다. 하나님의 아들의 신분에 비하면 정말 하찮은 사람들을 대신하여 천하보다도 귀한 자신의 목숨을 몸값으로 주러 오신 것이다. 그렇다면 제자들은 서로 도우며 섬기며 서로의 종으로 살아야 한다.

53. 예루살렘으로 들어가심(마 20:29–21:11)

1) 개요

여러 번 예고하신 대로 예수님은 예루살렘으로 향하셨다. 유월절에 맞추어 올라가는 많은 사람들에게 둘러싸여 여리고에서 시작되었다.

예수님은 이렇게 인류를 위한 가장 중요하고 무거운 발길을 떼기 시작하셨지만 여리고를 나올 때 자신을 부르는 가련한 두 눈먼 사람의 고함소

리에 발길을 멈추셨다. 사람들이 조용히 시켰지만 다급한 두 사람이 더 크게 외치는 소리가 예수님을 멈춰 세운 것이다. 예수님이 가시는 길에 어울리는 호칭 "주님! 다윗의 아들이시여!"가 예수님의 마음을 때렸는지도 모른다. 예수님은 그들의 믿음과 끈기와 애절함을 보시고 여느 때처럼 그들을 고쳐주셨다.

인류의 메시야, 천국의 왕이 먼지를 날리며 터덜터덜 걸어서 오랫동안 기다려온 순간을 맞이할 수는 없는 일이다. 예수님은 감람산 기슭에 있는 벳바게 앞을 지날 때 제자들을 보내어 나귀와 그 새끼를 끌어오게 하시고 제자들이 양탄자 대신 자신들의 겉옷을 얹기를 기다려 아직 사람을 태운 적이 없는 나귀 새끼 위에 앉으셨다. 구약성경에 예언된 모습이 갖추어졌다. 예수님을 태운 나귀 새끼가 비탈길을 오르기 시작했고 사람들은 겉옷을 길에 펴놓기도 하고 나무 가지들을 잘라다가 길에 깔기도 하고, 예수님을 태운 나귀를 에워싸고 앞서거니 뒤서거니 하며 걸으면서 환호하기 시작하였다. 예루살렘이 내려다보이는 내리막이 시작될 때 사람들의 입에서는 수백 년 준비해 온 찬송이 터져 나오기 시작하였다. "호산나! 다윗의 아들께!…" 찬송소리에 휩싸여 행렬은 마침내 예루살렘 성으로 들어갔다.

이것이 사람들이 갈릴리 나사렛에서 온 선지자라고 부른 그러나 하나님의 아들, 그리스도의 입성이었다. 왕을 맞는 화려함도 웅장함도 없었다. 아들을 위해 하나님이 만들어내신 번개도 천둥도 없었다. 천국의 왕은 땀으로 뒤범벅이 된 사람들에게 둘러싸여 공중에 피어오르는 먼지 구름을 뚫고 자기 집에 오셨다.

2) 주해

▶ **29-30절** 그들이 여리고에서 떠나 갈 때에 큰 무리가 예수를 따르더라 30 맹인 두 사람이 길 가에 앉았다가 예수께서 지나가신다 함을 듣고 소리 질러 이르되 주여 우리를 불쌍히 여기소서 다윗의 자손이여 하니

드디어 예루살렘으로 가는 길이 시작되었다. 예수님은 앞서 여리고를

걸어 나가셨고 무리가 그 뒤를 따랐다. 그때 길가에 앉아 있던 두 눈먼 사람이 예수님이심을 알고 소리지르기 시작하였다. 그들은 소문을 통해 예수님을 이미 알고 있었다. "주님!", 그리고 "다윗의 아들"로 부르는 고함 속에 그들의 믿음과 기대가 포함되어 있다. 그들은 예수님이 자신들을 불쌍히 여기시기만 하면 볼 수 있을 것이라는 확신을 가지고 있었다.

▶ **31절** 무리가 꾸짖어 잠잠하라 하되 더욱 소리 질러 이르되 주여 우리를 불쌍히 여기소서 다윗의 자손이여 하는지라

사람들은 시끄럽다고 꾸짖었지만 그들은 굽히지 않고 더 크게 고함을 질렀다. 모처럼 찾아온 기회를 사람들의 질책 때문에 놓칠 수는 없었던 것이다.

▶ **32-33절** 예수께서 머물러 서서 그들을 불러 이르시되 너희에게 무엇을 하여 주기를 원하느냐 33 이르되 주여 우리의 눈 뜨기를 원하나이다

예수님은 발길을 멈추시고 그들을 불러서 무엇을 해 주기를 원하시는지를 물으셨다. 그들은 주저하지 않고 눈이 열리는 것이라고 대답하였다. 이 사람들의 믿음을 예수님의 이적적 능력을 믿는 것이라고 평해서는 안된다. 그들은 그런 단계를 지나서 예수님의 동정심과 뜻을 요청하고 있었다. 그들은 예수님이 원하시기만 하면 그들의 소원이 풀릴 것이라는 인격적 믿음을 가지고 있었다.

▶ **34절** 예수께서 불쌍히 여기사 그들의 눈을 만지시니 곧 보게 되어 그들이 예수를 따르니라

예수님이 그들을 가엾어하시고 직접 눈을 만져 주시자 기적이 일어났다. 기적에서 만지시는 행동은 있어도 되고 없어도 되는 요소이다. 기적의 동인은 고쳐주시겠다는 예수님의 의지이다. 동정심이 이 의지에 작용한다. 다시 보게 된 두 사람은 예수님을 따라 예루살렘으로 향했다.

Short Commentary Matthew

마태복음 21장

예루살렘으로 들어가심(마 20:29-21:11)

21 : 1절 그들이 예루살렘에 가까이 가서 감람 산 벳바게에 이르렀을 때에 예수께서 두 제자를 보내시며

감람산은 예루살렘 동남쪽에 있는데 벳바게는 예루살렘의 반대편, 즉 산의 동편 여리고로 가는 산기슭에 세워진 작은 마을이다. 예수님은 베다니에서 하룻밤을 보내시고(요 12:1) 그 다음날 벳바게 앞을 지나실 때 자신이 타고가실 나귀 새끼를 구하러 제자 둘을 보내셨다. 10리 정도가 남은 거리였기 때문에 피곤해서 그렇게 하셨다고 보기는 어렵다.

▶ **2절** 이르시되 너희는 맞은편 마을로 가라 그리하면 곧 매인 나귀와 나귀 새끼가 함께 있는 것을 보리니 풀어 내게로 끌고 오라

예수님은 제자들에게 벳바게로 가서 매여 있는 당나귀와 새끼를 풀어 끌어오라고 하셨다. 예수님은 자신을 위한 나귀들이 준비되어 있는 것을 알고 계셨다. 예수님은 새끼 나귀를 타셨으므로 어미 나귀는 다른 용도 즉 짐을 싣거나 새끼를 쉽게 끌어가려고 함께 끌어오라고 한 것으로 보인다.

▶ **3절** 만일 누가 무슨 말을 하거든 주가 쓰시겠다 하라 그리하면 즉시 보내리라 하시니

나귀 주인이 나귀를 푸는 이유를 물을 때 예수님은 제자들에게 "주님이 쓰실 것이다."라고 말하게 하셨다. "주님"은 예수님 자신을 가리키는 표현이다. 베다니는 예수님을 전혀 모르는 곳이 아니고 벳바게는 그 가까이에 있는 마을이므로 이곳에도 "주님"이란 용어로 예수님을 떠올릴 만한 사람이 있었을 것이라고 해석하는 것이 자연스럽다.

▶ **4-5절** 이는 선지자를 통하여 하신 말씀을 이루려 하심이라 일렀으되 5 시온 딸에게 이르기를 네 왕이 네게 임하나니 그는 겸손하여 나귀, 곧 멍에 메는 짐승의 새끼를 탔도다 하라 하였느니라

예수님과 관련된 대부분의 사건을 구약 예언의 성취로 설명했던 마태는 예수님의 지시가 예언을 이루기 위해서였다고 설명한다. 그가 인용한 예언은 이사야 62:11과 슥 9:9절을 해석적으로 합친 것이다. 본문은 칠십인경(LXX)을 따라 "당나귀와 나귀 새끼, 곧…"이라고 인용했지만 마소라 본문은 "나귀, 곧…"이라고 되어 있다. "시온의 딸"은 예루살렘을 가리킨다. 나귀를 타신 이유는 겸손의 표시이다.

▶ **6-7절** 제자들이 가서 예수께서 명하신 대로 하여 7 나귀와 나귀 새끼를 끌고 와서 자기들의 겉옷을 그 위에 얹으매 예수께서 그 위에 타시니

제자들은 예수님이 시키신 대로 하여 당나귀와 새끼 나귀를 끌고 와서 자신들의 겉옷을 두 나귀 위에 덮었다. 그리고 예수님은 그 옷들 위에 앉으셨다. 다른 복음서를 참고할 때 예수님은 새끼 나귀만을 타셨다.

▶ **8절** 무리의 대다수는 그들의 겉옷을 길에 펴고 다른 이들은 나뭇가지를 베어 길에 펴고

예수님이 나귀를 타고 가실 때 많은 사람들이 겉옷을 벗어서 가시는 길 위에 펴놓았고 종려나무의 가지, 즉 넓은 잎사귀를 잘라다가 길에 깔았다. 이것은 보통 왕을 영접하는 방법이지만 11절을 참고하면 대부분의 사람들이 예수님을 천국의 왕으로 믿지 않고 선지자 정도로 알고 있었으므로 제

자들의 행동에 자극받은 충동적 행동으로 설명해야 할 것이다.

▶ **9절** 앞에서 가고 뒤에서 따르는 무리가 소리 높여 이르되 호산나 다윗의 자손이여 찬송하리로다 주의 이름으로 오시는 이여 가장 높은 곳에서 호산나 하더라

사람들이 예수님이 타신 나귀를 에워싸고 걸으며 고함지른 소리의 일부는 시편 118편 26에 들어 있지만 아마 당시의 찬양에서 온 것으로 보인다. "호산나"는 '우리를 구원하소서'를 뜻한다. 예수님을 모두가 다윗의 아들이라고 칭한 것은 예수님을 메시야로 믿는 사람들에게 나와서 확산된 때문이었지 모두가 예수님을 메시야로 믿었기 때문은 아니다. "주님의 이름"은 하나님의 이름으로 오시는 분이란 의미이다.

▶ **10-11절** 예수께서 예루살렘에 들어가시니 온 성이 소동하여 이르되 이는 누구냐 하거늘 11 무리가 이르되 갈릴리 나사렛에서 나온 선지자 예수라 하니라

예수님은 천국의 왕의 자격으로 자기 백성을 구하기 위하여 예루살렘으로 들어가셨다. 그러나 이 행렬의 진정한 의미를 아는 사람들은 이때 아무도 없었다. 제자들도 예수님을 하나님의 아들, 그리스도로 믿었지만 죽음으로 죄인들의 죄를 속하기 위한 입성이라는 것을 받아들이고 있었던 것은 아니다. 십자가의 비밀은 이때 모두에게 아직 감추어져 있었다. 예루살렘이 떠들썩해 지고 사람들이 예수님이 누구냐고 묻자 열광적으로 행렬에 가담했던 순례객들은 "갈릴리 나사렛 출신의 선지자 예수"라고 대답하였다.

54. 성전 정리와 무화과 나무를 저주하심 (마 21:12-22)

1) 개요

두 가지 사건이 본문에 기록되어 있다. 성전을 정리하신 사건(12-17절)과 무화과 나무를 저주하신 사건(18-22절)이다.

성전은 예수님에게 특별한 의미가 있다. 할례를 받으신 곳이고 마귀에게 시험을 받으신 곳이다. 여느 유대인처럼 예수님은 주기적으로 이곳에 오셨고 12살 때 벌써 "내 아버지의 집"이라는 의식을 가지고 계셨다(눅 2:46). 예수님은 자신이 성전보다 더 크다고 말씀하신 적도 있다(12:6).

예수님이 그 성전 들어가셨을 때 성전은 순례객들을 위하여 제사에 쓸 짐승을 사고파는 사람들과 성전에서 쓸 수 있는 돈으로 바꾸기 위한 사람들로 북새통을 이루고 있었다. 예수님은 그들을 모두 쫓아내셨다. 성전은 하나님께 기도하는 곳이어야 했던 것이다. 예수님이 눈먼 사람들과 저는 사람들을 고쳐주시자 시장바닥과 같던 성전은 금방 감사와 찬송의 장소로 변했고 순진한 아이들이 "호산나! 다윗의 아들께" 하고 소리를 질렀다. 성전을 관리하던 대제사장들과 율법학자들은 분노하며 예수님께 항의했으나 짐승소리와 장사꾼들의 소리보다는 아이들과 젖먹이의 입에서 나오는 소리가 더 성전에 어울리기에 예수님은 일축하셨다.

두 번째 사건은 다른 날에 있었다. 베다니에서 묵으신 예수님은 예루살렘으로 가시다가 시장기를 느끼시고 길가에 서 있던 무화과나무 곁으로 가셨다. 그러나 열매는 없고 잎사귀만 무성한 것을 보시고 "네게서 영원히 열매가 맺히지 않을 것이다" 라고 하시자 그 나무가 말라 죽고 말았다. 앞 문맥과 비교해 보면 이 사건은 열매 없는 삶이나 형식적 종교, 특히 이곳에서는 성전을 강도의 소굴로 만든 유대 지도자들과 성전에 대한 경고이다. 뒷 문맥과 비교하면 이 사건은 제자들에게 믿음의 힘을 교훈하시려는 목적을 가지고 있었다. 이적은 예수님에게는 자신의 힘을 사용하시는 평범한 일이다. 그러나 제자들에게는 그들의 믿음과 기도를 통해서만 의존적으로, 즉 주님이 인정하실 때에만 일어나는 일이다.

2) 주해

▶ **12절** 예수께서 성전에 들어가사 성전 안에서 매매하는 모든 사람들을 내쫓으시며 돈 바꾸는 사람들의 상과 비둘기 파는 사람들의 의자를 둘러 엎으시고

마가는 예수님이 예루살렘에 도착하신 다음 날 성전에 가신 것으로 기록하고 있지만 마태는 중간을 생략하고 곧바로 이 사건을 소개하였다.

대제사장들을 위시한 유대 지도부는 제사에 필요한 동물, 비둘기 등을 직접 가지고 올 수 없는 순례객들을 위하여 성전 건물에 딸린 넓은 마당에서 이런 것들의 매매와 성전세로 바치는 동전의 환전을 허용하고 있었다. 예수님은 이 사람들을 내쫓으시고 상과 걸상을 둘러 엎으셨다.

▶ **13절** 그들에게 이르시되 기록된 바 내 집은 기도하는 집이라 일컬음을 받으리라 하였거늘 너희는 강도의 소굴을 만드는도다 하시니라

"내 집은 기도의 집이라고 불릴 것이다."는 사 56:7의, "강도들의 소굴"은 렘 7:11의 인용이다. 성전이 실제로 강도들로 붐볐다고 생각할 필요는 없다. 예수님은 당시 매매하고 환전하는 이 모습을 구약의 표현을 빌어 비판하신 것이다. 이 관습이 필요에 의해 허용한 것이라 하더라도 성전을 더럽히는 것으로 보셨다. 비판의 화살은 유대 지도부를 향한 것이었다.

▶ **14절** 맹인과 저는 자들이 성전에서 예수께 나아오매 고쳐주시니

소경과 저는 사람들은 성전 밖에서 구걸하던 사람들이었던 것으로 추측된다. 누가 이들을 성전 뜰로 들어오게 했는지는 알 수 없지만 예수님은 이들이 가까이오자 모두 고쳐주셨다. 사고파는 사람들과 돈 바꾸고 바꾸어 주던 사람들로 시장터처럼 보이던 성전은 감사와 찬송, 하나님께 돌리는

영광으로 가득찼다.

▶ **15절** 대제사장들과 서기관들이 예수께서 하시는 이상한 일과 또 성전에서 소리 질러 호산나 다윗의 자손이여 하는 어린이들을 보고 노하여

그러나 성전을 관리하며 매매와 환전을 허용했던 대제사장들과 율법학자들은 예수님이 하시는 "놀라운 일들"과 "호산나! 다윗의 아들에게!" 하고 외치는 아이들을 보고 화를 내었다. 아이들은 이 노래를 예루살렘 입성 시에 떠들던 사람들에게서 배워 모방하고 있었다.

▶ **16절** 예수께 말하되 그들이 하는 말을 듣느냐 예수께서 이르시되 ㄹ)그렇다 어린 아기와 젖먹이들의 입에서 나오는 찬미를 온전하게 하셨나이다 함을 너희가 읽어 본 일이 없느냐 하시고

그들은 아이들이 떠드는 것보다는 그 내용을 괘씸하게 생각했다. 약속된 메시아에게나 할 수 있는 찬송을 자신들이 모르고 인정한 적도 없는 사람에게 돌리고 있다는 것이 그들을 분노하게 한 것이다. 예수님은 그들을 반박하시며 하나님은 어린아이와 젖먹이의 입으로라도 원수를 잠잠케 하실 수 있다는 시편 8:2을 하나님이 자신을 위하여 아이들의 입에서 나오는 찬송을 마련하셨다고 해석하셨다. 순진한 아이들이 잘 모르고 떠드는 소리일지라도 그것이 사실이기 때문에 받아들이셨던 것이다.

"읽어본 적이 없느냐?"는 항의하던 대제사장들과 율법학자들에게 시편을 상기시키며 아이들의 찬송을 정당화하는 말씀이다.

▶ **17절** 그들을 떠나 성 밖으로 베다니에 가서 거기서 유하시니라

예수님은 더 이상 그들과 논쟁하지 않으시고 그들을 버려두고 나와서 베다니에서 묵으셨다.

▶ **18절** 이른 아침에 성으로 들어오실 때에 시장하신지라

예루살렘 성으로 들어가시려고 일찍 베다니를 떠나신 것 때문에 예수님

은 식사를 하지 못하셨고 시장기를 느끼셨던 것으로 보인다.

▶ **19절** 길 가에서 한 무화과나무를 보시고 그리로 가사 잎사귀 밖에 아무 것도 찾지 못하시고 나무에게 이르시되 이제부터 영원토록 네가 열매를 맺지 못하리라 하시니 무화과나무가 곧 마른지라

더운 지방에서 자라는 무화과나무는 봄부터 잎사귀와 함께 열매처럼 꽃이삭이 달리고 이것이 자라서 열매가 된다. 익은 열매철은 아니지만(막 11:13) 예수님은 길가에 있는 잎사귀가 무성한 무화과나무를 보시고 먹을 것이 있나 그 곁으로 가셨다. 열매가 없다고 나무를 말라죽게 하신 것은 이적의 필요성과 관련하여 적지 않은 논란이 있다. 예수님은 이때를 기회삼아 제자들에게 특별한 교훈을 주시려고 한 것 같다. 앞의 사건과 연결할 때 예수님은 이 사건으로 열매가 없는 신앙, 종교, 특히 메시야를 기다린다고 하면서도 천국의 왕으로 오신 하나님의 아들, 그리스도를 몰라보는 유대민족에 대해 심판을 예고하셨을 수 있다. 직접적으로는 다음 절의 교훈과 연결된다.

▶ **20절** 제자들이 보고 이상히 여겨 이르되 무화과나무가 어찌하여 곧 말랐나이까

제자들은 무화과가 즉시 시드는 것을 보고 질문을 던졌다. 예수님은 다만 "네게서 영원히 열매가 맺히지 않을 것이다."라고 말씀하셨을 뿐인데 무화과 나무가 시들어가기 시작한 때문일 것이다. 마가는 다음날 나무가 말라 죽은 것을 보고 이 대화가 진행된 것으로 기록했는데 아마 마태가 이야기를 압축하기 위하여 중간의 얘기를 생략한 것으로 생각된다.

▶ **21절** 예수께서 대답하여 이르시되 내가 진실로 너희에게 이르노니 만일 너희가 믿음이 있고 의심하지 아니하면 이 무화과나무에게 된 이런 일만 할 뿐 아니라 이 산더러 들려 바다에 던져지라 하여도 될 것이요

믿음과 이적의 관계는 이미 한 번 말씀하신 적이 있는데(17:20) 이곳에서 반복하셨다. 예수님은 하나님의 아들이시므로 자신이 자연 법칙을 통제

할 힘을 스스로 가지고 계셨고 언제라도 이것을 사용하실 수 있지만 제자들은 그렇지 않았다. 그들은 남다른 힘을 가지고 있지 않았고 예수님을 믿는 믿음 안에서 의존적으로 사용할 수 있었다. 그래서 예수님은 "믿음이 있고 의심하지 않으면" 이런 일만이 아니라 산도 옮길 수 있다고 말씀하셨다. 단 힘의 행사는 예수님이 하시는 것이므로 예수님이 원하시거나 허락하실 때만 그렇게 된다.

예수님을 믿는 사람이 특별한 사안을 "의심"하는 것은 믿음을 작게 만드는 것이요, 사건자체에만 초점을 맞춘다면 불신이나 같다.

▶ **22절** 너희가 기도할 때에 무엇이든지 믿고 구하는 것은 다 받으리라 하시니라

제자들의 힘이나 이적은 절대적으로 예수님에게 의존하는 것이기 때문에 믿음은 항상 기도를 동반해야 한다. 믿으며 기도하는 것, 기도하며 믿는 것은 무엇이든지 받는 비결이 된다. 단 의지하는 예수님이 허락하실 때 그렇다.

55. 예수님의 권한에 대한 질문과 두 아들 비유 (마 21:23-32)

1) 개요

유대지도자들은 자신들이 허용한 관습을 방해하시고 성전에서 멋대로 행동하시며 자신들이 인정한 적이 없는데도 아이들의 메시야 노래를 받아들이시며 메시야인 것처럼 행동하시는 예수님에게 분노하며 적대감을 가지기 시작했다. 잎사귀만 무성하고 열매 하나 없는 무화과나무 같이 신앙이란 허울로 인간적인 욕심을 가리고 형식적 의식만 강조하는 이들을 예수님도 좋아하지 않으셨다. 말라죽은 무화과나무 사건으로 예수님은 벌써

그들을 향한 심판을 예고하셨다. 예수님이 예루살렘에 입성하시자 말자 대립관계가 표면화한 것이다.

예수님이 성전에서 사람들을 가르치고 계실 때에 대제사장들과 장로들이 예수님에게 와서 도대체 무슨 권한으로 이렇게 행동하는지를 물었다. 그들은 아무도 예수님에게 그런 권한을 준 적이 없었기 때문이다. 지혜로우신 예수님은 순순히 대답하지 않으시고 다른 질문을 던지셔서 맞대응하신다. 세례자 요한의 세례가 하늘에서 온 것인지 사람에게서 온 것인지를 물으신 것이다. 그들은 이 질문의 어려움, 즉 이렇게도 저렇게도 대답할 수 없는 함정이 있음을 깨닫고 모른다고 답하고 말았다. 물론 예수님도 그들의 질문에 대답하실 필요는 없으셨다. 그러나 이 두 질문에 대한 답을 예수님은 비유로 말씀하셨다.

이어 나오는 두 아들 비유는 세례자 요한의 세례가 어디에서 왔느냐?는 질문에 대한 대답이다. 아버지의 부탁에 처음에는 싫다고 했지만 후에 뉘우치고 일을 하러 간 큰 아들은 세례자 요한의 선포에 회개하고 세례를 받은 세리와 창녀들에 대한 비유어고, 처음에는 일을 하겠다고 했지만 실제로는 하지 않은 둘째 아들은 유대지도자들에 대한 비유어이다. 세례자 요한이 의의 길로 왔다는 말씀, 그를 믿은 세리와 창녀들이 먼저 천국에 들어가고 있다는 말씀은 세례자 요한은 하나님이 보내신 사람이라는 것을 말하는 것이나 다름없다. 동시에 이런 광경을 보면서도 그를 믿지 않았고 지금은 그리스도를 대적하고 있는 유대지도자들에 대한 심판의 암시가 명백히 들어 있다.

2) 주해

▶ **23절** 예수께서 성전에 들어가 가르치실새 대제사장들과 백성의 장로들이 나아와 이르되 네가 무슨 권위로 이런 일을 하느냐 또 누가 이 권위를 주었느냐

예수님은 성전에서도 사람들을 가르치셨다. 이때 와서 예수님에게 질문을 던진 사람들은 명실 공히 유대인을 대표하고 지도하는 사람들이었다.

대제사장들은 현직 대제사장과 전직 대제사장을 뜻한다. 백성의 장로들은 산헤드린을 구성하는 유대인 원로들로 보인다.

"이런 일들"은 예수님이 성전에서 하신 일들을 지시한다. 이런 일들을 할 수 있는 권한은 대제사장과 산헤드린이 주는 것이다. 그런데 그들은 예수님에게 그런 권한을 준 적이 없다. 그래서 그들은 예수님의 활동의 근거를 캐물었다. "무슨 권한", "누가 준 권한"은 같은 질문으로 예수님이 스스로 그렇게 하는지 아니면 하나님이 시켰다고 생각하는지를 묻는 것이다.

▶ **24절** 예수께서 대답하시되 나도 한 말을 너희에게 물으리니 너희가 대답하면 나도 무슨 권위로 이런 일을 하는지 이르리라

그들의 악의적인 태도에 부딪치신 예수님은 대답 대신, 조건이 걸려 있는 역질문을 하셨다. 그들이 먼저 물었으므로 예수님의 질문에 먼저 대답하면 예수님도 그들의 질문에 쾌히 답하시겠다는 것이다.

▶ **25-26절** 요한의 세례가 어디로부터 왔느냐 하늘로부터냐 사람으로부터냐 그들이 서로 의논하여 이르되 만일 하늘로부터라 하면 어찌하여 그를 믿지 아니하였느냐 할 것이요 26 만일 사람으로부터라 하면 모든 사람이 요한을 선지자로 여기니 백성이 무섭다 하여

예수님의 질문은 "세례자 요한의 세례가 어디에서 왔느냐?" 였다. "하늘로부터"란 표현은 하나님에게서 왔느냐? 라는 뜻이다. 하나님의 이름이나 칭호를 직접 사용하기를 꺼림칙해 하던 유대인들이 하나님과 연관된 것을 그 대용어로 사용하면서 만들어낸 관용어이다. "사람에게서냐?"는 요한이 혼자 그렇게 한 것이냐 라는 의미이다.

질문을 받은 유대지도자들은 서로 의논하며 대답이 쉽지 않다는 것을 깨달았다. "하늘에서"라고 하면 왜 그를 믿지 않았느냐는 반박이 예상되고 "사람에게서"라고 하면 모든 사람이 순교한 요한을 선지자라고 생각하고 있었으므로 그들 자신이 곤란에 빠지게 된다.

▶ **27절** 예수께 대답하여 이르되 우리가 알지 못하노라 하니 예수께서 이르시되 나도 무슨 권위로 이런 일을 하는지 너희에게 이르지 아니하리라

그들은 "알지 못한다."고 피해가고 말았다. 기세등등하게 큰소리치며 왔던 그들이 스스로 꼬리를 내리고 목소리를 낮춘 것이다. 예수님은 그들이 대답하지 않은 이상 자신도 대답하지 않겠다고 하셨다. 그럴 의무나 책임도 없었다.

▶ **28절** 그러나 너희 생각에는 어떠하냐 어떤 사람에게 두 아들이 있는데 맏아들에게 가서 이르되 얘 오늘 포도원에 가서 일하라 하니

그러나 예수님은 이어 말씀하신 두 아들 비유에서 자신이 제기한 문제의 답을 주셨고, 악한 농부들 비유(33-46절)에서 그들의 질문에 대한 답을 주셨다.

두 아들 비유는 직접적으로는 대제사장들과 장로들에게 주신 말씀이라는 것이 "너희는 어떻게 생각하느냐?"에 표현되어 있다.

(많은 사본이 맏아들과 작은 아들의 경우를 바꾸어 맏아들이 처음에 간다고 했다가 안 갔다고 하는데 한글 개역성경은 이 사본들을 따랐다. 맏아들을 유대지도부에 대한 비유어로 보았기 때문이다. 다음의 설명은 더 강한 사본들의 지지를 받는 본문을 따른 것이다.)

두 아들을 가진 아버지는 하나님에 대한 비유어이다. 그는 맏이에게 가서 포도원에 가서 일을 할 것을 부탁했다.

▶ **29절** 대답하여 이르되 아버지 가겠나이다 하더니 가지 아니하고

맏아들은 처음에는 싫다고 했으나 후에 뉘우치고 일하러 포도원으로 들어갔다. 이 맏아들은 오랫동안 죄인으로 살았으나 세례자 요한의 외침에 회개하고 세례를 받은 세리와 창녀들에 대한 비유어이다.

▶ **30절** 둘째 아들에게 가서 또 그와 같이 말하니 대답하여 이르되 싫소이다 하였다가 그 후에 뉘우치고 갔으니

아버지가 둘째 아들에게 가서 말했을 때 그는 일을 하겠다고 하고는 실제로는 하지 않았다. 둘째 아들은 의인이라고 자처하며 성전을 관장하고 하나님의 뜻대로 산다고 하면서도 실제로는 삶의 편리라는 구실로 성전을 장터나 강도의 소굴로 만들고 요한의 권고에도 회개하지 않은 유대지도부에 대한 비유어이다.

▶ **31절** 그 둘 중의 누가 아버지의 뜻대로 하였느냐 이르되 둘째 아들이니이다 예수께서 그들에게 이르시되 내가 진실로 너희에게 이르노니 세리들과 창녀들이 너희보다 먼저 하나님의 나라에 들어가리라

귀를 기울여 듣고 있던 대제사장들과 장로들에게 예수님은 둘 중에 누가 아버지의 뜻대로 했느냐고 물으셨다. 그들은 이 비유가 무엇을 의미하는지도 모른 채 "맏이입니다"라고 대답한다.

예수님은 그들의 대답을 듣고 설명을 시작하셨다. 이 설명은 엄숙한 선언구 "내가 너희에게 말한다"로 시작하는데 그들에게는 폭탄선언과도 같았다. 그들이 죄인으로 규정한 세리들과 창녀들을 예수님은 그들보다 앞서 천국에 들어가고 있다고 말씀하셨기 때문이다.

"들어가고 있다"는 현재형은 천국이 이 땅에 시작되었으며 요한을 통해 예수님을 소개받고 예수님에게 온 사람들이 천국의 백성이 되어 있음을 알려준다.

"먼저"라는 말은 그들도 예수님을 믿는다면 지금이라도 천국에 들어갈 수 있다는 것을 암시한다.

▶ **32절** 요한이 의의 도로 너희에게 왔거늘 너희는 그를 믿지 아니하였으되 세리와 창녀는 믿었으며 너희는 이것을 보고도 끝내 뉘우쳐 믿지 아니하였도다

예수님은 요한이 "의의 길"로 왔다고 그 이유를 제시하셨다. 대제사장들과 장로들은 이 말을 바른 길이나 의를 가르치는 길로 이해했을 것이다. 그래도 이 표현은 하나님이 요한을 보내셨다는 것과 같다. 그들에게 의란 하나님에게서만 나오기 때문이다. 예수님에게 "의의 길"이란 요한이 천국

의 시작을 선포했고 회개를 촉구했으며 예수님 자신을 세례를 통해 죄인의 대표로 세워서 하나님의 의가 이 땅에 실현되도록 하는데 한 역할을 담당했음을 뜻한다.

세리들과 창녀들은 요한을 믿고 세례를 받았기 때문에 하나님의 요구에 순응한 것이 된다. 그들이 요한의 가르침을 따라 예수님에게 왔을 때 그들은 이미 천국과 관계를 맺은 것이다. 반면에 유대지도자들은 요한을 믿지 않았으므로 하나님의 요구에 불응한 것이요 천국과는 상관없게 되고 말았다.

56. 악한 농부들의 비유(마 21:33-46)

1) 개요

악한 농부들의 비유는 예수님이 자신의 권위에 대하여 대제사장들과 장로들이 던졌던 질문에 대한 답으로 하신 비유이지만 자신의 권위 문제를 넘어서 유대민족의 운명과 새로운 백성의 출현까지도 함께 다루셨다.

고정 비유어가 나오는 비유가 있다. 어떤 비유에서든지 같은 의미를 가지는 비유어를 말한다. 예수님이 예루살렘에서 말씀하신 대부분의 비유에는 집주인, 또는 포도원 주인이 나오는데 어김없이 하나님에 대한 비유어이다. 이런 고정 비유어를 제외하고 나면, 비유는 전체적으로 하나의 비교점을 갖는다. 이 비유에서도 포도원이나 울타리가 무엇인지 등을 자세하게 물을 필요가 없다는 말이다.

이 비유의 비교점은 주인이 요구하는 열매를 바치지 않을 뿐만 아니라 주인이 보낸 종들과 아들을 때리고 죽인 악한 /농부들을 쫓아내고 포도원을 다른 농부들에게 세주듯이 하나님의 나라가 이스라엘로부터 옮겨지고 그 나라의 열매 맺는 다른 백성에게 주어진다는 것이다. 악한 농부들은 대제사장과 장로들이 대표하는 이스라엘이다. 열매를 받아 오도록 보낸 종들, 아들은 구약시대의 선지자들과 하나님의 아들이신 예수님을 가리킨다. 쫓겨날 이스라엘의 자리에 들어설 "그 나라의 열매를 맺는 백성"은 유대지도자들의 대답에 "제 때 열매들을 내어놓을 다른 농부들"로 비유되었는데 예수님을 믿는 교회라고 보아야 한다.

이 비유의 핵심은 농부들이 결국 아들도 죽였다는 것이다. 예수님은 얼마 후에 그들이 자신을 죽일 것임을 이렇게 표현하셨다. 그러나 그리스도는 건축가가 버린 돌이 모퉁이 머릿돌이 되듯이 그들에게는 버림을 당하지만 하나님의 나라를 이 땅에 세우시는 분이시다. 이스라엘이 하나님의 나라를 빼앗기는 이유는 하나님이 보내신 아들, 예수 그리스도를 배척한 데 있다. 물론 이것은 후에 나타나겠지만, 그 노골적 적개심이 대제사장들과 장로들에게서 시작된 것이다.

2) 주해

▶ **33절** 다른 한 비유를 들으라 한 집 주인이 포도원을 만들어 산울타리로 두르고 거기에 즙 짜는 틀을 만들고 망대를 짓고 농부들에게 세로 주고 타국에 갔더니

예수님은 자신이 누구인지를 악한 농부들의 비유로 말씀하셨다. 포도나무, 울타리, 즙 짜는 구덩이, 원두막은 당시 포도원과 관련된 요소로서 이야기를 구성하는 것일 뿐 특별한 의미를 가지고 있지 않다. 외국으로 떠났다는 표현도 얘기의 한 부분으로 당시 땅 소유주가 로마 귀족 등일 경우는 볼 수 있는 광경이었다.

이 비유에서 의미 있는 요소는 주인과 농부들이다. 주인은 하나님의 비유어고 농부들은 대제사장과 장로들이 대표하는 이스라엘 백성에 대한 비유어이다.

▶ **34절** 열매 거둘 때가 가까우매 그 열매를 받으려고 자기 종들을 농부들에게 보내니

주인은 보통 생산물의 절반 혹은 1/3을 받아가는 것이 당시 관례였다고 한다. "자기 열매", 즉 농부들과 합의한 자기 몫을 받아 오도록 종들을 보낸 것이다.

종들은 하나님이 이스라엘에게 보내신 선지자들에 대한 비유어이다. 선지자들을 보내신 이유는 이스라엘 백성이 하나님의 명령과 뜻대로 살게 하시기 위해서였다. 그렇다면 "자기 열매"란 하나님이 요구하신 삶, 또는 하나님의 뜻을 따름이라고 할 수 있을 것이다.

▶ **35-36절** 농부들이 종들을 잡아 하나는 심히 때리고 하나는 죽이고 하나는 돌로 쳤거늘 36 다시 다른 종들을 처음보다 많이 보내니 그들에게도 그렇게 하였는지라

이것이 실화인지는 알 수 없지만 있을 법한 이야기임에는 틀림없다. "붙잡아서 때리고 죽이고 돌로 쳤다"는 표현으로 예수님은 이스라엘 백성들이 선지자들에게 했던 대표적인 행동들을 비유 속의 얘기로 표현하신 것으로 보인다. 이스라엘을 부르신 하나님의 은총은 오랫동안 이어져 왔다.

▶ **37절** 후에 자기 아들을 보내며 이르되 그들이 내 아들은 존대하리라 하였더니

주인의 아들은 예수님에 대한 비유어이다. 예수님은 자신이 하나님의 아들이심을 이렇게 은근히 표현하셨다. 믿는 사람들에게는 이 비유도 예수님의 정체를 밝혀주는 역할을 하지만 믿지 않는 사람에게는 가리고 혼동을 일으키는 역할을 한다. 아들은 포도원 주인이 택한 최후의 수단이었다.

▶ **38-39절** 농부들이 그 아들을 보고 서로 말하되 이는 상속자니 자 죽이고 그의 유산을 차지하자 하고 39 이에 잡아 포도원 밖에 내쫓아 죽였느니라

예수님은 자신이 여러 번 예고해 오셨으나 아직 일어나지 않은 일들을 있을 법한 얘기 속에 집어넣어 말씀하셨다. 따라서 농부들이 하는 말 "이 사람은 상속인이다. 그를 죽이고 그의 상속물을 우리가 차지하자"는 비유 속의 이야기를 구성하는 요소일 뿐 현실에 반영된 얘기로 볼 필요가 없다. 그러나 "죽이자"와 "포도원 밖에 내던지고 죽여버렸다"는 표현은 예수님

이 성 밖에서 죽임을 당하실 것을 염두에 두신 암시로 보아야 한다. 예수님을 죽이려는 계획은 12:14절에 나오기 시작했다.

▶ **40절** 그러면 포도원 주인이 올 때에 그 농부들을 어떻게 하겠느냐

"주인이 올 때 농부들을 어떻게 하겠느냐?"는 질문은 예수님 편에서 보면 하나님이 이스라엘 민족과 역사를 어떻게 할 것인가를 묻는 질문이다. 그러나 그들은 있을 법한 이야기의 결말을 물으신 것으로 이해한다.

"주인이 올 때"가 언제인지, 즉 최후심판의 때인지 아니면 예루살렘에 멸망한 때인지를 물을 필요는 없다. 이것은 이야기의 한 부분일 뿐이다. 또 예수님은 이 시간적 요소를 해석하지는 않으셨기 때문이다(43절 참조).

▶ **41절** 그들이 말하되 그 악한 자들을 진멸하고 포도원은 제 때에 열매를 바칠 만한 다른 농부들에게 세로 줄지니이다

이야기에만 몰두한 대제사장들과 장로들은 주인이 악한 그들을 잔인하게 죽이고 제 때에 열매를 바칠 다른 농부들에게 세줄 것이라고 대답했다. 이것은 적대자들의 대답이기 때문에 모두가 예수님의 비유 속에 포함되어 있다고 볼 수 없다. 예수님이 이들의 대답 중에서 설명한 부분만(43절) 비유의 한 부분을 구성한다고 보아야 한다.

▶ **42절** 예수께서 이르시되 너희가 성경에 건축자들이 버린 돌이 모퉁이의 머릿돌이 되었나니 이것은 주로 말미암아 된 것이요 우리 눈에 기이하도다 함을 읽어 본 일이 없느냐

예수님은 시편 118:22-23을 인용하시며 비유의 결론을 말씀하셨다. 인용구는 다윗이 자기 개인, 또는 이스라엘 민족이 사람들에게는 핍박을 당하지만 하나님께서 세워주셨음을 노래한 것이다. 예수님은 유대 지도부와 이스라엘 민족 전체에게 버림을 받고 죽임 당할, 그러나 하나님 나라의 왕이 되고 교회의 반석이 되실 자신을 위한 예언으로 사용하셨다.

바위 또는 큰 돌로 만드는 집에서 모퉁이의 머릿돌은 가장 반듯하여 가

로, 세로, 높이를 결정하는 기초석을 뜻한다.

▶ **43절** 그러므로 내가 너희에게 이르노니 하나님의 나라를 너희는 빼앗기고 그 나라의 열매 맺는 백성이 받으리라

"그러므로"는 42절을 지시한다. 예수님은 천국의 왕이시므로, 자신을 배척하고 죽일 "너희", 곧 유대 지도부로 대표되는 이스라엘 민족은 하나님의 나라를 빼앗기고 이 나라가 그 나라의 열매를 맺는 다른 백성에게 주어질 것이라고 선언하셨다. 예수님은 그들의 대답(40절) 중에서 "빼앗아서…줄 것이다"만을 "천국이 옮겨져서…주어질 것이다"로 설명하셨다. 따라서 그들의 대답 중에서 다른 말은 분석할 필요가 없다.

이스라엘이 하나님의 백성이라는 특권과 칭호를 잃고 다른 백성이 모이기 시작하는 시각은 예수님의 죽음과 부활의 때이다.

▶ **44절** 이 돌 위에 떨어지는 자는 깨지겠고 이 돌이 사람 위에 떨어지면 그를 가루로 만들어 흩으리라 하시니

예수님은 다시 자신을 견고한 바위에 비유하심으로써 이 비유를 결론지으셨다. 유대 지도부가 아니라 누구라도 예수님을 반대하고 거부하는 것은 결국 그들의 실패로 끝날 것이라는 말씀을 약간 형태를 고쳐 반복 강조하셨다.

▶ **45-46절** 대제사장들과 바리새인들이 예수의 비유를 듣고 자기들을 가리켜 말씀하심인 줄 알고 46 잡고자 하나 무리를 무서워하니 이는 그들이 예수를 선지자로 앎이었더라

비유를 다 들은 후에야 그들은 이 비유가 그들을 두고 말씀하신 것임을 알고 예수를 붙들려고 하지만 그들이 두려워하는 무리가 아직은 예수님의 보호자 역할을 하고 있다. 선지자라고 믿고 있었기 때문이다.

Short Commentary
Matthew
마태복음 22장

57. 결혼잔치의 비유(마 22:1–14)

1) 개요

결혼잔치의 비유는 유대인 지도부를 향해 천국이 무엇인지를 좀 더 구체적으로 설명하신 비유이다. 이스라엘에게서 천국이 옮겨져 그 나라의 열매 맺는 백성에게 주어진다는 앞 장의 선언을 – 대제사장들과 장로들은 아마 천국 선포를 처음 들었을 것이기 때문에 – 상세하게 설명해 주신 것이다. 천국이 한 개인에게 미치는 효과보다는 그 집단체적 특성에 초점이 맞추어져 있다. 물론 천국의 주된 개념은 비유에 왕으로 나오는 하나님이시다.

어떤 임금이 아들을 위한 결혼잔치를 벌였다. 결혼잔치에 초대받은 사람들을 모시고 오도록 종들을 보냈지만 아무도 오려고 하지 않고 자기 볼일을 보거나 종들을 붙들어 죽였다. 임금은 분노하여 군대를 보내어 그들을 죽이고 성을 불태워 버렸고 다른 사람들을 불러오게 하였다. 종들이 나가서 만나는 대로 손님들을 불러와서 결혼잔치를 가득 채웠다. 결혼잔치가 시작될 즈음에 임금이 손님들을 보러 왔다가 예복을 입지 않은 사람이 앉아 있는 것을 보고 그 이유를 물었으나 아무 대답도 하지 못하자 결박하여 밖으로 던져 버렸다. 무조건적으로 불려왔던 사람들 중에도 적당하지 않은 사람이 있었던 것이다.

천국은 먼저 이스라엘 백성에게서 시작되었다. 그러나 이스라엘 민족은 메시야를 기다려왔음에도 불구하고 오신 메시야를 인정하지 않았다. 하나님은 이스라엘을 하나님의 백성의 자리에서 쫓아내시고 새로운 백성으로 천국을 채우신다. 이 새로운 백성은 이전의 선과 악, 의와 불의에 관계없이 부르심을 받지만 그러나 이곳에는 다른 종류의 요구가 있다. 누구나 예복을 입고 들어와야 한다는 것이다. 초대받은 사람은 많지만 선택받은 사람은 적다는 결론은 일차적으로 이스라엘에 적용되었지만 천국의 백성으로 구성되는 교회에도 다시 적용된다.

예복은 예수님을 믿음에 대한 비유어이다. 사람들이 부름을 받아들인 것을 믿음으로 분석한다면 예복은 신자들이 왕이신 예수님의 말씀대로 살아가는 것이다.

2) 주해

22:1절 예수께서 다시 비유로 대답하여 이르시되

대제사장들과 장로들이 분노하여 씩씩거리고 있을 때 예수님이 다시 비유를 말씀하셨다. 헬라어의 "대답하다"는 말에 대한 답변만이 아니라 행동에 대한 반응을 뜻하기도 한다.

▶ **2절** 천국은 마치 자기 아들을 위하여 혼인 잔치를 베푼 어떤 임금과 같으니

천국이 아들을 위해 결혼잔치를 베푼 임금, 즉 하나님에 비유되었다. 예수님은 자신을 믿는 사람들에게는 자신과 관련된 일을 천국 비유로 말씀하셨는데 믿지 않는 사람들에게는 천국 비유라는 이름으로 주로 하나님과

관련된 일을 말씀하셨다. 아들을 위한 잔치이므로 결국은 같은 것이다.

▶ **3절** 그 종들을 보내어 그 청한 사람들을 혼인 잔치에 오라 하였더니 오기를 싫어 하거늘

미리 초대해 놓은 손님들을 잔치 날에 종들이 모시러 가는 당시 풍습이 반영되어 있다. 손님들은 이스라엘에 대한 비유어이다. 오랫동안 하나님의 약속을 받았으면서도 막상 때가 되자 세례자 요한으로부터 시작된 천국의 선포, 회개의 촉구를 거부하고 있다.

▶ **4절** 다시 다른 종들을 보내며 이르되 청한 사람들에게 이르기를 내가 오찬을 준비하되 나의 소와 살진 짐승을 잡고 모든 것을 갖추었으니 혼인 잔치에 오소서 하라 하였더니

왕은 자신의 호의를 무시한 손님들에게 참고 다른 종들을 보내며 만찬 준비가 끝났고 황소와 살진 짐승도 다 준비되었다고 전하도록 하였다. 결혼잔치의 풍성함을 보여주는 것으로 하나님이 초대받은 사람들을 위해 준비하신 고귀한 것을 연상케 하는 것으로 충분해 보인다.

▶ **5-6절** 그들이 돌아 보지도 않고 한 사람은 자기 밭으로, 한 사람은 자기 사업하러 가고 6 그 남은 자들은 종들을 잡아 모욕하고 죽이니

손님들은 왕이 베푸신 결혼잔치에 별 관심이 없다. 왕의 편에 서기를 꺼린 것이다. 예수님이 직접 천국을 선포하셨지만 유대 지도부나 대부분의 유대인들은 이 천국에 냉담했고 마치 밭으로 일하러 가거나 장사차 가 버리는 사람들처럼 행동했다. 뿐만 아니라 요한을 죽였다. 또 천국의 왕이신 예수님을 죽일 것이다.

▶ **7절** 임금이 노하여 군대를 보내어 그 살인한 자들을 진멸하고 그 동네를 불사르고

비유 속의 임금은 분노하여 군대를 보내어 초대했던 손님들을 죽이고 그들의 성을 불태워 버렸다. 왕의 호의를 무시하는 사람들에 대한 집단적

징벌은 당시 빈번히 일어나는 사건이었는데 예수님은 끝내 자신에게 오기를 거부하는 유대 민족에 대한 심판의 비유어로 사용하셨다. 서기 70년 티투스가 이끄는 로마 군대에게 성이 함락되고 성전이 파괴되는 사건을 예언하신 것으로 보인다.

▶ **8-9절** 이에 종들에게 이르되 혼인 잔치는 준비되었으나 청한 사람들은 합당하지 아니하니 9 네거리 길에 가서 사람을 만나는 대로 혼인 잔치에 청하여 오라 한대

초대해 두었던 이스라엘은 실격되었다. 그러나 예수님의 출현으로 시작된 하나님의 일은 이제 절정을 향해 달리고 있다. 이스라엘의 실패는 길 네거리로 나가서 만나는 사람들 모두를 결혼잔치에 불러들이는 것처럼 세계 모든 민족을 향한 복음의 확대로 연결된다. 하나님은 구약시대에도 이스라엘을 통한 모든 민족의 축복을 약속하셨다. 그런데 그 책임을 맡았던 유대민족은 이제 그 자리에서 쫓겨나고 만다.

▶ **10절** 종들이 길에 나가 악한 자나 선한 자나 만나는 대로 모두 데려오니 혼인 잔치에 손님들이 가득한지라

종들은 임금의 명령에 따라 길에 나가서 악한 사람이든, 선한 사람이든 만나는 대로 결혼잔치에 데려왔다. 그래서 결혼잔치는 손님들로 가득 채워졌다. 천국의 복음은 민족, 혈통, 성별, 심지어 선악도 차별하지 않고 누구에게나 전파되고 모든 민족을 천국의 백성으로 모아들이는 것에 대한 비유이다.

▶ **11절** 임금이 손님들을 보러 들어올새 거기서 예복을 입지 않은 한 사람을 보고

임금이 손님들을 맞으러 나왔다. 결혼잔치가 시작되려는 것이다. 둘러보던 임금은 예복을 입지 않은 한 사람을 발견하였다. 아무나 불러 왔지만 잔치에 참여하려면 예복이 있어야 한다. 왕이 예복을 준비한 것이 당시 풍습인지 아니면 집에 가서 입고 와야 하는지는 확실하지 않다. 이 예복은 무엇에 대한 비유일까?

두 가지 해석이 가능하다. 종의 초대에 응한 것을 예수님에 대한 믿음으로 본다면 예복은 말로 표현되는 믿음의 진실성을 증명하는 것, 곧 예수님의 말씀을 따라 진실하게 살아가는 것이다(7:21). 그러나 초대에 응한 사람이 얼떨결에 잔치에 들어온 것으로 분석한다면 예복은 예수님을 믿는 믿음을 뜻한다. 순 정신적, 지적 기능만이 아니라 마음과 몸과 목숨을 다해 예수님을 섬기는 전인적 삶으로서의 믿음.

▶ **12절** 이르되 친구여 어찌하여 예복을 입지 않고 여기 들어왔느냐 하니 그가 아무 말도 못하거늘

괘씸하게 생각한 왕은 그를 벗이라 부르면서도 그 이유를 묻는다. 무슨 대답이 있을 수 없다. 예복을 입고 들어왔어야 한다는 것은 당시 상식이었다.

▶ **13절** 임금이 사환들에게 말하되 그 손발을 묶어 바깥 어두운 데에 내던지라 거기서 슬피 울며 이를 갈게 되리라 하니라

왕은 잔치에 왔으면서도 최소한의 예의를 무시한 이 사람을 발과 손을 묶어 바깥 어두움에 던지라고 명령한다. 예복이 없다면 오지 않은 것이나 같다. "울음과 이를 갊이 있을 것이다"는 표현은 자신이 기대하던 것과는 전혀 다른 결과에 도달한 사람들이 몰랐었다고 억울해 하는 표현이다. 알았다면 그렇게는 하지 않았을 것이라는 후회가 포함되어 있다. '예수님이 그런 분인 줄 알았더라면', 또는 '예수님을 진실히 믿었더라면' 하는 후회이다. 때늦은 후회가 마지막 날 에 있을 것을 이렇게 표현하신 것은 미리 알고 정신을 차리라는 교훈이다.

▶ **14절** 청함을 받은 자는 많되 택함을 입은 자는 적으니라

하나님의 구원 역사의 첫 단계에 많은 사람들이 하나님의 나라에 초대를 받았다. 그러나 끝까지 기다리다가 하나님의 나라에 들어가도록 선택받은 사람은 적다. 마찬가지로 천국이 이 땅에 시작된 후에도 많은 사람이 복음을 통하여 부름을 받지만 이 복음에 응답하고 천국의 백성이 되는 사

람들은 많지 않다.

58. 세금과 부활 논쟁(마 22:15-33)

1) 개요

유대지도부, 즉 대제사장들을 우두머리로 하는 공회는 다양한 종류의 민족 지도자들 71명으로 구성되어 있었다. 권력의 중심인 대제사장들과 장로들이 예수님의 지혜와 비유를 사용한 가르침에 아무런 힘도 쓰지 못하자 바리새 파 사람들이 예수님을 잡을 궁리를 한 끝에 제자들과 헤롯 파 사람들을 동원하여 황제에게 세금을 바치는 문제에 대한 이론적 논쟁을 벌였다. 바리새인들은 구약의 율법대로 지켜야 한다는 사람들로서 세금을 거부했고 헤롯 파 사람들은 이방인인 헤롯왕과 그를 인명한 로마 황제를 지원하는 사람들로서 세금을 지지했다. 황제에게 세금을 바치라고 대답하시면 바리새인들이 , 바치지 말라고 대답하시면 헤롯 파 사람들이 꼬투리를 잡아 해하려는 것이었다. 예수님은 세금으로 내는 은화에 황제의 얼굴과 글자가 새겨져 있으므로 황제의 것은 황제에게 돌려주어야 한다고 하셨다. 한 걸음 더 나가셔서 하나님의 것은 하나님에게 바쳐야 한다는 신앙적 교훈도 잊지 않으셨다.

그들이 놀라서 가자 이번에는 사두개인들이 몰려왔다. 사두개인들은 신학보다는 정치에 관심과 열정을 가지고 있던 사람들로서 모세 오경만 받아들였고 그 결과 영적 세계, 따라서 부활을 부정하였다. 그들은 부활이 있을 수 없다는 논리적 근거를 가지고 와서 예수님께 질문하였다. 역시 올무에 걸리게 하려는 것이었다. 율법을 따라 한 여자를 일곱 형제가 모두 아내로 맞았다면 부활 때에 누구의 아내가 될 것인지를 묻는 물음 속에는 이것이 곤란하므로 부활은 없다는 그들의 논리가 깔려 있었다. 그러나 예수님은 부활한 사람들의 세계에는 그런 인간관계가 필요치도 않다고 말씀하셨다. 하나님은 죽은 자들의 하나님이 아니라 살아있는 사람들의 하나님이시기 때문이라는 것이다.

산헤드린의 단합된 지혜와 이론으로는 예수님을 당해낼 수 없었다. 잠시 후에는 바리새인들이 오지만 마찬가지였다.

2) 주해

▶ **15-16절** 이에 바리새인들이 가서 어떻게 하면 예수를 말의 올무에 걸리게 할까 상의하고 16 자기 제자들을 헤롯 당원들과 함께 예수께 보내어 말하되 선생님이여 우리가 아노니 당신은 참되시고 진리로 하나님의 도를 가르치시며 아무도 꺼리는 일이 없으시니 이는 사람을 외모로 보지 아니하심이니이다

대제사장들과 장로들이 예수님을 잡을 수 있는 방법은 그를 선지자로 믿는 무리들을 충동질하든지 정치적 힘을 끌어들이는 것 두 가지뿐이었다. 바리새인들이 이 문제를 오래 논의한 끝에 예수님이 두 집단 중에 어느 하나에게 걸릴 수밖에 없는 말을 하도록 유도하기로 결론짓고 제자들을 헤롯파 사람들과 함께 보냈다. 그들은 예수님에게 배우려고 온 것처럼 위장하며 예수님을 치켜세웠다. "선생님", "진실하신 분이시며 하나님의 길을 바르게 가르치신다", "사람들의 체면을 봐주지 않으시고 아무도 개의치 않으신다"는 그들이 정말 그렇게 믿고 있는 것이 아니라 이렇게 함으로써 예수님이 자신을 존경하는 사람들 앞에서 대답을 피하거나 번복할 수 없도록 만들려는 속셈에서 나온 것이다.

▶ **17절** 그러면 당신의 생각에는 어떠한지 우리에게 이르소서 가이사에게 세금을 바치는 것이 옳으니이까 옳지 아니하니이까 하니

그들이 가지고 온 질문은 황제에게 세금을 바치는 문제였다. 바리새인들은 세금을 반대하며 무리 편에 서 있었다. 헤롯 파는 세금을 찬성하며

헤롯 왕과 로마 황제 편에 서 있었다. 바치라는 대답은 무리를 자극하고, 바치지 말라는 대답은 헤롯 파 사람들과 로마 총독을 자극하게 될 것이므로 예수님은 스스로 위기에 빠질 수밖에 없다.

▶ **18절** 예수께서 그들의 악함을 아시고 이르시되 외식하는 자들아 어찌하여 나를 시험하느냐

그들이 아무리 미사여구를 쓰고 선한 체 위장해도 예수님은 그들의 악한 생각을 간파하셨다. 예수님은 그들을 공개적으로 위선자들로, 본심은 자신을 시험하는 것이라고 꾸짖으심으로 이때를 백성을 가르치는 기회로 역이용하셨다.

▶ **19절** 세금 낼 돈을 내게 보이라 하시니 데나리온 하나를 가져왔거늘

세금으로 내는 은화인 데나리온에는 당시 재임 중인 황제 티베리우스의 얼굴과 그의 이름, 칭호, 부호 등이 새겨져 있어서 그 돈이 황제의 소유이며 이 은화가 통용되는 곳은 모두 그 세력권임을 알리고 있었다.

예수님은 현실을 명확하게 지적하시려고 이 은화를 보여 달라고 하셨고 그들이 데나리온을 예수님께 가져왔다.

▶ **20절** 예수께서 말씀하시되 이 형상과 이 글이 누구의 것이냐

예수님은 오히려 그들이 한 말로부터 대답을 이끌어 내심으로 자신의 말꼬리를 물고 늘어지지 못하게 하시려고 은화에 새겨진 모습과 이름이 누구의 것인지를 물어 보셨다.

▶ **21-22절** 이르되 가이사의 것이니이다 이에 이르시되 그런즉 가이사의 것은 가이사에게, 하나님의 것은 하나님께 바치라 하시니 22 그들이 이 말씀을 듣고 놀랍게 여겨 예수를 떠나가니라

그들이 "황제의 것"이라고 대답했다. "그러므로"는 예수님의 대답이 이 말의 논리적 귀결임을 보여준다. 예수님은 황제의 것은 황제에게 돌려주라

고 답하심으로써 그들의 흉계를 피해가시면서도 황제의 권리를 인정하셨다. 나아가서 하나님의 것을 하나님에게 돌려 드려야 할 의무를 백성들에게 상기시켜 주셨다. "하나님의 것들"이란 표현으로 성전세나 십일조, 헌물, 제물 등을 지시하신 것으로 생각하기는 어렵다. 넓은 의미로 하나님이 바라시는 모든 것, 마땅히 돌려드려야 할 영광 찬송 믿음 등을 다 지적하셨다고 보는 것이 좋을 것이다.

그들도 놀라서 도망치듯 사라질 수밖에 없었다.

▶ **23절** 부활이 없다 하는 사두개인들이 그 날 예수께 와서 물어 이르되

이번에는 사두개인들이 예수님에게 왔다. 그들은 다윗 시절에 활동했던 사독 대제사장의 후예들로서 때로는 로마 황실이나 그 괴뢰 정부인 헤롯에 협력함으로써 오랫동안 기득권을 유지할 수 있었다. 이 과정에서 그들은 구약성경의 모든 것을 부정하고 형식적으로 모세 오경만을 받아들였다. 하나님의 다스리심이나 천사, 부활, 영생 등은 그들의 정치적 선택 앞에 방해물들이었기 때문에 어느 것도 믿지 않았다.

▶ **24절** 선생님이여 모세가 일렀으되 ㄱ)사람이 만일 자식이 없이 죽으면 그 동생이 그 아내에게 장가 들어 형을 위하여 상속자를 세울지니라 하였나이다

그들이 가지고 온 부활의 문제는 그들과 바리새인들 사이에 오래 논쟁되던 주제로서 신 25:5-6의 요약이었다. 그곳에서 모세는 자식이 없이 죽는 형이 있으면 형의 가문이 끊어지지 않도록 그 동생이 형의 아내, 즉 형수와 결혼하여 형의 이름으로 아이를 낳게 해야 한다고 써놓았다.

▶ **25-28절** 우리 중에 칠 형제가 있었는데 맏이가 장가 들었다가 죽어 상속자가 없으므로 그 아내를 그 동생에게 물려 주고 26 그 둘째와 셋째로 일곱째까지 그렇게 하다가 27 최후에 그 여자도 죽었나이다 28 그런즉 그들이 다 그를 취하였으니 부활 때에 일곱 중의 누구의 아내가 되리이까

"우리 중에"가 실제로 있었던 일을 말하는 것인지는 알 수 없다. 있을

법한 얘기를 만들어서 사실인 것처럼 말했을 수도 있다. 부활이 불가능하다고 믿었던 그들의 논리가 이 예증에 나타나 있다. 모세의 명령을 지키려고 일곱 형제가 다 노력했지만 실패했고 그 여자도 죽었는데 부활이 있다면 누구의 아내가 되겠느냐는 질문이었다. 그들은 누구의 아내도 될 수 없으므로 부활은 없다고 믿었던 것으로 보인다.

▶ **29절** 예수께서 대답하여 이르시되 너희가 성경도, 하나님의 능력도 알지 못하는 고로 오해하였도다

예수님은 그들이 편협하게 구약성경의 일부만 인정하는 사실을 지적하셨다. 또 하나님의 능력을 전혀 고려하지 않은 것이 오해의 원인이라고 말씀하셨다.

▶ **30절** 부활 때에는 장가도 아니 가고 시집도 아니 가고 하늘에 있는 천사들과 같으니라

결혼은 이 세상에서 지금의 육체를 가지고 있는 동안 역사를 이어가도록 하신 하나님의 방법이다. 부활이란 하늘의 천사들처럼 영적인 존재로 살아나는 것이기 때문에 장가나 시집은 가지 않는다고 예수님은 단언하셨다.

▶ **31-32절** 죽은 자의 부활을 논할진대 하나님이 너희에게 말씀하신 바 32 나는 아브라함의 하나님이요 이삭의 하나님이요 야곱의 하나님이로라 하신 것을 읽어 보지 못하였느냐 하나님은 죽은 자의 하나님이 아니요 살아 있는 자의 하나님이시니라 하시니 33 무리가 듣고 그의 가르치심에 놀라더라

이어 예수님은 사두개인들이 인정하는 출 3:15절("나는 아브라함의 하나님, 이삭의 하나님, 야곱의 하나님이다.")을 부활에 대한 증거로 인용하셨다. 이미 죽은 사람들을 현재 살아 계신 하나님 자신과 연결하여 말씀하셨다면 그들의 죽음이 끝이 아니라 부활하여 하나님 앞에 설 수밖에 없고 그렇게 하나님은 산 자들의 하나님이심을 논증하신 것이다.

59. 바리새인들과의 대화(마 22:34-46)

1) 개요

예수님이 성전에서 하신 행동과 가르침이 촉발한 유대지도자들의 분노와 예수님을 잡으려는 온갖 시도는 빗나가고 말았다. 예수님은 그들의 의도와 모략을 간파하셨을 뿐만 아니라 누구도 대항할 수 없는 지혜와 능력으로 오히려 그들을 궁지로 몰아넣으셨다. 산헤드린에 속해 있던 여러 분파의 사람들은 예수를 공격하고 시험하는 데는 공조했지만 그렇다고 같은 생각을 가지고 같은 방식으로 살아가는 사람들이 아니었다.

바리새인들은 자신들이 짜낸 묘안, 곧 황제에게 내는 세금 문제가 성공하지 못하자 풀이 죽어 있었으나 사두개인들도 입을 다물고 말았다는 소식을 듣고 속으로 쾌재를 부르며 예수님이 계신 곳으로 몰려들었다. 율법에는 이단자나 다름없던 사두개인들이 예수 체포에 성공했다는 소식보다 괴로운 것은 그들에게 없었기 때문이다. 바리새인들은 이제 그들이 예수님을 옭아매어 그들의 정통성을 입증하고 요량으로 지도자격인 율법사를 내세워 큰 계명에 대한 질문을 한다. 그러나 예수님이 모든 계명의 근저에 깔려 있는 근거로 하나님 사랑과 이웃 사랑을 제시할 때 그들의 무기는 바닥이 나고 말았다.

예수님은 하나님의 율법에 정통하다고 자부하던 바리새인들에게 결정적 질문을 던지셔서 한 편으로는 그들을 침묵하게 하시면서도 다른 한 편으로는 자신이 누구이신지를 보다 분명하게 말씀하셨다.

그리스도가 누구의 아들인지를 물으신 질문은 바리새인들만이 아니라 이들의 가르침을 받아 그리스도를 다윗의 아들, 즉 정치적, 군사적 메시야로 생각하고 있던 유대인 전체를 향한 것이었다. 예수님은 그 다윗도 그리스도를 주님이라고 부르셨음을 상기시키시면서 그 메시야 관이 사실은 잘

못되었음을 지적해 주셨다. 예수님은 자신이 다윗의 주님인 메시야, 즉 하나님의 아들이심을 이런 방식으로 알려주신 것이다.

그날부터는 아무도 예수님에게 공개적으로 질문하지 않았다. 그렇다고 예수님을 잡을 계획을 포기한 것은 아니었다.

2) 주해

▶ **34절** 예수께서 사두개인들로 대답할 수 없게 하셨다 함을 바리새인들이 듣고 모였는데

부활의 불가능성에 대한 사두개인들의 질문은 예수님을 말의 올무에 걸리게 하기는커녕 오히려 그들이 더 이상 할 말이 없도록 만들고 말았다. 황제에게 바치는 세금문제라는 계획이 빗나가자 의기소침해 있던 바리새인들은 이 소식을 듣고 내심 기뻐하면서 예수님이 계시던 바로 그 자리로 몰려들었다. 그들 대신 사두개인들을 꺾어주신 예수님에게 다소 부드러워지고 우호적인 감정을 가지고 있었지만 예수님을 향한 적개심은 여전히 남아 있었다.

▶ **35절** 그 중의 한 율법사가 예수를 시험하여 묻되

바리새인들은 이제는 그들이 예수님을 옭아매어 백성의 지도자로서의 명성을 과시하고 백성들을 예수님에게서 일단 멀어지게 할 기회가 왔다고 생각하고 있었던 것으로 보인다. "율법사"로 번역된 단어는 예수님을 시험했던 사람이 보통 바리새인이나 율법학자들과는 달리 최고의 권위를 가지고 있었던 지도자급 인물을 지시한다.

▶ **36절** 선생님 율법 중에서 어느 계명이 크니이까

그들이 가지고 왔던 질문은 율법에 포함되어 있는 모든 계명들 중에서 어느 것이 더 큰가 하는 것이었다. 어느 한 계명을 선택한다는 것은 다른 계명들을 사소한 것으로 평가하는 것이 되므로 예수님의 대답 여하에 따

라 예수님을 공격할 근거가 될 수도 있었다.

▶ **37-38절** 예수께서 이르시되 네 마음을 다하고 목숨을 다하고 뜻을 다하여 주 너의 하나님을 사랑하라 하셨으니 38 이것이 크고 첫째 되는 계명이요

예수님은 신 6:5를 인용하셨다. "온 마음, 온 목숨, 온 생각으로 주님, 곧 하나님을 사랑하라"는 말씀은 한 마디로 전 인격으로 최선을 다해 하나님을 사랑하라는 뜻이다. 유대인들이 매일 읽고 가지고 다니는 "쉐마"의 첫 부분인 이 말씀을 예수님은 다른 개별적 계명들의 뿌리에 놓여 있는 근본정신, 또는 강령이라는 의미에서 "크고 으뜸이다"고 하셨다.

▶ **39절** 둘째도 그와 같으니 ㄹ)네 이웃을 네 자신 같이 사랑하라 하셨으니

예수님은 "이웃을 네 몸처럼 사랑하라"는 레 19:18을 두 번째 계명이라고 하셨다. "이것"은 첫째로 말씀하신 하나님 사랑을 지시하는 것으로 이웃 사랑이 순서로는 두 번째이지만 크기, 즉 중요도에서는 첫째와 같다는 뜻이다. 신앙과 윤리는 늘 붙어 다니는 개념이고 율법 배후에 놓여 있는 근본정신이다.

"네 몸처럼"은 '네 자신처럼'을 뜻하지만 그 방향은 긍정적 사랑이어야 한다.

▶ **40절** 이 두 계명이 온 율법과 선지자의 강령이니라

개역성경에 "강령"이라고 번역되어 있는 단어는 이 두 계명에 온 율법과 선지자들, 즉 구약성경 전체가 "매달려 있다"는 뜻이다. 많은 줄기를 내는 뿌리처럼, 많은 가지들이 달려 있는 줄기처럼 이 두 계명이 모든 계명들을 떠받치고 있다는 의미이다.

▶ **41-42절** 바리새인들이 모였을 때에 예수께서 그들에게 물으시되 42 너희는 그리스도에 대하여 어떻게 생각하느냐 누구의 자손이냐 대답하되 다윗의 자손이니이다

율법사의 질문과 예수님의 대답이 진행되는 동안 계속 바리새인들이 모

여들고 있었다. 예수님은 이제 보다 적극적으로 그들에게 질문하셨다. 이 질문은 바리새인들이 가지고 있던 메시야 기대사상과 관련된 것으로 그들의 잘못된 생각과 기대를 지적하시고 어떤 것이 바른 메시야 사상이어야 하는지를 교훈하시기 위한 것이었다.

그들이 기다린 메시야는 다윗의 후예로, 다윗과 같은 왕으로 그들을 이방인들의 압제에서 해방시키고 이스라엘을 하나님의 백성으로 회복시켜 주는 사람이었다. 예수님은 그들이 다른 대답을 할 수 없도록 "그리스도가 누구의 아들이냐?"고 질문하셨고 그들은 당연히 "다윗의 아들입니다"라고 대답하였다.

"아들"은 한글과는 달리 손자, 후손에게도 사용되는 단어이다. 이 단어를 자손으로 번역하는 것이 한글 의미상 더 정확하지만 그렇게 하면 중간에 있었던 사람들을 무시하고 다윗과 예수님을 직접 연결하는 힘이 약해진다.

▶ **43절** 이르시되 그러면 다윗이 성령에 감동되어 어찌 그리스도를 주라 칭하여 말하되

그들의 대답이 떨어지기가 무섭게 예수님은 그렇다면 어떻게 다윗이 성령의 감동으로 그리스도를 주님이라고 불렀는지를 질문하셨다. 예수님은 다윗의 시편을 성령이 감동하신 결과로 보고 계셨다.

▶ **44절** 주께서 내 주께 이르시되 내가 네 원수를 네 발 아래에 둘 때까지 내 우편에 앉아 있으라 하셨도다 하였느냐

시 110:1은 "여호와께서 내 주께 말씀하시기를…"이지만 예수님은 유대전통을 따라서 "주님이 내 주님께 말씀하셨다…"로 인용하셨다. 앞의 주님은 하나님을, 두 번째 주님은 이스라엘에게 약속하셨던 메시야로 해석하신 것이다.

원수는 마귀를 뜻하는 것이다. "네 발 아래 둔다"는 말은 원수를 그리스도에게 완전히 패배하고 굴복하게 만든다는 뜻이다. "오른 편에 앉아 있

다"는 말은 그리스도가 하나님 편에서 하나님의 영광과 힘을 가지고 하나님의 다스리심에 함께 함을 보여준다.

예수님은 그리스도는 다윗의 아들로서 이스라엘의 대적을 굴복시키는 것이 아니라 다윗의 주님으로서 하나님의 원수, 곧 마귀를 굴복시키는 분이시라는 것을 가르쳐 주셨다.

▶ **45절** 다윗이 그리스도를 주라 칭하였은즉 어찌 그의 자손이 되겠느냐 하시니

예수님의 논리는 명확하다. 다윗이 자기 자손을 주님이라고 부를 수는 없다는 것이다. 다윗이 그리스도를 주님이라고 불렀다면 그는 다윗의 아들일 수 없다. 오히려 다윗 이상, 즉 적어도 하나님의 아들이셔야 한다. 하나님의 아들, 그리스도론은 구약성경이 원래 가지고 있던 메시야관이시라고 하신 셈이다.

▶ **46절** 한 마디도 능히 대답하는 자가 없고 그 날부터 감히 그에게 묻는 자도 없더라

유대지도자들의 공격이 일단 끝났다. 어느 누구도 예수님에게 감히 질문할 수 없다는 것을 모두가 알았기 때문이다.

Short Commentary
Matthew
마태복음 23장

60. 율법학자들과 바리새인들(마 23:1-12)

1) 개요

율법학자들과 바리새인들은 율법을 연구하고 가르치며 실천하던 사람들로서 율법학자들은 이론가, 바리새인들은 실천가라고 구분할 수 있지만 바리새인들 중에서 탁월한 사람들이 율법학자가 되었으므로 이 사람들을 모두 동일 부류로 보는 것이 좋다. 이들은 하나님을 섬기는데 누구보다도 더 열심히 있었는데 모세를 통해 율법이 주어진 이후 변해가는 사회 환경에서도 율법대로 더 잘 해 보겠다고 삶의 구석구석까지 적용할 수 있는 율법 해석을 만들어 내다가 율법의 형식적/의식적 준수에 치우쳤고 율법을 폐지, 제한, 변경할 수도 있는 '장로들의 유전'에까지 빠져들고 말았다.

예수님은 제자들의 의가 이 사람들보다는 더 나아야 하고(5:20), 이들의 위선과 전통을 따르지 말 것을 여러 차례 경고하신 적이 있는데(16:12 등) 본문에서는 보다 명확하고 종합적으로 이들을 비판하셨다. 잠시 후에 자신이 제자들을 떠나시고 나면 새롭게 출발하는 교회가 유대 사회를 이끌고 있는 이 사람들과의 대립관계에 서야 할 것을 아셨고 이 미래를 대비하게 하시려고 이들을 집중적으로 비판하신 것으로 보인다. 다른 한 편으로는 예수님을 따르는 제자들의 삶도 자칫 이들, 곧 하나님 앞에서 더 잘 해보자고 시작했던 사람들의 전철을 밟을 수 있음을 우려하시고 경고하신 것으로 보인다.

이곳에서 예수님이 율법학자들과 바리새인들을 경고하신 것은 첫째, 행동이 따르지 않는 말만의 교훈, 둘째 사람들에게 보이려고 하는 의도적인 행동, 셋째, 명예와 칭찬과 존경을 좋아하는 습성이었다. 반대로 예수님의 제자들은 크게 되고 높아지기보다는 다른 사람을 섬기고 자신을 낮추어야 한다. 이것이 예수님이 이 땅에 시작하게 하신 하나님 나라의 질서이다. 교회, 곧 이 세상에 시작된 하나님의 나라는 하나님을 아버지로 모시고 그리스도를 선생이요 지도자로 모시고 있기 때문에 모두가 신앙의 가족 공동체의 한 사람이 되는 것이다.

2) 주해

23: **1절** 이에 예수께서 무리와 제자들에게 말씀하여 이르시되

예수님은 율법학자들과 바리새인들에 대한 경고를 제자들과 무리들에게 주셨다. 잘못된 지도자들을 경계해야 할 뿐만 아니라 그들 스스로도 같은 잘못에 빠져들어서는 안 되기 때문이다.

▶ **2절** 서기관들과 바리새인들이 모세의 자리에 앉았으니

모세의 자리라고 번역한 단어는 원래 율법학자들이 앉아서 율법을 교육하던 특수한, 돌로 만든 의자를 가리킨다. 예수님은 당시 율법학자들과 바리새인들이 가지고 있었던 역할을 인정하신 것이다. 이들은 어떤 상황에서도 율법을 가장 사소한 것까지라도 지키려 했고 특출한 능력을 가진 사람을 뽑아서 율법의 해석과 교육을 맡김으로써 실질적으로 율법을 계승해온 사람들이다.

▶ **3절** 그러므로 무엇이든지 그들이 말하는 바는 행하고 지키되 그들이 하는 행위는 본받지 말라 그들은 말만 하고 행하지 아니하며

예수님은 "그러므로" 그들이 말하는 것은 모두 행하고 지키라고 하셨다. 예수님이 이들을 비판하신 것은 잘 하려던 것 때문에 생길 수 있는 그런 잘못이었다. 율법 자체를 부정하신 것은 아니다. "모두"는 율법의 가르침을 뜻할 뿐 오히려 율법을 파괴하는 "장로들의 전통"이나 그들의 상황적인 가르침을 포함하지는 않는다.

예수님의 첫 번째 비판은 율법을 가르치면서도 스스로는 행동으로 옮기지 않는다는 데 있었다. 선생은 가르치는 것을 스스로도 행할 수 있어야 한다. 그러나 스스로 행하지 못해도 말은 할 수 있어야 한다. 자신이 못한다는 것 때문에, 하나님의 뜻을 말하거나 가르치지도 않는 것은 가장 큰 잘못이다.

▶ **4절** 또 무거운 짐을 묶어 사람의 어깨에 지우되 자기는 이것을 한 손가락으로도 움직이려 하지 아니하며

예수님은 당시 바리새인들과 율법학자들이 하던 일을 "무겁고 힘든 짐"에 비유하셨다. 그들은 일상생활에서 해야 하는 가장 작은 움직임까지도 규제할 수 있는 세부조항들을 만들어서 이 짐들을 사람들에게 부과했지만 자신들은 손가락 하나 까딱하지 않는다는 것이다. 종교지도자들은 신자들과는 전혀 다른 세계, 즉 선한 구조에서 살아가기 때문에 그들이 가르치는 삶의 세부조항들을 이행할 필요조차 없는 경우가 대부분인데도 특권의식을 가지거나 죄의식 없이 살고 이것이 율법을 더 경직되고 세밀하게 규정하는 동기로 작용하는 것을 비판하신 것으로 생각된다.

▶ **5절** 그들의 모든 행위를 사람에게 보이고자 하나니 곧 그 경문 띠를 넓게 하며 옷술을 길게 하고

그럼에도 불구하고 그들이 스스로를 거룩하고 경건한 사람들로 나타내기 위하여 하나님께만 보여드려야 할 신앙행위들을 거창한 광고거리로 만

들고 있었다(6:1-18 참조). 사실 종교지도자들이 누구보다 열심히 기도하고 구제나 금식에 몰입하는 것은 경건해서라기보다는 자신의 일이기 때문이다. 그런데도 인간의 마음은 이것을 자신의 경건으로 착각하게 하고 과시하게 만든다.

"경문을 넓게 한다"는 하나님이 백성이 율법서의 몇 부분들을 써넣고 다니는 "성구함을 키운다"는 뜻이다. "옷술"은 하나님의 계명을 기억하고 준행하도록(민 15:38) 옷에 달게 한 것인데 당시 율법학자들과 바리새인들은 하나님의 명령을 더 잘 지킨다는 뜻에서 옷술도 길게 늘어뜨렸다.

▶ **6절** 잔치의 윗자리와 회당의 높은 자리와

율법학자들과 바리새인들을 향한 예수님의 두 번째 비판은 그들이 잔치에서는 윗자리(아마 주인의 바로 오른쪽 옆자리)에, 회당에서는 앞자리(아마 회당장의 바로 옆자리)에 앉기를 좋아한다는 것이다. 그들은 종교지도자란 직무상의 위치를 인간의 명예와 영광을 위한 것으로 착각하고 있었다.

▶ **7절** 시장에서 문안 받는 것과 사람에게 랍비라 칭함을 받는 것을 좋아하느니라

예수님은 세 번째로 그들이 장터에서 사람들에게 문안을 받고, 랍비 즉 선생님이라고 불리는 것을 좋아한다고 비판하셨다. 그들은 하나님이 맡기신 일에 충실하기보다는 이런 직책을 이용하여 사람들의 존경과 칭찬을 추구하고 종교상 직무를 하나님과 사람들 사이의 계급인 것처럼 인식하고 있었다.

▶ **8절** 그러나 너희는 랍비라 칭함을 받지 말라 너희 선생은 하나요 너희는 다 형제니라

예수님은 보다 적극적으로 무리들과 제자들에게 바른 태도가 무엇인지를 가르치셨다. 예수님은 우선 사람들이 랍비라고 불리지 말라고 권고하셨다. 이 수동태 명령형은 랍비라고 부르지 말라는 명령으로도 이해할 수 있다. 사람을 가르치는 선생은 한 분 하나님 뿐이시기 때문이다. 예수님 자

신이나 성령님의 역할도 염두에 두셨다고 보는 것이 좋을 것이다. 하나님의 나라에서는 모두가 하나님 앞에 직접 서서 배우는 형제/자매들일 뿐, 종교적 권위를 가지고 중간에 개입할 사람은 아무도 없다는 뜻이다.

▶ **9절** 땅에 있는 자를 아버지라 하지 말라 너희의 아버지는 한 분이시니 곧 하늘에 계신 이시니라

아버지는 하늘에 계신 하나님 한 분뿐이시므로 아무도 땅에서 아버지라고 부르지 말라는 말씀은 세상의 부모에게 절하거나 복종할 필요가 없다는 말씀이 아니라 생물학적 부모라 하더라도 종교적 권위로 사람을 지배하고 억제할 수는 없다는 말씀이다.

▶ **10절** 또한 지도자라 칭함을 받지 말라 너희의 지도자는 한 분이시니 곧 그리스도시니라

앞에 서서 삶을 가르치고 인도하는 스승은 한 분 예수님 즉 그리스도뿐이시다. 예수님 자신이 이때까지 가르치셨던 것을 지키라는 간접 명령으로 보아도 좋다.

▶ **11-12절** 너희 중에 큰 자는 너희를 섬기는 자가 되어야 하리라 12 누구든지 자기를 높이는 자는 낮아지고 누구든지 자기를 낮추는 자는 높아지리라

20:26-27에 말씀하셨던 천국의 질서를 반복하셨다. 모두가 형제/자매인 관계에서는 큰 사람이란 다른 사람을 섬기는 사람이다. 자신을 높이는 사람은 낮아지고 낮추는 사람은 높아지는 반전의 질서가 하나님 나라의 특징이다. 따라서 세상에서 중요한 요소로 평가하는 모든 것, 곧 지위, 능력, 권위, 명예, 부 등은 다른 사람을 섬기도록 하나님이 개인에게 주신 도구, 방법, 부르심인 것이다.

61. 바리새인과 율법학자들을 향한 탄식과 꾸중 (마 23:13-28)

1) 개요

인류를 구원하러 오신 예수님은 개인을 저주하신 적이 없다. 저주보다는 축복을, 절망보다는 희망을 선언하셨다. 사람들을 용서하고 구원하시기 위하여 자신의 목숨을 대신 속죄제물로 드리러 오셨기 때문이다. 11:21,23에 고라신, 벳새다, 가버나움이 자신의 많은 말씀과 이적에도 불구하고 회개하거나 믿지 않았을 때 그 성들을 향하여 화를 선언하신 적이 있고 18:7에 막연하게 "다른 사람을 실수하게 하는 사람"에게 화를 선언하셨을 뿐이다. (눅 6:24-26에는 사복四福에 대조하여 사화四禍가 나오지만 역시 특정한 인물을 지명하신 말씀은 아니었다.) 심지어 예수님이 성령의 능력으로 귀신을 쫓아내신 것을 바리새인들이 바알세불에 힘입어 그렇게 한 것이다 라고 평했을 때조차도 신랄하게 그들을 꾸중하셨기는 하지만 화를 선언하시지는 않으셨다.

예수님의 사역이 끝나가는 시점에서 끝내 회개하지 않고 천국의 왕으로 오신 예수님을 받아들이기를 거부할 뿐만 아니라 계속 예수님께 대항하고 사람들을 잘못된 방향으로 인도하는 이 지도자들을 향하여 예수님은 마침내 화를 선언하셨다. 예수님은 일곱 번 (사본에 따라서는 여덟 번) 화를 선언하실 수밖에 없었던 이유를 조목조목 열거하셨다. 그들의 실수는 율법은 보면서도 율법을 주신 하나님을 놓친 데서 시작되었다. 그렇게 그들은 하늘나라를 닫고 자신들도 들어가지 않고 다른 사람들도 못 들어가게 한다는 것, 사람들을 아예 지옥의 자식들로 만들어버린다는 것, 성전의 금이나 제물을 중히 여기면서도 성전이나 예물이나 이 모든 것을 거룩하게 하시는 하나님을 무시한다는 것, 모든 것의 십일조는 강조하면서도 율법의 핵심인 공의와 자비와 믿음을 버렸다는 것, 겉은 깨끗이 하면서도 안은 깨끗이 하지 않는다는 것 등이 본문에서 지적하신 한탄의 원인이었다. 이들이 율법을 지킨다고 하면서도 율법을 완성하러 오신 하나님의 아들, 예수 그리스도를 거부하고 그 가르침을 따르지 않는 것이 모든 것의 근저에 놓여 있는 가장 큰 원인이었다.

2) 주해

▶ **13절** 화 있을진저 외식하는 서기관들과 바리새인들이여 너희는 천국 문을 사람들 앞에서 닫고 너희도 들어가지 않고 들어가려 하는 자도 들어가지 못하게 하는도다

"화가 있다"고 번역된 단어는 영원한 저주를 내리시는 말씀이 아니라 부정적 감탄사로서 율법학자들과 바리새인들이 누구보다도 악하고 나쁜 상황에 빠져 있음을 탄식하신 것이다. 위선자라고 부르신 이유는 앞 절에 표현하신 것, 즉 명예와 사람들의 존경을 좋아하면서도 마치 거룩하고 경건한 사람처럼 보이려고 위장하기 때문이다.

사람들 앞에 하늘나라를 닫고 자신도 들어가지 않고 다른 사람이 들어가게 놓아두지도 않는다는 한탄은 이들이 율법의 세부 조항에 치중하고 그것을 형식적이고 의식적으로 지키는 것에 힘쓰는 것 때문에 막상 율법을 주신 살아계신 하나님과 그 하나님이 자기 백성을 구원하기 위하여 보내신 예수님, 즉 생생한 하나님의 일을 놓치고 다른 사람들도 놓치도록 만들고 있음을 지적하신 것이다.

▶ (**14절**은 후대의 일부 사본에만 있다.)

▶ **15절** 화 있을진저 외식하는 서기관들과 바리새인들이여 너희는 교인 한 사람을 얻기 위하여 바다와 육지를 두루 다니다가 생기면 너희보다 배나 더 지옥 자식이 되게 하는도다

13절의 확대 설명이다. 율법이 하나님의 뜻임을 알고 이방인을 유대교

인으로 개종시키려고 애쓰면서도 막상 개종하는 사람을 바르게 인도하기보다는 형식적이고 의식적인 율법 준수에 묶어 둠으로써 하나님의 나라, 하나님의 의의 통치와는 상관없는 사람들로 만들어 버린다는 한탄이다. "지옥의 아들"은 구원 받지도 못하고 하나님의 영원한 심판을 받을 수밖에 없는 사람을 뜻한다.

▶ **16절** 화 있을진저 눈 먼 인도자여 너희가 말하되 누구든지 성전으로 맹세하면 아무 일 없거니와 성전의 금으로 맹세하면 지킬지라 하는도다

그래서 예수님은 그들을 이제는 눈먼 지도자들로 부르셨다. 소경이 소경을 인도하면 둘 다 구덩이에 빠진다는 말씀(15:14)과 같은 것이다.

예수님은 당시 이들이 가르치던 맹세에 관한 규칙을 위선의 구체적인 예로 드셨다. 율법학자들과 바리새인들은 성전으로 맹세하는 것은 지키지 않아도 괜찮지만 성전의 장식에 붙어 있거나 예물로 드리는 금을 두고 맹세하면 반드시 지켜야 한다고 가르쳤다. 성전과 성전에 있는 금을 대립 개념으로 가르친 것이다.

▶ **17절** 어리석은 맹인들이여 어느 것이 크냐 그 금이냐 그 금을 거룩하게 하는 성전이냐

예수님은 그들을 바보요 소경이라고 부르시면서 구약 율법의 정신을 설명하시기 위하여 그들이 대조 개념으로 사용한 성전의 금과 금을 거룩하게 만드는 성전 중에서 무엇이 더 크고 중요한가를 질문하셨다. 예수님의 논리는 성전이 있기 때문에 금도 덩달아서 중요시된다는 데 있었다.

▶ **18-19절** 너희가 또 이르되 누구든지 제단으로 맹세하면 아무 일 없거니와 그 위에 있는 예물로 맹세하면 지킬지라 하는도다 19 맹인들이여 어느 것이 크냐 그 예물이냐 그 예물을 거룩하게 하는 제단이냐

또 제단과 제물을 대조한 것을 지적하시고 제물과 제물을 거룩하게 만드는 제단 중에서 무엇이 더 큰가를 반문하셨다. 예수님은 제물이 귀중한

것은 제단이 있기 때문이라는 논리를 가지고 계셨다. 성전과 성전의 금, 제단과 제물은 상호 보완 개념으로써 성전이 금을, 제단이 제물을 포함한다.

▶ **20-22절** 그러므로 제단으로 맹세하는 자는 제단과 그 위에 있는 모든 것으로 맹세함이요 21 또 성전으로 맹세하는 자는 성전과 그 안에 계신 이로 맹세함이요 22 또 하늘로 맹세하는 자는 하나님의 보좌와 그 위에 앉으신 이로 맹세함이니라

예수님은 모든 맹세가 살아 계신 하나님과 관계됨을 지적하셨다. 제단은 그 위에 있는 모든 것을 포함하고, 성전은 그 모두와 그 안에 사시는 분, 하늘은 하나님의 보좌와 그 위에 앉아 계신 분, 곧 하나님을 가리키는 것이나 같기 때문이다. "하나님이 성전 안에 사신다."거나 "하늘 보좌에 앉아 계신다."는 표현은 성전이나 하늘이 하나님과 관련 있다는 것을 생생하게 설명하기 위한 은유적 비유어이다. 이렇게 예수님은 율법은 문자나 문자가 만들어내는 계명들이 아니라 살아계신 하나님의 뜻이기 때문에 귀중하다는 사실을 지적하셨다.

▶ **23절** 화 있을진저 외식하는 서기관들과 바리새인들이여 너희가 박하와 회향과 근채의 십일조는 드리되 율법의 더 중한 바 정의와 긍휼과 믿음은 버렸도다 그러나 이것도 행하고 저것도 버리지 말아야 할지니라

율법학자들과 바리새인들은 가장 사소한 것의 십일조도 바쳐야 한다고 하면서 막상 이 계명에 결부되어 있는 더 중요한 것, 즉 공평하게 세상을 다스리시는 하나님의 공의와 자비에 대한 감사나 하나님을 향한 믿음은 강조하지 않았다. 예수님을 따르면 이것들과 저것들, 즉 모두를 강조해야 한다. 십일조란 하나님이 베풀어 주심에 대한 믿음의 응답인 것이다.

▶ **24절** 맹인 된 인도자여 하루살이는 걸러 내고 낙타는 삼키는도다

하루살이는 걸러내고 낙타는 삼킨다는 극히 작은 소득의 형식적 십일조는 강조하면서도 더 중요한 율법을 주신 정신을 버리는 율법학자들과 바리새인들의 행동을 과장법적으로 비유하신 말씀이다.

▶ **25-26절** 화 있을진저 외식하는 서기관들과 바리새인들이여 잔과 대접의 겉은 깨끗이 하되 그 안에는 탐욕과 방탕으로 가득하게 하는도다 26 눈 먼 바리새인이여 너는 먼저 안을 깨끗이 하라 그리하면 겉도 깨끗하리라

위선이란 겉으로는 선하게 보이려고 하지만 본심은 그렇지 않은 것, 즉 있지도 않는 것을 행동하고 인정받으려고 하는 것이다. 예수님은 이러한 태도를 잔과 접시의 겉은 깨끗이 씻지만 안에는 더러운 것들, 곧 강탈과 방종으로 가득하다고 비유하셨다. 예수님은 겉을 깨끗이 하는 것을 잘못이라고 하시지 않고 겉을 깨끗이 하듯이 먼저 잔의 속을 깨끗이 하라고 명령하셨다. 겉은 하나님의 율법을 지키는 것처럼 하는 행동을, 속은 그 율법을 주신 하나님을 향한 믿음과 사랑과 감사를 뜻한다.

▶ **27-28절** 화 있을진저 외식하는 서기관들과 바리새인들이여 회칠한 무덤 같으니 겉으로는 아름답게 보이나 그 안에는 죽은 사람의 뼈와 모든 더러운 것이 가득하도다 28 이와 같이 너희도 겉으로는 사람에게 옳게 보이되 안으로는 외식과 불법이 가득하도다

예수님이 예로 드신 무덤은 바위에 굴을 파서 만들고 입구를 둥글고 판판한 큰 바위로 막은 것이다. 유대인들은 무덤 밖으로 냄새가 새어나오고 벌레들이 들끓는 것 때문에 사람들이 혐오감을 느끼는 것을 조금이라도 완화시키고 죽은 가족들을 위한 사랑과 존경을 표하기 위하여 무덤에 하얀 석회를 칠하곤 하였다. 예수님은 겉으로는 경건하고 의롭게 보이려고 노력하지만 진심을 빠뜨린 채 위선과 불법으로 가득한 유대 지도자들을 겉으로는 아름답게 보이지만 속에는 죽은 사람들의 뼈들과 온갖 더러운 것들이 가득한 이 무덤에 비유하셨다.

62. 율법학자들과 바리새인, 그리고 성전을 향한 탄식(마 23:29–39)

1) 개요

본문에는 두 종류의 내용이 포함되어 있다. 율법학자들과 바리새인들을 향한 예수님의 일곱 번째 탄식(29-36절)과 예루살렘 성을 향한 탄식이다.

유대 지도자들을 향한 마지막 탄식은 고난을 당한 선지자들과 의인들을 찬양하며 그들의 무덤과 비석을 손질함으로써 선지자들을 박해한 조상들과 자신들을 차별하고 이렇게 자신들은 의인인 체하지만 사실은 선지자들을 죽인 사람들의 자손이기 때문에 똑같은 행실을 곧 하게 될 것을 지적하신 것이다. 그들은 오래 전부터 예수님을 죽일 궁리를 하고 있었다. 얼마 전에도 예수님을 함정에 빠뜨리기 위해 여러 가지 어려운 질문을 가지고 왔었다. 예수님은 그들을 책망하시면서 그들이 자신과 자신의 제자들을 박해하고 죽일 것을 예고하셨다. 따라서 그들은 의인인 체하기는 하지만 결국은 선지자들과 의인들을 죽인 모든 책임을 함께 져야 할 것을 선언하셨다. 이 선언은 하나님의 계획을 거부하고 예수님을 믿지 않는 이스라엘 민족을 향한 결별 선언과 같은 것이다.

이스라엘은 구약시대의 택한 백성으로서의 역할을 다하고 이제 다른 민족과 같은 위치에 서게 될 것을 예수님은 보다 적극적으로 예루살렘을 향한 탄식으로 표현하셨다. 이 탄식에는 예루살렘의 멸망에 대한 선언도 들어 있다.

유대 지도자들에 대한 탄식, 화의 선언과 예루살렘의 멸망에 대한 예고를 하나님께서 이스라엘을 영원히 저주하시고 형벌하시는 것으로 보아서는 안 된다. 구약시대에 그들이 하나님의 백성으로 불리며 가졌던 독특한 역할, 곧 하나님의 구속사에서 맡았던 특별한 사명이 새로운 백성, 곧 교회로 넘어가고 이스라엘은 다른 모든 민족과 같은 평범한 위치에 세워지는 것을 뜻할 뿐이다. 예수님은 율법학자들, 바리새인들, 예루살렘, 요약하면 모든 유대인들에게도 복음의 문을 열어 놓으셨다. 그들이 예수님을 하나님이 보내신 메시야, 곧 천국의 왕으로 인정하고 받아들이기만 하면 그들도 예수님의 영광을 보고 하나님의 구속에 참여할 수 있다.

2) 주해

▶ **29절** 화 있을진저 외식하는 서기관들과 바리새인들이여 너희는 선지자들의 무덤을 만들고 의인들의 비석을 꾸미며 이르되

당시 유대에서도 순교 당한 선지자들이나 의인들의 무덤과 비석을 아름답게 만들어 보살피는 것은 전통적인 미풍이었다. 그러나 예수님이 탄식하신 율법학자들과 바리새인들의 행동은 선지자들과 의인들을 기리고 그들의 정신을 이어가기 위해서가 아니라 이렇게 함으로써 자신들을 선지자들/의인들과 동일시하기 위해서였다.

▶ **30절** 만일 우리가 조상 때에 있었더라면 우리는 그들이 선지자의 피를 흘리는 데 참여하지 아니하였으리라 하니

그런 사람들이 쉽게 하던 말들 중 하나를 예수님이 인용하셨다. 이 말에는 율법학자들과 바리새인들이 박해하고 죽인 선지자들을 찬양하고 이들을 죽인 조상들을 비판하며 자신들을 선지자들과 동일선상에 놓는 자기과시가 들어 있다.

▶ **31절** 그러면 너희가 선지자를 죽인 자의 자손임을 스스로 증명함이로다

예수님은 율법학자들과 바리새인들의 위선을 아셨고 앞 절에서 인용하신 그들의 말을 선지자들을 죽인 사람들의 자손임을 스스로 인정하는 것이라고 해석하셨다. 그들도 결국 조상들이 했던 일과 같은 일, 더 악하게 하나님의 아들을 죽일 것임을 이런 방식으로 지적하고 예고하신 것이다.

▶ **32절** 너희가 너희 조상의 분량을 채우라

"조상들의 양(量)"이란 그들이 비판하는 조상들이 했던 일, 곧 선지자들을 죽이는 일들을 뜻한다. 예수님은 하나님이 보내신 사람들을 박해하고 죽이는 일이 아직 끝나지 않았고 자신을 의인으로 가장하는 율법학자들과 바리새인들, 곧 유대인들에 의해서 계속 자행될 것을 알고 계셨다. "채우다"는 비었거나 아직 덜 찬 그릇에 더 이상 담을 수 없도록 붓는 것을 뜻한다.

▶ **33절** 뱀들아 독사의 새끼들아 너희가 어떻게 지옥의 판결을 피하겠느냐

"뱀들아, 독뱀의 새끼들아"는 비유라기보다는 일종의 독설, 또는 욕으로 보인다. 따라서 뱀이나 독뱀, 그 새끼들의 어떤 것에서 예수님이 비판하시려는 비교점을 특별히 찾을 필요가 없다. 독설이나 욕은 상대방을 비난하고 한탄하는 표현 방식일 뿐이다.

예수님이 그들을 위선자들, 천국을 닫는 자들, 바보, 소경 등으로 비난하셨기 때문에 그들이 받을 지옥의 판결, 즉 하나님의 심판의 결과인 영원한 형벌과 고통을 말씀하신 것은 당연한 귀결이다. 그러나 이 구절만을 가지고 유대인 모두에게 구원의 길이 막혔다고 보는 것은 잘못이다. 예수님은 39절에서 여전히 희망의 길을 열어 놓으셨기 때문이다.

▶ **34절** 그러므로 내가 너희에게 선지자들과 지혜 있는 자들과 서기관들을 보내매 너희가 그 중에서 더러는 죽이거나 십자가에 못 박고 그 중에서 더러는 너희 회당에서 채찍질하고 이 동네에서 저 동네로 따라다니며 박해하리라

예수님은 이 사람들에게서 주어질 고난과 죽음이 비단 자신에게만이 아니라 자신을 믿고 따르는 제자들이나 신자들, 곧 자신이 사명을 주어 세상에 보내실 사람들에게도 닥쳐올 것을 아셨고 - 이 사람들을 위한 독특한 명칭이나 직함이 나타나기 전이므로 - 당시의 용어나 직분명을 사용하셔서 유대인들이 그들의 조상들처럼 이들을 죽이고 십자가에 못 박고 채찍질하고 박해할 것을 예언하셨다.

신약적 의미로 보면, "선지자들"은 하나님의 뜻과 계획을 선포하고 설교하는 사람들이고 "지혜로운 사람들"은 성령의 능력으로 바른 길을 가르치는 사람들이며 율법학자들은 기록되어 있는 말씀을 연구하고 가르치는 사람들이다.

▶ **35-36절** 그러므로 의인 아벨의 피로부터 성전과 제단 사이에서 너희가 죽인 바라갸의 아들 사가랴의 피까지 땅 위에서 흘린 의로운 피가 다 너희에게 돌아가리라 36 내가 진실로 너희에게 이르노니 이것이 다 이 세대에 돌아가리라

아벨은 성경에 기록된 첫 번째 희생자이지만(창 4:8) 바라갸의 아들 사가랴가 누구인지는 알 수 없다. 예수님 당시나 그 이전에 성전과 제단 사이에서 살해당하여 잘 알려져 있던 인물일 것이다. 앞 절에서 예수님은 자신과 제자들이 순교 당할 것을 이미 예고하셨기 때문에 아벨에게서 시작한 순교의 역사를 예수님 당시까지 하나로 묶을 뿐만 아니라 이후에 있을 일들까지를 모두 하나로 묶어서 말씀하신 것으로 보는 것이 좋을 것이다.

그 책임 소재에 대해서도 예수님은 이 말씀을 듣는 "너희들", 즉 율법학자들과 바리새인들만을 염두에 두시지 않고 창세기 시대부터 시작된 박해자의 역사를 모두 하나로 묶어서 "이 세대"로 표현하신 것으로 보인다. 순교자들의 연대 관계나 박해자들의 연대 관계를 강조하셨음을 감안하면 비단 유대인 세계에서만이 아니라 신약시대의 모든 순교자들과 모든 박해자들을 다 염두에 보셨다고 해도 좋을 것이다.

▶ **37절** 예루살렘아 예루살렘아 선지자들을 죽이고 네게 파송된 자들을 돌로 치는 자여 암탉이 그 새끼를 날개 아래에 모음 같이 내가 네 자녀를 모으려 한 일이 몇 번이더냐 그러나 너희가 원하지 아니하였도다

예수님의 탄식이 유대 지도자들을 향한 것에서 예루살렘을 향한 것으로 확대되었다. "예루살렘"은 예수님이 이 말씀을 하실 당시 서 계셨던 실제 예루살렘임이 분명하지만 전체적인 분위기를 고려하면 "이스라엘", 또는 유대인 전체를 그 한 부분으로 지시하는 제유법(提喩法)으로 생각된다.

예수님은 예루살렘을 "선지자들을 죽인 성"으로 규정하셨다. 예수님은 자신의 사역을 이스라엘의 테두리 안에 제한하시고 자신의 민족, 구약시대의 하나님의 백성을 불러 회개시키고 신약적 의미의 하나님 나라로 부르셨지만, 몇몇 개인이 이 부름에 응답한 것을 빼면 이스라엘은 집단적으로 복음을 거부하였다.

▶ **38절** 보라 너희 집이 황폐하여 버려진 바 되리라

따라서 예수님도 이스라엘을 집단적으로 거부하시고 그 멸망을 선언하셨다. 메시야를 기다린 특별한 민족이 메시야에 의해 마침내 거절당한 것이다.

▶ **39절** 내가 너희에게 이르노니 이제부터 너희는 찬송하리로다 주의 이름으로 오시는 이여 할 때까지 나를 보지 못하리라 하시니라

물론 예수님의 선언은 모든 사람이 지옥의 형벌을 받음을 뜻하지 않는다. 천국문은 누구에게나 열려 있다. 예수님은 자신을 하나님이 보내신 메시야로 인정하고 믿고 굴복하기 전에는 아무도 자신을 더 이상 보지 못할 것이라고 말씀하심으로써 유대인들도 다른 모든 사람들과 마찬가지로 복음의 초청 아래 있음을 암시하셨다.

Short Commentary
Matthew
마태복음 24장

63. 종말의 표적(마 24:1-14)

1) 개요

예루살렘의 멸망에 대한 예수님의 예언은 제자들에게 근심을 몰고 왔다. 예루살렘에는 성전이 있었고 성전이 부서진다는 것은 그들에게는 생각할 수도 없는 사태였기 때문이다. 제자들은 예수님을 믿고는 있었지만 여전히 구약적 사고에 젖어 있었다. 그들은 예수님이 가르치신 하나님의 나라를 성전을 중심으로 하는 이스라엘의 회복으로 이해하고 있었다. 그러나 예수님의 예언은 성전을 모두 포함하는 것이었다. 하나님을 떠나고 하나님이 보내신 천국의 왕, 예수님을 거부하는 유대인들에게 성전은 아무런 의미가 없었기 때문이다. 성전의 파괴에 대한 예수님의 예언은 제자들에게 더 큰 의문을 불러 일으켰다. 그것은 그들에게는 세상과 그 역사의 종말을 뜻하는 것과 같았기 때문이다. 그래서 제자들은 종말과 예수님의 오심에 대한 질문을 던지고 종말에 관한 예수님의 교훈이 시작된다.

예수님은 처음부터 세상의 끝보다는 이 세상에 새롭게 시작될 하나님의 통치, 죄인들을 구원하시는 하나님의 일과 하나님의 백성으로 부름을 받은 사람들로 구성될 하나님의 나라에 관심을 가지고 계셨다. 종말이란 이 하늘나라의 복음이 온 세상, 온 민족들에게 전파된 후에야 오는 것이다. 따라서 예수님은 예루살렘의 멸망, 성전의 파괴와 관련된 여러 가지 예언을 하시면서도 이것을 종말과는 엄격하게 구분하여 말씀하셨다.

예언은 아직 오지 않은 시대의 여러 사건들에 대한 막연한 표현이기 때문에 시간성이 없다. 따라서 서기 70년에 성취된 예루살렘의 멸망과 이천여 년이 지난 지금도 여전히 기다리고 있는 종말, 주님의 오심은 예수님의 예언에서 마구 섞여서 나타난다. 우리는 이천여 년의 역사를 시간의 좌표 위에 배열하기 때문에 예수님의 오심과 종말이 금방이라도 시작될 것 같은 조급함을 느낄 수 있다. 다른 한 편으로는 이천여 년 동안 이루어지지 않았기 때문에 얼마나 더 걸릴지 모른다는 나태함에 휩싸일 수 있다. 이런 요소는 예언에는 전혀 들어있지 않는 것이다.

2) 주해

24: **1절** 예수께서 성전에서 나와서 가실 때에 제자들이 성전 건물들을 가리켜 보이려고 나아오니

예수님은 21장 23절에서 시작된 성전에서의 논쟁과 가르침을 끝내시고 성전을 나오셨다. 그때 예수님의 예언을 들은 제자들이 웅장하고 아름다운, 헤롯이 재건축을 시작한 성전 건물들을 가리켰다. 그들의 마음 속에는 성전의 운명에 대한 의문이 가득했기 때문이다.

▶ **2절** 대답하여 이르시되 너희가 이 모든 것을 보지 못하느냐 내가 진실로 너희에게 이르노니 돌 하나도 돌 위에 남지 않고 다 무너뜨려지리라

"대답하다"는 헬라어는 행동에 대한 반응을 표현하기도 한다. 제자들의 행동을 통해 그들의 마음을 읽으신 예수님은 때가 되면 성전을 이루고 있는 큰 바위들도 산산이 흩어져 하나도 다른 것 위에 놓여 있지 않을 것이라고 예언하셨다. 이 예언은 성전 건축이 끝난 지 7년 후인 서기 70년에

이루어졌다.

▶ **3절** 예수께서 감람 산 위에 앉으셨을 때에 제자들이 조용히 와서 이르되 우리에게 이르소서 어느 때에 이런 일이 있겠사오며 또 주의 임하심과 세상 끝에는 무슨 징조가 있사오리이까

예수님은 베다니로 가시는 길에 성전 전체가 내려다보이는 감람산에 잠시 앉아계셨고 이 때 제자들이 다가와서 언제 "이 일들" 즉 예루살렘과 성전의 파괴가 있을 것인지를 물었다. 성전이 파괴되는 것을 세상의 종말로 이해하고 있었던 제자들은 예수님이 오시는 표적과 세상이 끝날 때의 표적도 함께 여쭈었다.

▶ **4절** 예수께서 대답하여 이르시되 너희가 사람의 미혹을 받지 않도록 주의하라

예수님은 그 때가 언제인가는 대답하지 않으시고 종말의 표적에 관해서만 말씀하셨다. 정확한 시간을 알려주시기 위해서가 아니라 제자들과 앞으로 생길 많은 신자들을 경고하시기 위하여 이 말씀을 하셨다는 사실을 "누가 너희를 꾀지 못하도록 조심하여라"에서 알 수 있다.

▶ **5절** 많은 사람이 내 이름으로 와서 이르되 나는 그리스도라 하여 많은 사람을 미혹하리라

예수님은 자신이 제자들이 있는 이 세상을 떠나시고 나면 자칭 "그리스도"라고 하는 사람들이 나타나 사람들을 꾈 것을 알고 계셨다. 예수님을 3년간 따라다닌 제자들에게는 이것은 별 효력이 없을 수도 있지만 예수님을 믿지 않거나 예수님을 만나지 못하고 믿게 될 사람들에게는 가장 강하고 어려운 상황을 만들 것이다. 꾐은 박해보다도 더 강력한 마귀의 무기이기 때문이다.

▶ **6절** 난리와 난리 소문을 듣겠으나 너희는 삼가 두려워하지 말라 이런 일이 있어야 하되 아직 끝은 아니니라

사람들을 혼란으로 몰아넣는 것은 전쟁과 전쟁의 소문들이다. 전쟁이 사람들에게 위기의식을 불러오고, 종말이 왔다고 느끼도록 할 수도 있지만 예수님은 전쟁이 곧 종말을 뜻하지는 않음을 미리 알려주셨다. 무수한 전쟁이 일어난다 하더라도 끝은 아닌 것이다.

▶ **7-8절** 민족이 민족을, 나라가 나라를 대적하여 일어나겠고 곳곳에 기근과 지진이 있으리니 8 이 모든 것은 재난의 시작이니라

민족끼리 싸우고, 나라끼리 싸우는 것, 곳곳에 기근이 일어나고 지진이 발생하는 것은 종말이 다가오고 있음을 알리는 표적이다. 예수님은 이것을 진통, 곧 아이를 낳을 때의 고통으로 비유하셨다. 진통이 시작됨과 동시에 종말이 다가오고 있음을 알아차리라는 경고이다.

▶ **9절** 그 때에 사람들이 너희를 환난에 넘겨 주겠으며 너희를 죽이리니 너희가 내 이름 때문에 모든 민족에게 미움을 받으리라

모든 사람이 함께 경험할 이 징조들보다 더 무서운 것은 예수님을 믿는다는 것이 영광과 명예와 부와 권력을 약속하지 않고 환난과 살해와 모든 사람들에게 미움을 받는 원인으로 작용한다는 것이다. 이러한 일들은 모든 신자들이 경험해야만 할 필수사항은 아니다. 예수님은 앞으로 있을 일들을 예고하셨을 뿐이다. 아무도 신자들을 박해하거나 죽여주지 않는다면 아무도 순교자가 될 수는 없다.

▶ **10절** 그 때에 많은 사람이 실족하게 되어 서로 잡아 주고 서로 미워하겠으며

예수님은 자신을 믿는 것 때문에 신자들에게 부딪쳐오는 부정적 상황이 교회 내부에 부정적 효과를 만들어 낼 것이라고 예언하셨다. 신자들을 낙망하게 하고 믿음을 떠나게 하며 하나님을 버리게 할 수 있을 뿐만 아니라 신자들끼리도 넘어뜨리고 넘겨주고 미워하는 일이 일어날 것이다. 이런 사람들은 – 자신이 자각하고 있지 못한다 하더라도 – 예수님을 믿는 사람이라고 할 수 없다.

▶ **11절** 거짓 선지자가 많이 일어나 많은 사람을 미혹하겠으며

교회 안에서 일어날 수 있는 혼란을 더 어렵게 만드는 것은 거짓 지도자들의 출현이다. 당시에는 사람들에게 설교하고 가르치는 일을 하던 사람들을 선지자라고 불렀고 지금 우리가 사용하는 것과 같은 칭호나 직함이 없었기 때문에 예수님이 이 단어를 사용하셨으므로 신자들을 위하는 것 같지만 사실은 꾀어내는 모든 지도자들을 지칭하신 것으로 봐야 할 것이다.

▶ **12절** 불법이 성하므로 많은 사람의 사랑이 식어지리라

"불법"이란 구약적 의미로는 하나님의 율법, 계명들을 어기는 것을 뜻하지만, 예수님이 자신의 가르침을 "율법의 완성"(5:17)이라고 하셨기 때문에 신약적 의미로 예수님의 가르침을 따르지 않는 것이라고 보아야 한다. 예수님은 서로 사랑하고 섬기고 서로의 종이 되라고 하셨기 때문에 예수님의 가르침을 따르지 않는 불법은 곧 사랑이 식는 것으로 나타날 수밖에 없다.

▶ **13절** 그러나 끝까지 견디는 자는 구원을 얻으리라

끝까지 견딘다는 것은 이 세상을 떠나는 개인의 종말까지 견디는 것, 또는 부정적 상황이 다 지날 때까지 견디는 것을 뜻한다. 예수님은 어려움과 박해, 세상의 유혹과 사탄의 꾐을 다 이겨내는 진실한 신자들에게 구원을 약속하셨다.

▶ **14절** 이 천국 복음이 모든 민족에게 증언되기 위하여 온 세상에 전파되리니 그제야 끝이 오리라

제자들은 성전의 파괴를 종말에 결부하였지만 예수님은 종말을 하나님 나라의 복음이 온 세상에 전파되는 것과 결부시키셨다. 복음이 전파되어야 할 민족들, 사람들이 아직 남아 있고 아직도 새롭게 발생하고 탄생하고 있기 때문에 예수님이 말씀하신 그 끝은 아직 아니라고 말해야 할 것이다.

64. 큰 환난(마 24:15-28)

1) 개요

종말의 징조에 대하여 일반적으로 말씀하신 예수님은 이제 구체적으로 예루살렘에 있을 큰 환란에 관하여 예언하셨다. 이어서 인자의 오심에 대한 예언(29-41절)이 나온다. 큰 환란의 예언이 종말의 징조에 대한 말씀과 인자의 오심에 대한 예언 사이에 들어있어서 종말에 있을 대 환난처럼 보이는 것이다.

예수님의 이 모든 예언들을 이미 지나간 이천여 년과 앞으로 또 얼마나 걸릴지 모르는 미래의 시간표 위에 순차적으로 정확하게 배열한다는 것은 불가능하다. 예수님은 그 정확한 시간과 정확한 순서를 말씀하지 않으셨기 때문이다. 또 예수님의 예언 속에는 종말의 징조, 예루살렘의 파괴, 인자의 오심 등이 연이어 나타나는데 종말과 예루살렘의 멸망사이에는 적어도 2000년의 시간 간격이 놓여 있기 때문이다. 예언에는 시간성이 없다. 그러나 예언의 성취는 역사의 시간표 위에 나열된다. 예언에는 한 줄밖에 차이가 나지 않는 사건이 역사에는 2000년의 긴 시간 차이로 기록되는 것이다. 이 차이가 예언을 읽는 사람들에게 한 편으로는 이제는 정말 끝에 도달했다는 조급함을, 다른 한 편으로는 우리 시대에도 결코 실현되지 않을 것이라는 나태함을 불러올 수 있다. 조급함을 극복하는 지혜는 종말과 예수님의 재림까지 또 2000년이 흘러갈지도 모른다고 좀 느긋하게 생각하는 것이다. 나태함을 극복하는 지혜는 주님은 내일이라도 오실 수 있다고 예상하는 것이다. 누구나 그 시각이 되기까지 참고 기다리지 못하고 내일이라도 이 세상을 떠나갈 수밖에 없다는 생각도 나태함을 몰아내는 비결이 될 수 있다. 우리는 여전히 종말의 긴장 속에 살아가고 있는 것이다.

큰 환난에 대한 예언은 예루살렘에 대한 예언임이 명백하다. 다니엘이 예언한 '멸망의 혐오물'이 거룩한 곳에 서는 것으로부터 이 환난이 시작되기 때문이다. 예수님은 이 환난이 인자의 오심, 즉 종말에 관한 풍문으로 이어질 것과, 그렇지만 종말은 아니라는 사실을 이어 말씀하셨다.

2) 주해

▶ **15절** 그러므로 너희가 선지자 다니엘이 말한 바 멸망의 가증한 것이 거룩한 곳에 선 것을 보거든 (읽는 자는 깨달을진저)

"멸망의 혐오물"은 다니엘이 예언한 것으로 기원전 168년경에 안티오쿠스가 성전에 제우스 상을 세운 사건을 지시한 것으로 보이지만 예수님은 다시 이것을 인용하심으로써 비슷한 사건이 재발할 것을 예언하셨다. "거룩한 곳"은 성전 또는 성전이 세워진 예루살렘을 뜻한다. 눅 21:20에는 "예루살렘이 군대에게 포위된다"는 표현이 더 있어서 이 예언이 예루살렘의 명망과 관련된 것임을 보다 명확하게 알려준다. 예수님은 다니엘의 예언이 성취될 사건이 아직 남아 있다고 보셨기 때문에 "읽고 깨달아라."고 주의를 촉구하셨다.

▶ **16절** 그 때에 유대에 있는 자들은 산으로 도망할지어다

예루살렘의 멸망은 하나님에게서 오는 심판이므로 아무도 막을 수 없고 다만 산으로 도망하는 길이 있을 뿐이다. 기독교인들은 예수님의 이 예언을 기억하고 서기 68년 예루살렘을 향한 로마 군대의 공격이 시작되기 이전에 대부분 예루살렘을 떠났고 남아 있던 사람들도 급하게 요단 건너편의 펠라 마을로 도피하여서 이 사건에서 아무도 그 직접적 피해를 입지 않았다고 한다.

▶ **17-18절** 지붕 위에 있는 자는 집 안에 있는 물건을 가지러 내려 가지 말며 18 밭에 있는 자는 겉옷을 가지러 뒤로 돌이키지 말지어다

예루살렘의 멸망이 시각을 다투는 긴급한 사태일 것이므로 아무리 귀한

것이나 필수품이라도 가지러 가지 말고 도망하라고 예고하셨다. 당시 유대인의 가옥은 옥상에서 쉬거나 묵상, 기도할 수 있는 구조였다.

▶ **19절** 그 날에는 아이 밴 자들과 젖 먹이는 자들에게 화가 있으리로다

여성 비하적 말씀이나 여성에 대한 저주가 아니라 예루살렘의 멸망이 남을 돌아볼 여유가 없는 초유의 사태가 될 것이고 또 그 날이 갑자기 임할 것이기 때문에 특히 임신했거나 젖먹이를 데리고 있는 여자들에게 더 큰 고통이 따를 것을 한탄하신 것이다.

▶ **20절** 너희가 도망하는 일이 겨울에나 안식일에 되지 않도록 기도하라

유대에 있는 사람들은 모두 도망하라고 충고하셨지만(16절) 추운 겨울이나 율법을 준수해야 하는 안식일에 이런 일이 벌어진다면 도망은 역시 고통스러운 일이 될 것이다. 율법을 신뢰하는 정통 유대인들은 안식일에 피신하기보다는 차라리 죽음을 당하는 길을 택하곤 하였기 때문이다.

▶ **21절** 이는 그 때에 큰 환난이 있겠음이라 창세로부터 지금까지 이런 환난이 없었고 후에도 없으리라

"왜냐하면"은 이 구절이 앞 절의 이유임을 알려준다. 이 날은 창조 이래로 가장 큰 환난과 고통의 날이 될 것이기 때문이다. 이 사건 직후 로마 군대에 잡혀서 로마의 역사가로 활동했던 요세푸스의 기록을 따르면 당시 유월절 잔치로 모였던 백여만 명의 유대인들이 살해당했고 예루살렘은 황폐하게 되었으며 질병과 기근까지 겹쳐서 생지옥과 같았다고 한다.

▶ **22절** 그 날들을 감하지 아니하면 모든 육체가 구원을 얻지 못할 것이나 그러나 택하신 자들을 위하여 그 날들을 감하시리라

예루살렘을 향한 하나님의 진노와 자비가 교차되고 있다. 하나님은 역사 이래 가장 혹독한 심판을 하나님의 백성이라던 유대인들과 예루살렘을 위해 준비하시면서도 자신이 뽑아내신 사람들, 즉 천국의 백성을 위하여

그 날들을 감해 주실 것을 약속하셨다. 뽑힌 사람들이란 하나님이 보내신 메시야를 믿고 하나님의 은혜와 통치를 받아들이는 사람들을 뜻한다. 하나님의 은혜가 없다면 예루살렘의 멸망의 날은 모든 육체가 심판 받는 인류 최후의 날이 되고 말았을 것이다.

▶ **23절** 그 때에 사람이 너희에게 말하되 보라 그리스도가 여기 있다 혹은 저기 있다 하여도 믿지 말라

"그때"는 예루살렘의 멸망을 지시하는 용어이다. 이 사건을 인류의 종말과 새 세상의 시작으로 이해하고 드디어 메시야가 세상을 심판하러 오신다고 가르칠 사람들이 등장할 것을 예언하신 것이다. 종말은 예루살렘의 파괴가 아니라 "복음의 세계적 전파"와 결부되어 있다. 예루살렘의 멸망은 이를 위해 크게 축소될 것이다. 따라서 대 혼란을 틈타서 나타나는 이러한 외침을 경계하고 믿지 말라고 말씀하신 것이다. 새 시대는 유대인들이 생각하던 그런 천지개벽의 방법이 아니라 예수님의 출현과 사역으로 이미 시작되었기 때문이다.

▶ **24절** 거짓 그리스도들과 거짓 선지자들이 일어나 큰 표적과 기사를 보여 할 수만 있으면 택하신 자들도 미혹하리라

거짓 그리스도와 거짓 선지자들이란 사회가 혼란한 틈을 타서 사람들을 유혹하는 사람들을 뜻한다. 예수님이 오신 이후로 다른 그리스도는 없다. 하나님의 나라를 그리스도와 연결하여 설교하는 복음 이외에 다른 것을 전하거나 설교하는 사람들은 모두 거짓 선지자들이다. 표적, 또는 기적을 행하는 것은 옳다거나 하나님의 사람이라는 증거가 되지는 못한다. 이제 결정적 증거는 예수님을 믿고 복음을 받아들이는 것뿐이다. 그러나 표적과 기적의 힘은 하나님의 백성도 홀릴 정도로 강력한 것이다.

▶ **25-26절** 보라 내가 너희에게 미리 말하였노라 26 그러면 사람들이 너희에게 말하되 보라 그리스도가 광야에 있다 하여도 나가지 말고 보라 골방에 있다 하여

도 믿지 말라

예수님이 이런 내용을 미리 말씀하신 것은 제자들/신자들이 복음 이외에는 다른 무엇도 믿지 않도록 경고하시기 위해서였다. 그리스도, 즉 하나님의 사람이 여기 있다거나 골방 또는 황야에 계시다는 식의 주장과 이 주장을 뒷받침하기 위한 강한 표적이나 기적을 행하는 것부터가 종말의 징조가 된다.

▶ **27-28절** 번개가 동편에서 나서 서편까지 번쩍임 같이 인자의 임함도 그러하리라 28 주검이 있는 곳에는 독수리들이 모일 것이니라

사람들이 예수님을 믿지 않기 때문에 다른 메시야 다른 선지자를 기다리고 추종할 상황에서, 또 극도로 혼란한 틈을 타서 자칭 메시야나 선지자들이 나타날 것에 대비해서 예수님은 자신의 재림을 "인자의 오심"으로 표현하셨다. 인자의 오심은 거짓 그리스도나 거짓 선지자들의 출현처럼 표적이나 증거를 필요로 하지 않는다. 그것은 번개가 번쩍이는 것처럼, 주검이 있는 곳에 독수리가 모여드는 것처럼 모든 사람이 분명하게 인식하고 인정하는 그런 오심으로 확실히 구별될 것이다.

65. 인자의 오심(마 24:29-41)

1) 개요

예수님은 예루살렘의 파괴에 즈음한 여러 가지 일들을 말씀하신 다음에 곧바로 자신의 다시 오심에 대하여 말씀하셨다. 이 말씀을 "그 날의 환난 후에 즉시" 라는 시간적 표현으로 시작하셨기 때문에 많은 사람들이 이 부분을 예수님의 재림이 아니라 예루살렘 파괴 후의 어떤 현상에 대한 예언

으로 설명하거나 앞의 큰 환난을 예루살렘의 멸망이 아니라 세상의 종말에 있을 대 환난으로 해석하지만 적당하지 않다. 예언이란 미래에 대한 예고이므로 수천 년의 시간 간격을 이런 방식으로 훌렁 뛰어 넘어 쉽게 말할 수 있다. 또 먼 미래의 일을 마치 내일 일어날 일인 것처럼 긴박하게 느끼며 말하는 것이 예언이다. 예언을 읽을 때는 무슨 일이 있어도 시간 개념을 집어넣어서는 안 된다.

예수님의 재림은 사람들이 여기다 저기다, 골방이다 광야다 라는 식으로 말할 필요도 없는, 번개가 하늘에서 번쩍이고 시체가 있는 곳에 독수리들이 모여드는 것처럼 모든 사람이 보고 느끼고 인정하는 범 우주적 사건이다. 유대인들이 생각하던 좁은 천지개벽에 이어 유대인이 통치하는 평화와 영광의 나라가 나타나는 것이 아니라 온 우주가 요동치고 하나님이 직접 통치하시는 그런 날의 시작이다. 누가 누구에게 이것을 설명하거나 이것이 종말이라는 식으로 증거를 내세우며 증명해야할 그런 현상이 아닌 것이다. 예수님의 재림의 표적이 나타나는 것과 동시에 모든 사람이 알고 가슴을 치게 될 뿐만 아니라 하나님의 아들이 하늘 구름을 타고 능력과 영광으로 오시는 것을 누구나 보게 될 그런 사건이다.

따라서 누가 예수님의 재림의 때가 왔다고 설명하고 증명하려는 것은 그 자체가 거짓 선지자요 거짓 그리스도라는 표시가 된다. 아무도 생각하지 못한 때, 아무도 기대하지 않은 그런 시간, 그래서 아무도 대비할 수 없는 그런 것이 인자의 오심이다. 따라서 그 날이 되어 징조를 알아채고서가 아니라 예수님이 이 예언을 하신 바로 그때로부터 시작해야 하는 것이 깨어 있는 바른 태도다.

2) 주해

▶ **29절** 그 날 환난 후에 즉시 해가 어두워지며 달이 빛을 내지 아니하며 별들이 하늘에서 떨어지며 하늘의 권능들이 흔들리리라

"그 날의 환난 후에"는 예루살렘의 멸망 직후가 아니라 예수님이 다시

오실 종말을 뜻한다. 미래와 그 끝을 모두 보고 계셨던 예수님은 수천 년을 잠깐으로 느끼셨을 수 있다. 예수님의 다시 오심은 전 우주적 이상 현상에 뒤따르지만 해가 어두워지고 달이 빛을 주지 않으며 별들이 하늘에서 떨어지고 하늘의 세력들이 흔들린다는 것이 정확하게 어떤 현상을 지시하는지는 알 수 없다. 모든 표현을 일단은 문자적으로 이해하는 것이 좋을 것이다. "하늘의 세력들"도 영적 권세자들이나 하나님의 대적들로 보기보다는 우주에 나타날 어떤 현상으로 보는 것이 더 좋다.

▶ **30절** 그 때에 인자의 징조가 하늘에서 보이겠고 그 때에 땅의 모든 족속들이 통곡하며 그들이 인자가 구름을 타고 능력과 큰 영광으로 오는 것을 보리라

"인자의 표적"이란 예수님이 다시 오시는 신호, 표시, 즉 누구나 알아보고 느낄 수 있는 어떤 징조를 뜻한다. 이 표적이 나타날 때 모든 족속이 가슴을 칠 것이라는 표현은 그때 세상이 때늦은 후회에 빠질 것을 알려준다. 때늦은 후회는 그들이 죽이고 부인한 예수님이 하늘의 구름을 타고 능력과 영광을 가지고 오실 하나님의 아들이심을 보고 알게 되는 데서 비롯된다.

▶ **31절** 그가 큰 나팔소리와 함께 천사들을 보내리니 그들이 그의 택하신 자들을 하늘 이 끝에서 저 끝까지 사방에서 모으리라

그러나 그 예수님을 (보지 못하였지만) 믿고 따랐으며 사람들의 무시와 핍박 속에서도 천국의 백성으로 산 "뽑힌 사람들"에게 그날은 기쁨과 찬송과 믿음의 확답을 받는 시간이 될 것이다. 예수님은 그 영광스러운 모습을 큰 나팔소리가 울려 퍼지는 가운데 천사들을 보내시고 이 천사들이 숨어 잘 드러나지 않던 뽑힌 사람들을 모든 곳에서 불러 모으신다고 표현하셨다.

▶ **32-33절** 무화과나무의 비유를 배우라 그 가지가 연하여지고 잎사귀를 내면 여름이 가까운 줄을 아나니 33 이와 같이 너희도 이 모든 일을 보거든 2)인자가 가까이 곧 문 앞에 이른 줄 알라

무화과나무의 비유는 인자가 오시는 것과 이를 미리 보여주는 징조의 관계를 생생하게 새겨주신 비유이다. 봄이 와서 가지에 물이 오르고 연해지며 잎이 돋아난 것은 여름이 다가옴을 알려주듯이 앞에서 말씀하신 모든 일들이 예수님의 재림의 징조이다. "문 앞에 가까이 와 계시다"는 표현은 문을 열기만 하면 되는 것처럼 징조는 곧 재림의 시간이 다 되었다는 신호가 됨을 뜻한다. 우리 시간으로는 이천여 년 이상의 시차가 있지만 예수님은 이 모두를 동시에 보고 느끼고 계셨다. 재림의 확실성과 징조는 예루살렘의 멸망에서 시작되었다고 해야 한다.

▶ **34-35절** 내가 진실로 너희에게 말하노니 이 세대가 지나가기 전에 이 일이 다 일어나리라 35 천지는 없어질지언정 내 말은 없어지지 아니하리라

예수님은 "이 세대"로 자신의 지상 활동 당시의 사람들을 가리키셨고 이들을 구약시대로부터 시작하여 하나님께 불순종한 모든 유대인들의 한 부분으로 취급하셨는데, 이제 그 연대범위를 세상 끝날까지의 모든 사람으로 확대하신다. 즉 이 세대란 어느 한 시대가 아니라 예수님 당시에 시작하여 종말로 끝날 신약시대를 전체적으로 지칭하신 표현이다. 이 세대가 모든 일들이 벌어지는 것을 볼 것이라는 예언과 같은 것이다.

예수님은 그 확실성을 "참으로 ... 말한다"고 선언하심으로, 또 하늘과 땅은 없어지더라도 자신의 말씀은 결코 없어지지 않는다고 단언하심으로 강하게 보장하셨다.

▶ **36절** 그러나 그 날과 그 때는 아무도 모르나니 하늘의 천사들도, 아들도 모르고 오직 아버지만 아시느니라

예수님은 자신의 재림의 날과 시각, 곧 종말을 아무도 알지 못한다고 하셨다. 하나님만 아시고 심지어 천사들도 아들인 자신도 알지 못한다고 하심으로 아무도 그 때를 계산하거나 추측하지 못하도록 감추어 두셨다. "그 날과 시각"은 알 수 없어도 달이나 해를 계산할 수는 있다고 말하는 것은 자신을 예수님보다 더 우월시하는 사람만이 할 수 있는 자만이다. 이

표현에 몇 년, 몇 월도 포함되어 있는 것으로 보아야 한다. 예수님이 알려 주신 것은 재림의 징조와 재림의 확실성뿐이다. 가장 확실한 징조는 예루살렘의 멸망이다. 종말과 예수님의 재림에 대한 교회의 기대와 이 세대의 조소 내지 무시는 예수님의 죽음/부활과 승천 직후에 시작하여 지금도 계속 이어져 가고 있다.

▶ **37절** 노아의 때와 같이 인자의 임함도 그러하리라

자신의 재림과 종말에 대한 세상의 무지를 예수님은 노아 홍수에 비교하셨다. 노아 때 노아의 외침을 무시한 사람들에게 갑자기 홍수가 몰려왔던 것처럼 예수님의 재림 때에도 이 세대에 느닷없이 종말과 심판이 닥쳐올 것이다. 그러나 하나님 편에서 이 홍수는 갑자기 벌어진 심판이 아니었다. 사람들이 노아를 믿지 않아서 몰랐기 때문에 그들만 '갑작스런 홍수'라고 느꼈을 뿐이다. 마찬가지로 예수님의 예고에도 불구하고 이 세대는 믿지 않고 무지하게 되어 막상 일이 벌어지면 갑자기 몰려온 종말이라고 느낄 것이다.

▶ **38-39절** 홍수 전에 노아가 방주에 들어가던 날까지 사람들이 먹고 마시고 장가 들고 시집 가고 있으면서 39 홍수가 나서 그들을 다 멸하기까지 깨닫지 못하였으니 인자의 임함도 이와 같으리라

사람들은 노아의 말을 믿지 않고 오히려 그를 비웃으며 일상생활에 빠져 있었다. 반면 하나님의 말씀을 믿은 노아는 방주를 만들고 양식을 준비하며 심판을 대비하였다. 홍수가 왔을 때 믿음은 사실이 되었고 불신과 무지는 인간의 오만임이 밝혀졌다. 홍수가 오기까지 사람들이 하나님의 심판 사실을 몰랐던 것처럼 예수님의 재림과 종말은 세상의 지혜가 거짓이요 무지임을 여지없이 드러내고 말 것이다. 믿지 않는 이 세상 사람에 대한 심판이 될 것이다.

▶ **40-41절** 그 때에 두 사람이 밭에 있으매 한 사람은 데려가고 한 사람은 버려둠

을 당할 것이요 41 두 여자가 맷돌질을 하고 있으매 한 사람은 데려가고 한 사람은 버려둠을 당할 것이니라

그러나 믿고 준비한 노아와 그 가족들은 홍수에서 구원을 받았던 것처럼 예수님의 재림과 종말은 두 종류의 사람을 분리하고 말 것이다. 밭에 있던 두 사람, 맷돌을 갈고 있던 두 사람을 하나는 버려두고 하나는 데려가실 것이다. 예수님의 재림은 교회에는 기쁨과 영광이, 세상에는 슬픔과 부끄러움이 된다.

66. 깨어 있어라(마 24:42-25:13)

1) 개요

이 부분에는 세 종류의 말씀이 포함되어 있다. 깨어 있으라는 충고(42-44절), 깨어 있는 것이 무엇을 뜻하는지를 확대 설명하신 두 비유, 즉 슬기로운 종의 비유(45-51절)와 열 처녀 비유(25:1-13)이다.

앞에서 예수님은 예루살렘의 멸망에 이어 자신의 재림에 관하여 예언하셨는데 이제 제자들/신자들이 이 미래를 어려움 없이 통과하도록 깨어 있으라고 하셨다. 깨어 있는 태도는 예수님의 오심이라는 단편적 사건을 대비하는 방법이 아니라 예수님이 이 세상을 떠나가시는 그날부터 이 땅에 살면서 예수님을 믿고 기다리는 모든 사람들이 가지고 살아가야 할 삶의 태도이다.

깨어 있는 것은 도둑이 집을 뚫고 들어오지 못하게 하는 것과 같다. 그것은 예수님이 언제 오시더라도 맞이할 수 있도록 준비하고 있는 것이다. 주인이 종에게 자기 집안사람들을 부탁하는 것처럼 주인이 시키신 것에 충실하게 살아가는 것이다. 신랑을 기다리는 슬기로운 다섯 처녀처럼 신랑

이 어느 때 오든지 쓸 수 있도록 등을 준비하고 기름을 준비하는 것이다.

어떻게 하는 것이 깨어 있는 구체적인 방법인가는 본문에서 설명하지 않으셨다. 집을 지키고, 집안사람들에게 먹을 것을 공급하고, 신랑을 맞을 등과 기름을 준비하는 것은 이 마지막 교훈을 주시기 전에 예수님이 이미 삼년 동안 수시로 말씀하시고 가르치신 내용, 즉 마태복음이나 다른 복음서에 기록되어 있는 모든 교훈을 지키는 것이라고 보아야 한다. 즉 예수님은 자신이 가르치신 것을 지키며 살아가는 것을 깨어 준비하고 있는 것, 그렇지 않은 것을 잠자거나 방탕한 종이 되거나 기름을 준비하지 못한 것으로 비유하신 것이다.

세 비유는 모두 상반된 결과에 초점을 맞추고 있다. 소유를 지켜낸다는 것, 주인의 칭찬을 받는다는 것, 혼인잔치에 들어간다는 것이 긍정적 결과이다. 도둑맞거나 주인의 책망과 엄벌을 받거나 혼인잔치에 들어가지 못하는 것이 그 부정적 결과이다.

2) 주해

▶ **42-44절** 그러므로 깨어 있으라 어느 날에 너희 주가 임할는지 너희가 알지 못함이니라 43 너희도 아는 바니 만일 집 주인이 도둑이 어느 시각에 올 줄을 알았더라면 깨어 있어 그 집을 뚫지 못하게 하였으리라 44 이러므로 너희도 준비하고 있으라 생각하지 않은 때에 인자가 오리라

예수님은 자신이 오시는 날을 아무도 모르기 때문에 모든 사람이 깨어 있어야 한다고 명령하셨다. 주님의 오심은 도둑이 몰래 오는 것처럼 아무도 그 시각을 짐작하거나 올 시각을 알았다면 집주인이 막았을 수 있는 것처럼 그렇게 사람들이 모르는 시각에 오실 주님을 맞도록 준비하라는 것이다. 비유에 등장한 집은 흙으로 벽을 만든 집으로 보인다.

"깨어 있는 것"은 예수님이 오실 때 버림 받지 않고 주님을 맞을 수 있도록 "준비하는 것"을 뜻한다.

▶ **45절** 충성되고 지혜 있는 종이 되어 주인에게 그 집 사람들을 맡아 때를 따라 양식을 나눠 줄 자가 누구냐

앞 절과는 달리 집주인은 예수님에 대한 비유어이다. 집안사람들은 천국의 백성들, 종은 예수님의 제자들이나 교회 지도자들에 대한 비유어이다. 예수님은 특별히 제자들에게 천국의 백성을 예수님 대신 맡아서 음식을 주고 보살필 믿음직하고 슬기로운 종이 누구냐고 질문하셨다. 말씀을 이어가기 위한 수사적 질문이다.

▶ **46-47절** 주인이 올 때에 그 종이 이렇게 하는 것을 보면 그 종이 복이 있으리로다 47 내가 진실로 너희에게 이르노니 주인이 그의 모든 소유를 그에게 맡기리라

예수님은 자신을 집주인으로 비유하셨기 때문에 주인이 와서 충실하게 일하고 있는 종을 발견하고 그에게 모든 소유를 맡기게 될 것이라는 예언은 제자들/교회지도자들에게 예수님이 주신 약속이라고 보아야 한다. 주인이 모든 소유를 그에게 맡긴다는 것은 예수님이 오셔서 충성스러운 지도자들에게 주실 영광에 대한 비유어이다.

▶ **48-51절** 만일 그 악한 종이 마음에 생각하기를 주인이 더디 오리라 하여 49 동료들을 때리며 술친구들과 더불어 먹고 마시게 되면 50 생각하지 않은 날 알지 못하는 시각에 그 종의 주인이 이르러 51 엄히 때리고 외식하는 자가 받는 벌에 처하리니 거기서 슬피 울며 이를 갈리라

주인이 지체한다는 것 때문에 종이 주어진 일에 충실하지 않고 주인이 맡기신 일을 특권이나 권력으로 생각하고 악용하며 술꾼들과 먹고 마시고 아무런 준비도 없이 나날을 보낸다면 주인은 그가 생각지 못하고 알지 못하는 시각에 와서 그 종을 위선자로 처벌할 것이다. 그 시각을 몰랐다는 때늦은 후회가 있을 것을 예수님은 울며 이를 간다고 표현하셨다.

예수님의 지상생애 이후 깨어 있는 준비는 시작되어야 한다. 기다림이 이천여 년 흘러갔지만, 수많은 사람들이 기다리다 주님에게로 갔지만, 깨어 준비하라는 명령은 우리 시대에도 여전히 유효한 것이다.

Short Commentary Matthew
마태복음 25장

깨어 있어라(마 24:42-25:13)

25 : 1절 그 때에 천국은 마치 등을 들고 신랑을 맞으러 나간 열 처녀와 같다 하리니

예수님은 자신의 오심으로 시작되는 일들을 "천국은 ...과 같다"고 비유하신 적이 있었다(13장 참조). 이제 자신이 다시 오실 때를 천국의 비유로 표현하신다. 당시 유대의 결혼잔치는 신랑이 저녁때쯤 신부를 데리고 자신의 집으로 감으로써 시작되었다. 천국에 비유된 열 처녀는 신부와 함께 신랑의 집으로 가기 위해 기다리는 들러리들이었는데 등잔불로 길을 밝히며 함께 신랑의 집으로 가는 것이 이들의 역할이었다.

▶ **2-4절** 그 중의 다섯은 미련하고 다섯은 슬기 있는 자라 3 미련한 자들은 등을 가지되 기름을 가지지 아니하고 4 슬기 있는 자들은 그릇에 기름을 담아 등과 함께 가져갔더니

예수님은 열 처녀 중에 다섯을 어리석고 다섯을 슬기로웠다고 설명하셨다. 여분의 기름을 더 가지고 갔느냐 아니냐로 다섯씩 구분하신 것이다. 아마 빈번히 일어나듯이 신랑이 늦게 올 수도 있다고 생각했기 때문일 것이다. 당시 등잔은 흙으로 만든 것으로 올리브유를 가득 채웠을 경우 심지를 낮추면 2-3시간가량 불을 킬 수 있었다.

▶ **5절** 신랑이 더디 오므로 다 졸며 잘새

신랑이 늦어지자 열 처녀가 모두 졸다가 잠이 들었다. 예수님이 깨어 있어라 하고 경고하신 것이 육체적으로 졸거나 자는 것이 아님을 알 수 있다. 모두가 깊이 잠들었기 때문이다. 예수님의 재림이 사람들이 생각하는 것보다 훨씬 더 지체하는 것임을 암시하신 것으로 보인다.

▶ **6-7절** 밤중에 소리가 나되 보라 신랑이로다 맞으러 나오라 하매 7 이에 그 처녀들이 다 일어나 등을 준비할새

신랑은 처녀들이 깊이 잠든 밤중에 왔고 사람들이 들러리들에게 신랑을 맞으러 나오라고 고함을 지른다. 자던 열 처녀가 모두 일어났고 황급히 등잔을 손질한다. 낮추었던 심지를 높이고 불을 더 밝게 하려고 했던 것으로 보인다. 그러나 그들이 자는 동안 등잔에 들어있던 기름은 다 타버리고 불이 꺼져가고 있었다. 여분의 기름을 준비한 슬기로운 처녀들은 준비한 기름을 등잔에 부었다.

▶ **8-9절** 미련한 자들이 슬기 있는 자들에게 이르되 우리 등불이 꺼져가니 너희 기름을 좀 나눠 달라 하거늘 9 슬기 있는 자들이 대답하여 이르되 우리와 너희가 쓰기에 다 부족할까 하노니 차라리 파는 자들에게 가서 너희 쓸 것을 사라 하니

어리석은 처녀들이 슬기로운 처녀들에게 기름을 나누어 달라고 하지만 슬기로운 처녀들은 자기들이 쓸 정도의 기름밖에 없었기에 나누어 주기를 거부하고 차라리 기름장사에게 가서 사라고 충고한다.

▶ **10절** 그들이 사러 간 사이에 신랑이 오므로 준비하였던 자들은 함께 혼인 잔치에 들어가고 문은 닫힌지라

밤에 어리석은 처녀들은 급히 기름을 사러 나갔고 거추장스럽지만 여분의 기름을 준비했던 슬기로운 처녀들은 신부를 둘러싸고 신랑의 집으로 향하였고 신랑의 집에서 벌어진 결혼잔치에 들어갔으며 대문은 닫혀 버렸다.

▶ **11-12절** 그 후에 남은 처녀들이 와서 이르되 주여 주여 우리에게 열어 주소서

12 대답하여 이르되 진실로 너희에게 이르노니 내가 너희를 알지 못하노라 하였느니라

어리석은 처녀들이 나중에 신랑의 집에 도착하여 문을 열어달라고 했으나 신랑은 그들을 알지 못한다고 대답한다. 들러리의 가장 중요한 역할, 신랑과 신부의 가는 길을 밝혀주는 역할을 하지 못한 처녀들에게 신랑이 문을 열어줄 리가 없었다.

▶ **13절** 그런즉 깨어 있으라 너희는 그 날과 그 때를 알지 못하느니라

예수님은 여분의 기름을 준비하지 못한 처녀들이 결국 결혼잔치에 들어가지 못한 것처럼, 자신이 다시 오실 때 천국에서 쫓겨나지 않도록 깨어 있으라고 다시 한 번 충고하셨다. 여분의 기름은 예수님이 요구하신 대로 살아가는 것, 특히 마태복음에서는 그 교훈을 준수하는 것에 대한 비유어로 보인다.

67. 달란트 비유(마 25:14-30)

1) 개요

달란트 비유는 예수님이 떠나가신 때로부터 다시 오실 때까지 예수님을 믿고 다시 오심을 기다릴 제자들/신자들이 각기 맡은 일에 최선을 다해야 한다는 것을 교훈하신 비유이다.

천국이 외국으로 떠나는 어떤 사람에게 비유되었다. 예수님은 자신이 하신 일들이나 그 과정과 결과를 13장에서 천국으로 설명하셨던 것처럼 잠시 후에 세상을 떠나셨다가 다시 오실 자신과 자신의 일을 천국으로 가르치신 것이다. 천국 개념을 형성하는 두 번째 요소는 천국의 백성이다. 앞의 비유에서 주인을 기다리는 종, 또는 신랑을 기다리는 처녀들이 등장

한 것처럼 이 비유에도 왕과 관계된 사람들, 곧 세 종류의 종들이 등장한다. 주인이 종에게 소유를 맡기고 나중에 그 결과를 판정하듯이, 또 종들은 주인의 지시를 따라 열심히 일하고 그 결과에 대한 주인의 판정을 기다리듯이 천국은 왕이신 예수님이 제자들/신자들을 불러 자기 백성으로 삼으시고 백성이 해야 할 일을 맡기시며 그 결과를 심판하시는 것이다. 예수님의 사역으로 이미 이 세상에 전개된 하나님의 일만이 아니라 – 예수님이 말씀하시던 이 시점에서 볼 때 – 미래에 있을 하나님의 일을 설명하는 용어가 곧 "천국"이다.

주인은 세 종에게 그들의 능력을 따라 자신의 소유를 맡겼다. 두 종은 열심히 일을 하여 각기 배를 남겼고 한 종은 주인이 맡긴 그대로를 가지고 왔다. 주인은 배를 남긴 종들을 칭찬하고 맡겼던 것과 그들이 번 것을 그들의 소유로 인정하며 자신의 잔치에 초대한다. 그러나 맡긴 것을 보관만 하고 있던 종은 꾸중하고 맡겼던 것을 빼앗고 밖에 쫓아내어 버렸다.

하나님의 나라는 당분간 세상의 격변으로 나타나는 것이 아니라 떠나시는 예수님이 제자들/신자들에게 자신의 교훈을 따라 최선을 다하도록 부탁하고 그 결과에 따라 보상하시는 것으로 나타난다. 그렇다면 21세기에 우리가 지금 경험하는 하나님의 나라는 예수님이 계시지 않는 동안 이 땅에서 열심히 일해야 하는 바로 그 시점에 놓여 있다.

2) 주해

▶ **14절** 또 어떤 사람이 타국에 갈 때 그 종들을 불러 자기 소유를 맡김과 같으니

"왜냐하면…같기 때문이다"는 문구는 달란트 비유를 1절과 연결하며 이것이 천국의 비유임을 알려준다. 천국이 외국으로 나가며 자기 재산을 종들에게 맡긴 주인에 비유되었다. 예수님은 자신의 떠나심으로부터 다시 오시기까지를 한 묶음의 기간으로 취급하셨다.

▶ **15절** 각각 그 재능대로 한 사람에게는 금 다섯 달란트를, 한 사람에게는 두 달란

트를, 한 사람에게는 한 달란트를 주고 떠났더니

주인은 종들에게 그들의 능력에 맞게 5달란트, 2달란트, 1달란트를 맡겼다. 1달란트의 금은 34Kg으로 지금 금액으로는 대략 7억원 정도이다. 하늘나라의 질서는 무조건적 평등이 아니라 개인의 능력을 감안한 평등이다. 주인이 재산을 분배해 주고 떠난 이후로 이 비유는 종들에게 초점이 맞추어진다.

▶ **16-17절** 다섯 달란트 받은 자는 바로 가서 그것으로 장사하여 또 다섯 달란트를 남기고 17 두 달란트 받은 자도 그같이 하여 또 두 달란트를 남겼으되

다섯 달란트 받은 종과 두 달란트 받은 종은 주인이 떠난 후 즉시 가서 받은 달란트로 장사를 하여 다섯 달란트와 두 달란트를 벌었다. 두 종은 최선을 다하여 일했다고 말할 수 있다. 이들은 종말에 임박해서가 아니라 예수님이 떠나신 직후부터 예수님이 지시하신 것을 최선을 다해 순종할 제자들 · 신자들에 대한 비유어이다.

▶ **18절** 한 달란트 받은 자는 가서 땅을 파고 그 주인의 돈을 감추어 두었더니

한 달란트 받은 종은 앞의 다른 비유처럼 부정적 역할을 하는 요소, 즉 예수님의 지시와 부탁을 충실히 이행하지 않을 제자들/신자들에 대한 비유어이다. 은을 땅에 묻어 두었다는 것은 당시 보물을 가장 안전하게 보관하는 방법이었다. 이 종은 주인이 맡긴 것을 보관만 했을 뿐 아무 것도 하지 않음으로써 주인의 평가를 무시한 행동을 하고 말았다.

▶ **19절** 오랜 후에 그 종들의 주인이 돌아와 그들과 결산할새

비유에서 주인은 오랜 세월이 지난 후에 돌아온 것으로 그려졌는데 이것은 예수님의 재림과 종말이 사람들이 기대하는 것과는 달리 긴 세월이 지난 다음일 것을 암시하신 것으로 보인다. 주인은 종들을 불러 그들에게 맡긴 것으로 무엇을 하였는지를 계산하였다. 하나님의 심판에 대한 비유어이다.

▶ **20-21절** 다섯 달란트 받았던 자는 다섯 달란트를 더 가지고 와서 이르되 주인이여 내게 다섯 달란트를 주셨는데 보소서 내가 또 다섯 달란트를 남겼나이다 21 그 주인이 이르되 잘하였도다 착하고 충성된 종아 네가 적은 일에 충성하였으매 내가 많은 것을 네게 맡기리니 네 주인의 즐거움에 참여할지어다 하고

다섯 달란트 받았던 종은 열 달란트를 가지고 와서 주인에게 내어 보이며 그가 다섯 달란트를 벌었다고 보고한다. 주인은 만족하며 잘했다고 칭찬하고 그를 선하고 믿음직한 종이라고 부른다. 종이 해야 할 책임을 성실하게 수행했기 때문에 이렇게 인정하신 것이다. 주인으로 비유된 예수님이 종으로 비유된 제자들/신자들에게 거시는 기대 또한 큰 것임을 알 수 있다.

"작은 것"이란 표현은 주인의 입장에서 볼 때, 또는 후에 맡기실 더 영광스러운 일들에 비해 볼 때 그렇다는 표현일 것이다. 주인은 열 달란트를 그 종의 소유로 인정하며 더 많은 일을 맡길 것이라고 약속한다. 더 많은 일이 무엇인지는 알 수 없다. 이 비유는 예수님이 다시 오신 이후의 세계가 어떤 것인지를 알려주는 비유가 아니지만 "네 주인의 즐거움"은 예수님이 주실 영생과 축복, 구원을 의미하는 것이라고 말할 수 있다.

▶ **22-23절** 두 달란트 받았던 자도 와서 이르되 주인이여 내게 두 달란트를 주셨는데 보소서 내가 또 두 달란트를 남겼나이다 23 그 주인이 이르되 잘하였도다 착하고 충성된 종아 네가 적은 일에 충성하였으매 내가 많은 것을 네게 맡기리니 네 주인의 즐거움에 참여할지어다 하고

두 달란트 받았던 종에 대한 얘기는 앞 절의 정확한 반복이다. 비유의 이런 진행을 통하여 우리는 천국의 계산법이 얼마나 위대하고 영광스러운 일을 하고 얼마나 크고 많은 결과를 남겼느냐가 아니라 하나님이 주신 재능과 능력, 사명에 얼마나 성실하게 하였느냐에 있다는 사실을 배운다. 이것을 알려주시려는 것이 이 비유의 핵심이다.

▶ **24-25절** 한 달란트 받았던 자는 와서 이르되 주인이여 당신은 굳은 사람이라 심지 않은 데서 거두고 헤치지 않은 데서 모으는 줄을 내가 알았으므로 25 두려

워하여 나가서 당신의 달란트를 땅에 감추어 두었었나이다 보소서 당신의 것을 가지셨나이다

한 달란트 받은 종은 주인이 아무 일도 하지 않고 종들을 통해 돈을 벌어들이는 인색한 사람임을 알고 주인의 돈을 잃을 것을 두려워했기 때문에 묻어 두었었다고 변명한다. "뿌리지 않은 데서 거두고 흩지 않은 곳에서 모은다"는 표현은 농사 광경을 사용한 비유어이다. 주인은 자신이 맡긴 것과 종들이 번 것을 모두 종의 소유로 주었다. 자신을 위한 일이 아니었다. 주인에 대한 이 종의 오해는 제자들에게 사명을 주시며 깨어 있으라고 권하시는 예수님에 대하여 결코 오해하지 말 것을 암시한다.

▶ **26-27절** 그 주인이 대답하여 이르되 악하고 게으른 종아 나는 심지 않은 데서 거두고 헤치지 않은 데서 모으는 줄로 네가 알았느냐 27 그러면 네가 마땅히 내 돈을 취리하는 자들에게나 맡겼다가 내가 돌아와서 내 원금과 이자를 받게 하였을 것이니라 하고

주인은 종이 자신의 평가를 무시하며 기대한 행동을 하지 않았기 때문에 악하고 게으른 종이라고 부르며 그 종의 논리로 대답한다. 주인이 그런 사람이라고 생각했다면 본전만이 아니라 이자도 함께 가져 올 수 있도록 돈 굴리는 사람들에게 빌려주었어야 한다는 것이다. 물론 이것은 주인이 기대한 것은 아니다.

▶ **28절** 그에게서 그 한 달란트를 빼앗아 열 달란트 가진 자에게 주라

주인은 원래 한 달란트를 그 종에게 주려고 하였다. 그러나 이제 그것을 빼앗아 다른 종에게 주어버린다.

▶ **29절** 무릇 있는 자는 받아 풍족하게 되고 없는 자는 그 있는 것까지 빼앗기리라

13:12에도 나오는 이 말씀은 본문에서는 주인에 대한 믿음과 신뢰를 가지고 최선을 다해 일하는 사람에게는 맡기신 것, 그리고 더 많은 것을 주시지만 그렇지 않은 사람에게서는 맡기신 것마저 앗아가신다는 뜻이 된다.

예수님을 오해하지 말고 신뢰하며 맡기신 일에 충성하라는 교훈이다.

▶ **30절** 이 무익한 종을 바깥 어두운 데로 내쫓으라 거기서 슬피 울며 이를 갈리라 하니라

주인에 대한 신뢰가 없고 자기 나름대로의 평가와 행동을 앞세운다면 그는 결국 천국에는 쓸모없는 사람이다. 행위가 없어서가 아니라 행위가 없음으로써 주인에 대한 신뢰가 없었다는 것을 명확하게 보였기 때문에 심판이 선언되고 그는 이러한 사실을 몰랐다는 듯 가슴 아픈 후회를 하게 될 것이다.

68. 양과 염소의 비유 (마 25:31-46)

1) 개요

양과 염소의 비유는 넓은 면으로 보면 앞의 비유들(24:43-25:30)과 크게 다른 점이 없다. 즉 예수님이 계시지 않는 동안 사람들이 세상에서 무엇을 했느냐가 긍정적인 것과 부정적인 것 두 종류로 구분되고 이에 따라 각기 축복과 저주가 선언된다. 그러나 내용면으로 들어가면 첫째, 이 비유는 예수님의 재림 때에 있을 심판 장면만을 다룬다. 둘째, 모든 사람이 예수님의 판단을 받는다. 셋째, 심판의 근거로 다루어지는 행위들은 다른 사람을 어떻게 대했느냐는 아주 일반적인 것들이다. 따라서 앞의 비유들을 제자들/신자들에게 적용되는 특별한 명령이라고 할 수 있는 반면에 양과 염소의 비유를 모든 사람에게 적용되는 일반 명령이라고 할 수 있을 것이다.

예수님은 자신이 다시 오시는 날을 모든 천사들과 함께 와서 영광의 왕좌에 앉는 날로 표현하셨다. 그 날은 어떤 사람에게는 가장 영광스러운 날

이, 어떤 사람에게는 가장 고통스러운 날이 될 것이다. 심판이 벌어지기 때문이다. 모든 민족이 심판장 앞에 모이고 심판장에 의해 두 종류, 즉 양과 염소로 나뉜다. 심판장은 오른쪽에 세운 양들에게는 영원한 축복을, 왼쪽에 세운 염소들에게는 영원한 심판을 선언한다. 양들은 심판장에게 선을 행한 데 비해 염소들은 선을 행하지 않았기 때문이다. 양들도 염소들도 이런 일을 모른다고 대답하지만 심판장은 자신의 계산 방법에 따라 가장 작아 보이는 사람들 가운데 하나에게 한 것, 하지 않은 것이 곧 자신에게 대한 것이라는 논리로 답변한다.

이 비유만을 따로 읽으면 윤리적 행위만을 근거로 한 심판이라는 오해가 발생한다. 그러나 이 비유는 예수님의 가르침의 한 부분임을 잊어서는 안 된다. 예수님은 사람들이 자신을 천국의 왕으로 믿을 것을 요구하셨다. 믿는 사람들, 곧 천국의 백성에게는 왕이신 자신의 명령을 최선을 다해 지킬 것을 요구하셨다. 이 비유는 만나는 어떤 하찮아 보이는 사람이라도 예수님을 대하듯이 해야 한다는 교훈을 담고 있다.

2) 주해

▶ **31절** 인자가 자기 영광으로 모든 천사와 함께 올 때에 자기 영광의 보좌에 앉으리니

영광스러운 모습으로 오실 인자는 예수님이시다. 사람들이 거부하고 잠시 후에 죽일 예수님이 진정 하나님 나라의 왕이시라는 사실이 모든 천사들을 거느리고 오셔서 심판장의 자리에 앉으실 때에 모두에게 밝히 드러날 것이다.

▶ **32-33절** 모든 민족을 그 앞에 모으고 각각 구분하기를 목자가 양과 염소를 구분하는 것 같이 하여 33 양은 그 오른편에 염소는 왼편에 두리라

마지막 날까지 세상에, 때로는 교회에 섞여 있을 두 종류의 사람들을 예수님은 갈릴리 지역에서는 보리와 독보리(13:30), 좋은 고기와 나쁜 고기

(13:48)에, 지금은 유대 지역에 흔한 목축 광경을 따라서 양과 염소에 비유하셨다. 그날 세상을 거쳐 간 모든 사람이 예수님 앞에 모이고 예수님은 목자가 염소들로부터 양들을 골라내듯이 그들을 두 종류로 구분하실 것이다. 양은 축복받을 사람들, 염소는 저주받을 사람들에 대한 비유어이다. 양이나 오른쪽은 긍정적 의미를, 염소나 왼쪽은 부정적 의미를 위해 선택하신 용어이다.

▶ **34절** 그 때에 임금이 그 오른편에 있는 자들에게 이르시되 내 아버지께 복 받을 자들이여 나아와 창세로부터 너희를 위하여 예비된 나라를 상속받으라

먼저 양으로 비유된 오른쪽에 있는 사람들에게 왕의 축복이 선언된다. "오너라"는 예수님과 영원히 함께 있도록 허락하시는 것이다. 개역성경에 "복 받을"로 번역된 단어는 완료형으로 이 사람들이 이미 천국의 백성으로 하나님의 복을 받아 누리고 있었는데(즉 "복 받은") 하나님이 창세전에 준비해 놓으셨던 나라에 들어가도록 최종 선언을 듣게 됨을 뜻한다. 예수님의 오심으로 새롭게 시작된 하나님의 나라는 당분간 하나님의 영적 통치에 완벽하게 적용되었는데 이제 온 우주의 모든 영역과 모든 국면이 하나님의 직접적 통치를 경험하게 된다. 하나님이 통치하시는 나라는 이 세상에서, 아니 영원 전에 시작된 것이다.

▶ **35-36절** 내가 주릴 때에 너희가 먹을 것을 주었고 목마를 때에 마시게 하였고 나그네 되었을 때에 영접하였고 36 헐벗었을 때에 옷을 입혔고 병들었을 때에 돌보았고 옥에 갇혔을 때에 와서 보았느니라

예수님이 그들에게 영원히 함께 있도록 허락하실 이유가 제시된다. 그들은 예수님이 주리셨을 때 먹을 것을 드렸고, 예수님이 목마르셨을 때 마실 물을 드렸고, 예수님이 나그네로 계실 때 맞아들였고, 예수님이 헐벗으셨을 때 입을 것을 드렸고, 예수님이 아프실 때 돌보아 드렸고, 예수님이 감옥에 계실 때 찾아갔기 때문이다.

▶ **37-39절** 이에 의인들이 대답하여 이르되 주여 우리가 어느 때에 주께서 주리신 것을 보고 음식을 대접하였으며 목마르신 것을 보고 마시게 하였나이까 38 어느 때에 나그네 되신 것을 보고 영접하였으며 헐벗으신 것을 보고 옷 입혔나이까 39 어느 때에 병드신 것이나 옥에 갇히신 것을 보고 가서 뵈었나이까 하리니

예수님은 이제 이들을 "의인들", 즉 의로운 사람들이라고 부르시며 왕의 선언과 그 이유 설명에 그들이 그런 기억이 없다고 반문할 것을 말씀하신다. 도대체 언제 그들이 예수님을 만났고 그런 의로운 행동을 했느냐는 것이다.

▶ **40절** 임금이 대답하여 이르시되 내가 진실로 너희에게 이르노니 너희가 여기 내 형제 중에 지극히 작은 자 하나에게 한 것이 곧 내게 한 것이니라 하시고

실제 가치와 평가 가치는 다른 것이다. 이 사람들이 한 실제 행동은 왕이 심판 자리에서 "나의 이 가장 작은 형제들 가운데 하나"라고 부르는 사람에게 한 자비로운 행동이다. 이것을 우리는 예수님을 믿는 사람을 형제라고 부르심으로써 사람들이 – 주격, 또는 목적격적 의미로 – 예수님의 이름으로 행하는 선행을 지적하신 것이라고 볼 수도 있고, 예수님을 믿음과 관계없이 도움이 필요한 사람을 형제라고 부르시며 그들이 불쌍한 사람들에게 행하는 선행을 지적하신 것이라고 볼 수도 있다. 왕은 의인이라고 부른 사람들이 불쌍한 이웃에게 행한 일을 곧 자신에게 행한 것이라고 평가하신다. 실제 가치가 아니라 평가 가치가 칭찬과 축복의 근거인 것이다.

▶ **41절** 또 왼편에 있는 자들에게 이르시되 저주를 받은 자들아 나를 떠나 마귀와 그 사자들을 위하여 예비된 영원한 불에 들어가라

왼쪽에 세워진 염소로 비유된 사람들에게는 34절과는 정반대의 선언이 주어진다. 그들은 이미 "저주를 받은" 상태에 살고 있었다. 하나님의 심판은 이 세상에서부터, 아니 영원 전에 시작된 것이다. "내게서 물러나가거라"는 회개와 용서의 기회가 끝나고 그들은 예수님과 영원히 격리되며 마

귀와 그 부하들을 위하여 창세전부터 준비되어 있는 영원한 불, 곧 심판의 상태로 들어가게 됨을 뜻한다.

▶ **42-43절** 내가 주릴 때에 너희가 먹을 것을 주지 아니하였고 목마를 때에 마시게 하지 아니하였고 43 나그네 되었을 때에 영접하지 아니하였고 헐벗었을 때에 옷 입히지 아니하였고 병들었을 때와 옥에 갇혔을 때에 돌보지 아니하였느니라 하시니

영원한 저주의 이유가 제시된다. 그들은 예수님이 주리셨을 때 먹을 것을 드리지 않았고, 예수님이 목마르셨을 때 마실 물을 드리지 않았고, 예수님이 나그네로 계실 때 맞아들이지 않았고, 예수님이 헐벗으셨을 때 입을 것을 드리지 않았고, 예수님이 아프시거나 감옥에 계실 때 돌보아 드리지 않았기 때문이다.

▶ **44절** 그들도 대답하여 이르되 주여 우리가 어느 때에 주께서 주리신 것이나 목마르신 것이나 나그네 되신 것이나 헐벗으신 것이나 병드신 것이나 옥에 갇히신 것을 보고 공양하지 아니하더이까

영원한 저주를 받을 이 사람들도 의인들과 마찬가지로 언제 그렇게 무자비하게 행동했는지를 반문한다. 이들도 실제로 예수님을 만난 적이 없으므로 억울하다는 어감이 배어 있다.

▶ **45절** 이에 임금이 대답하여 이르시되 내가 진실로 너희에게 이르노니 이 지극히 작은 자 하나에게 하지 아니한 것이 곧 내게 하지 아니한 것이니라 하시리니

비유 속에서 예수님은 자신을 임금으로 묘사하시며 이들에게도 실제 가치가 아닌, 예수님 자신의 방법에 따라 평가하신 가치를 적용하신다. 그들이 예수님에게가 아니라 그들이 만났지만 전혀 도움의 손길을 뻗지 않은, 나중에 예수님이 지적하실 "이 작은 사람 하나"에게 하지 않은 일을 자신에게 하지 않은 것으로 평가하신 것이다.

▶ **46절** 그들은 영벌에, 의인들은 영생에 들어가리라 하시니라

실제 가치가 아니라 평가 가치가 영원한 형벌 또는 영원한 생명의 갈림길이 될 것을 다시 한 번 선언하셨다. 이 비유에서 예수님이 이런 방식으로 심판하실 것이라고 알려주셨기 때문에 이웃을 향한 선행을 이제는 예수님을 향한 신앙적 자세로 해야 한다는 사실이다. 예수님을 섬기듯이 이웃을 섬겨야 한다. 나중에 예수님이 나의 이 작은 형제라고 지적하실 그런 사람들을 우리는 매일 만나고 있는 것이다. 그렇다면 최종적 판단의 근거는 예수님의 이 교훈에 대한 순종 여부가 될 것이다.

Short Commentary
Matthew
마태복음 26장

69. 고난의 서막(마 26:1-19)

1) 개요

말씀의 사역은 모두 끝났다. 마태는 예수님의 교훈들을 다섯 개의 설교 형태로 수록해 놓았는데 양과 염소의 비유로 이 모두를 마감하고 예수님이 예고해 오셨던 고난의 길을 소개하기 시작한다. 이 부분에는 네 가지 기사가 실려 있다.

예수님은 이틀 후에 자신의 고난이 시작됨을 아시고 이것을 다시 한 번 제자들에게 예고하셨다. 바로 그 시간에 대제사장의 공관에서는 대제사장들과 산헤드린의 핵심 인물들, 곧 장로들이 모여서 속임수를 써서라도 예수님을 잡아 죽일 계획을 세우고 있었다. 처음에 그들은 유월절은 피하자고 결론지었다.

고통과 죽음이 기다리고 있음을 홀로 아셨으면서도 묵묵히 자신의 길을 가시는 예수님의 죽음을 미리 준비하는 사건이 발생하였다. 한 여인이 값비싼 향유를 예수님의 머리에 부은 것이다. 제자들은 귀한 향유를 허비한다고 여자를 꾸짖었다. 가난한 사람들을 도움으로써 예수님의 말씀을 실천

할 수 있는 기회를 상실했다고 생각했기 때문이다. 그러나 여인이 한 일은 단순한 윤리적 행동이 아니었다. 그것은 십자가에 처형당하심으로써 기름 한 번 발라볼 기회를 얻지 못하실 예수님의 몸에 미리 기름을 부어 장례를 행하는 신앙적이고 종교적인 행위였다. 예수님은 살아계시면서 이미 자신의 장례의식이 치르진 것으로 받아들이셨다. 한 여인의 얘기가 복음의 한 부분이 된 것이다.

한 여인이 예수님을 사랑하고 존경하는 마음으로 누구도 하지 못한 숭고한 일을 하였지만 다른 한 편에서는 제자의 배반이 진행되고 있었다. 가룟 유다가 대제사장들을 찾아가서 예수님을 그들에게 넘겨주기로 약속하고 돈을 챙겼으며 이때부터 호기를 노리기 시작한 것이다. 예수님의 죽음은 유대 지도부가 하나님을 섬긴다는 미명 아래 그들의 불신, 시기, 분노를 표출하고 유다의 배반이 뒤섞인 합작품이었다. 유월절 낮에 제자들은 예수님의 지시를 따라 유월절 식사를 준비하였다. 예수님의 지상에서의 마지막 식사이며 동시에 마지막 유월절 잔치였다.

2) 주해

26:1-2절 예수께서 이 말씀을 다 마치시고 제자들에게 이르시되 2 너희가 아는 바와 같이 이틀이 지나면 유월절이라 인자가 십자가에 못 박히기 위하여 팔리리라 하시더라

감람산 설교가 끝난 직후 예수님은 네 번째로 자신의 죽음에 관하여 예고하셨다. 유월절이 이틀 남은 화요일 오후였다. 하나님이 이스라엘을 이집트에서 구원해 내신 것을 기념하는 이날 예수님이 십자가에 달리도록 넘겨져야 한다는 것은 대대로 유월절에 살해당한 어린양이 먼 훗날 십자가에서 죽으실 예수님을 상징하는 것이었다는 사실과 이제 예수님이 자기 백성을 영원히 구원하는 십자가의 어린양이 되실 것을 알려준다.

▶ **3-5절** 그 때에 대제사장들과 백성의 장로들이 가야바라 하는 대제사장의 관정

에 모여 4 예수를 흉계로 잡아 죽이려고 의논하되 5 말하기를 민란이 날까 하노니
명절에는 하지 말자 하더라

가야바는 전직 대제사장이었고 이 당시 현직 대제사장은 안나스였다. 원래 대제사장직은 종신직이었기 때문에 비록 장인인 가야바가 외세에 의해 해임되고 사위인 안나스가 대제사장에 임명되었다 하더라도 유대인들은 이들을 모두 "대제사장들"이라고 불렀다. 공회(=산헤드린)의 중요 인사들이 그들과 함께 가야바의 집에 모여서 정상적으로는 예수님을 잡아 죽일 방법을 찾지 못했기 때문에 속임수를 써서라도 예수님을 잡을 수 있는 방법을 의논하였다. 그들은 백성이 예수님을 따르고 적어도 "선지자"로 인정하고 있었기 때문에 소동이 일어날 것을 염려하여 유월절은 일단 피하기로 결정하였다.

▶ **6절** 예수께서 베다니 나병환자 시몬의 집에 계실 때에

베다니에서 문둥병자 시몬의 집에 가신 것이 정확하게 언제인가는 알 수 없다. 요한복음 12:1을 따르면 이날은 유월절 엿새 전, 곧 전 주간의 금요일이었다. 정확한 시간 순서를 따르지 않고 주제를 따라서 사건을 소개하는 것이 복음서에 자주 발견되므로 마태와 마가가 이 사건을 이 부분에 소개하였다고 말해도 좋을 것이다.

▶ **7절** 한 여자가 매우 귀한 향유 한 옥합을 가지고 나아와서 식사하시는 예수의 머리에 부으니

예수님께서 식사 자리에 비스듬히 앉아 계실 때에 아마 마리아가(요 12:3) 지금의 우리 돈으로 환산하면 대략 1500만원 가량의 가치가 있는 나드 향유 한 항아리를 가지고 와서 예수님의 머리와 발에 붓고 머리털로 예수님의 발을 닦아 드렸다(요 12:3). 마리아는 예수님을 향한 사랑과 극진한 존경심에서 최고의 영광을 표현하였지만 하나님은 이렇게 마리아를 통하여 자신의 아들에게 기름을 부으심으로써 예수님이 기름을 부어 보낸 메시야이심을 증거하셨다. 예수님의 죽음에 임박하여 이 사건이 벌어졌다는

것은 예수님의 메시야직이 죽음으로 성취되는 것임을 암시한다.

▶ **8-9절** 제자들이 보고 분개하여 이르되 무슨 의도로 이것을 허비하느냐 9 이것을 비싼 값에 팔아 가난한 자들에게 줄 수 있었겠도다 하거늘

예수님의 제자들은 네 번에 걸쳐서 예수님의 고난과 죽음, 그리고 부활에 대한 예고를 들었지만 이 예언이 어떻게 성취되고 무엇을 의미하는 지를 아직 몰랐고 가슴으로 받아들이기 어려웠기 때문에 마리아의 행동을 비싼 향유를 허비하는 것이라고 생각하고 성을 내며 차라리 비싸게 팔아서 가난한 사람들에게 주었어야 한다고 마리아를 나무랐다. 마리아의 행동을 한 인간에게 하는 도덕적 행위로 이해한 것이다. 그러나 마리아의 행동은 - 예수님이 사람과 같은 육체를 가지고 계셨지만 하나님의 아들이시기 때문에 - 예수님을 섬기는 태도, 즉 신앙적이고 종교적인 행위로 평가해야 한다.

▶ **10-11절** 예수께서 아시고 그들에게 이르시되 너희가 어찌하여 이 여자를 괴롭게 하느냐 그가 내게 좋은 일을 하였느니라 11 가난한 자들은 항상 너희와 함께 있거니와 나는 항상 함께 있지 아니하리라

따라서 "좋은 일"이란 도덕적 선한 행동이 아니라 예수님을 섬긴 훌륭한 신앙적 행위란 의미이다. 예수님은 오히려 제자들을 꾸중하시며 마리아를 괴롭히지 말라고 하셨다. 예수님은 가난한 사람에게 할 수 있는 행동과 자신에게 한 행동을 뚜렷하게 구분하신 것이다. 도움이 필요한 사람들은 언제 어디에나 있다. 따라서 원하기만 한다면 언제라도 구제할 수 있다. 그러나 예수님은 잠시 후면 그들을 떠나가신다. 사람들이 육체로 예수님을 섬기고 이렇게 믿음이 행동으로 표현되는 기회는 다시는 없는 것이다.

▶ **12-13절** 이 여자가 내 몸에 이 향유를 부은 것은 내 장례를 위하여 함이니라 13 내가 진실로 너희에게 이르노니 온 천하에 어디서든지 이 복음이 전파되는 곳에서는 이 여자가 행한 일도 말하여 그를 기억하리라 하시니라

예수님이 마리아의 행동에 부여하신 의미는 특별했다. 그것은 세상에서의 사명을 마치실 예수님의 몸에 기름을 발라 장사하는 것이었다. 예수님의 죽음은 복음의 핵심이기 때문에 예수님은 마리아가 한 행위를 복음의 한 부분으로 포함시키시며 어느 곳에나 전하도록 지시하셨다.

▶ **14-16절** 그 때에 열둘 중의 하나인 가룟 유다라 하는 자가 대제사장들에게 가서 말하되 15 내가 예수를 너희에게 넘겨 주리니 얼마나 주려느냐 하니 그들이 은 삼십을 달아 주거늘 16 그가 그 때부터 예수를 넘겨 줄 기회를 찾더라

유월절을 피하기로 했던 유대 지도부의 결정은(5절) 열두 제자 중 하나인 가룟 유다의 등장으로 새로운 국면으로 들어간다. 그가 대제사장들에게 가서 적당한 기회에 예수님을 그들에게 넘겨주기로 하고 돈을 요구했기 때문이다. 대제사장들은 은전 서른 개를 그에게 주고 예수님을 잡을 계획을 다시 세우기 시작하였다. 고귀하신 하나님의 아들, 인류의 구원자가 노예의 가격 정도에 팔리신 것이다. 그때부터 유다는 예수님을 잡아 넘길 기회를 엿보게 되었다. 유다가 예수님을 배반한 동기는 돈에 대한 탐욕 말고는 알려져 있지 않다.

▶ **17-19절** 무교절의 첫날에 제자들이 예수께 나아와서 이르되 유월절 음식 잡수실 것을 우리가 어디서 준비하기를 원하시나이까 18 이르시되 성안 아무에게 가서 이르되 선생님 말씀이 내 때가 가까이 왔으니 내 제자들과 함께 유월절을 네 집에서 지키겠다 하시더라 하라 하시니 19 제자들이 예수께서 시키신 대로 하여 유월절을 준비하였더라

"무교절 첫날"은 유대력 니산월 14일로 유월절을 가리킨다. 그러나 요한복음에는 사람들이 아직 유월절 음식을 먹지 않았다. 신학자들은 대개 이 문제를 예수님이 유월절에 어린양이 되어 십자가에 못 박하시기 위해 유월절 식사를 하루 앞당겨서 하셨다거나 유대 지도자들이 예수를 잡아 죽이기 위해 유월절 식사도 하지 않은 채 빌라도 앞에 섰다는 식으로 해결하려고 한다. 이 제자들은 예수님의 지시를 따라 예루살렘 성 안에서 적당

한 장소를 찾았고 유월절 식사를 준비하였다. 장소를 제공한 사람이 누구인지는 명확하게 알려져 있지 않다.

70. 최후의 만찬(마 26:20–35)

1) 개요

예수님은 유월절 저녁에 열두 제자들과 함께 땅에서의 마지막 식사를 하셨다. 유월절 잔치는 하나님께서 이스라엘 백성을 이집트에서 구원해 내신 것을 기념하고 감사하는 것으로 복잡한 절차가 있었으나 예수님은 이 잔치를 이스라엘의 과거를 되돌아보는 의식으로가 아니라 천국의 새 백성의 미래를 열어가는 예식으로 바꾸어주셨다. 구약시대의 유월절이 신약시대의 성만찬으로 바뀌는 획기적 전환점에 도달한 것이다.

최후의 만찬에 있었던 일들 중 마태가 기록해 놓은 것은 모두 다음날 있을 예수님의 십자가 처형 사건과 관련된 일들이다. 먼저 예수님께서 한 제자의 배반을 예고하신다. 제자들이 각기 자신인가를 확인할 때 예수님은 모호하게 그 사람은 차라리 나지 말았으면 더 좋았을 것이라고 대답하셨지만 유다가 천연덕스럽게 물었을 때는 좀 더 명확하게 네가 말하였다고 하셨다. 잠시 후에 예수님은 빵을 집어 들고 축복하시고 떼어서 제자들에게 주시며 “받아 먹어라. 이것은 내 몸이다.”고 하셨다. 또 잔을 들고 감사하시고 제자들에게 주시며 “이것을 마셔라. 이것은 내 피다.”고 하셨다. 예수님은 식사 중에도 내일 있을 자신의 고난과 죽음을 생각하셨고 그 의미를 알려주시기 위하여 빵과 피를 많은 사람의 죄를 용서하기 위하여 찢기시고 흘리실 자신의 살과 피를 상징하는 것으로 말씀하신 것이다. 그렇다면 십자가 사건 후의 성만찬은 과거의 이 사건을 기념하는 것일 수밖에 없다.

유다는 언제 사라졌는지 모른다. 초라한 그러나 위대한 만찬을 마치시고 감람산으로 가시는 도중에 예수님은 그 밤에 다른 제자들도 모두 자신을 떠날 것이라고 예고하셨다. 베드로가 나서서 그렇지 않을 것이라고 장담했지만 예수님은 그가 세 번 자신을 부인할 것이라고 더욱 신랄하게 예언하셨다. 많은 사람의 죄를 용서하는 죽음의 길 그것은 예수님 혼자 가시는 길이었고 사람이 되신 하나님의 독생자만이 하실 수 있는 일이었다.

2) 주해

▶ **20절** 저물 때에 예수께서 열두 제자와 함께 앉으셨더니

니산월 14일 저녁 예수님은 열두 제자와 함께 준비된 장소에서 유월절 식사를 시작하셨다. 통상 유월절 식사의 절차를 따랐겠지만 마태는 유월절의 과거 회상적 의미보다는 미래 예상적 의미를 강조하는 일들만을 소개하였다.

▶ **21절** 그들이 먹을 때에 이르시되 내가 진실로 너희에게 이르노니 너희 중의 한 사람이 나를 팔리라 하시니

예수님은 식사 도중에 유월절 잔치의 즐거운 분위기를 깨시며 갑자기 제자들 가운데 한 사람이 자신을 넘겨줄 것이라고 말씀하셨다. "넘겨준다"는 표현은 적대자들에게 인계한다는 뜻이다.

▶ **22절** 그들이 몹시 근심하여 각각 여짜오되 주여 나는 아니지요

흥겨운 유월절이 갑자기 침통한 분위기로 바뀌었다. 예수님의 지혜와 능력을 아는 제자들은 슬퍼하면서 자신인지 아닌지를 확인하려 했다. "저는 아니지요? 주님!"이라는 말속에는 스스로를 믿지 못하면서도 근심하고 애원하는 제자들의 마음과 믿음이 엿보인다.

▶ **23절** 대답하여 이르시되 나와 함께 그릇에 손을 넣는 그가 나를 팔리라

예수님은 유다임을 알고 계셨지만 이름을 말씀하지는 않으셨다. 대신 자신과 함께 그릇에 손을 넣는 사람이 바로 그 사람이라고 애매하게 대답하셨다. 무의식적으로 음식을 집어 먹던 제자들은 순간 자신의 손이 예수님의 손과 함께 그릇에 들어간 적이 있었던가를 곰곰이 생각해 봤을 것이고 이후로는 쉽게 손을 뻗지도 못했을 것이다.

▶ **24절** 인자는 자기에 대하여 기록된 대로 가거니와 인자를 파는 그 사람에게는 화가 있으리로다 그 사람은 차라리 태어나지 아니하였더라면 제게 좋을 뻔하였느니라

왜 굳이 이런 말씀을 하셨을까? 유다에게 회개할 기회를 주신 것 같지는 않다. 이런 말씀은 오히려 유다를 자극하여 계획을 다급하게 이행하게 했을 수 있다. 예수님의 죽음이 정해진 것이라면 어린양을 예수님으로 대체할 수 있는 가장 좋은 기회는 유월절이다. 예수님은 자신의 죽음에 가장 적당한 시간을 선택하신 것이다. 그러나 이 죽음에 대한 책임은 그런 일을 하는 사람에게 있다. 그는 차라리 나지 않았으면 더 좋았을 사람이다.

▶ **25절** 예수를 파는 유다가 대답하여 이르되 랍비여 나는 아니지요 대답하시되 네가 말하였도다 하시니라

모두가 자신이 아닐 것임을 확인한다면 유다도 숨어 있을 수만은 없다. 아니 진실을 감추기 위해서라도 더 적극적으로 나서야 한다. 그러나 유다는 예수님을 주님이 아니라 선생님이라고 불렀다. 이 용어는 마태복음에서는 예수님과 상관이 없는 사람들만 사용한 것으로 유다가 예수님을 진실로 믿지 않았다는 사실을 보여준다. 예수님의 대답, "네가 말하였다."는 분명히 긍정, 즉 '바로 너다'는 뜻이다. 유다는 이런 대화 직후 슬그머니 이 장소를 떠났다. 요 13:30은 유다가 예수님께서 주신 빵조각을 받고 나갔다고 한다.

▶ **26절** 그들이 먹을 때에 예수께서 떡을 가지사 축복하시고 떼어 제자들에게 주시

며 이르시되 받아서 먹으라 이것은 내 몸이니라 하시고

네 가지 동작이 빵을 뗌과 관련되어 있다. 빵을 들고, 축복하시고, 떼어, 주신 것이다. 제자들은 그것을 받아서 먹었다. 제자들이 먹은 빵은 예수님의 찢기실 몸을 상징하는 것이다.

▶ **27절** 또 잔을 가지사 감사 기도 하시고 그들에게 주시며 이르시되 너희가 다 이것을 마시라

세 가지 동작, 즉 '들어서 감사하시고 주셨다'가 잔에 관련되어 있지만 잔을 받아서 마신다는 동작에는 빵의 경우와 같이 포도주를 모두가 '나눈다'는 행동도 포함되어 있다. 제자들이 받아서 나누어 마신 포도주는 예수님이 흘리실 피를 상징하는 것이다.

▶ **28절** 이것은 죄 사함을 얻게 하려고 많은 사람을 위하여 흘리는 바 나의 피 곧 언약의 피니라

떼어 주신 빵을 먹고 주신 잔에서 포도주를 나누어 마시는 동작은 예수님이 빵과 포도주에 결합하신 의미, 곧 많은 사람의 죄 용서를 위하여 대신 십자가에서 찢기신 몸과 흘리신 피, 곧 예수님의 죽음을 자신을 위한 것으로 믿고 받아들이는 것을 뜻한다. 믿음으로 성찬에 참여하는 사람들에게 용서와 영생과 축복이 주어진다는 의미에서, 특히 포도주를 "언약의 피"라고 부르셨다.

▶ **29절** 그러나 너희에게 이르노니 내가 포도나무에서 난 것을 이제부터 내 아버지의 나라에서 새것으로 너희와 함께 마시는 날까지 마시지 아니하리라 하시니라

예수님은 자신의 죽음으로부터 다시 오심까지를 연속된 한 기간으로 보고 계셨다. 그것은 예수님의 피로 시작되는 새 언약의 기간이고 예수님의 사역으로 이 땅에 시작된 하나님의 영적 통치가 계속 이어지는 시간이다. 최종 종말론적인 의미로 하나님의 나라에서 새 포도주를 제자들/신자들과 함께 마시는 것으로 이 시대는 마감될 것이다.

▶ **30절** 이에 그들이 찬미하고 감람 산으로 나아가니라

제자들이 감람산으로 가면서 불렀을 찬송은 아마도 유월절 찬송이지만 그 의미는 성만찬/십자가로 시작되는 새 시대의 노래라고 보아야 한다.

▶ **31-32절** 그 때에 예수께서 제자들에게 이르시되 오늘 밤에 너희가 다 나를 버리리라 기록된 바 내가 목자를 치리니 양의 떼가 흩어지리라 하였느니라 32 그러나 내가 살아난 후에 너희보다 먼저 갈릴리로 가리라

예수님의 십자가의 길은 혼자만 가는 길이었다. 예수님은 유다만이 아니라 제자들 모두가 자신을 버리고 흩어질 것을 슥 13:7을 인용하여 말씀하셨다. 그러나 갈릴리에서 다시 만남이, 그리고 다시 시작함이 있을 것이다.

▶ **33-34절** 베드로가 대답하여 이르되 모두 주를 버릴지라도 나는 결코 버리지 않겠나이다 34 예수께서 이르시되 내가 진실로 네게 이르노니 오늘 밤 닭 울기 전에 네가 세 번 나를 부인하리라

침통한 분위기 속에 오래 참고 있던 베드로가 나서며 자신만만하게 자신은 결코 예수님을 버리거나 떠나지 않겠다고 장담했다. 그러나 예수님은 그를 그보다 더 잘 알고 계셨다. 그는 닭이 울기 전에 세 번 예수님을 부인할 것이다.

▶ **35절** 베드로가 이르되 내가 주와 함께 죽을지언정 주를 부인하지 않겠나이다 하고 모든 제자도 그와 같이 말하니라

예수님을 사랑하는 마음으로 한 말이 더 신랄한 예언으로 되돌아오자 베드로는 죽어도 주님을 부인하는 일은 없을 것이라고 다짐한다. 가만히 있었다면 하지 않았어도 될 말을 하고 말았다. 예수님은 대꾸도 하지 않으셨고 모든 제자들이 다투어 같은 말을 하였다. 지키지도 못할 말을 한 것이다.

71. 겟세마네의 기도(마 26:36-46)

1) 개요

예수님은 갈릴리로 가실 것을 예언하시고 떠나실 준비를 모두 끝내셨다. 이제 직접 고난의 길을 걷는 일만이 남았다. 예수님은 고통과 죽음과 부활을 길을 겟세마네 동산에서 기도로 시작하셨다. 지상 생애 중 수시로, 특히 중요한 일들이 있을 때마다 기도하셨지만 이날의 기도는 특히 중요한 것이었다.

겟세마네라는 장소에 도착하신 예수님은 제자들을 그 곳에 남겨두시고 베드로, 야고보, 요한 세 제자를 데리고 좀 더 가셨다. 이 세 사람은 열두 제자들 중 최초의 제자들이었고 가장 좁은 핵심 집단이기도 했지만 변화산에서 예수님의 영광스러운 모습을 직접 보고 체험했던 제자들이었다. 그들은 이제 그들이 알고 믿는 하나님의 아들, 그리스도의 영광과 극적으로 대조되는 인간 예수의 결정적 고뇌와 고통을 직접 목격하는 증인이 되도록 부르심을 받은 것이다.

죽음을 앞 둔 건장한 청년으로서의 예수님의 인간적 고통은, 하나님의 아들이셨지만, 아니 영광스러운 하나님이 아들이시오 능력을 가지신 분이었기 때문에 더 극심한 것이었다. 바람과 바다를 호령하시는 힘을 사용해서는 안 된다. 가장 큰 고통은 육체적인 것이나 정신적인 것만이 아니었다. 사랑하는 하나님에게 버림을 받고 모든 죄인을 향한 하나님 아버지의 진노와 저주를 대신 받아야 한다는 영적, 종교적 고통이었다. 우리는 그것이 무엇인지 모른다. 이것을 예수님은 "죽도록 괴롭다"고 표현하셨다. 예수님이 기도하실 수밖에 없었던 것은 인간의 힘만을 가지고 그것을 감당해야 했기 때문이다. 예수님은 처음에 가능하다면 이 잔이 지나가게 해 달라고 기도하셨다. 그러나 잠시 후 자신의 뜻이 아닌 하나님의 뜻이 이루어지기를 기도하셨다. 하나님의 뜻을 따르기로 자신의 뜻을 고치심으로 하나님의 뜻을 자신의 뜻, 자신의 기쁨으로 받아들이신 것이다.

제자들은 깨어 있지 못하고 잠으로써 자신들도 모르는 가운데 예수님을 버리고 떠날 수밖에 없는 상황으로 들어갈 준비를 하고 있었다.

2) 주해

▶ **36절** 이에 예수께서 제자들과 함께 겟세마네라 하는 곳에 이르러 제자들에게 이르시되 내가 저기 가서 기도할 동안에 너희는 여기 앉아 있으라 하시고

예수님과 제자들은 기드론 시내를 건너 감람산으로 갔고 겟세마네라고 부르는 장소에 도착하였다. 예수님은 자신이 기도하는 동안 이곳에 머물도록 제자들을 떨어뜨려 두셨다. 그들에게는 깨어 기도하라는 명령도 없었던 것으로 보인다.

▶ **37절** 베드로와 세베대의 두 아들을 데리고 가실새 고민하고 슬퍼하사

세베대의 두 아들은 야고보와 요한이다. 예수님은 이들과 베드로 세 사람만을 좀 더 데리고 가셨다. 예수님의 괴로움과 슬픔, 자기포기, 하나님의 뜻에 자신을 맡기시는 인간적 기도의 증인이 되도록 그들을 선택하신 것이다. 제자들은 그때 벌써 마지막 씨름에 직면하신 영광스러운 하나님의 아들의 인간적 슬픔과 괴로움을 느끼고 볼 수 있었다.

▶ **38절** 이에 말씀하시되 내 마음이 매우 고민하여 죽게 되었으니 너희는 여기 머물러 나와 함께 깨어 있으라 하시고

예수님은 자신이 겪고 있는 괴로움의 일부를 "내 마음이 무척, 죽도록 괴롭다"고 털어 놓으셨다. "마음"으로 번역한 단어는 목숨, 혼, 영으로 번역되는 단어이다. 인간 예수의 인성을 뜻한다고 보는 것이 좋을 것이다. 물론 제자들은 예수님의 고뇌에 공감하거나 이해하지 못했다. 그들은 내일 무슨 일이 일어나는지조차도 몰랐다. 예수님의 고통은 인류를 향한 하나님

의 저주와 심판을 직접 받아야 한다는 것이었다. 그것도 신적 능력과 지혜를 멈추고 순 인간의 힘으로만 견디어야 한다는 데 있었다. 십자가에 못 박히고 심리적, 육체적 고통에 시달려야 하는 것도 포함되어 있었다.

제자들이 이 고통의 본질을 전혀 알지 못한다 하더라도 예수님은 적어도 이 세 명은 함께 깨어 있으면서 기도하기를 바라셨다. 아무도 함께 할 수 없는 길에 제자들이 작은 친구라도 되어 주기를 원하셨다고 말해도 좋을 것이다.

▶ **39절** 조금 나아가사 얼굴을 땅에 대시고 엎드려 기도하여 이르시되 내 아버지여 만일 할 만하시거든 이 잔을 내게서 지나가게 하옵소서 그러나 나의 원대로 마시옵고 아버지의 원대로 하옵소서 하시고

"조금 더"는 눅 22:41을 따르면 돌을 던지면 닿을 거리로 대략 30m쯤이라고 할 수 있다. 예수님은 무릎을 꿇고 얼굴이 땅에 닿도록 엎드려 기도하셨다. 피곤한 세 제자는 이 모습과 함께 핏방울처럼 주룩주룩 떨어져 내리는 땀방울을 보았으며(눅 22:44) 예수님이 하신 긴 기도 중에서 몇 마디를 들을 수 있었다.

예수님은 처음에는 이 잔, 즉 십자가에서 자기 백성 대신 하나님의 저주와 심판을 받아야 하는 것이 가능하다면 지나가게 해주시기를 기도하셨다. 이것은 하나님의 계획을 피하려는 욕구의 표현이 아니라 다른 길이 있는지를 묻는 기도이다. 십자가의 길은 예수님이시라도 선뜻 짊어질 수 없는 그런 것이었다. 그러나 예수님은 이 심정마저도 포기하고 하나님의 뜻대로 이루어지기를 기도하셨다. 하나님의 뜻을 자신의 뜻으로 완벽하게 받아들이신 것이다.

▶ **40-41절** 제자들에게 오사 그 자는 것을 보시고 베드로에게 말씀하시되 너희가 나와 함께 한 시간도 이렇게 깨어 있을 수 없더냐 41 시험에 들지 않게 깨어 기도하라 마음에는 원이로되 육신이 약하도다 하시고

예수님의 몸부림치는 기도의 증인으로 그 고통 가장 가까이 있도록 부

르심을 받은 세 제자는 피곤을 이기지 못하고 자고 있었다. 베드로를 책망하신 말씀에 나오는 "한 시간"이라는 단어를 통해 예수님의 기도가 그 이상 계속되었을 것이라고 추측할 수 있다.

예수님은 자고 있는 세 제자를 책망하셨다. 예수님은 자신이 기도하시는 동안 함께 깨어 있기를 원하셨으나 그들은 자신에게 오는 시험을 견디어 낼 만큼도 강하지 못했다. 함께 죽을 수도 있다고 장담했던 베드로, 주님을 떠나거나 부인하지 않겠다고 말했던 제자들은 자신의 육체가 어떤 것인지조차 알고 있지 못했다. 그들은 영으로는 굴뚝같이 원했지만 몸은 더 없이 약함을, 그리고 이 육체가 그들을 지배하고 있음을 지적하셨다.

▶ **42절** 다시 두 번째 나아가 기도하여 이르시되 내 아버지여 만일 내가 마시지 않고는 이 잔이 내게서 지나갈 수 없거든 아버지의 원대로 되기를 원하나이다 하시고

예수님은 그들을 남겨 두시고 두 번째 기도를 시작하셨다. 제자들은 예수님의 꾸중에 정신을 번쩍 차렸지만 몇 마디만을 듣고는 이내 잠에 빠져들고 말았다. 그들이 들은 예수님의 두 번째 기도의 한 마디는 첫 번째 기도와 비슷했지만 훨씬 더 평온하게 하나님의 뜻에 모든 것을 맡기는 그런 내용이었다. 예수님은 자신이 이 잔을 마시는 것 외에 다른 방법이 없다면 하나님의 뜻이 그대로 이루어지기를 기도하셨다.

▶ **43절** 다시 오사 보신즉 그들이 자니 이는 그들의 눈이 피곤함일러라

예수님의 두 번째 기도도 첫 기도만큼 길게 이어졌을 것을 예수님의 꾸중에도 불구하고 잠들어 있는 제자들의 모습에서 추정할 수 있다. 마태는 제자들이 피곤했고 눈이 무거워져 있었기 때문이라고 설명했다. 당장 닥쳐올 일을 알 수 없었다는 것이 근본 이유였을 것이다.

▶ **44절** 또 그들을 두시고 나아가 세 번째 같은 말씀으로 기도하신 후

예수님의 기도는 세 번 계속되었다. 세 번째 기도는 두 번째 기도와 같은 내용이었다는 것 말고는 우리에게 알려진 것이 없다.

▶ **45-46절** 이에 제자들에게 오사 이르시되 이제는 자고 쉬라 보라 때가 가까이 왔으니 인자가 죄인의 손에 팔리느니라 46 일어나라 함께 가자 보라 나를 파는 자가 가까이 왔느니라

예수님은 제자들에게 더 이상 아무런 기대도 하지 않으시고 너희는 너희 길을 가라는 식으로 "자고 쉬라"고 말씀하신다. 그러나 예수님은 자신의 잔을 받아 마실 준비를 마치셨다. 그들은 그들의 길로 예수님은 이제 때가 되어 여러 번 예언해 오신 대로 "죄인의 손에 넘겨지는" 자신의 길로 가셔야 한다.

예수님은 그 순간 가룟 유다와 그 일행이 가까이 와 있는 것을 아셨고 제자들을 깨우시며 각자의 길로 가자고 말씀하셨다. 예수님의 길과 제자들의 길은 애당초 다른 것이다. 예수님이 이때 유다만 언급하신 것에서 그를 향한 예수님의 안타까움을 읽을 수 있다.

72. 체포(마 26:47-56)

1) 개요

대제사장을 비롯한 유대지도부는 유대인 최대의 명절인 유월절을 피해서 예수님을 잡기로 결정했었다(26:5). 사람들이 소동을 일으킬 것을 염려한 때문이었다. 그러나 그들은 가룟 유다의 등장으로 계획을 바꾸어 그가 정보를 제공하기만 하면 언제라도 예수님을 잡을 준비를 하고 있었다(26:16). 가룟 유다는 밀약에 따르기 위하여 최후의 만찬을 하던 도중 빠져나갔다. 그는 예수님이 멀리 가시지 않고 감람산에 머무실 것을 알고 있었다. 겟세마네는 그에게도 익숙한 장소였던 것이다. 예수님은 자신의 계획을 알고 계셨지만 아직 제자들에게까지는 공개하지 않으신 지금이 최상의 기회였

다. 제자들에게도 알려지면 예수님을 넘겨주고 돈을 벌려고 했던 유다의 계획은 수포로 돌아간다. 그래서 그는 서둘러 대제사장들에게 갔고 산헤드린이 파견한 사람들과 함께 겟세마네로 예수님을 잡으러 왔다.

예수님이 세 번에 걸친 기도를 끝내시고 막 제자들에게 작별을 고하고 계실 때 유다와 사람들이 들이닥쳤다. 유다는 미리 정한 암호에 따라 예수님에게 입을 맞추었고 예수님이 유다에게 한 마디 하시는 사이에 사람들이 몰려들어 예수님을 붙잡았다. 예수님은 그 모든 일을 이미 알고 계셨다. 그러나 피하지 않으셨다. 예수님은 사람들의 죄를 대속하기 위해서 죽으러 오셨다. 그렇다면 이런 일은 언젠가는 어떤 모양으로든 일어나야만 한다. 지금 유다와 유대지도자들이 그 일을 하고 있을 뿐이다. 악인들은 악을 행하여 자신들의 목적을 성취하겠지만 그러는 가운데 예수님은 사람들이 알지 못하는 하나님의 일을 하고 계셨다. 그것은 오래 전부터 선지자들이 예언했던 일이다. 그래서 예수님은 칼을 빼어 항거하는 한 제자를 오히려 만류하시며 칼을 꽂으라고 말씀하셨다. 예수님은 자신의 길을 가시기 위해서는 열두 군단이 넘는 천사들도 저지할 준비가 되어 있었던 것이다. 할 일이 없어진 제자들은 겁에 질려서 예수님을 버리고 도망치고 말았다. 이곳부터는 누구도 예수님과 함께 갈 수 없는 길이었다.

2) 주해

▶ **47절** 말씀하실 때에 열둘 중의 하나인 유다가 왔는데 대제사장들과 백성의 장로들에게서 파송된 큰 무리가 칼과 몽치를 가지고 그와 함께 하였더라

예수님께서 잠든 제자들을 깨우시며 가자고 말씀하시는 도중에 사람들이 칼과 몽둥이를 들고 들이닥쳤다. 유대지도부가 파송한 사람들과 가룟 유다였다. "열둘 가운데 하나"라는 명칭은 유다가 탐욕 때문에 천국의 명예로운 직무를 버린 사람임을, 그의 비참한 결과를 강조하는 것이다.

▶ **48-49절** 예수를 파는 자가 그들에게 군호를 짜 이르되 내가 입맞추는 자가 그

이니 그를 잡으라 한지라 49 곧 예수께 나아와 랍비여 안녕하시옵니까 하고 입을 맞추니

예수님을 잡으러 나온 사람들은 예수님을 알지 못했기 때문에 유다는 예수님을 알려주는 방법으로 인사하는 척 입맞춤하는 것을 정해 주었었다. 사랑과 존경의 표시여야 할 유대인의 인사법을 배반의 암호로 사용한 것이다. 그래서 유다는 앞장서서 곧바로 예수님에게 다가갔고 인사하며 입을 맞추었다. 예수님을 여전히 선생님이라고 불렀으나 그는 입맞춤으로 스승을 팔아넘겼다. 실제로는 자신도 고대하던 그리스도, 하나님의 아들을 판 것이다.

▶ **50절** 예수께서 이르시되 친구여 네가 무엇을 하려고 왔는지 행하라 하신대 이에 그들이 나아와 예수께 손을 대어 잡는지라

유다가 입맞춤을 하자 예수님은 그에게 무슨 일을 위하여 왔는지를 물으셨다. 이때 예수님이 사용하신 "친구"는 별 관계가 없는 사람을 다정하고 정중하게 부르는 것이다. 그러나 유다는 말이 없었고 이 소리가 떨어지기 무섭기 사람들이 달려들어 예수님을 붙들었다.

▶ **51절** 예수와 함께 있던 자 중의 하나가 손을 펴 칼을 빼어 대제사장의 종을 쳐 그 귀를 떨어뜨리니

베드로는(요 18:10) 언제부턴가 예수님을 지키기 위하여 칼을 가지고 다녔다. 목숨을 걸고라도 예수님을 부인하지 않겠다던(26:35) 그의 장담은 어쩌면 이 칼과 자신의 용기를 믿고 했던 말일 수도 있다. 그는 예수님께 달려드는 사람들을 보고 순간적으로 칼을 뽑아 그 중 한 사람을 향해 내려쳤다. 베드로는 어떤 상황에서도 위험을 마다하지 않고 나설 수 있는 충동적이고 용감한 사람이었다. 대제사장의 종 말고가 아슬아슬하게 칼을 피했으나 오른쪽 귀를 베이고 말았다. 떨어진 귀는 예수님이 다시 붙여 주셨다(눅 22:51).

▶ **52절** 이에 예수께서 이르시되 네 칼을 도로 칼집에 꽂으라 칼을 가지는 자는 다 칼로 망하느니라

예수님은 자신이 사로잡히는 것도 하나님의 뜻이 이루어지는 것임을 아셨기 때문에 반항하지 않았을 뿐만 아니라 칼을 들고 자신을 지키려고 하는 베드로를 진정시키셨다. 예수님에게 평화의 복음을 오래 들어온 제자들이 칼과 몽둥이를 들고 온 사람들과 부딪쳐 보았자 득 될 것은 아무 것도 없었다. 하나님이 주시는 잔을 마시려고 하는데 칼을 쓸 필요는 없다. 겉으로는 칼과 몽둥이가 사건을 지배하는 것 같지만 실제로는 하나님의 뜻이 움직이고 있다. 하나님의 나라는 폭력으로 세워지는 것도 아니고 폭력으로 지켜지는 것도 아니다. 예수님은 흥분한 베드로에게 칼을 칼집에 꽂으라고 명령하셨다. 그리고 격언과도 같은 말씀을 하셨다. "칼을 잡는 사람은 모두 칼에 망한다." 칼과 몽둥이를 가지고 자신을 잡고 얼마 후에 죽이며 이런 식으로 천국의 물결을 거부하고 오랜 전통을 지켜내려고 하는 유대지도부를 향해 그들이 결국 칼에 망할 것을 예언하신 것일 수도 있다.

▶ **53절** 너는 내가 내 아버지께 구하여 지금 열두 군단 더 되는 천사를 보내시게 할 수 없는 줄로 아느냐

예수님은 베드로에게 자신이 잡히는 것이 힘이 없어서가 아님을 알려주시기 위하여 필요하다면 하나님께 부탁하여 열두 군단 이상의 천사들을 지금이라도 동원하실 수 있다고 말씀하셨다. 천사들을 군대로 비유하신 것이다. 군단으로 번역한 단어는 로마 군대 용어로 사단 절반 규모인 약 6000명의 군인으로 구성되어 있었다. 이 말씀을 질문 형식으로 하신 이유는 얼마 전에 베드로가 예수님 가까이서 보고 느꼈던 예수님의 슬픔과 괴로움을(37절) '폭력에 대한 두려움에 기인한 것'으로 오해하거나, 곧 있을 예수님의 죽음을 '대항할 수 없는 약자의 최후'로, 순순히 잡히신 예수님의 태도를 이런 상황에서의 '자포자기'로 이해하지 않도록 하기 위해서였을 것이다.

▶ **54절** 내가 만일 그렇게 하면 이런 일이 있으리라 한 성경이 어떻게 이루어지겠느냐 하시더라

지금은 베드로가 예수님의 태도를 이해거나 받아들이기 어렵지만 언젠가는 정확하게 알 수 있어야 한다. 하나님의 나라는 하나님의 아들이신 예수님의 고난과 죽음을 통하여 설립되는 것임을 ... 그리고 이런 고난 받는 메시야 상이 바로 구약성경에 기록되어 있음을 ... 예수님은 이 점을 이미 말씀하셨었다(24절). 그러나 베드로나 제자들이 흘려들었을 수 있다. 예수님은 다시 한 번 같은 말씀을 하셨다. 천사 군대를 동원한다면 이런 일을 기록해 놓은 "성경이 어떻게 이루어지겠느냐?" 예수님은 기록되어 있는 하나님의 구속의 의지를 따르고 성취하기 위하여 분노한 천사들의 부대라도 진정시킬 준비가 되어 있었던 것이다.

▶ **55-56절** 그 때에 예수께서 무리에게 말씀하시되 너희가 강도를 잡는 것 같이 칼과 몽치를 가지고 나를 잡으러 나왔느냐 내가 날마다 성전에 앉아 가르쳤으되 너희가 나를 잡지 아니하였도다 56 그러나 이렇게 된 것은 다 선지자들의 글을 이루려 함이니라 하시더라 이에 제자들이 다 예수를 버리고 도망하니라

예수님은 자신을 잡은 무리들을 향하여 서운함을 드러내셨다. 강도를 잡듯 칼과 몽둥이를 가지고 달려들었기 때문이다. 이 체포가, 자신이 성전에서 가르치실 때에 이론으로 정죄하지 못하고 공개적으로는 이길 수 없었던 자신을, 사람들의 눈이 없을 때를 이용하고 악독한 흉계에 근거하여 한 것임을 꾸짖는 것이기도 하다. 예수님은 날마다 성전에서 가르치셨다. 그러나 그를 잡을 수는 없었다. 악을 동원한 결과 자신을 잡았으므로 이 자체가 악한 행동임을 지적하신 셈이다. 그러나 예수님은 이 모든 일들을 예언의 성취로 이해하셨다.

예수님의 제재에 할 말과 할 일을 잃은 베드로와 다른 제자들은 예수님이 예언하신 대로 예수님을 버려두고 달아나고 말았다. 싸울 용기를 잃었을 때 공포와 두려움이 그들에게 몰려들었던 것이다.

73. 공회의 재판(마 26:57-68)

1) 개요

적어도 일주일 전부터 대제사장들을 비롯한 유대지도부, 즉 공회(= 산헤드린)는 예수님을 잡아서 죽이고 싶어 했다. 흉계를 써서라도 예수님을 제거하는 일이 유대 사회를 안정시키고 그들의 체제를 유지하는 길이라고 생각했다. 열두 제자 중의 한 사람인 유다의 기대하지 않았던 도움으로 예상보다 빨리 그리고 쉽게 예수를 손안에 넣은 그들은 날이 밝고 사람들이 알아채기 전에 적당한 구실을 찾아 예수님을 죄인으로 세워야 했다. 체포를 먼저 하고 죄를 둘러씌우는 전형적인 정치재판이었다.

이일을 위해 그들은 이미 밤이 깊었지만 유월절을 지키러 집으로 가지 않고 대제사장의 공관에 모여 있었다. 백성들과 공감대를 형성하고 총독에게 허락을 얻을 수 있는 죄목을 찾기 위해 혈안이 되어 있었지만 천국의 복음을 선포하시고 가난하고 불쌍한 사람들에게 하나님 나라의 빛과 희망을 던져주신 예수님에게서 잘못을 찾아낸다는 것은 쉬운 일이 아니었다. 이미 불법적이고 악의적인 심문을 하면서도 가장 공평한 체 회의를 진행했기 때문에 어려움은 더 컸다.

이런 저런 허위증언이 있었으나 부적당해 보였다. 예수님이 성전을 헐고 사흘 만에 지을 수 있다고 말씀하셨다는 것을 두 사람이 나서서 증언했지만 예수님의 자백을 얻어내지 못했다. 그때 대제사장이 대제사장다운 역할을 했다. 그는 예수님이 더 이상 입을 닫고 계시지 못하도록 하나님의 이름을 끌어들여 예수님을 타의적 맹세 아래 세우고 하나님의 아들인지를 말하도록 하였다. 침묵을 지키는 것은 이제 부정이 된다. 어쩔 수 없이 예수님은 "당신이 말했다"고 대답하셨다. 대제사장은 그 말씀을 긍정으로 해석했고 공회원들은 사형을 결의하였다. 죄목은 자신을 하나님의 아들이라고 말했다는 것이다. 제자들이 그 앞에 무릎을 꿇었던 영광스러운 칭호가 메시야를 기다리던 유대인들에 의해 한순간에 부끄러운 오명으로 변하고 말았다. 공식적 조롱과 모욕이 뒤따랐다.

2) 주해

▶ **57절** 예수를 잡은 자들이 그를 끌고 대제사장 가야바에게로 가니 거기 서기관과 장로들이 모여 있더라

예수님의 체포와 재판 과정은 불법적이었다. 특히 밤에 공회가 모이고 재판 과정을 하룻밤에 다 해치운다는 것은 언제 어디서나 부당한 제도적 폭력에 속한다. 그러나 예수님을 잡아 죽이기 위해서는 유대지도부가 대제사장 가야바의 선도아래 단합하여 선뜻 모였고 밤늦게까지 대제사장의 공관에서 기다리고 있었다. 이들은 전체 공회가 아니라 공회를 지도하는 핵심 공회원들이었던 것으로 추측된다.

▶ **58절** 베드로가 멀찍이 예수를 따라 대제사장의 집 뜰에까지 가서 그 결말을 보려고 안에 들어가 하인들과 함께 앉아 있더라

베드로는 다른 제자들과 함께 도망쳤지만 어느 순간에 돌아서서 이들을 멀리서 뒤따라갔다. 마태는 그가 "예수를 따랐다"고 함으로써 베드로의 관심이 예수님에게 집중되어 있었음을 강조했다. 베드로는 끝까지 보려고 종들과 함께 안마당에 앉아 있었다. 베드로는 누구보다 예수님을 더 사랑했고 복음에 더 열정적이었기 때문에 차마 더 멀리 갈 수는 없었다. 그러나 예수님을 향한 더 큰 사랑과 믿음 때문에 베드로는 이번에도 누구보다 더 큰 실패를 경험하게 된다.

▶ **59절** 대제사장들과 온 공회가 예수를 죽이려고 그를 칠 거짓 증거를 찾으매

대제사장이 사회자가 되어 온 공회가 예수님을 죽이기 위한 증거들을 수집하려 했다. 죄목도 없는 체포, 이에 어울리는 구실을 찾는 사후 처방,

그리고 있지도 않는 예수에게 불리한 거짓증거만을 찾는 것이 이날 밤의 전체적 분위기였다.

▶ **60-61절** 거짓 증인이 많이 왔으나 얻지 못하더니 후에 두 사람이 와서 61 이르되 이 사람의 말이 내가 하나님의 성전을 헐고 사흘 동안에 지을 수 있다 하더라 하니

많은 거짓증인들이 나섰고 저마다 이런 저런 말을 했지만 공회는 백성들을 선동하고 공감대를 형성할 수 있는, 설득력 있는 증언과 증거를 얻지는 못했다. 또 합법을 가장해야 했기 때문에 최소한 두 명의 일치된 증언이 있어야 했다. 마침내 두 사람이 나서서 예수님이 하나님의 성전을 헐고 사흘 만에 지을 수 있다는 것을 말씀하셨다고 증언했다. 요한복음에만 수록되어 있는 예수님의 말씀(요 2:19)을 곡해한 것이다.

▶ **62절** 대제사장이 일어서서 예수께 묻되 아무 대답도 없느냐 이 사람들이 너를 치는 증거가 어떠하냐 하되

대제사장은 이 증언에서 예수를 죽일 수 있는 희미한 가능성을 발견하고 벌떡 일어서서 예수님의 확인을 요구하였다. 대제사장의 질문 "당신은 아무 대답도 없소?"는 예수님에게 변호의 기회를 주려는 것이 아니라 죽일 구실이 될 만한 자백을 얻어내려는 것이었다.

▶ **63절** 예수께서 침묵하시거늘 대제사장이 이르되 내가 너로 살아 계신 하나님께 맹세하게 하노니 네가 하나님의 아들 그리스도인지 우리에게 말하라

대제사장의 닦달에도 예수님은 입을 열지 않으셨다. 왜 그러셨을까? 예수님의 경우는 자신에게 불리한 말을 하지 않고 고소인들이 증거를 찾게 만드는 묵비권의 행사라고 볼 수 없다. 대속의 죽음을 이루려는 결심으로 그렇게 하셨다고 보는 것은 자살의도를 인정하는 것이다. 사람들이 오해하고 곡해하는 거짓 증거들이므로 예수님은 그 정확한 의미를 설명하실 수도 있었다. 하지만 의도적으로 거짓 증거들을 모으고 어떻게 해서든 죽일

구실만을 찾는 정치재판 자리에서 참된 의미를 설명하는 것이 무슨 의미가 있을까? 어떤 설명에도 그들은 진실을 받아들이지 않고 그들의 목적만을 달성하려 할 것이다. 그렇다면 침묵은 금이다. 변호는 불필요하다. 이런 마음을 가지지 않으셨을까?

대제사장은 이 증거도 효과가 없을 뿐만 아니라 예수님의 긴 침묵이 재판의 걸림돌이 되고 있음을 발견하고 그들이 인정하지 않았던 예수님의 말씀을 그대로 거론하면서 침묵 자체를 대답으로 간주할 수 있는 특단의 조치를 취했다. 타의적 맹세 아래 세우는 것이었다. "당신이 하나님의 아들 그리스도인지를 우리에게 말하도록 나는 당신이 살아 계신 하나님을 두고 맹세하게 하겠소."이다. 이제 말씀을 하지 않으시는 것은 그렇지 않다는 부정이 된다. 이 말이 사실이라면 대답할 수밖에 없다.

▶ **64절** 예수께서 이르시되 네가 말하였느니라 그러나 내가 너희에게 이르노니 이후에 인자가 권능의 우편에 앉아 있는 것과 하늘 구름을 타고 오는 것을 너희가 보리라 하시니

예수님은 마침내 "당신이 말했다"고 대답하셨다. 이것은 직접 맹세하거나 진술하시지 않으면서도 긍정하시는 방법이다. 물론 대제사장도 긍정으로 인정했다. 예수님은 제자들에게 가르치셨던 것처럼 그들이 이제부터 "인자가 권능의 오른쪽에 앉아 있는 것과 하늘의 구름을 타고 오는 것을 볼 것이다"고 첨부하여 말씀하셨다. 대제사장도 이때만은 "인자"를 예수님으로 바르게 이해하였다. 예수님은 대제사장의 질문을 긍정하셨을 뿐만 아니라 아주 간단하게 죽음, 부활 후에 있을 자신의 천상 통치와 재림을 선포하신 것이다.

▶ **65-66절** 이에 대제사장이 자기 옷을 찢으며 이르되 그가 신성 모독 하는 말을 하였으니 어찌 더 증인을 요구하리요 보라 너희가 지금 이 신성 모독 하는 말을 들었도다 66 너희 생각은 어떠하냐 대답하여 이르되 그는 사형에 해당하니라 하고

대제사장은 슬픔과 분노로 입고 있던 예복을 찢으며 "하나님 모독"이라

는 죄목을 제안했고, 예수님이 현행범이며, 공회원 모두가 증인이라는 점을 설명하였다. 예수님과 믿는 제자들에게는 신비한 진리요 확인된 진실이었던 것이 그들에게는 하나님을 모독하는 것이었다.

사회자가 공회원의 의견을 묻자 모든 회원이 사형 제안에 찬성하였다.

▶ **67-68절** 이에 예수의 얼굴에 침 뱉으며 주먹으로 치고 어떤 사람은 손바닥으로 때리며 68 이르되 그리스도야 우리에게 선지자 노릇을 하라 너를 친 자가 누구냐 하더라

유대인들의 성스러운 재판은 끝났다. 죄목은 정해졌다. 예수님은 자신을 그렇게 알리셨고 사람들이 그렇게 믿을 것을 요구하시고 기대하셨고 믿는 사람들의 신앙고백을 기꺼이 받아들이셨기 때문에 죽음은 피할 수 없다. 예수님의 선언에 대해 믿음과 믿지 않음이 충돌하고 진리와 진실에 대한 정반대의 확신이 부딪힌 결과였다. 재판에 참석했던 유대 지도자들은 예수님을 믿지 않았으므로 확신을 가지고 얼굴에 침을 뱉고 더러는 손바닥으로, 더러는 주먹으로 때리면서 모욕과 조롱을 하였다. 그리스도라는 영광스러운 칭호는 그들에게는 때린 사람이나 알아맞히는 어린애 장난밖에 되지 않았다.

74. 베드로의 부인과 유다의 자살(마 26:69-27:10)

1) 개요

이곳에는 예수님이 재판받으시는 때쯤에 열두 제자들 중 두 명에게 있었던 일이 소개되어 있다. 항상 첫 번째와 마지막에 언급되는 시몬 베드로와 가룟 유다의 얘기이다. 이 두 사람은 비슷한 실패를 경험했지만 그 과

정과 결말은 너무나 달랐다.

베드로는 최초로 부름을 받은 두 제자 중 한 사람으로 예수님의 가장 많은 부분을, 가장 가까이서 본 사람이다. 급하고 불같은 성질 때문에 늘 사건의 전면에 부각되었지만 이 때문에 실수와 실패 또한 남달리 많았다. 베드로를 가장 잘 설명하는 길은 그가 남달리 예수님을 사랑하고 믿고 있었지만 그 예수님의 정체, 사역, 교훈이 역사를 따라 조금씩 알려졌다는 데 있다. 이 새로운 사실의 수용과 이에 근거한 계속된 신뢰가 쉽지 않았던 것이다. 같은 마음에서 나오는 행동이 때로는 성공과 칭찬으로 때로는 실패와 꾸중으로 나타날 수밖에 없었다. 즉 그의 모든 실패는 예수님을 향한 사랑과 믿음의 표현이었다. 그는 예수님을 누구보다 사랑했기 때문에 대제사장의 집에까지 따라가서 그곳에 앉아 있었다. 다른 제자들처럼 숨어 있었다면 예수님을 세 번씩 부인하고 저주하며 맹세하는 실수는 없었을 것이다. 그의 쓰라린 눈물에는 후회와 회개만이 아니라 그의 강한 사랑과 믿음이 묻어 있다.

유다는 언제 예수님의 제자가 되었는지도 알려져 있지 않다. 그는 처음에는 예수님을 믿었다. 제자들을 사도로 임명하시며 능력을 주시고 사명을 주어 보내실 때도 함께 있었다. 그러나 그는 복음사건의 진행과정에서 새롭게 나타나는 예수님의 정체와 말씀, 사역을 계속 수용하지는 못했다. 따라서 그의 믿음과 삶은 그 예수님에게 계속적으로 매여 있을 수 없었다. 우리와는 전혀 다른 특수한 상황이었다. 결국 유다는 예수를 팔고 돈을 챙기기로 마음먹고 앞장서서 실행했지만 한 푼도 써보지 못하고 자살하고 말았다. 그의 후회는 도의적 각성일 뿐 예수님을 향한 사랑과 믿음의 표현은 아니었던 것이다.

2) 주해

▶ **69절** 베드로가 바깥 뜰에 앉았더니 한 여종이 나아와 이르되 너도 갈릴리 사람 예수와 함께 있었도다 하거늘

예수님이 공회의 재판을 받고 계셨을 때 베드로는 바깥, 즉 대제사장 공관의 안마당에 앉아서 불을 쬐고 있었다. 그때 한 여종이 베드로에게 다가와서 그도 예수님과 함께 있었다고 말한다. "갈릴리 사람"은 예수님을 믿지 않던 사람들이 예수님을 지칭하던 말로써 '시골뜨기'와 같은 어감을 가지고 있었다.

▶ **70절** 베드로가 모든 사람 앞에서 부인하여 이르되 나는 네가 무슨 말을 하는지 알지 못하겠노라 하며

그곳에는 많은 사람들이 함께 있었는데 베드로는 그들 앞에서 그 여종이 하는 말이 무슨 뜻인지 모르겠다고 능청을 떨었다. 직접은 아니지만 내용상으로는 명백한 부인이었다.

▶ **71-72절** 앞문까지 나아가니 다른 여종이 그를 보고 거기 있는 사람들에게 말하되 이 사람은 나사렛 예수와 함께 있었도다 하매 72 베드로가 맹세하고 또 부인하여 이르되 나는 그 사람을 알지 못하노라 하더라

위험을 느낀 베드로는 밖으로 통하는 대문 쪽으로 나갔다. 그러나 그곳을 떠나지는 못했다. 다른 여종이 그를 알아보고 그가 예수님과 함께 있었다고 다른 사람들에게 알렸다. "나사렛 사람"은 예수님에 대한 더 일반적인 명칭이었다.

베드로는 다급하게 맹세코 그 사람을 알지 못한다고 말했다. "그 사람"의 이름조차 모른다는 식의 표현이다. 적극적인 두 번째 부인이었다.

▶ **73절** 조금 후에 곁에 섰던 사람들이 나아와 베드로에게 이르되 너도 진실로 그 도당이라 네 말소리가 너를 표명한다 하거늘

베드로는 예수님을 다시 한 번 부인했지만 끝내 그 자리를 벗어나지 않았다. 그는 예수님을 사랑했기 때문이다. 그러나 그곳에 서 있던 흥분한 사람들이 그를 놓아두지 않고 다가와서 그의 말씨를 문제 삼으며 그가 예수님에게 속한 사람이라고 다그쳤다. 모른다고 말한 것이 오히려 의혹의

불씨가 된 것이다.

▶ **74절** 그가 저주하며 맹세하여 이르되 나는 그 사람을 알지 못하노라 하니 곧 닭이 울더라

베드로는 보다 강하게 저주하고 맹세하며 그 사람을 알지 못한다고 부인하였다. 저주는 사실이 아닐 때 어떤 저주라도 받아도 좋다고 말하는 방법이다. 세 번째 부인이었다. 예수님의 예언을 알고 있기나 한 것처럼 바로 그때 닭이 울었다.

▶ **75절** 이에 베드로가 예수의 말씀에 닭 울기 전에 네가 세 번 나를 부인하리라 하심이 생각나서 밖에 나가서 심히 통곡하니라

닭이 우는 소리를 듣고 베드로는 문득 예수님의 말씀을 기억했다. 그는 여전히 예수님을 사랑하고 믿고 있었다. 그러나 그는 그 예수님을 세 번이나 부인하고 말았다. 가슴 속에서 솟아오르는 괴로움과 후회를 느끼면서도 안전하게 밖으로 나가서 속이 쓰리게 울었다. 그는 졸음을 이길 수 없는 약한 인간의 육체와 공포를 이길 수 없는 약한 인간의 마음을 가지고 있었던 것이다.

Short Commentary Matthew
마태복음 27장

베드로의 부인과 유다의 자살(마 26:69–27:10)

27:1-2절 새벽에 모든 대제사장과 백성의 장로들이 예수를 죽이려고 함께 의논하고 2 결박하여 끌고 가서 총독 빌라도에게 넘겨 주니라

그러는 가운데 날이 밝았다. 공회의 핵심 구성원들은 예수님에 대한 재판을 밤에 불법적으로 끝냈으면서도 합법성을 빌리기 위해 전체 공회를 소집하였고 이 자리에서 다시 한 번 사형을 결정하였다.

그러나 그들에게는 당시 사형집행권이 없었기 때문에 예수님을 묶은 다음에 빌라도에게 넘겨주었다.

▶ **3절** 그 때에 예수를 판 유다가 그의 정죄됨을 보고 스스로 뉘우쳐 그 은 삼십을 대제사장들과 장로들에게 도로 갖다 주며

가룟 유다는 예수님을 잡아온 무리와 줄곧 함께 있었다. 복음서에는 그가 돈을 탐했다는 것만 기록되어 있을 뿐 그의 다른 속셈은 일체 알려지지 않아서 이런 그의 행동을 설명할 길이 없다. (그러나 적지 않은 신학자들이 그를 칼로 이스라엘을 회복하고 하나님의 나라를 오게 하려던 열심당원으로 예수님

에게 이런 것을 기대했으나 별 움직임이 보이지 않자 예수님을 유대지도부에 넘겨줌으로써 로마를 대항한 민족 봉기를 일으키려고 했던 사람으로 묘사한다.) 예수님이 별 저항 없이 사형선고를 받는 것을 보고 유다는 후회하기 시작했고 성전에 돌아가 있던 대제사장들과 장로들을 찾아가서 은전 서른 개를 돌려주려 하였다. 그는 예수님이 사형 선고를 받게 되리라고는 예상하지 않았던 것으로 보인다.

▶ **4절** 이르되 내가 무죄한 피를 팔고 죄를 범하였도다 하니 그들이 이르되 그것이 우리에게 무슨 상관이냐 네가 당하라 하거늘

유다는 죄 없으신 예수님을 팔아넘김으로써 잘못을 저질렀다고 고백했지만 사태를 돌이킬 수는 없었다. 유대지도부는 그들이 의도하던 바를 1차적으로 손에 넣었다. 이제 총독의 명령만 받아내면 되는 것이다. 그들은 유다의 말을 일축하며 그 책임은 그에게 있다고 말한다.

5절 유다가 은을 성소에 던져 넣고 물러가서 스스로 목매어 죽은지라

대제사장이 돈을 받지 않자 유다는 황급히 은전들을 성전에 팽개쳐 버리고 도망쳤고 어디론가 가서 목을 매어 자살하고 말았다. 그가 자살한 것이 언제 발견되었는지는 알 수 없다. 행 1:18을 참고한다면 사람들이 그이 시체를 발견했을 때 그는 땅 혹은 바위에 떨어져 배가 터지고 창자가 터져 나와 있었다고 말해도 좋을 것이다.

6-8절 대제사장들이 그 은을 거두며 이르되 이것은 핏값이라 성전고에 넣어 둠이 옳지 않다 하고 7 의논한 후 이것으로 토기장이의 밭을 사서 나그네의 묘지를 삼았으니 8 그러므로 오늘날까지 그 밭을 피밭이라 일컫느니라

"피 값"이란 예수님의 목숨의 대가란 의미이다. 유다가 버리고 갔지만 이런 돈을 하나님께 바칠 수는 없다(신 23:18 참조). 제사장들은 주인 없이 흩어져 있는 은전들을 주워 모아서 의논을 한 후 헌금함에 넣지 않고 토기장이의 밭을 샀다. 순례 중에 죽은 주인 없는 주검을 처리할 무덤을 삼

기 위해서였다. 마태가 이 복음서를 기록하던 그때에도 이 밭은 피밭이라고 불렸다고 한다.

▶ **9-10절** 이에 선지자 예레미야를 통하여 하신 말씀이 이루어졌나니 일렀으되 ㄱ) 그들이 그 가격 매겨진 자 곧 이스라엘 자손 중에서 가격 매긴 자의 가격 곧 은 삼십을 가지고 10 토기장이의 밭 값으로 주었으니 이는 주께서 내게 명하신 바와 같으니라 하였더라

마태는 이 사건 전체를 구약 예언의 성취라고 설명하며 스가랴 11:12-13을 해석적으로 인용하였다. 그러나 마태가 예언의 출처를 예레미야라고 했기 때문에 신학자들은 마태가 예레미야서의 예언들과 스가랴서의 예언들을 결합하여 이곳에서 성취되었다고 말한 것으로 해석한다.

75. 총독의 재판(마 27:11-26)

1) 개요

대제사장들과 장로들이 중심이 된 공회는 예수님의 사형을 결정했지만 사형을 집행할 수는 없었다. 기원전 64년부터 이스라엘을 장악한 로마제국은 유대인들의 특수성을 감안하여 헤롯을 지도자로 세우고 종교적이거나 관습적인 문제에서는 자주권을 보장해 주었지만 사형집행권을 허용하지는 않았다. 헤롯대왕이 죽은 후 이스라엘은 분할되었고 그의 세 아들에게 분봉왕(= 문자적으로 사분왕, 四分王) 칭호와 함께 맡겨졌는데 유대, 사마리아, 이두메아 지역은 서기 6년경부터 황제가 파송하는 총독에 의해 다스려지고 있었다. 총독 빌라도는 서기 26년에 임명되어 36년경 파면되었는데 그는 로마의 법을 존중하고 이를 위해 유대인의 율법이나 관습을 언제라도 무시하거나 유린하였던, 완고한 인물로 알려져 있다. 유대인들은 그를 싫어했지만 예수님을 죽이려는 계획을 달성하기 위해서는 어쩔 수 없

이 예수님을 그에게 데리고 가서 재판을 받게 해야 했다.

산헤드린은 하나님을 모독한다는 죄목으로 사형을 언도했지만 총독에게는 유대인의 왕이라는 죄목으로 고소하였다. 황제를 거부하고 새로운 나라를 건설하려는 정치적, 군사적 죄인으로 세운 것이다. 그러나 빌라도는 무기도 없고 군인으로도 보이지 않는 예수님을 죽일 이유를 발견하지 못한다. 유대인들은 아무런 증거도 제시하지 않았지만 대제사장들과 장로들의 사주와 선동 아래 예수님을 십자가에 못 박고 바라바를 놓아달라고 소리 질렀다. 빌라도는 아내의 말도 있었고 또 유대지도부가 예수님을 시기하고 있다는 사실을 알고 있었기 때문에 예수님을 풀어주려 했으나 정치적 이득은 고사하고 소동이 일어날지도 모른다는 불안감 때문에 손해 보지 않을 정치적 선택을 하였다. 손을 씻으며 자신의 책임을 회피하고 예수님을 십자가에 못 박도록 허락한 것이다. 그러나 로마의 총독 본디오 빌라도는 예수님을 군중들의 노리개와 유흥거리로 넘겨줌으로 말미암아 예수님을 십자가에 못 박은 장본인으로 영원히 사도신경에 자신의 이름을 올리고 말았다.

2) 주해

▶ **11절** 예수께서 총독 앞에 섰으매 총독이 물어 이르되 네가 유대인의 왕이냐 예수께서 대답하시되 네 말이 옳도다 하시고

유대지도자들이 고발한 예수님의 죄목은 정치적, 군사적 의미의 유대인의 왕이었다. 로마법을 따라 사형판결을 얻어내기 위해서였다. 정말 그러냐는 빌라도의 질문을 받은 예수님은 "네가 말한다"고 대답하셨다. 이것은 긍정이다. 그러나 빌라도는 부정으로 이해했을 수도 있다. 그에게 왕이란 이런 예수님과 같은 모습은 아니었기 때문이다. 예수님의 긍정은 구약성경에 토대를 둔 영적 성질의 것이다. 유대인의 왕이 아니라 천국의 왕이셨다.

▶ **12절** 대제사장들과 장로들에게 고발을 당하되 아무 대답도 아니하시는지라

산헤드린의 대표자들은 빌라도에게 예수님이 로마에 극히 위험한 인물이므로 제거해야 한다는 것을 설득시키기 위해 여러 가지 증거들을 제시하였으나 예수님은 일절 자신을 변호하지 않으셨다. 그들의 증거는 아무리 많았다 하더라도 곡해된 것이고 바른 의미를 설명해 보았자 그 의미를 받아들여 예수님이 의도하시는 결과에 도달할 사람은 그곳에는 없었기 때문이다.

▶ **13-14절** 이에 빌라도가 이르되 그들이 너를 쳐서 얼마나 많은 것으로 증언하는지 듣지 못하느냐 하되 14 한 마디도 대답하지 아니하시니 총독이 크게 놀라워하더라

예수님의 침묵은 빌라도를 당황하게 만들었다. 죽이려고 달려드는 사람들에게 자신을 변호조차도 하지 않는 사람이 로마에 위협이 될 수는 없는 일이다. 평화로운 예수님 앞에서 오히려 빌라도가 변호의 기회를 주려고 하였다. 그러나 예수님은 이 질문에 조차 대답하지 않으셨고 총독이 이상하게 생각하는 가운데 심문이 끝났다.

▶ **15-16절** 명절이 되면 총독이 무리의 청원대로 죄수 한 사람을 놓아 주는 전례가 있더니 16 그 때에 바라바라 하는 유명한 죄수가 있는데

이 두 구절은 다음 사건을 쉽게 이해하도록 하는 상황설정에 해당한다. 당시 모든 사람들이 알고 있었던 것을 독자들은 아무도 알지 못하기 때문이다. 내용은 두 가지이다. 명절이 되면 죄수 한 명을 풀어주는 관례가 있었다는 것과 당시 (예수) 바라바라고 하는 소문난 죄수가 있었다는 것이다. 바라바는 이방인을 노렸던 특별한 강도로 유대인에게는 영웅과 같은 존재였던 것으로 보인다.

▶ **17-18절** 그들이 모였을 때에 빌라도가 물어 이르되 너희는 내가 누구를 너희에게 놓아 주기를 원하느냐 바라바냐 그리스도라 하는 예수냐 하니 18 이는 그가 그들의 시기로 예수를 넘겨 준 줄 앎이더라

빌라도는 심문을 중단하고 다른 주제로 방향을 전환하였다. 그의 마음 속에는 예수님을 놓아 주어야 하겠다는 생각이 있었다. 심문과정에서 유대 지도자들이 시기 때문에 그렇게 한다는 것을 알게 되었기 때문이다. 이런 그의 마음은 명절 특사의 대상을 (예수) 바라바 또는 그리스도라고 하는 예수 두 명으로 압축한 데서 나타난다. 그는 군중의 도움을 받아 산헤드린의 의지를 꺾어 놓으려고 계획한 것 같다. 사형 언도를 내려야 할 총독이 오히려 예수님의 말없는 변호인이 된 것이다.

▶ **19절** 총독이 재판석에 앉았을 때에 그의 아내가 사람을 보내어 이르되 저 옳은 사람에게 아무 상관도 하지 마옵소서 오늘 꿈에 내가 그 사람으로 인하여 애를 많이 태웠나이다 하더라

빌라도가 결정을 내리기 위해 재판석에 앉아 있을 때 또 한 명의 변호인이 등장하였다. 빌라도의 아내였다. 밤에 무슨 꿈을 꾸었고 어떤 고생을 했는지는 모르지만 빌라도의 아내는 그 꿈이 바로 예수님 때문이라고 판단했고 예수님을 옳은 사람이라고 불렀으며 자신의 남편이 예수님에게 해를 가하지 말 것을 부탁하였다.

▶ **20절** 대제사장들과 장로들이 무리를 권하여 바라바를 달라 하게 하고 예수를 죽이자 하게 하였더니

빌라도의 의도를 간파한 유대 지도자들은 빌라도가 백성들의 선택을 묻기 전에 열심히 돌아다니며 바라바를 요구하고 예수를 죽이라고 하도록 무리들을 설득, 선동하였다. 재판이 사실 심리와 이에 근거한 판결로 진행되지 않고 빌라도와 유대지도부의 세력 싸움 국면으로 변한 것이다.

▶ **21절** 총독이 대답하여 이르되 둘 중의 누구를 너희에게 놓아 주기를 원하느냐 이르되 바라바로소이다

빌라도가 무리에게 선택을 요구하였을 때 무리들은 빌라도의 기대를 저버리고 지도자들의 선동을 따라 바라바를 선택하였다. 산헤드린은 최소한

예수님을 죽일 그들 나름대로의 이유를 찾았었다. 이 재판에서 결정적 역할을 한 군중은 이유가 없었다. 그냥 예수님을 죽여 달라고 한 것밖에 되지 않는다. 폭도가 된 유대인들의 요구 때문에 예수님은 죽은 것이다.

▶ **22-23절** 빌라도가 이르되 그러면 그리스도라 하는 예수를 내가 어떻게 하랴 그들이 다 이르되 십자가에 못 박혀야 하겠나이다 23 빌라도가 이르되 어찜이냐 무슨 악한 일을 하였느냐 그들이 더욱 소리 질러 이르되 십자가에 못 박혀야 하겠나이다 하는지라

무리의 선택이 있자 빌라도는 여전히 희망을 포기하지 않은 채 군중에게 예수님을 어떻게 할지를 물었다. 그가 "그리스도"라는 칭호를 굳이 사용한 이유는 사람들의 마음을 지도자들의 희망과는 다르게 만들어 볼 욕심이 있었기 때문이었을 것이다. 그러나 군중은 이미 지도자들의 편이 되어 있었다. 그들은 십자가 형을 요구했고 그렇게 해야 할 이유를 묻는 빌라도에게 이유가 아니라 더 큰 함성으로 십자가에 못 박도록 압력을 넣었다.

▶ **24-25절** 빌라도가 아무 성과도 없이 도리어 민란이 나려는 것을 보고 물을 가져다가 무리 앞에서 손을 씻으며 이르되 이 사람의 피에 대하여 나는 무죄하니 너희가 당하라 25 백성이 다 대답하여 이르되 그 피를 우리와 우리 자손에게 돌릴지어다 하거늘

예수님의 죽음에 대한 빌라도의 책임은 예수님을 십자가에 못 박히도록 허락한 것이다. 그는 이 상황에서 무엇이 자신을 위한 길인지를 명석하게 분석하였다. 예수님을 돕는 것은 아무런 이득이 될 수 없고 오히려 소동으로 이어질 수 있다. 불필요한 소동은 총독 자리를 위협하고 황제에게 자신을 문책할 구실을 준다. 계산을 마친 그는 백성의 요구를 따라 바라바를 놓아주고 예수를 처형하기로 결정하였다. 정치적 안정을 선택한 것이다. 빌라도가 이 처형에 대하여 아무런 책임이 없음을, 유대 방법을 따라, 손 씻음으로 알리고 이제 그 책임이 유대인들에게 있다고 하자 무리들은 모두 그 책임이 자기들과 그 후손에 있음을 인정하였다. 그렇게 하였다고 빌

라도의 책임이 사라지는 것은 아니다.

▶ **26절** 이에 바라바는 그들에게 놓아 주고 예수는 채찍질하고 십자가에 못 박히게 넘겨 주니라

결국 빌라도는 예수님에게 사형을 선고하고 바라바를 석방하였으며 예수님을 채찍질한 후 군인들에게 넘겨주었다. 재판이 끝난 것이다.

76. 십자가에 못 박히심(마 27:27-44)

1) 개요

십자가형은 로마 제국이 동방에서 받아들인 것으로서 국가에 반란을 일으키거나 사회질서를 극도로 교란한 종에게 사용되었다. 사람들에게 공포심과 두려움을 심어주어 그와 같은 범죄를 경고, 예방하려는 것이었다. 건강한 사람을 십자가에 못 박아 놓을 경우 보통 고통을 당하며 며칠 또는 십수일을 매달려 있었다. 고통을 들게 하기 위하여 가끔 채찍질하거나 매질하는 방법이 사용되었다. 반쯤 죽은 상태에서 십자가에 못 박는 것이다.

빌라도는 손을 씻는 위선적 행동을 하고 선심을 베풀 듯 채찍질을 한 후 예수님을 죽이도록 군인들에게 명령했다. 군인들은 예수님을 데리고 가서 왕의 모습으로 치장하였다. 조롱과 정신적 고통이 시작된 것이다. 이제 예수님은 헌 진홍색 왕복을 입고 가시관을 쓰시고 갈대를 움켜쥐신 유대인의 왕이시다! 영광의 칭호는 조롱거리로 변했다. 조롱은 로마인들에게서만 주어지지 않았다. 심지어 함께 처형당하는 강도들도, 대제사장들, 율법학자들, 존경받는 장로들도, 아니 그곳에 있던 모든 사람들이 예수님을 조롱하고 예수님의 고통을 즐거워하였다. 십자가에 달리신 예수님의 머리 위

에는 역설적 죄목 "유대인의 왕 예수"가 달려 반짝거렸다. 예수님은 이 조롱과 고통, 죽음을 통하여 잠시 후 정말 천국의 왕이 되실 것이다!

이 십자가는 예수님의 가르침과 하시는 일이 낳은 필연적 결과다. 하나님의 율법을 받고 하나님을 가장 잘 섬기며 가장 선하게 살아간다고 자부하는 유대인들이 천국의 복음과 표적에 분노하고 시기하여 만들어 낸 것이다. 예수님은 천국의 왕이시기 때문에, 자신을 그렇게 알리고 가르치셨고 표적을 행하셨기 때문에 가룟 유다, 산헤드린, 이들을 추종한 군중과 정치적 득을 노린 빌라도, 명령에 따를 수밖에 없었던 군인들에게 죽임을 당하신 것이다. 죽음에 대한 책임은 하나님의 나라를 싫어한 모든 사람에게 있다. 그러나 하나님은 바로 그 죽음을 자신을 위한 것으로 받아들이는 사람들을 용서하시고 자기 백성으로 삼으셨다.

2) 주해

▶ **27절** 이에 총독의 군병들이 예수를 데리고 관정 안으로 들어가서 온 군대를 그에게로 모으고

채찍에 맞아 초죽음 상태에 이른 예수님을 군인들은 부대가 머물고 있던 총독 공관으로 데리고 갔다. 부대원들이 모여 예수님을 둘러싸고 죽음의 축제를 벌였다. 죽음은 그들에게는 놀이에 지나지 않았다.

▶ **28-29절** 그의 옷을 벗기고 홍포를 입히며 29 가시관을 엮어 그 머리에 씌우고 갈대를 그 오른손에 들리고 그 앞에서 무릎을 꿇고 희롱하여 이르되 유대인의 왕이여 평안할지어다 하며

군인들은 예수님의 옷을 벗기고 진홍색 옷을 입혔다. 유대인의 왕이라는 죄목에 어울리는 색깔을 고른 것이다. 진홍색은 보통 왕 또는 황제나 입을 수 있는 색깔이었다.

왕이나 황제는 감람나무 잎으로 만든 관을 썼다. 군인들은 가시나무로 관을 엮어서 예수님의 머리에 눌러 씌웠다. 피가 흘러나오는 예수님의 오

른손에는 왕을 상징하는 홀(笏) 대신 갈대를 쥐게 하고 무릎을 꿇어 경배를 대신했다. 그 순간 군인들의 입에서는 "유대인의 왕, 만세"가 터져 나왔다.

▶ **30-31절** 그에게 침 뱉고 갈대를 빼앗아 그의 머리를 치더라 31 희롱을 다 한 후 홍포를 벗기고 도로 그의 옷을 입혀 십자가에 못 박으려고 끌고 나가니라

조롱과 모욕은 한 동안 계속되었다. 그들은 예수님의 얼굴에 침을 뱉고 갈대를 빼앗아 예수님의 머리를 갈겼다. 죽음의 행렬 준비가 끝나자 군인들은 진홍색 옷을 벗기고 예수님의 옷을 다시 입혀 고통의 흔적들을 감추었다. 유대인의 왕이라는 칭호에 어울리지 않는 상처들이 사람들의 소동을 일으킬 것으로 염려했기 때문일까? 어떻든 옷을 차려 입은 죄수는 평범한 광경이 아니었다. 예수님은 관례대로 자신이 못 박히실 십자가를 지고 형장을 향해 성문 밖으로 걸어가기 시작하셨다. 비아 돌로로사, 즉 고통의 길이 시작된 것이다.

▶ **32절** 나가다가 시몬이란 구레네 사람을 만나매 그에게 예수의 십자가를 억지로 지워 가게 하였더라

수많은 사람들이 서있는 비아 돌로로사를 따라 처형 행렬이 성문을 빠져나갈 때쯤 예수님은 이미 지치시고 더 이상 십자가를 지고 갈 수 없는 상태에 도달하셨다. 군인들은 눈에 띄는 한 사람을 잡아 예수님의 십자가를 대신 지고 가게 하였다. 시골에서 올라와서 막 성문으로 들어가려고 하던 구레네 출신인 시몬이었다. "강제로"란 단어는 로마법을 따라 본인의 의사와는 관계없이 필요에 의해서 징용했다는 뜻이다. 비록 징발에 의한 것이기는 했지만, 시몬은 예수님의 고통을 들어드린 유일한 사람이 되었다.

▶ **33절** 골고다 즉 해골의 곳이라는 곳에 이르러

골고다는 해골을 뜻하는 아람어나 히브리어를 음역한 것이다. 예수님의

십자가가 이곳에 세워지고 처형이 진행되었지만 그 장소가 어디였는지 정확하게 알려져 있지는 않다. 처형장으로 사용되었거나 그 장소의 모양이 해골과 비슷했기 때문에 이렇게 불렸을 것이라는 추측이 있을 뿐이다.

▶ **34절** 쓸개 탄 포도주를 예수께 주어 마시게 하려 하였더니 예수께서 맛보시고 마시고자 하지 아니하시더라

군인들은 예수님께 쓸개즙을 타 놓은 포도주를 주어 마시게 하였으나 예수님은 맛만 보시고 거절하셨다. 이것은 마치 성분이 든 것으로 군인들이 죄수를 쉽게 못 박으려고 흔히 사용하던 것이다. 그러나 예수님은 포도주의 도움으로 고통을 잠시 잊기 보다는 모든 고통을 일어나는 그대로 고스란히 받아들이셨다. 죽음에 자신을 완전히 맡기신 것이다.

▶ **35–36절** 그들이 예수를 십자가에 못 박은 후에 그 옷을 제비 뽑아 나누고 36 거기 앉아 지키더라

십자가에 못 박히시는 과정은 길게 계속되었다. 그러나 마태는 아주 짧게 한마디로 표현하고 말았다. 금요일 오전 9시였다.

군인들은 실속 있게 작은 소득물을 챙기려 제비를 뽑아서 예수님의 옷을 나누어 가졌고 한가하게 앉아서 예수님을 지켰다. 모든 군중의 뜻에 따른 처형이지만 총독의 명령을 완수하기 위해서였다.

▶ **37절** 그 머리 위에 이는 유대인의 왕 예수라 쓴 죄패를 붙였더라

못 박히신 예수님의 머리 위쪽에는 "이 사람은 유대인의 왕 예수다."라고 히브리어와 헬라어와 라틴어로 기록된 죄패가 달려 있었다(요 19:20). 유대인들이 예수님의 왕 되심을 거부하기 위해 요구한 죽음이 오히려 구약성경을 완성하고 구약시대를 마감하는 유대인의 왕의 즉위식이 된 것이다. 이렇게 예수님은 천국의 왕으로서 자신의 백성을 구원하셨다.

▶ **38절** 이 때에 예수와 함께 강도 둘이 십자가에 못 박히니 하나는 우편에, 하나는

좌편에 있더라

▶ **44절** 함께 십자가에 못 박힌 강도들도 이와 같이 욕하더라

마태는 초점을 예수님에게만 맞추었었지만 예수님의 양편에 두 강도가 함께 못 박혔음을 보도한다. 이들도 다른 사람들처럼 예수님을 조롱했지만 누가는 후에 한 사람이 극적으로 회개했다고 한다(눅 23:40).

▶ **39-40절** 지나가는 자들은 자기 머리를 흔들며 예수를 모욕하여 40 이르되 성전을 헐고 사흘에 짓는 자여 네가 만일 하나님의 아들이어든 자기를 구원하고 십자가에서 내려오라 하며

공개처형이었으므로 많은 사람들이 자유롭게 이곳에 올 수 있었다. 사람들은 지나가면서 머리를 흔들고 예수님을 모독하고 자신을 구원하라고 비아냥거렸다. "하나님의 아들이라면 십자가에서 내려와 보라"는 이들의 조롱은 첫 시험처럼 하나님의 일을 방해하려는 사탄의 마지막 시험이었다고 해야 할 것이다.

▶ **41-43절** 그와 같이 대제사장들도 서기관들과 장로들과 함께 희롱하여 이르되 42 그가 남은 구원하였으되 자기는 구원할 수 없도다 그가 이스라엘의 왕이로다 지금 십자가에서 내려올지어다 그리하면 우리가 믿겠노라 43 그가 하나님을 신뢰하니 하나님이 원하시면 이제 그를 구원하실지라 그의 말이 나는 하나님의 아들이라 하였도다 하며

사탄의 시험은 유대지도자들이 알지 못하는 가운데 그들의 입을 통해서도 터져 나왔다. 이러한 상황에서 십자가에서 내려오신다면 하나님의 아들이심을 믿겠다고 조롱한 것이다. 믿음을 담보로 하는 또 하나의 시험이었다. 예수님은 사람들이 자신을 그렇게 믿도록 가르치고 또 기대하셨지만 자신을 향한 믿음보다 더 중요한 것은 복음사건, 즉 예수님이 십자가에서 사람들의 분노와 저주, 모욕을 견디시고 하나님의 심판을 대신 담당하시는 일이 실제로 일어나는 것이었다.

자신과 남을 구원하시는 것이 아니라 자신의 죽음으로 남을 구원하시는

것이 하나님의 뜻이요 예수님의 선택이었음을 그들은 전혀 모르고 있었다.

77. 죽으심과 장사되심(마 27:45-61)

1) 개요

이스라엘을 위하여 하나님께 양을 잡아 제사를 드리는 시간인 오전 9시쯤에 인류을 위한 어린양으로 십자가에 달리신 예수님은 총 6시간을 고통 속에 서서히 죽으시고 계셨다. 정신이 혼미해지는 가운데 예수님은 자신을 향한 예언이 천천히 이루어져 가는 것을 보고 느끼셨다. "악한 무리가 수족을 못으로 찌르는 것"(시 22:16), "뼈 마디 마디에 스며드는 아픔"(17절), "겉옷을 나누며 속옷을 제비 뽑는 것"(18절), "사람들이 훼방하며 조롱하는 것"(6-7절), "여호와를 신뢰하니 구원해 보시라"고 떠들어대는 소리(8절) 등이었다. 정오쯤에 하늘도 십자가에 달리신 예수님을 저주하듯 세 시간 동안 온 땅이 캄캄해졌다. 어둠이 걷히기 시작한 오후 3시 예수님은 다윗이 성령의 감동을 받아 오래 전에 자신의 시에 적어 놓았던 한 구절을 통한의 외침으로 입에 담으시고 사람들이 신 포도주를 해면에 적셔 억지로 마시게 하는 동안(시 69:21) 다시 한 번 크게 소리치고 숨을 거두셨다.

사람들은 각기 자기의 관심과 의도에 따라 예수님을 죽였지만 죄인을 구원하기 위해 사람이 되신 예수님에게 실제로는 죄인을 향한 하나님의 진노와 형벌이 임한 것이다. 하나님은 자신의 독생자가 죽는 이 순간에 성전 휘장을 갈라 주셔서 이제 죄인들이 자신에게 오는 것을 허락하심을 보여주셨고 무덤을 깨뜨려 죽은 자들을 살리심으로 죽음이 정복되고 영생이 주어짐을 보게 하셨다.

마태는 이제 벌어진 광경에 예수님을 하나님의 아들로 고백한 백부장/

군인들로부터 시작하여 이때까지 흥분한 사람들의 광기에 파묻혀 있었던 예수님을 사랑한 사람들에게 초점을 맞춘다. 갈릴리로부터 따라온 여자들이 그곳에 있었고 예수님의 제자들이 그곳에 있었다. 요셉이 빌라도의 허락을 받아 예수님의 시신을 가져갔고 바위에 굴을 뚫어 팠으나 아직 아무도 묻은 적이 없는 새 무덤에 예수님의 시신을 장사하였다. 예수님의 시신이 무덤에 안치된 바로 그 시각에 안식일이 시작되었다.

2) 주해

▶ **45절** 제육시로부터 온 땅에 어둠이 임하여 제구시까지 계속되더니

마태복음에는 유대 시간이 사용되었다. 여섯시는 지금 시간으로는 오전 9시이다. 세 시간 동안 어두워졌던 "온 땅"은 언어 표현법상 팔레스틴 지역을 뜻하는 것으로 보인다. 어두워진 이유를 일식 또는 다른 현상으로 설명하려는 시도들이 있으나 확실하지 않다.

▶ **46절** 제구시쯤에 예수께서 크게 소리 질러 이르시되 엘리 엘리 라마 사박다니 하시니 이는 곧 나의 하나님, 나의 하나님, 어찌하여 나를 버리셨나이까 하는 뜻이라

십자가의 일곱 말씀 중 마태복음에는 이 한 마디만 적혀 있다. 예수님은 다윗의 시인 시 22:1을 문자적으로 인용하시며 외치심으로써 이 예언을 이루셨다. 누가복음에는 아람어의 음역(=엘로이…)이 기록되어 있지만, 마태는 "나의 하나님, 나의 하나님"은 히브리어의 음역(= 엘리)으로 적어 놓았다. 예수님의 고통은 육체적, 정신적이 아니라 하나님 아버지로부터 버림받았다는 데 있었음을 알 수 있다. 늘 사용하신 "나의 아버지"라고 부르시지 않고 "나의 하나님"이라고 부르신 것은 예수님이 십자가에서 인류를 대신하여 못 박히셨기 때문일 것이다.

▶ **47-49절** 거기 섰던 자 중 어떤 이들이 듣고 이르되 이 사람이 엘리야를 부른다 하고 48 그 중의 한 사람이 곧 달려가서 해면을 가져다가 신 포도주에 적시어 갈

대에 꿰어 마시게 하거늘 49 그 남은 사람들이 이르되 가만 두라 엘리야가 와서 그를 구원하나 보자 하더라

예수님이 정신이 혼미하신 가운데 마지막 힘을 모아 외치신 고함은 그렇게 명확하게 들려오지 않았다. 서 있던 사람들은 엘로이 또는 엘리를 엘리야를 부른다고 생각했다.

한 사람이 얼른 달려가서 해면(= 갯솜)을 가져와서 신 포도주를 적신 다음 갈대에 꿰어 달아 예수님의 입에 갖다 대었다. 마지막 자비의 행동일 수도 있지만 49절을 감안하면 예수님의 생명을 조금이라도 더 연장시켜 엘리야가 오나 보자는 식의 조롱이었을 것이다.

그러나 생명이 연장된다는 것은 군인들에게는 지루한 시간이 계속됨을 뜻한다. 그래서 대부분의 사람들이 그의 행동을 제재한 것으로 보인다. 요한이 이 장면에서 예언의 성취를 말하는 시 69:21을 마태는 인용하지 않았다.

▶ **50절** 예수께서 다시 크게 소리 지르시고 영혼이 떠나시니라

마태가 기록하지 않은 이 마지막 고함의 내용은 "아버지여 내 영혼을 당신의 손에 맡깁니다"(눅 23:46), 또는 "다 이루어졌다"(요 19:30)로 보인다. 예수님은 이 말씀을 하시고 숨을 거두셨다.

▶ **51절** 이에 성소 휘장이 위로부터 아래까지 찢어져 둘이 되고 땅이 진동하며 바위가 터지고

성전의 휘장이란 성소와 지성소를 가르기 위해 쳐 놓았던 긴 천이었다. 예수님이 숨을 거두시는 그 시간에 이 휘장이 갑자기 갈라진 것은 일 년에 한 번씩 대제사장만이 들어가던 지성소가 예수님의 죽음으로 모든 사람들이 들어갈 수 있게 되었음을 뜻한다. 이것은 인간에 대한 하나님의 진노와 심판이 끝났고 누구든지 예수님을 의지하는 사람을 받아들이심을 상징한다(히 10:20). 이어 강력한 지진이 일어나서 땅이 흔들리고 바위들이 갈라졌다는 사실은 마태복음에만 기록되어 있다. 예수님의 죽음은 전 우주에

영향을 미치는 사건이었다.

▶ **52-53절** 무덤들이 열리며 자던 성도의 몸이 많이 일어나되 53 예수의 부활 후에 그들이 무덤에서 나와서 거룩한 성에 들어가 많은 사람에게 보이니라

바위가 갈라질 정도의 지진이었기 때문에 바위에 굴을 뚫어 만들고 돌로 입구를 막았던 무덤들이 열렸다. 죽었다가 이때 살아난 성도들이 누구인지는 알려져 있지 않다. 또 이들은 예수님의 부활 후에 예루살렘에 들어가서 많은 사람들에게 나타났다는 것 외에는 알려진 것이 없다. 예수님의 죽으심만이 아니라 부활하심이 모든 죽은 사람의 부활을 예고하는 것임을 알려주기 위하여 이곳에 기록해 놓은 것으로 보인다.

▶ **54절** 백부장과 및 함께 예수를 지키던 자들이 지진과 그 일어난 일들을 보고 심히 두려워하여 이르되 이는 진실로 하나님의 아들이었도다 하더라

예수님을 데리고 와서 십자가에 못 박았고 그곳을 지키고 있던 백부장과 군인들은 예수님의 죽음 전후에 일어난 일들, 특히 지진을 보고 무척 두려워하였고 예수님이 참으로 신의 아들이었다고 고백한다. 이들의 고백을 복음의 수용으로 볼 수는 없다. 수많은 죄수들을 처형하면서도 이런 일을 경험한 적이 없었기 때문에 이렇게 추측하였을 것이다. 그렇다고 해도 유대인들이 거부한 칭호를 이방인들이 사용하였다는 것은 믿음의 길이 모든 민족에게로 열릴 것을 암시한다.

▶ **55-56절** 예수를 섬기며 갈릴리에서부터 따라온 많은 여자가 거기 있어 멀리서 바라보고 있으니 56 그 중에는 막달라 마리아와 또 야고보와 요셉의 어머니 마리아와 또 세베대의 아들들의 어머니도 있더라

마지막 유월절에 예수님과 함께 예루살렘에 올라와 헌신적으로 섬기던 많은 여자들이 살벌한 분위기 때문에 가까이 오지 못하고 멀리 서서 예수님의 처형 광경을 보고 있었다. 마태는 그 가운데 특히 막달라 마리아와 야고와 요셉의 어머니 마리아, 그리고 야고보와 요한의 어머니 살로메를

소개하였다. 이 세 명이 부활사건에 등장하기 때문에 미리 언급한 것으로 보인다.

▶ **57-58절** 저물었을 때에 아리마대의 부자 요셉이라 하는 사람이 왔으니 그도 예수의 제자라 58 빌라도에게 가서 예수의 시체를 달라 하니 이에 빌라도가 내주라 명령하거늘

십자가에 처형된 죄수를 그날 끌어내리는 법이 없기 때문에 예수님의 제자라는 사실을 공개하지 않고 있었던, 공회원 요셉이 담대하게 빌라도에게 가서 예수님의 시신을 달라고 특별 요청을 하였다. 예수님의 처형을 지시하면서도 최소한의 친절을 베풀었던 빌라도는 관행을 깨고 또 별 까다로운 절차도 없이 예수님의 시신을 주도록 허락하였다.

▶ **59-61절** 요셉이 시체를 가져다가 깨끗한 세마포로 싸서 60 바위 속에 판 자기 새 무덤에 넣어 두고 큰 돌을 굴려 무덤 문에 놓고 가니 61 거기 막달라 마리아와 다른 마리아가 무덤을 향하여 앉았더라

이미 어두워지고 안식일이 시작되는 시간이 가까워지고 있었기 때문에 요셉은 사람들과 함께 시신을 십자가에서 내리고 깨끗한 베로 싸서 자신이 만든 새 무덤에 예수님의 시신을 안치하였다. 요셉이 자신을 위해 만들었던 무덤을 하나님은 예수 그리스도를 위하여 준비하셨던 것이다. 이들을 잘 몰랐던 막달라 마리아와 다른 마리아(= 야고보와 요셉의 어머니)는 무덤에 돌문을 굴려 막을 때 맞은편에서 이 광경을 보고 있었다. 예수님의 몸은 깨끗한 새 무덤에서 안식일을 보내게 되었다.

78. 부활하심(마 27:62–28:10)

1) 개요

시대의 표적을 보여 달라고 하는 사람들에게 예수님은 요나가 물고기 뱃속에 밤낮 사흘을 있었던 것처럼 자신도 사흘을 땅속에 있을 것이라고 말씀하신 적이 있다. 여러 차례 하셨던 수난과 죽음의 예고에도 사흘 만에 부활하실 사실이 포함되어 있다.

유대지도자들은 예수님을 믿지 않았고 그 말을 받아들이지 않았지만 예수님의 시신이 십자가에 매달려 있지 않고 무덤에 안치된 사실에 불안을 느꼈다. 그들은 제자들이 시신을 훔쳐가고 예수님이 부활하셨다고 속이면 상황이 그들에게 더 나빠진다고 예상한 것이다. 그들은 결국 총독의 허락을 받아 무덤 앞에 놓인 돌에 봉인까지 하고 무덤을 지켰다. 그러나 이렇게 함으로써 예수님의 부활이 아니고서는 빈 무덤을 설명할 방법이 없도록 만들고 말았다.

예수님의 대속의 삶은 죽음까지이다. 피를 흘리며 살해되고 이스라엘 백성의 죄를 짊어졌던 어린양처럼 십자가에서의 죽음은 사람들의 죄를 짊어지시고 대신 하나님의 진노와 형벌을 담당하신 충분하고 영원한 제사, 화목제물이었다. 참혹한 처형사건이 있고 무덤에 묻히신 때로부터 세 번째 날 새벽이 밝을 때 예수님은 예고하신 대로 부활하셨다. 하나님이 인류의 죄를 위해 죽은, 인간이 된 자신의 아들을 다시 살리신 것이다.

그러나 부활하신 예수님은 십자가에 달리시기 전과 달랐다. 아무나 볼 수 있고 아무나 만질 수 있는 분이 아니셨다. 예수님이 원하시는 때 나타나시고 원하시는 사람에게만 보여주셨다. 아니 다시 살아나시는 광경을 목격한 사람은 아무도 없다. 무덤에 갔던 여인들도, 제자들도 부활하신 그 결과에만 접촉할 수 있었다. 예수님을 향해 “주님의 이름으로 오시는 분이여" 하고 말하는 사람이 아니라면(24:5 참조) 아무도 부활하신 예수님을 만날 수 없는 시대가 시작된 것이다. 예수님의 부활은 예고되었고 예수님에게서 제자들/신자들이 미리 맛보았던 천국, 곧 하나님의 은혜로운 통치가 실제로 이 땅에 시작되는 표적이었다.

2) 주해

▶ **62절** 그 이튿날은 준비일 다음 날이라 대제사장들과 바리새인들이 함께 빌라도에게 모여 이르되

유대인의 하루는 해가 질 때부터 다음날 해질 때까지이다. 예비일 다음날은 안식일을 가리키는 것으로 예수님이 못 박히시고 장사되신 그날 해가 진 다음을 가리킨다. 대제사장들과 바리새인들은 자신들이 체포하고 사형을 언도했으며 군중을 선동하여 빌라도가 처형하도록 만든 예수님의 시신을 장사하도록 빌라도가 허락한 것에 불안을 느끼며 안식일이 시작되었음에 불구하고 빌라도에게 모여 특별 청원을 하였다.

▶ **63절** 주여 저 속이던 자가 살아 있을 때에 말하되 내가 사흘 후에 다시 살아나리라 한 것을 우리가 기억하노니

그들은 예수님을 "유혹하는 사람", 즉 거짓말쟁이로 불렀다. 예수님의 가르침과 행동을 전혀 믿지 않았기 때문이다. 반면 빌라도를 "주여"라고 부르며 아첨하고 있다. 그들은 예수님이 제자들에게만 말씀하셨던 사흘 만의 부활 예고를, 아마 가룟 유다에게 듣고, 알고 있었다. "그가 살아있을 때" 이것을 말했다는 것은 예수님이 확실히 죽으셨음을 이들도 알고 있었음을 알려준다.

▶ **64절** 그러므로 명령하여 그 무덤을 사흘까지 굳게 지키게 하소서 그의 제자들이 와서 시체를 도둑질하여 가고 백성에게 말하되 그가 죽은 자 가운데서 살아났다 하면 후의 속임이 전보다 더 클까 하나이다 하니

그들은 예수님의 이 예고도 당연히 믿지 않았다. 그들이 걱정한 것은 빌라도가 요셉에게 예수님의 시신을 십자가에서 내려 장사하도록 허락했고 지금 무덤에 안치되어 있는데 그의 제자들이 시신을 훔쳐가고 백성들에게 예수님의 부활이란 거짓말을 퍼트릴 위험이 있다는 것이다. 며칠 전에만 해도 자신들의 권위를 떨어뜨리고 무시하며 아무 말도 못하도록 입을 막아버렸던 기억이 생생한 그들은 이 거짓말이 더 나쁜 결과를 초래할지도 모른다고 말했다. 그들은 예수님의 시신이 안치된 무덤을 제자들도 더 이상 속일 수 없는 셋째 날까지 지키도록 허락해 줄 것을 청원했다.

▶ **65-66절** 빌라도가 이르되 너희에게 경비병이 있으니 가서 힘대로 굳게 지키라 하거늘 66 그들이 경비병과 함께 가서 돌을 인봉하고 무덤을 굳게 지키니라

"여러분이 경비병이 있으니"라는 말은 빌라도가 자신의 경비병 네 명을 딸려 보낸다는 말인지 성전에서 치안을 맡고 있는 유대인을 경비로 세우라는 말인지 분명하지 않다. 빌라도가 사용한 용어로 볼 때 로마 경비병이 더 적당해 보인다. 빌라도는 재주껏 무덤을 굳게 지키라고 명령했고 유대 지도부는 경비병을 데리고 가서 납작하고 둥근 큰 돌문과 무덤을 함께 봉인하고 경비를 세웠다.

Short Commentary Matthew
마태복음 28장

부활하심(마 27:62-28:10)

28: **1절** 안식일이 다 지나고 안식 후 첫날이 되려는 새벽에 막달라 마리아와 다른 마리아가 무덤을 보려고 갔더니

안식일(= 토요일)이 지나고 일요일(= 주일) 새벽에 무덤을 알고 있었던 막달라 마리아와 야고보와 요셉의 어머니 마리아, 살로메가(막 16:1), 무덤으로 갔다. 서둘러 안치한 예수님의 시신에 관습을 따라 향유를 바르기 위해서였다. 이들은 며칠 전에 예수님은 자신의 장례절차를 다 마쳤다는 사실을 기억하지 못했다. 예수님의 부활도 기대하고 있지 않았다.

▶ **2-4절** 큰 지진이 나며 주의 천사가 하늘로부터 내려와 돌을 굴려 내고 그 위에 앉았는데 3 그 형상이 번개 같고 그 옷은 눈 같이 희거늘 4 지키던 자들이 그를 무서워하여 떨며 죽은 사람과 같이 되었더라

예수님의 부활이 언제 일어났는지는 알 수 없다. 무덤에 간 여인들조차도, 십자가에서 살아나시는 광경을 직접 보지 못했다. 그들이 목격한 것은 강한 지진과 천사가 하늘에서 내려와서 큰 돌문을 굴러내고 그 위에 앉는 모습이었다. 아마 예수님은 바로 그 시점에 부활하셨을 것이다. 천사는 청년의 모습을 하고 있었고(막 16:5 참조) 감히 쳐다볼 수도 없을 정도로 번개처럼 빛나고 눈처럼 하얀 옷을 입고 있었다. 경비병들은 천사를 저지할 생

각도 못하고 무서워 떨었으며 기절하여 죽은 사람처럼 되었다.

▶ **5절** 천사가 여자들에게 말하여 이르되 너희는 무서워하지 말라 십자가에 못 박히신 예수를 너희가 찾는 줄을 내가 아노라

천사는 여인들을 안심시키며 여인들이 십자가에 못 박힌 예수님을 찾고 있다는 사실을 알고 있다고 하였다. 여인들은 안심하라는 말보다는 그들이 하려고 하는 일을 알고 있다는 사실에서 더 크게 안심하였을 것으로 추측된다.

▶ **6절** 그가 여기 계시지 않고 그가 말씀 하시던 대로 살아나셨느니라 와서 그가 누우셨던 곳을 보라

부활하신 예수님의 몸은 전혀 달라져 있었다. 부활의 몸, 또는 영체라고 불러야 할 것이다. 예수님이 무덤 안에 계시다가 무덤 밖으로 나오시는 것을 아무도 본 적이 없지만 천사는 예수님이 그 무덤에 계시지 않다고 알렸다. "예수님이 부활하셨다"는 소식은 천사가 최초로 여인들에게 전한 것이다. 예수님이 여러 차례 예고하신 그대로 이루어졌다. 그 증거로 천사는 빈 무덤에 예수님의 시신이 안치되었던 빈 자리를 제시했지만 마태복음의 기사에는 여인들이 그 빈 자리를 보았다는 기록은 없다.

▶ **7-8절** 또 빨리 가서 그의 제자들에게 이르되 그가 죽은 자 가운데서 살아나셨고 너희보다 먼저 갈릴리로 가시나니 거기서 너희가 뵈오리라 하라 보라 내가 너희에게 일렀느니라 하거늘 8 그 여자들이 무서움과 큰 기쁨으로 빨리 무덤을 떠나 제자들에게 알리려고 달음질할새

천사는 여인들에게 빨리 예수님의 제자들에게 가서 예수님의 부활과 먼저 갈릴리로 가실 것과 그곳에서 예수님을 만날 것을 알리라고 명령하였다. 여인들은 예수님의 예고와 같은(26:32) 이 말 속에서 천사가 예수님 편에 서 있음을 확신할 수 있었고 한 편으로는 두려워하면서도 다른 한 편으로는 기뻐하면서 재빨리 무덤을 떠나서 제자들에게 이 소식을 전하려고

날듯이 달려갔다.

▶ **9-10절** 예수께서 그들을 만나 이르시되 평안하냐 하시거늘 여자들이 나아가 그 발을 붙잡고 경배하니 10 이에 예수께서 이르시되 무서워하지 말라 가서 내 형제들에게 갈릴리로 가라 하라 거기서 나를 보리라 하시니라

여인들은 예수님의 부활을 목격하지는 못했다. 따라서 부활의 목격자라고 할 수는 없다. 그러나 부활하여 다시 그들 앞에 서신 예수님을 만났다. 부활에 대한 확실한 증거는 빈 무덤이 아니라 십자가에 못 박혀 죽으셨는데도 삼일 후에 살아서 사람들을 만나주신 예수님 자신이시다.

여인들이 달려가고 있을 때 예수님은 여자들을 향해 마주 오셨고 잘 있느냐고 물어보셨다. 여인들은 예수님의 모습, 예수님의 음성, 그리고 자신들을 향한 인자한 태도에서 예수님을 알아보고 발을 붙잡고 경배하였다. 살아나신 예수님은 천사가 했던 말과 같은 내용의 말을 여인들에게 하셨다.

79. 부활 이후(마 28:11-20)

1) 개요

예수님이 부활하신 후에 있었던 일은, 네 복음서를 따르면 여러 가지였다. 마태는 앞 절에 나온 '무덤을 찾아간 여인들'의 이야기 외에 두 가지를 더 수록하였다. 무덤을 지키던 경비병들의 이야기(11-15절)와 갈릴리에서 있었던 마지막 만남(16-20절)이다.

경비병들은 예수님의 제자들이 예수님의 시신을 훔쳐갈지도 모른다는 우려 때문에 삼일 동안 무덤을 지키도록 파견된 로마 군인들이지만 총독의 명령으로 대제사장들의 지휘를 받고 있었다. 그들은 무덤을 지키고 있

다가 예수님이 부활하신 그 날 새벽에 지진과 천사 때문에 놀라고 기절했었다. 정신이 든 그들은 곧바로 대제사장들에게 가서 그들이 경험한 것을 모두 알렸다. 대제사장들은 장로들과 긴급히 회동을 갖고 그들에게 돈을 주며 시신을 제자들이 훔쳐갔다고 말하도록 사주하였다. 매수된 경비병들은 시키는 대로 했고 그 말이 유대인들 사이에 오래 회자되었다. 이 각본은 유대지도부가 이미 만들어 놓았던 것이다.

갈릴리에서 있었던 마지막 만남은 예수님이 이미 예고하셨고(26:32), 천사와 부활하신 예수님이 지시한 것이었다(28:7, 10). 눈에 익은 산에 오른 열한 제자들은 몇 년 전에 산상설교를 하셨던 그때처럼 예수님 앞에 모였다. 그러나 분위기는 사뭇 달랐다. 믿을 수 없는 사실에 여전히 의심하는 사람이 있기는 했지만 그들은 예수님께 주저하지 않고 엎드려 절하였다. 예수님은 자기 백성을 그들의 죄로부터 건져내신(1:21) 왕으로서 천국의 백성을 모으도록 그들에게 지시하셨다. 전해야 할 것, 가르쳐야 할 것은 제자들이 이미 다 알고 있었다. 예수님이 삼년에 걸쳐서 하신 일, 하신 말씀, 곧 예수님의 삶에 관한 소식, 마태 사도가 자신의 책에 기록해 놓은 것이다. 복음을 타고 하나님의 나라가 모든 족속에게 전파되는 동안 예수님은 왕으로서 자신의 백성들, 곧 교회와 항상 함께 있을 것을 약속하셨다. 교회는 예수님이 이 세상에 오시기까지 이 땅에 존재하는 영적 하나님의 나라인 것이다.

2) 주해

▶ **11절** 여자들이 갈 때 경비병 중 몇이 성에 들어가 모든 된 일을 대제사장들에게 알리니

경비병들은 여인들이 무덤을 떠날 때쯤 깨어났다. 그들은 무서워하며 급히 대제사장들에게 가서 그들이 보고 경험한 것을 알렸다. "몇"은 경비병 네 명 중 높은 두 명이었을 것이다. 그들은 빌라도의 명령에 따라 유대지도자들의 지휘를 받고 있었기 때문에 대제사장들에게 가서 보고하였다.

▶ **12-13절** 그들이 장로들과 함께 모여 의논하고 군인들에게 돈을 많이 주며 13 이르되 너희는 말하기를 그의 제자들이 밤에 와서 우리가 잘 때에 그를 도둑질하여 갔다 하라

대제사장들은 아침 일찍 장로들과 회의를 열었고 그들이 들은 소식을 감추기로 결정하였다. 경비병들은 천사가 여자들에게 말을 시작하기 전에 이미 기절해 버렸기 때문에 그들이 들을 수 있었던 소식은 지진과 천사의 출현 정도였을 것이다. 그러나 그들은 삼일 만에 부활하실 것이라는 예수님의 말씀을 알고 있었으므로 이 정도의 소식만으로도 예수님의 부활 사실을 추측할 수 있었다. 그렇다면 누구라도 같은 추측에 도달할 수 있지 않을까? 그들의 염려였을 것이다. 그들은 돈을 주고 경비병들의 입을 막고 밤에 자고 있는 동안 예수님의 제자들이 예수님의 시신을 훔쳐 갔다고 퍼트리도록 사주하였다.

▶ **14절** 만일 이 말이 총독에게 들리면 우리가 권하여 너희로 근심하지 않게 하리라 하니

산헤드린 지도부가 만들어 낸 말대로 한다면 경비병들은 그들의 임무를 소홀히 한 것이 된다. 무덤을 지키도록 허락한 사람은 총독 빌라도이므로 결국 그의 명령을 어긴 것이다. 따라서 이런 소문이 총독의 귀에 들어간다면 경비병들은 문책, 어쩌면 사형을 면키 어렵다. 이럴 경우에도 유대지도자부가 나서서 총독을 설득하고 경비병들에게는 아무런 해가 가지 않도록 해주겠다고 약속한 것이다.

▶ **15절** 군인들이 돈을 받고 가르친 대로 하였으니 이 말이 오늘날까지 유대인 가운데 두루 퍼지니라

돈의 힘은 언제나 막강하여 경비병들은 이득을 챙기고 그들이 시킨 대로 하였다. "오늘날까지"란 마태 사도가 복음서를 쓰던 그 시점, 아마 서기 60년경일 것이다. 그때 예수님을 믿지 않던 유대인들 사이에 뜬소문처럼 말해지던 말은 21세기에도 간혹 회자되곤 한다.

▶ **16절** 열한 제자가 갈릴리에 가서 예수께서 지시하신 산에 이르러

가룟 유다를 뺀 열한 제자가 갈릴리의 한 산, 예수님이 지시하신 산에 모였다. 복음서에는 예수님이 언제, 어떤 산을 지시하셨는지에 대한 기록은 없다.

▶ **17절** 예수를 뵈옵고 경배하나 아직도 의심하는 사람들이 있더라

제자들은 다시 나타나신 예수님을 만났다. 이미 그들은 예수님을 하나님의 아들이요 메시야로, 또 다시 오실 재판장으로 믿고 있었기 때문에 아무런 주저도 없이, 아니 이번에는 정말 감복하여 무릎을 꿇고 절을 하였다. 부활하신 예수님을 진정한 천국의 왕으로 모시며 굴복한 것이다. 그러나 마태는(눅 24:10,11 참조) 그들 중에 아직도 의심하는 사람들이 있었다고 한다. 이때 11제자들만이 아니라 다른 제자들도 거기 있었을 수 있고 그들 중 누가 부활하신 예수님을 처음 만나 의심하였을 것이라고 주장하기도 하지만 본문에 이런 추정의 근거가 들어있지 않다. 죽은 사람의 부활이란 믿고 이해하기 어려운 것이다. 인간의 머리와 기억력은 눈앞에 보면서도 의심을 완전히 몰아내지 못하는 약점이 있다. 이 의심은 너무나 다르게 움직이는 예수님의 부활체가 과연 그 예수님인가에 관한 것일 수도 있다. 제자들도 같은 마음을 가졌다. 예수님을 처음 보았을 때는 대부분이 바로 믿지 못했다. 그렇다면 11제자들 중 의심이 다른 사람들보다 더 서서히 물러간 사람도 있었다는 표현일 것이다.

▶ **18절** 예수께서 나아와 말씀하여 이르시되 하늘과 땅의 모든 권세를 내게 주셨으니

"하늘과 땅의 모든 권세가" 예수님께 주어졌다는 표현은 예수님의 지상 생애 동안 선포되었고 배태기에 있던 하나님의 나라가 지금 드디어 이 땅에 시작됨을 선언하신 것이나 같다. 하나님의 뜻이 이 땅에 이루어지고, 하나님의 나라가 이 땅에 오며, 하나님의 이름이 이 땅에서도 거룩히 여김을 받을 수 있는 근거, 곧 예수님의 죽음이 확립되었기 때문이다. 본문은

예수님의 즉위식과 즉위사(卽位辭)이다.

▶ **19-20절** 그러므로 너희는 가서 모든 민족을 제자로 삼아 아버지와 아들과 성령의 이름으로 세례를 베풀고 20 내가 너희에게 분부한 모든 것을 가르쳐 지키게 하라 볼지어다 내가 세상 끝날까지 너희와 항상 함께 있으리라 하시니라

세 개의 분사와 한 개의 명령형이 제자들에게 주신 예수님의 마지막 사명을 구성하고 있다. 명령형 동사는 모든 족속으로 "제자를 삼아라."이다. 제자들의 제자가 아니라 예수님의 제자로 삼으라는 명령으로 보는 것이 좋다.

제자를 삼기 위해서는 우선 모든 민족에게로 가야한다(과거분사). "모든 민족"으로 당시의 민족 전부를 뜻하셨을 수도 있지만 역사의 과정에서 새로이 등장하는 민족일 수도 있다. 모든 시대와 모든 지역의 모든 사람들에게 가라는 명령으로 이해하는 것이 좋아 보인다.

제자를 삼는 방법은 아버지와 아들과 성령의 이름으로 세례를 주는 것(현재분사)과 예수님이 명령하신 모든 것, 즉 복음서에 수록된 예수님의 모든 교훈을 지키도록 가르치는 것이다(현재분사). 삼위일체 하나님에 대한 믿음과 예수님이 지상생애에서 일과 말로 하나님의 뜻을 알려주셨다는 것이 전제되어 있는 명령이다.

명령을 마치신 천국의 왕, 예수님은 이때로부터 이 세상이 끝나는 날까지 그들과 함께 계시겠다고 약속하셨다. 예수님은 자신의 부활 이후부터 종말/재림/심판의 날까지를 연속되는 한 시대로 보신다. "너희와 함께"는 "하나님이 우리와 함께"(1:23)가 예수님의 생애를 통해서 변한 결과다. 즉 천국의 왕이신 '예수님이 자신을 믿는 백성들, 곧 교회와 함께'라는 뜻이다. 예수님이 부활 이후의 장구한 시간을 한 시대로 보신다면 "너희"를 굳이 역사적 11제자로 제한할 필요가 없다. 넓은 의미로, 제자들의 사명완수를 통하여 새롭게 예수님의 제자가 될 모든 신자들 곧 교회를 뜻하신 것으로 보는 것이 좋을 것이다.